新世纪研究生教学用书 · 会计系列

含
MPAcc、MAud
及MBA、EMBA财会方向

管理会计理论与实务

（第三版） Managerial Accounting Theory and Practice

郭晓梅 主编

东北财经大学出版社 大 连
Dongbei University of Finance & Economics Press

图书在版编目（CIP）数据

管理会计理论与实务 / 郭晓梅主编 .—3 版 .—大连 ：东北财经大学出版社，2020.1（2021.6 重印）
（新世纪研究生教学用书 · 会计系列）
ISBN 978-7-5654-3697-0

Ⅰ. 管… Ⅱ. 郭… Ⅲ. 管理会计－研究生－教材 Ⅳ.F234.3

中国版本图书馆 CIP 数据核字（2019）第 225978 号

东北财经大学出版社出版
(大连市黑石礁尖山街 217 号 邮政编码 116025)
网 址：http：//www.dufep.cn
读者信箱：dufep@dufe.edu.cn

大连永发彩色广告印刷有限公司印刷 东北财经大学出版社发行

幅面尺寸：170mm×240mm 字数：450 千字 印张：21.75

2020 年 1 月第 3 版 2021 年 6 月第 2 次印刷

责任编辑：王 莹 孔利利 责任校对：齐 欣
封面设计：张智波 版式设计：钟福建

定价：45.00 元

教学支持 售后服务 联系电话：（0411）84710309

如有印装质量问题，请联系营销部：（0411）84710711

第三版前言

进入21世纪之后，中国经济在世界经济中的重要性日益显现。企业的国际化程度提高，企业面临的全球性竞争也有所加剧。企业管理者迫切感到了决策的重要性，并产生了对决策支持人才的渴求。会计人员必须发挥其本土社会文化和企业实践层面的知识积累优势，不断提升和改造知识结构，以适应企业管理的决策支持需要。他们必须掌握先进的管理支持手段，能够直接面对经营中的各种问题，了解、掌握解决这些问题的方法。培养管理会计人才成为当前急迫的任务。本教材是为满足MBA和EMBA财务会计方向、会计硕士（MPAcc）、审计硕士（MAud）及会计学专业学术型硕士的这一需求而编写的。本书在2013年首次出版之后，受到普遍欢迎，并获得东北财经大学出版社2013—2014年优秀教材奖，2016年修订为第二版，本次修订为第三版。

本教材立足中国市场经济发展中的企业实践，兼顾世界经济发展中的新实践，通过吸收、借鉴西方国家在市场经济基础上形成和发展的管理会计原理与方法，使其与中国企业实践有机结合，以期发挥会计人员在增强企业竞争力、提高经济效益、发展社会主义市场经济中的作用。

本书的主要特点如下：

一是结构严谨，内容深入浅出，富于时代性。管理会计随着社会经济环境的变化而变化，本书的章节设计展现了管理会计发展脉络，并体现其发展前沿。

二是以实践为导向，注重实用性。本书以实践为导向，站在管理会计信息使用者的角度，侧重于如何对信息进行加工处理，以使其满足管理者不断变化的需求。各章选用的例子贴近现实，同时体现相关方法的应用场景。此外，实务应用栏目，从一些常见的新闻报道入手，提供国内或国际企业的实践，并从管理会计的角度加以分析，以引发读者对现实问题的观察与思考。相关链接栏目，则提供一些扩展性的背景知识，以鼓励读者进一步探索。此外，各章开始的学习目标和各章末的总结与结论、练习题、建议阅读材料及相关网站适应学习的需要而展开，便于读者抓住知识点，培养应用能力。为了便于读者查阅，本书对一些网站和原文资料提供了二维码。为了配合该课程的教学，作者开发了相关数字课程资源，包括在线开放课程“管理会计”“人人必备的财务思维课”等。部分管理会计实验的相关更新请登录厦门大学管理会计研究中心网站（http://xmuma.accfun.com）获取，使用本教材的教师可向东北财经大学出版社申请，以获得相关资源的试用账号。

中国大学MOOC：管理会计（郭晓梅）　　中国大学MOOC：人人必备的财务思维课

三是体现管理会计的综合学科特点。现代管理会计在形成与发展中吸收了现代管理科学和经济学等相关学科的知识，从而成为一门综合性学科。本书力求体现管理会计的这一特点，介绍管理思想的变革和管理控制的原理，在决策中考虑数学模型等定量分析方法的同时，也考虑根据经营环境进行定性分析。在控制中突出人的作用，考虑相关控制手段的行为影响和道德选择问题，从而体现现代管理中的权变理论和人本管理思想。

本次修订主要包括：

第一，对一些章节内容做了微调。第1章对企业使命做了补充，更新了中国管理会计的发展内容，更新了数据经济时代的经营环境特点及组织形式的一些新形态，补充了信息技术变革对管理会计的影响等内容。第5章增加了不确定性决策分析方法，以更贴近经济现实。第8章增加了根据环境不确定性特点选择适当的预算控制手段的内容，以便更好地选择管理会计工具。第9章增加了不同责任会计系统的示意图。

第二，更新或替换了实务应用和相关链接的部分内容。例如，增加了影响会计职能的数据工具，更新了中央企业负责人业绩考核中关于经济增加值的规定，增加了华为芯片的自制与外购战略、大众汽车门案例、经济增加值实际计算案例等，并对部分章末练习题做了修订。

修订后的教材包括11章。第1章管理会计概述，阐述管理会计的含义、作用及其发展的相关历程和理论；第2章成本计算系统，介绍成本计算系统的重要性及标准成本系统、变动成本计算系统和作业成本计算系统，同时阐述几种成本系统的区别和融合；第3章本量利分析，重点介绍该方法在经营决策中的应用；第4章定价决策、第5章短期经营决策、第6章长期投资决策，分别阐述相关成本分析方法在决策中的应用；第7章管理控制系统，阐述管理控制系统的含义和基本构成及其与管理会计系统的关系；第8章战略规划与预算管理，阐述这两种计划工具的应用，并重点介绍预算控制的不同手段；第9章责任会计系统，阐述责任会计系统、转移定价和激励机制的设计问题；第10章战略成本管理，介绍价值链分析等几种主要的战略成本管理方法；第11章战略业绩评价，介绍业绩评价体系的框架和流程，并对主要的财务业绩评价体系、综合业绩评价体系和以平衡计分卡为代表的战略业绩评价体系进行介绍，阐述标杆管理这一业绩管理工具。

本书由厦门大学管理学院会计系郭晓梅教授担任主编，负责总体框架设计、编写提纲的拟定、各章初稿的撰写、全书的总纂和定稿。苏颖协助完成了第5、6章的部分实例和练习题的收集整理，张蓉协助完成了第10章的部分实例和练习题的收集整理，应丽梅协助完成第8、9章和第11章的部分实例和练习题的收集整理。鞠子杨负责本书的校对工作。

尽管我们在编写过程中做出力所能及的努力，但是由于学识有限，书中的不妥、疏漏之处在所难免，敬请广大读者批评指正。

编者

2019年10月

目　录

第1章　管理会计概述　⇨1

1.1　企业管理及其对管理会计信息的需求　/1

1.2　管理会计的含义　/5

1.3　企业经营环境的变革与管理会计作用的扩展　/8

1.4　管理会计的发展与相关理论　/11

总结与结论　/17

练习题　/17

建议阅读材料及相关网站　/18

第2章　成本计算系统　⇨20

2.1　成本计算系统概述　/20

2.2　标准成本计算系统　/26

2.3　变动成本计算系统　/38

2.4　作业成本计算系统　/46

2.5　几种成本计算系统的融合　/61

总结与结论　/64

练习题　/65

建议阅读材料及相关网站　/68

第3章　本量利分析　⇨69

3.1　本量利分析概述　/69

3.2　本量利分析在经营决策中的应用　/77

总结与结论　/83

练习题　/83

建议阅读材料及相关网站　/86

第4章　定价决策　⇨87

4.1　影响定价的因素　/87

4.2　产品的经济定价模型　/90

4.3　产品的成本定价模型　/94

4.4　基于市场的目标成本定价模型　/99

4.5 企业的定价策略 /100
总结与结论 /107
练习题 /107
建议阅读材料及相关网站 /109
第5章 短期经营决策 ⇨110
5.1 短期经营决策概述 /110
5.2 短期经营决策分析 /115
5.3 不确定性决策分析 /125
总结与结论 /130
练习题 /130
建议阅读材料及相关网站 /133
第6章 长期投资决策 ⇨135
6.1 长期投资决策概述 /135
6.2 长期投资评价指标 /138
6.3 长期投资决策分析 /144
6.4 长期投资决策的风险分析 /153
总结与结论 /164
练习题 /165
建议阅读材料及相关网站 /167
第7章 管理控制系统 ⇨169
7.1 控制及其分类 /169
7.2 管理控制系统 /171
7.3 管理会计控制系统 /173
7.4 管理控制的原则 /174
总结与结论 /176
练习题 /177
建议阅读材料及相关网站 /177
第8章 战略规划与预算管理 ⇨178
8.1 战略规划 /178
8.2 全面预算管理 /182
8.3 预算控制 /188
8.4 预算控制类型的选择 /204
总结与结论 /207
练习题 /208
建议阅读材料及相关网站 /209
第9章 责任会计系统 ⇨211
9.1 责任会计系统与责任中心 /211

9.2 转移定价 /219
9.3 激励机制 /226
总结与结论 /237
练习题 /237
建议阅读材料及相关网站 /239
第10章 战略成本管理 ⇨240
10.1 战略成本管理与价值链分析 /240
10.2 作业管理 /252
10.3 寿命周期成本管理 /256
10.4 质量成本管理 /262
10.5 环境成本管理 /269
总结与结论 /278
练习题 /279
建议阅读材料及相关网站 /281
第11章 战略业绩评价 ⇨283
11.1 业绩评价体系 /283
11.2 财务业绩评价体系 /289
11.3 战略业绩评价体系 /302
11.4 平衡计分卡 /309
11.5 标杆管理 /320
总结与结论 /330
练习题 /331
建议阅读材料及相关网站 /334
主要参考文献 ⇨336

第 1 章

管理会计概述

学习目标

通过本章学习，你应该了解管理会计对企业管理的作用；了解管理会计与财务会计的区别与联系；了解企业经营环境变革与管理会计作用如何扩展；掌握解释管理会计发展的权变理论和机构理论。

1.1 企业管理及其对管理会计信息的需求

1.1.1 企业的使命、愿景、目标和战略

企业是一系列契约的组合，不同的利益关系者由于存在共同目标而聚合在一起，从而形成了企业。这种共同的目标，就是企业的使命。使命指明了企业存在的目的或理由，并且使该企业的业务与其他类似企业的业务区别开来。使命回答了企业的用户、产品或服务、经营宗旨、发展目标和希望树立的公众形象等方面的问题，为企业目标的确立和战略的制定提供了依据。愿景是组织在未来所能达到的一种状态的蓝图，阐述的是企业存在的最终目的。愿景将使命转变为真正富有意义的预期结果。使命与愿景常被联系起来（如使命宣言），共同阐述企业存在的理由和未来的展望。

企业首先是一个经济性的组织，因此，其使命之一是通过从事经济活动来谋求利润或是为股东创造财富。但是，企业同时也是一个社会性组织，承担着一定的社会责任。随着利益关系集团势力的增强，社会责任也会对企业的经济性行为产生决定性影响。因此，许多企业在明确自己的使命时，不仅关注经济责任，而且关注社会责任。

【实务应用1-1】

企业的使命与愿景

厦门航空成立于1984年，总部位于中国东南沿海的福建省厦门市，是中国首

家按现代企业制度运行的航空公司。经过35年的持续发展，厦门航空现已成为中国民航独具特色的航空公司。

其使命是："感动顾客，成就员工，回报社会"。

感动顾客：我们将提供安全、准点、便捷的航空运输服务，以温馨、舒适、体贴的服务于细微之处让顾客心生喜悦，以真诚感动顾客。

成就员工：我们致力于用机制激励人、用感情留住人、用待遇吸引人，以事业成就员工。

回报社会：我们将以专业、专心、专注的精神为社会提供最好的航空服务，诚信纳税，保护环境，积极履行社会责任，以业绩回报社会。

使命体现了企业对不同利益关系人的责任。

就愿景而言，2015年之前的愿景为："独具特色，顾客首选，亚太一流"。

而2015年后则为："爱拼会赢，绩效卓越，世界一流"。

企业的定位，从亚太地区性航空公司向成为绩效卓越的世界一流航空集团转变，这种转变也为后续国际航线的陆续开通所佐证了。

资料来源 厦门航空官网［EB/OL］.［2018-04-20］. https：//www.xiamenair.com/brand-new_CN/channels/4643.html.

明确企业的使命之后，企业的目标也随之建立。目标是对使命的具体化和明确化的阐述，反映企业在完成使命过程中所追求的最终结果。增加股东价值是总体目标，也可以转化为追求利润最大、追求顾客满意，或是力争成为行业中的先驱等分目标。目标帮助企业的员工了解企业的总体发展方向，并为有效的管理（包括业绩的评估和资源配置等活动）提供了标准和依据。企业目标包括长期目标和短期目标，短期目标是对长期目标的阶段性分解。

目标还取决于个别企业的不同战略。战略是实现企业既定目标的行动过程，它提供总体的计划思路和方法，指出如何完成企业的使命，以及实现长期目标的手段和途径。企业在战略制定过程中必须确定长期目标，而战略的实施过程则包括了短期目标（即企业的年度经营目标）的制定，以作为资源分配的基础。对于企业而言，战略的制定十分重要。一着不慎，满盘皆输。在新技术变革的时代，影像巨头柯达在20世纪末期难舍传统胶卷市场的高利润，错误估计市场对数码技术的接受程度，迟迟不愿进行战略转型，等到失去市场才如梦初醒，于2003年年底宣布"全力进军数码领域"。可惜积重难返，连年亏损，柯达最终不得不在2012年年初宣布申请破产保护。柯达的例子便是惨痛的教训。

1.1.2 企业管理的流程

企业要实施战略、实现目标、完成使命，必须通过不同级别的管理者的管理来实现。典型的管理流程包括了以下七个阶段：①确定组织的目标；②收集可能的备选方案；③收集与备选方案有关的信息；④在不同的备选方案之间进行选择；⑤实施选定的方案；⑥归集实际结果，并与所确定的目标进行对比；⑦针对实际与目标的差异，调整行动或修正方案（如图1-1所示）。

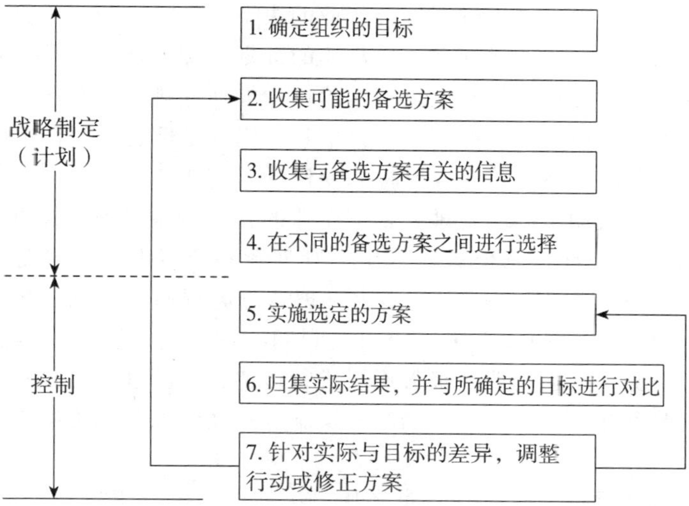

图1-1　企业管理的流程

前四个阶段是企业的战略制定过程，后三个阶段是控制过程，帮助企业实施战略，而贯穿这几个阶段的是计划和控制这两个基本职能。进行计划时，管理者需要在预测未来的基础上，设定目标，收集备选方案相关信息，并最终选择方案。其本身就是一个决策过程，即在不同的备选方案之间进行选择的过程。控制是指对经营活动进行监督，以确保其朝着既定的方向发展的过程。实施控制时，企业必须进行合理组织、实施激励，并对过程进行监督。组织是指建立企业经营活动中所必须遵循的框架的过程。它包括指派员工和确定管理者的职责及权限等内容。激励是指根据员工的需求设立某些目标，并以此来促使员工的行为或活动符合组织的期望，以利于实现企业的目标。监督是指检查工作是否按照既定的计划、标准和方法进行，调整实际与计划之间的偏差，并考虑应当采取的改进措施，以确保目标实现的过程。在控制阶段，管理者也必须不时地做出决策，以确定责任制的构成、人员权力的分派、业绩评价制度和激励机制的设计等。

企业的战略目标选择、资源的有效利用和具体行动计划的制订和实施，都需要在若干个可供选择的方案之间进行选择。所以，管理过程的核心是决策，决策贯穿企业管理的全过程。

1.1.3　企业管理对管理会计信息的需求

企业管理流程的每一个步骤，都需要各种各样的信息为之服务。这些信息，有的来自企业的经济分析，有的来自财务专家、营销人员、生产人员，而更多的则来自管理会计人员。

归纳起来，企业管理的流程需要如下管理会计信息：

（1）为决策提供指导，并制订计划。在面临激烈竞争之际，企业必须做出各种各样的战略决策，例如夏新在扭亏方案中必须做出进行资产重组或者产业转型的决策，在确定多元化战略中必须做出进军哪种产业的决策，乐凯必须就是否与外商合资进行决策；战略确定后，企业必须做出更具体的计划，例如铁路系统每到春运就必须做出提价多少、何时提价、何时恢复正常价格、如何安排列车车次、是否增加临时列车等决策。此时，决策者需要管理会计信息，以便了解每个可能的备选方案的成本和收益，以及实施方案对于企业目标和使命的可能影响。

（2）帮助控制经营活动。高层管理者根据企业的目标所做出的决策以及所制订的计划，需要通过管理会计信息传递给基层的管理者和执行者，以确定后者的责任。各个基层单位制订其计划（预算），作为管理者分配资源的基础。该预算同时构成基层单位的业绩指标，例如未来的收入、利润、成本、质量水平等方面的指标。对于实际执行情况，则通过业绩报告逐层进行传递，使管理者对执行过程进行实时监控，找出业绩存在的不足和可能的改进措施，从而确保行动方案向着既定目标前进。

（3）计量业绩和激励。管理会计信息还使员工能够了解其工作与企业的产品、服务之间的联系，使员工的个人目标与组织的目标达成一致，激励员工在实现个人目标的同时完成组织的目标。

企业管理流程对管理会计信息的需求，使管理会计形成了两个主要构成部分：决策与计划会计、控制会计[①]（如图1-2所示）。决策与计划会计通过收集和整理各种与企业资源使用有关的财务和非财务信息，为企业的战略制定（计划）过程提供支持，在此基础上，将决策的结果以数量的形式加以汇总，形成预算。控制会计则从预算开始，通过预算的分解而将其转化为各个责任中心的目标，并对业绩加以报告，将实际结果与预算进行对比分析，找出差异形成的原因并确定责任，通过对员工的激励而调整其行动，或是对计划进行修订，形成未来的新计划。

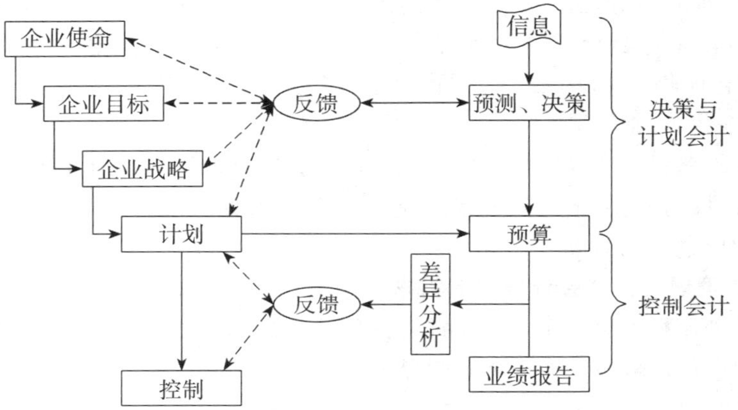

图1-2 企业管理流程与管理会计

① 控制会计又称为责任会计。

1.2　管理会计的含义

1.2.1　管理会计的定义

管理会计是企业管理流程中的一个重要的组成部分，管理会计信息在管理中起着重要的作用。那么，到底什么是管理会计呢？美国管理会计师协会（Institute of Management Accountants，IMA）在2008年的管理会计公告中所给出的定义是：“管理会计是一种参与企业的决策、计划和业绩管理系统的职业，以财务报告形式提供专业知识以帮助管理层制定和实施组织的战略。”而在1981年，IMA所给出的定义为：“向管理层提供用于企业内部计划、评价、控制以及确保企业资源的合理使用和经管责任的履行所需财务信息的确认、计量、归集、分析、编报、解释和传递的过程。”从定义的变化看，管理会计已经从记录经济业务，为管理者提供信息的辅助支持作用，向参与战略决策的管理活动转变，通过企业业绩管理、计划预算，提供风险管理、内部控制、财务报告、成本管理等专业知识和技能，提高企业的竞争力，促进企业成功，并最终为企业的价值创造做出贡献。故而，英国皇家特许管理会计师公会与美国注册会计师协会共同发布的《全球管理会计原则》（GAMP）中，指出：管理会计是为组织创造价值和保值而对与决策相关的财务和非财务信息的收集、分析、传递和使用。①

由是，管理会计包含两个主要的内容：参与和支持企业的战略管理（含战略决策与控制）及平衡企业的经营管理（包含经营决策和控制）。对于战略管理层面，管理会计主要内容是制定和沟通战略，识别和管理企业的分析，开发评估组织的业绩计量系统并分析不同的备选决策方案。对于经营管理层面，则是帮助分权组织制订并执行支持战略目标的经营计划，具体包括计划未来、组织内部沟通与协调、评价和奖励。

【相关链接1-1】

国际会计师联合会（IFAC）对管理会计的定义

国际会计师联合会1989年发布的《管理会计概念框架》中指出，管理会计是帮助管理层在组织内部进行计划、评价和控制以及履行对企业资源的经管责任，而对信息（包括财务和经营信息）进行确认、计量、归集、分析、编报、解释和传递的过程。该定义与美国管理会计师协会的定义大同小异。不过，到1998年，国际会计师联合会对上述公告进行了修订，对管理会计的定义做了较大的调整。该公告指出，企业管理会计活动的发展大体可分为四个阶段：

（1）第一阶段：在20世纪50年代以前，其重心在于通过预算和成本会计方法确定成本，实施财务控制。

（2）第二阶段：从20世纪50年代初到1965年，其重心在于通过决策分析和成

① CIMA，AICPA.Global Management Accounting Principles [S/OL]. [2014]. https://www.cgma.org/content/dam/cgma/resources/reports/downloadabledocuments/global-management-accounting-principles.pdf.

本会计等方法为管理的计划和控制提供信息支持。

(3) 第三阶段：1965—1985年，其重心在于通过应用流程分析和成本管理手段减少资源浪费。

(4) 第四阶段：1985—1995年，其重心转移到通过资源的有效利用以及通过利用检查顾客价值、股东价值和组织创新等发生的动因来创造价值。

管理会计在第二、第三和第四个阶段的发展过程中，其重心从第二阶段的提供信息、第三阶段的资源管理（采取的是削减废物的形式），转移到第四阶段的价值创造。在转变过程中，第二阶段的提供信息作用并没有消失，而是融合在第三和第四阶段了。信息已经表现为组织的资源之一。其重心表现为减少以财务或实物形态表示的此类资源浪费，或者是在价值创造过程中均衡其使用。

此外，在发展过程中，管理会计在组织的地位也发生了改变。在第一阶段，管理会计被当作实现组织目标所必需的一种技术性方法。在第二阶段，管理会计被当作管理活动的一部分，但属于企业的服务职能，通过为计划和控制提供信息而为处于生产职能的管理者提供支持。到了第三和第四阶段，管理会计已成为管理流程不可分割的一个组成部分，实时信息可以直接为管理者所用，生产职能和服务职能的区别逐渐模糊。

1.2.2 管理会计与财务会计的区别与联系

理解管理会计的含义，还可以从其与财务会计的区别中去把握。虽然都名为会计，都对信息进行加工整理，但是管理会计和财务会计却存在着许多不同，主要表现在：

(1) 使用者不同。这是财务会计与管理会计的根本区别。财务报告的使用者主要有企业的所有者、潜在的投资者、债权人和其他社会集团（如供应商、顾客、职员和政府等），但不论使用者是谁，他们的一个共同点是身处企业之外，不直接参与企业的经营管理，需要通过财务报告评估管理人员的经营业绩，评价他们在企业中的经济利益，并做出是否参与或继续参与企业活动的决策。从这个角度看，财务会计侧重于对外服务。而管理会计侧重于对内服务，即为企业的管理层服务。它通过各种专门的技术方法，向企业的各级管理人员提供有关的经济信息，以利于其制定目标，做出决策，编制计划，进行控制和评价业绩。

(2) 报告的强制性程度和依据的标准不同。财务会计服务于外部使用者，必须严格遵守一定的规范和依据，以统一的标准即公认会计准则为依据，其编制是强制的。而管理会计是企业内部管理个性化需求的产物，强调为特定的信息使用者提供相关的信息，不受公认会计准则的约束。管理会计可以根据企业的类型、管理人员的要求和决策的类型，采用灵活多样的方法，获取信息，进行加工处理，不存在统一的标准或固定的规范或依据。

(3) 基本结构不同。财务会计围绕“资产=负债+所有者权益”等公式展开，而管理会计则围绕决策、计划和控制这三方面的作用而拥有自己的概念和结构。

（4）信息类型不同。财务会计主要以已完成或已发生的交易和事项作为加工对象，所生产的信息面向过去，以货币信息为主。而管理会计则主要以预计将要发生的和企业未来的经济行为为加工对象，所产生的信息面向未来，货币性和非货币性信息并重。

（5）报告的形式和频率不同。财务报告的形式较为固定，主要包括资产负债表、利润表和现金流量表。由于财务报表资料是总括性的资料，而使用者对信息的需要越来越多，有些资料无法为现行的财务报表体系所容纳，只好通过表下或表外附注的形式来披露。按公认会计准则的要求，财务报告必须按一定的期间（如年、季度、月份）来编制，以反映企业作为一个会计主体在特定期间的财务状况和经营成果。而管理会计可以根据需要编制各种各样的报表，报表的形式可以自由设计。所提供的企业详细资料的报告，可以根据企业整体来编制，也可以仅对某一个组成部分来编制。在编制时间上可以不受固定期间的限制，可以按年、季度、月份来编制，也可以按周、天来编制。可以编制过去某一期间的报表，也可以编制未来某一期间的报表。

（6）报告主体不同。财务报告反映的是企业作为一个整体的财务状况和经营成果。企业所从事的经营业务可能跨越不同的领域，甚至可能属于不同的法律主体。但是，在编制财务报告时必须反映其作为单一主体的情况，所以企业甚至有可能要编制合并财务报表。而管理会计更关心的是组织内各个组成部分的情况，必须反映个别产品、个别作业、个别部门、个别员工或其他责任单位的情况。

尽管管理会计与财务会计之间存在着如此多的差异，但两者之间仍存在一定的联系。首先，它们共同为管理者履行资源的托管责任服务。财务会计具有反映和控制的职能，其基本方法（如：凭证的审核，复式记账法，账表、账账、账实的核对等）同时也是一种内部控制的方法。提供对外财务报告目的在于监督管理者的托管责任，在取信于外部利害关系集团的同时，也使得企业的各种经济契约关系得以维持，企业的持续经营才成为可能。而管理会计更是直接为企业的经营管理服务，以保证资源的合理有效利用。其次，财务会计和管理会计同属于企业会计系统的两个子系统，都必须为使用者提供决策所需的信息。在企业内部只有一个基本的会计信息系统，即财务会计系统，管理会计所需要的信息主要是利用财务会计系统的资料进行加工处理，同时又根据管理的需要，创立自己独特的理论与方法，以提供面向未来的信息资料。从这一点看，管理会计与财务会计也是同源而分流的。最后，二者的结合点落在成本会计上。成本计算从单独进行发展到并入财务会计的复式簿记体系，并成为资产计价和收益确认的一个重要依据，构成财务会计的一个重要方面，重点在于核算，而成本计算与成本控制的结合促成了管理会计的形成。并且，管理会计创造性地发展了成本会计，从管理控制的角度将成本会计纳入了管理会计体系，重点在于成本控制。

1.3 企业经营环境的变革与管理会计作用的扩展

如前所述，在企业经营活动过程中，管理会计发挥了计划和控制的作用，随着企业经营环境的变化，管理会计也不断变革，其作用也不断扩展。

1.3.1 企业经营环境的变革与现代管理的新主题

1）企业经营环境的变化

进入20世纪80年代以后，企业外部的经营环境发生了深刻的变化，其中最为显著的特征是竞争性市场和创新技术。

随着全球经济的一体化发展，越来越多的国家和地区通过多边协议等方式加强了彼此之间的经济联系，例如欧洲经济共同体（EC）、北美自由贸易协定（NAFTA）、中国内地与中国香港更紧密经贸关系安排（CEPA）以及世界贸易组织（WTO）等，其直接的结果是关税、配额等大幅度下降，贸易自由度提高，行业进入的壁垒消除，为企业突破国家之间的地理、政治、经济限制，在全球寻找生产资料、人力和技术等方面的优势资源，提升竞争力创造了条件。结果，企业开始面临全球性的竞争，必须加强管理，不断地寻求竞争优势，并将其持续保持下去。

与此同时，技术革命的发展，使电脑辅助生产、电脑辅助设计、弹性制造系统等广泛应用于生产之中，实现了生产的电脑化、自动化。企业因此能够以更低的价格向顾客提供更优质的产品，及时满足顾客的不同需求，从而为企业开拓市场创造了条件。同时，技术的进步也使沟通变得容易。在全球范围内进行生产经营的企业，通过网络实现信息的实时传递，能更好地把握遍布全球的不同顾客的需求，及时进行设计、生产，并对各地企业的业绩进行评估，进而改进业绩，提升竞争力。物联网、大数据、云计算、区块链和商业智能，将人类带入第四次工业革命时代，生产与服务智能化、生活信息化及智能化使企业管理的变革深入，商业模式不断创新，共享经济形态出现。人们进入了VUCA时代，即V易变性、U不确定性、C复杂性、A模糊性。人们在不断地产生新的信息，也在不断提升认知。过去工业革命时代的经验，很难应对新时代的新环境。企业必须不断提升转型以应对。

2）现代企业管理的新主题

面对全球性的竞争，企业管理开始变革，从过去的生产驱动开始转为顾客驱动，致力于发挥自身的核心竞争力，满足顾客的需求。图1-3展示了现代企业进行管理的新主题。居于核心地位的是顾客的满意度。企业生产经营的各种努力，唯有满足顾客需求，为顾客所接受，其价值才能实现。为此，企业必须以低于或等同于竞争对手的成本创造更多的顾客价值，才能建立和维持自身的竞争优势。顾客价值，受到产品的特性、功能、成本、质量、时间、便利程度等诸多因素的影响，而其中最为关键的因素是：成本、质量、时间和创新程度。企业为了能够在这几个关键的成功因素上保持优势，使顾客满意，就必须引入各种新的管理方法，包括：持续改进、员工授权和总价值链分析等。

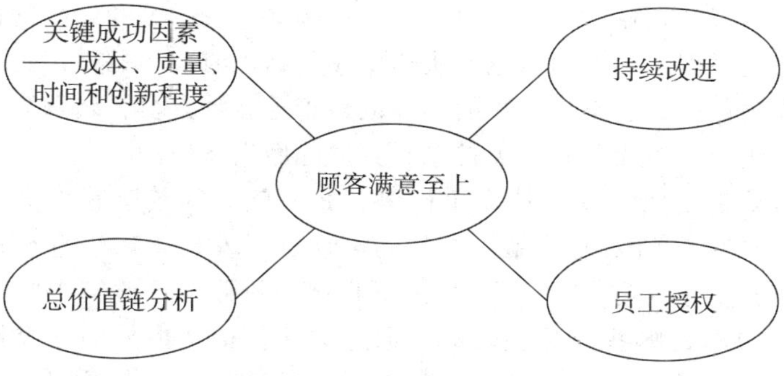

图1-3 现代企业管理的新主题

（1）关键成功因素——成本、质量、时间和创新程度。顾客购买产品，必须付出包括购买价格、维修保养费用和处置费用等方面在内的代价。在其他因素一样的情况下，削减成本将增强企业的竞争力。为此，企业必须建立有效的成本管理系统，以便准确计量企业在消耗资源的各种活动中的成本耗费，分析各种活动的效率和有效性，从而采取相应措施，消除浪费，提高价值。顾客除了要求低成本以外，还需要获得高质量的产品和服务，为了适应此需求，许多企业引入了全面质量管理体系（TQM），以顾客的需求为核心，通过计划和控制，不断地改进业务流程的质量，通过预防性管理来提高质量，从而也降低了成本。TQM的盛行，也使企业的管理会计发生变化，以计量、评价产品与服务的质量和质量成本。随着生活节奏的加快，时间逐渐成为一种稀缺资源。要提升顾客价值，为顾客节省时间是一个非常重要的方式。为此，企业开始努力对顾客的要求做出快速反应，提供按时交货的服务，缩短新产品的开发设计和面市时间，有的企业开始引入适时生产系统（JIT），围绕顾客的需求进行生产。因此，管理会计开始重视以时间为基础的业绩和指标，如生产周期、反应时间、按时送货率等。时间的浪费意味着资源的浪费，节省等待、返工、搬运、库存等时间，节省了企业的资源，从而降低了成本。技术的进步和竞争的日益白热化，导致产品的寿命周期大大缩短。企业的某种优势一旦形成，就有无数的竞争对手效仿，企业很可能被取而代之。日本汽车仿效美国汽车的高质量并很快夺走了美国汽车市场，便是明证。为此，依靠某项优势维持较高利润的时间并不会太长。所以，企业必须领先于对手，不断加快创新速度，以满足顾客不断变化的需求。因此，企业的管理会计系统开始引入弹性和创新方面的指标，例如新产品推出的周期、开发的时间等。

（2）持续改进。全球性竞争要求企业必须争创世界一流，并且持续地将优势保持下去。为此，企业业绩目标不能一成不变，而是要针对变化着的环境、顾客需求和竞争对手情况，不断改进和提升。持续改进，要求企业不断地寻找削减成本、提高质量、消除浪费的机会，更好地满足顾客需求。有的企业为此引入了标杆管理制度，以最优企业为目标，学习最优的管理技术，并将其应用于企业之中。

（3）员工授权。新的管理方法的应用，使企业逐渐认识到，员工是企业竞争力发挥的关键。员工站在业务流程的第一线，直接掌握着顾客和流程的信息，对员工授权，可以使其根据所掌握的信息，快速反应，缩短时间，并做出正确决策。管理会计的信息收集任务，也就从过去的单纯依靠管理会计人员，转移到经过授权的员工，以保证企业能及时收集到相关信息，并据此做出反应。

（4）总价值链分析。要保持竞争优势，企业就必须了解其价值链的构成。价值链包括了从向供应商采购商品，产品的设计、开发、生产，直至将产品最终提供给顾客的全过程。为了使顾客满意，企业就必须分析价值链中的哪些作业对于顾客而言是重要的，哪些则是多余的。通过关注价值链内外的各个作业的联系来消除浪费，增加价值。在企业和供应商之间，通过建立长期的团结协作关系而获得改进，实现双赢。在企业内部，则通过克服职能部门之间的差异，利用团队来消除浪费，从而在最短的时间内，以最低的成本向顾客提供最高的价值，使顾客共享其改进业绩的收益。价值链中各环节之间的联系意味着企业的设计、生产、营销决策之间的联系增强，从而导致了跨职能部门的产生，职能部门之间的专业色彩减弱，取而代之的是支持企业战略的业务流程。同时，企业组织结构扁平化，决策权力逐渐向一线员工倾斜，信息系统逐渐和管理系统集成在一起。企业的管理会计系统也发生了相应改变。例如，在战略决策中，建立在价值链基础上的产品成本概念，就突破了传统的制造成本的界限，包括了设计、开发成本，销售和售后服务成本等。

1.3.2 管理会计作用的扩展

管理会计是随着企业经营环境的变化、管理者需求的变化而变化的。当企业管理出现了新思想、新方法的时候，管理会计通过吸收和调整，使自己发生了转变。从原来的以应用决策分析和责任会计手段为管理者提供信息支持，到逐渐融入企业管理流程，成为后者的一个不可或缺的组成部分。它通过关注企业资源（包括信息）的使用情况来增强企业的竞争力，提升企业价值。从而使管理会计逐渐从信息提供者身份向资源的管理者身份转化，从决策支持者向管理者的商业伙伴转化，信息提供者和使用者的界限逐渐模糊。

在面临变革之时，企业管理仍然离不开战略，并通过有效的计划和控制来实现企业的目标，即战略的制定（计划）和战略实施（控制）。管理会计必须能为战略形成和实施过程提供足够的支持，以提高企业在日益多变的市场中的竞争地位。需要不断地根据实际情况的变化，平衡企业面临的机会和挑战，做出正确的调整。在竞争而多变的市场环境下，资源管理是否有效影响着企业的成功。管理会计的作用，也因此从单纯为管理的计划和控制提供信息，转向了参与资源管理，通过持续地探求资源是否得到有效利用而为企业增加价值。

管理会计的最终目标在于增加利益关系人价值，并通过以下四个方面来实现这一目标：领导力、战略管理、经营协调、持续学习与改进。在领导力方面，管理会计要帮助创造并融合共同的信念，形成共同的组织观念，促进有效决策，并促进组织变革与创新。在战略管理方面，管理会计帮助企业制定并沟通战略，识别和实施风险管理，设计战略业绩计量系统，评价企业的业绩和评估企业的备选方案。在经营协调方面，即分权组织制订并执行短期计划以帮助实现战略目标。其内容包括制订计划、纵向沟通、横向协调、员工评价与奖励等。在持续学习与改进方面，促进个人和组织的学习，掌握流程改进技能，不断寻求机会以减少浪费、满足需求，合作以改进经营模式等。

1.4　管理会计的发展与相关理论

1.4.1　西方管理会计的形成与发展

管理会计的发展阶段如图1-4所示。

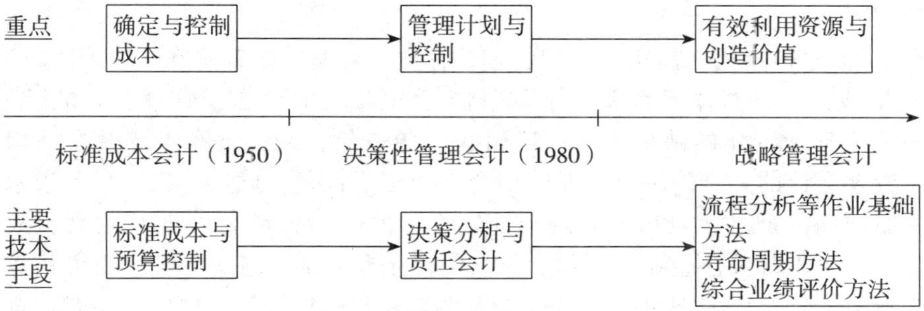

图1-4　管理会计的发展阶段

20世纪80年代之前的管理会计，也被称为传统管理会计，其前身为标准成本会计。传统管理会计是为了适应泰罗制而产生的。20世纪初期，大型的综合性公司出现了，现代企业制度逐渐形成。企业需要提高效率，降低成本，提高盈利能力，同时也需要评估其各个部门的业绩。同时，美国的许多企业开始推行泰罗制。科学管理学说的产生促进了管理会计的萌芽。标准成本会计系统包括标准成本、预算控制和差异分析三个方面，将严密的事先计算引入会计体系中，实现将事先计算、事中控制和事后分析结合在一起，进而实现会计与管理的结合，为提升企业的效率起了很大的作用。

但是，由于标准成本系统仍依附于财务会计系统，其主要目的还是满足财务报告的需要。实质上是在企业的战略方针等既定的情况下，解决在执行中如何提高生产效率和生产的经济效果的问题，未反映企业管理的全局和企业同外界的关系。由于成本在多次的归集、结转和分配中，已不能反映原始的人工、材料和制造费用的份额，管理当局无法对其成本性态做出合理估计，因此对决策失去了相关性。它只是管理会计的萌芽，还不是真正的现代管理会计，不过管理会计的技术和方法却已经基本成型了。

现代管理会计，形成于20世纪50年代。以运筹学和行为科学为基础的现代管理科学形成，并促成了全局性的，以决策会计为主体、为全面提高企业生产经济效益服务的现代管理会计的建立。1952年国际会计师联合会正式通过“管理会计”

这一专业术语，标志着会计正式被划分为“财务会计”和“管理会计”两大领域。人们根据决策的需要，提出了不同的成本概念，创造了成本性态分析法、本量利分析法等成本分析方法，与特定决策相关的成本会计程序开始服务于内部的使用者。管理会计建立之后，从20世纪60年代到80年代，企业的管理理论出现了过程学派，经验学派，人类行为学派，数量学派，决策理论学派等多学派林立的现象，另一方面也出现了强大的综合趋势。这些学派的发展，为管理会计的发展在理论上起了指导作用。通过引进、吸收相关学科的新的理论和方法，管理会计体系逐步完善和建立。其基本框架包括：决策与计划会计、执行会计两个部分。决策以经营决策经济效益的分析评价为核心，计划则是对经营决策选定的有关方案的数量表现进行加工和汇总，执行则是以责任会计为核心，着重于经营活动进程和效果的评价和控制。

在20世纪80年代之前所盛行的管理会计方法，基本上都是在20世纪20年代和50年代形成的，而成本系统基本上就凝固于20年代的形态。管理会计缺乏创新，它不能适应环境变化的缺陷为人们所诟病。1987年，约翰逊和卡普兰在《相关性丧失：管理会计的兴衰》一书中对管理会计做出了批评。此后，实务界和学术界均努力改革或引入新的工具以使管理会计恢复相关性。20世纪80年代之后，战略管理产生，它要求既关注企业内部信息，又关注企业外部信息；既提供财务信息，又提供非财务信息。要能把财务信息转化为决策者所容易接受和把握的经营信息从而帮助管理者确立和确保企业战略的实现，竞争优势的保持。这些管理思想的变化对企业的管理会计系统产生了重大的影响，使决策性管理会计的不足开始显现，管理会计面临创新的要求，由此产生了面向战略管理的新的成本管理和业绩评价方法。管理会计方法的发展，极大地扩展了管理会计的职能，使其能够从关注企业经营管理的层面，提升到关注企业战略管理的层面，由此而形成了战略管理会计。当然，管理会计的发展不会止步于此。面对更加成熟的市场，更为多变和不可预测的未来，以及需求多样的顾客，管理会计也必须不断发展，如何为企业创造价值，成为管理会计在未来的一个核心议题。

1.4.2 我国管理会计的形成与发展

20世纪50年代，我国在计划经济时代便已出现管理会计的相关实践。当时的以成本为核心的内部责任会计，班组核算，经济活动分析，资金分级归口管理等手段，就与西方管理会计中的执行会计很相似。20世纪70年代末到80年代，国家开始经济体制改革，强调企业改制，要求用现代科学管理方法管理企业。在经营机制转换的同时，现代管理方法，包括本量利分析、价值工程、目标管理、全面质量管理、决策技术等开始在企业中应用。企业开始形成成本管理制度，并产生了以内部经济责任制度为基础的责任会计体系。20世纪80年代初，西方管理会计理念被引入中国，从而出现了大量介绍管理会计的论文，并形成了以余绪缨编著的《管理会计》（高等财经院校统编教材，1983年）一书为代表的一批有全国影响力的管理会计教材。同时，国内的大学开始开设管理会计课程，开办管理会计方向的研究生项目，为管理会计的普及和发展发挥了重要作用。

随着经济的发展和改革的深入，中国的管理会计也逐渐进入反思提升的阶段。在政府相关部门的推动下，一些管理会计工具得到了推广应用，诸如作业成本法，经济增加值，全面预算管理等等。同时也产生了一些创新性或在中国情景下的管理会计应用工具，如“模拟市场、成本否决”的邯钢经验，又如一些企业开始将作业成本法、平衡计分卡等应用于实践中。

2014年，财政部颁布关于全面推进管理会计体系建设的指导意见，“要求财政部门顺时应势，大力发展管理会计”，并提出了培养管理会计人才，建立管理会计理论体系的目标。这就为管理会计在中国的发展创造了良好契机。在此形势下，中国管理会计的理论与实践出现了新的发展。与西方一样，我国管理会计的实践，也开始将目标转向为企业创造价值之上，一些针对中国情景的经验总结不断见诸媒体，为人们所认识，学术界也在总结和提炼相应的经验。

2016年，财政部颁布了《管理会计基本指引》，在管理会计应用实践基础上总结、提炼形成普遍适用的指导性标准，明确了管理会计的目标、原则和要素。为单位全面准确理解管理会计、科学系统应用管理会计提供了基本框架和方向。这是我国管理会计发展中的重要文件。其颁布有利于加强管理会计指引体系建设，有利于加强单位管理会计工作，同时也有利于推动管理会计理论发展。

2017年，财政部颁布了22项管理会计应用指引，内容涵盖预算管理、运营管理、成本管理等领域，这是我国管理会计指引体系建设的又一重大突破，为各单位应用管理会计工具方法提供有力指导。管理会计已从国家顶层设计走向地方携手推进，从理论宏观指导走向引导落地应用阶段，已成为企业和财会人员转型升级，持续发展的刚性需求。可以预见的是，随着管理会计人才的不断涌现以及适应中国环境的管理会计体系的逐渐完善，管理会计在中国的应用前景是乐观的。

1.4.3　解释管理会计发展的相关理论

1）权变理论

从管理会计的萌芽，到决策性管理会计的建立，乃至现代管理会计的新发展，每一个阶段的进步，实际上都隐含着一个哲理：不存在适应于一切环境一切组织的会计系统。会计系统的设计者必须充分认识到影响会计系统设计的特定环境因素。这就是Otley所提出的管理会计的权变理论（contingency theory）。影响管理会计发展的主要权变因素有几类：环境、组织结构、技术、企业竞争战略、信息技术变革等。

（1）环境。环境因素，主要包括未来的不确定性、企业所面临的竞争、竞争对手对企业的态度、不同的产品市场的数量等。其中，不确定性是影响管理会计系统设计的主要环境因素。不确定性越强，企业越依赖主观业绩评价的方法，而较少依靠公式确定的标准进行评价，企业所需要的管理会计信息就越复杂，采用的预算控制手段越灵活。竞争越激烈，会计系统越复杂，所采用的会计方法越多。产品市场越多，企业分权的程度越大等。

（2）组织结构。组织结构因素，包括企业的规模，部门相互之间的联系，分权的程度，资源的可取得性等。企业规模大，可支配的资源多，经营复杂，就越可能采纳创新而复杂的管理会计方法。分权程度高的企业，鼓励参与性预算，而分权程度低的企业，则一般实施强制性预算。而且，经营业务多样的企业，高层管理者不可能了解所有的业务，因而更重视责任会计，强调财务控制。另外，组织结构严密，上下层级关系分明的企业，授权不够，基层管理者不太愿意采用创新的方法，而在以任务为核心，成立跨职能部门的企业里，员工得到充分授权，形成团队，不同部门之间协作多，拥有多种技能和经验，更加愿意采纳创新的方法。随着企业组织规模扩大和复杂程度提高，企业组织结构会发生类似生命周期式的变动，即从最初的扁平式集权结构，向U型结构、M型结构，到最后的既可能是矩阵式又可能是扁平式的高度分权结构进行演化，这就是企业组织结构变更的基本逻辑。而网络生态系统、虚拟组织结构等新形态的出现，也使企业内部的权利分配呈现不同特点，从而触发管理会计的创新。

（3）技术。技术因素，包括企业生产流程的本质、复杂性，任务的多样性等。企业生产流程，可以分为小规模生产、大规模生产、批量生产和连续生产等类型。生产类型的不同，影响着成本会计系统的设计。例如订单成本计算法将用于批量生产中，而流程成本计算法则用于连续性生产过程中。此外，任务的复杂性影响着财务控制的结构，以及所需要的会计数据量、数据内容和使用数据的方法。

（4）企业竞争战略。企业竞争战略，主要有低成本战略和差异化战略两种。竞争战略不同，对于管理会计方法的倾向也有所不同。采用低成本战略的企业，强调改进业务流程。这类企业可能通过作业基础的方法来控制成本，可能寻求外包来降低成本，在业绩评价方面，通过为员工设计标准的经营流程来提高效率，对于经理的业绩控制，则强调削减成本和完成预算。采用差异化战略的企业，采取有助于提高质量的生产技术，以顾客为导向，重视员工的团队作用，因此，重视战略计划的工具，强调参与性决策和控制，根据大量的非财务指标，通过平衡业绩计量系统来对经理和员工进行激励。

（5）信息技术变革。企业创新管理会计方法，以及使用新的管理会计方法的动机，在于采用新方法所带来的效益，超过使用新方法所发生的增量成本。在20世纪早期，尽管工业化生产要求提供准确的成本信息，但是以手工操作为主的信息加工手段使人们不可能也不愿意采用过于复杂的成本计算方法，因此，事先确定的标准制造费用分配率成为盛行的成本计算和控制方法。而信息技术的进步，则使人们可以容易地采用分厂的制造费用分配率来进行成本计算。因此，会计方法的创新，源于经营环境的变化的需要，而信息技术的进步使这种需要转化为现实成为可能。外部环境的变化要求与之适应的信息，但是这种信息的加工方法复杂，高昂的成本使人们望而却步。而信息技术的进步大大降低了新方法的应用成本，从而使新的管理会计方法得以推广。信息技术的进步使数据的取得和分发更为便利。借助SAP的资源管理系统，企业可以实现交易数据和会计数据的共享，实现交易与会计信息处理的同步。这也使以作业为基础的方法应用于实践成为可能。同时，内部网、外部网的应用使数据和信息的传递加快，使远程信息的取得和加工成为可能。此外，集成系统、数据库和数据库管理技术的发展，使会计信息，特别是创新管理会计方法所需要的各种外部数据、非财务数据的获取、加工和转化、存储和访问，可以通过低成本的方式取得。随着5G的商业化，与人工智能、云服务、物联网以及增强现实AR等前沿领域融合在一起，预判未来用户的生活场景，挖掘用户需求，成为构建万物互联新一代信息网络的基础设施。信息与数据将以颠覆的方式产生，从而为管理会计提供了更多的发展空间。而进入工业4.0之后，信息技术与自动化的发展，为管理会计插上翅膀，进而能够为企业提供战略价值，更好地用实时的智能引导企业经营，使流程的标准化、技术的自动化和持续分析成为可能。并且打破了会计的固定分期界限，更好地适应经营者对信息的需求，促进在质量、准确性和效率等方面的持续改进。

2）机构理论

除了外部环境的压力，信息成本下降的动力以外，还有一种原因促成了创新管理会计方法的推广应用。这需要由机构理论来解释。机构理论认为，企业的经营活动需要遵守两种法则：一种是技术法则，即企业日常应用技术和经营管理的法则，是由追求理想和效率的规则来主导的；另一种是机构法则，是企业向外部公众所表现出来的法则，由外部环境对企业的期望所主导。企业是一系列契约的组合，是不同的利益关系人由于共同目标聚合在一起形成的。企业的合法生存，必须获得各个利益关系人的认同。只有当企业向外部环境所展现的自我与外部环境对其的期望保持一致时，企业才可能成功。外部环境对企业的期望，是由各个利益关系人（包括股东、顾客、政府、合作单位、社区等）的价值观和行为标准所组成的，决定了在整个社会眼里企业的正确行为方式。机构理论认为，无形的价值观和行为标准影响着企业的行为，企业总是采纳能够取悦外部环境的结构和流程，这已经成为企业行为准则的一部分。在这种思想指导下，企业将采纳社会所认同的各种创新管理会计方法，从而产生了趋同的结果。这种趋同的结果，可能来自于企业的合作单位、政府和准则制定机构的压力，例如出版业普遍存在的先交货后付款的交易方式；也可能是彼此心照不宣的潜规则。外部环境的不确定性，也是组织采取趋同行为的一个原因。模仿成功企业，可以减少管理者对不确定性的顾虑，还可能增强企业的形象，所以“邯钢经验”“海尔经验”一推出，就有许多企业参观学习。作业管理、全面质量管理、平衡计分卡也有不少企业争相采纳。不管是否适应，采纳先进的方法，总是时代的趋势。

可以预见的是，随着全球化趋势的扩展和竞争的进一步激烈，管理会计方法仍将不断发展，而且会有不少企业尝试应用新方法。

【相关链接1-2】

增强会计职能的数据工具

“大数据”给会计部门带来了前所未有的机会，可以处理大量的数据，快速处理并在需要时随时加以发布。这使会计人员不仅能够促进经营业绩的改进，而且能够提高其对经营的洞察力。

影响会计部门的技术主要有七种：

1.云计算

云计算是分布式计算的一种，是指通过网络“云”将巨大的数据计算处理程序分解成无数个小程序，然后，通过多部服务器组成的系统进行处理和分析，这些小程序得到结果并返回给用户。依靠该技术，财务部门无须预先进行大规模投资，即可通过“公共云”、“私有云”或“混合云”提供财务服务。

2.流程机器人

流程机器人技术利用多个技术系统使交易处理和传递自动化。机器人和人类一样执行重复的流程，但出错和疲劳的风险较小。该技术改变了全球的制造业，也影响了财务部门。借助该技术，诸如采购付款、销售收款等重复性的工作可以为机器人所取代，从而实现更准确和低成本的目标。同时，流程机器人使财务人员从大量的重复性交易工作中解放出来，投入到要求更高的企业决策中。

3.可视化技术

可视化技术是指创新地使用图像和交互式技术来探索大型、高密度的数据集。可视化套件为商务智能和分析平台的补充，提供丰富的图形、互动性和可用性，及领先的消费者体验。该工具更快地将趋势、类型和相关性以图形形式展示给管理者，从而使数据容易被不同的受众所理解和接受。

4.高级分析

分析长期以来一直是财务专业领域的一部分，但新技术正在帮助商业人士以富有洞察力的答案解决棘手的问题。这通常意味着要梳理大数据，以发现暗示未来机遇的模式。该工具可以帮助财务人员更高效地计划预测和展开盈利分析，满足使用者对财务人员提供增值洞察力的期望。

5.认知计算

认知计算和人工智能模拟人类思维。这项技术包括机器学习、自然语言处理、语音识别和计算机视觉。

该技术能够大量识别各种材料，例如合同，并自动生成实时的报告。

6.内存计算

内存计算是指将数据存储在主内存中以获得更短的响应时间，而且由于数据被压缩，对存储需求也降低了。可以快速访问大量数据，这在以前是无法想象的。该技术提供了一种技术架构，使人们得以处理大量数据，例如交易处理，事项处理，分布式缓存，以及场景建模，而不需要牺牲可用性或及时性。

7. 区块链

区块链是一种数字分布式账本，在该账本中，交易被验证并安全地存储在一个由分布式和连接节点组成的网络上，无须管理中心（去中心化）。

该技术保留交易的痕迹，从而使过程可以验证并展开独立审计。该技术使价值可以平行转移，消除了中介。可触发程序化合同，即智能合约，可在区块链上存储和执行的合同。

资料来源：DELOITTE. Crunch time finance in a digital world ［M］. London：Development LLC，2016.

总结与结论

本章阐述了管理会计的作用主要是为企业的经营管理提供计划和控制，同时阐述了管理会计的定义及其与财务会计的主要区别与联系。此外，随着经营环境的变化，企业管理思想产生了变革，管理会计的作用也不断扩展。本章还重点阐述了影响管理会计发展的主要因素和相关理论。

练习题

思考题

1. 什么是管理会计？如何理解其本质？
2. 管理会计的主要作用有哪些？
3. 管理会计和财务会计之间存在哪些主要差异？
4. 当今世界，企业管理发生了哪些主要变化？请举例说明。
5. 企业关注顾客及其价值的实现，将使管理会计发生哪些变化？
6. 什么是权变理论？影响管理会计发展的因素有哪些？
7. 什么是机构理论？

习题

1. 以下是某企业的会计信息系统所进行的工作：

（1）根据企业会计制度的规定编制财务报告。

（2）编制分部门的利润表。

（3）编制生产部门的生产成本预算。

（4）按照历史成本计算机器设备的折旧。

（5）编制两个子公司与母公司的合并报表。

（6）评估自制零件和外购零件的成本和效益。

（7）在企业年度报告中披露其或有负债。

（8）向销售经理报告历年销售收入的增长趋势。

（9）编制预计质量成本与实际质量成本的比较报告。

要求：区分哪些活动属于管理会计，哪些活动属于财务会计。

2.甲市诚信会计师事务所正考虑为其审计人员配备手提电脑。经过多方比较，最终集中考虑A和B两个品牌的供应商。两个品牌电脑的配置是一样的，销售价格也一样。经过进一步调查，事务所发现，A电脑提供2年的保修服务，保修期满后2年内可能的维修成本在1 000元左右，不过由于在甲市未设立维修站，电脑的维修必须寄到乙市，来回大概要一周。而B电脑提供1年的保修服务，保修期满后3年内的维修成本在2 000元左右。此外，B电脑在甲市设有经销部和维修点，可以在订货后一周内提货。接到维修申请时，一般可在24小时内做出反应。经过综合比较，会计师事务所最终选择购买B品牌的电脑。

要求：

（1）诚信会计师事务所在最终采购手提电脑时，考虑了产品的哪些因素？

（2）两家电脑公司的战略定位有什么不同？

（3）诚信会计师事务所最终选购了B品牌的电脑，因为该电脑对使用者价值更大。这种价值来源于何处？其对管理会计有什么影响？

（4）假设在失去了诚信会计师事务所的订单后，A电脑公司意识到其失败的主要原因在于交货期过长，因而决定改善其业务流程以缩短交货期。结果，通过加强与供应商的联系，提高了零配件的质量，通过加强员工培训和对员工进行授权，提高了产品的质量，缩短了加工时间，从而使交货时间缩短，成本下降。A电脑公司因此调低了其电脑的价格。请分析，A电脑公司的这些举动是如何改变其相对于B电脑公司的竞争地位的？这些行为对管理会计信息有什么影响？

讨论题

请收集零售业巨头沃尔玛集团的相关资料，讨论：

（1）在沃尔玛发展过程中，其经营环境具有哪些特点？其所采用的管理手段在哪些方面体现了本章所介绍的管理新主题？

（2）在沃尔玛的全球采购中，信息可能发挥什么样的作用？有效信息管理是如何为其成功服务的？

建议阅读材料及相关网站

［1］钱德勒.看得见的手：美国企业的管理革命［M］．重武，译.北京：商务印书馆，1987.

［2］希特A，爱尔兰R，霍斯基森E.战略管理：竞争与全球化［M］．吕巍，等，译.9版.北京：机械工业出版社，2012.

［3］CHARLES H B，RALPH E D.Management accounting：strategy and control［M］．Columbus：The McGraw-Hill Companies，INC，1997.

［4］JOHNSON H T，KAPLAN.Relevance lost：the rise and fall of management accounting [M]. Boston: Harvard Business School Press, 1987.

[5] 英国特许管理会计师公会，http://www.cimaglobal.com.

[6] 美国管理会计师协会，(IMA)，https://www.imanet.org/.

[7] 国际会计师联合会，http://www.ifac.org.

[8] 全球特许管理会计师网站，https://www.cgma.org/.

第 2 章

成本计算系统

学习目标

通过本章学习，你应该了解成本归集和分配的基本概念；理解成本计算系统对企业管理的作用；理解和掌握标准成本系统控制成本的方法；理解和掌握变动成本计算法及其对企业的作用；理解和掌握作业成本计算法的原理和应用；了解不同成本计算系统的对比和融合。

2.1 成本计算系统概述

2.1.1 成本计算基础

1）成本与成本对象

管理会计为决策和控制服务，所提供的信息主要是各类成本信息，并且不同目的将导致不同的成本，由此才能做出正确的决策并实施有效的控制。如果未能充分准确地反映成本对象的资源消耗情况，就可能导致成本扭曲，以至于决策错误，控制失效。成本（cost）是企业为了获得当前或未来的利益而做出的以财务资源为表现的牺牲，这种付出形成了企业的产品或服务。对于营利性企业，付出成本所要换取的利益通常表现为收入，成本从收入中扣除才构成利润表中的利润。企业要确保持续经营，其收入必须持续地高出成本。所以企业必须不遗余力地降低成本，以提高企业经营的经济效益。同时，成本还必须低于竞争对手，以获取竞争优势，保持企业的战略地位。

成本对象（cost object），是指进行成本计量和分配的客体，可以是产品、顾客、项目、部门和作业等。例如，手机生产厂想知道开发的一款新型手机的成本，那么成本对象就是该款手机开发项目；如果想知道售后服务部门的成本，那么成本对象就是售后服务部门；如果想知道某个经销商的某批订单的成本，那么成本对象就是该批订单（该顾客）；如果想知道测试手机抗震性这个作业的成本，那么成本对象就是测试这项作业。

2）成本归集与分配

成本计算是为了确定成本对象所消耗的资源而进行的计量和分配过程。该过程包括两个步骤：成本归集（cost accumulation）和成本分配（cost allocation）。成本归集是按照资源的天然形态（如材料、工资、运费等）系统地汇集资源成本的过程，而成本分配则是将归集的资源成本归属于特定的成本对象的过程。成本分配有直接追踪和间接分配两种方法，当某一项成本可指明专属于特定的成本对象时，就可以采取直接追踪的办法，此时往往采取的是直接观察成本对象消耗成本的方式来确定其成本的。从成本计算的准确性角度看，直接追踪是最为准确的方法。但是，当成本项目不能按照经济可行的方法进行追踪时，就必须考虑采取适当的手段进行间接分配，在分配时，必须选择分配标准。当分配标准与成本对象所消耗的成本项目之间存在着可观察的因果关系时，这种分配标准就称为成本动因（cost driver），即导致成本对象所消耗的资源发生变化的原因。如果成本与成本对象之间不存在直接的因果关系，或者无法找到经济、合理的动因来反映其相互之间的因果关系，此时的成本称为间接成本。要将间接成本归属到成本对象上，只能按照一定的标准来分配。上述成本分配的方法可归纳如下（如图2-1所示）：

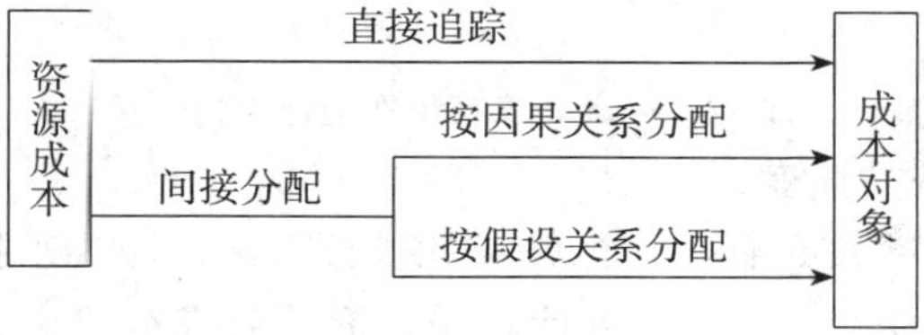

图2-1 成本分配的方法

2.1.2 成本计算系统的重要性

为了能够计算与决策相关的成本，必须建立成本计算系统，确定产品成本，并进行成本的计算和分配。成本计算系统旨在收集成本信息，以监督企业成本，提供管理者经营管理和业绩评价所需要的信息。成本计算系统所提供的成本信息的质量，直接影响着为计划、预算、财务预测等所形成的管理会计信息的质量（如有用性、范围和准确性等）。

各类企业在经营过程中都需要消耗人力、财力、物力等资源，这些资源构成了企业的成本。成本计算系统以货币单位计量、归集、分配各类资源到企业的流程和产出，使组织得以了解和掌握其生产经营的结构和活动，并加以改进。成本计算也可以应用于计算顾客、营销渠道等的资源消耗，可以覆盖整个企业及其价值链。成本计算是管理会计的核心。成本信息帮助企业评价过去的业绩，同时激励企业提高未来的业绩。成本计算方法，使企业了解利润和价值是如何创造的，企业经营过程如何有效地将投入转为产出。这是增加股东和利益关系人价值的一个重要工具。成本计算系统也用于确认销售成本和对外编制财务报告（财务会计）。此时的成本信息，以历史信息为主。为管理会计需要而计算的成本，不一定与财务会计的公认会计准则一致。为决策需要而计算的成本，以前瞻性信息为主。不同类型的企业，其经营模式不同，成本对象、费用分配方法、成本计算程序等均可能不同。因此，不同企业选择的成本计算系统可能存在差异。成本计算系统（核心为成本计量）在会计中的作用如图2-2所示。

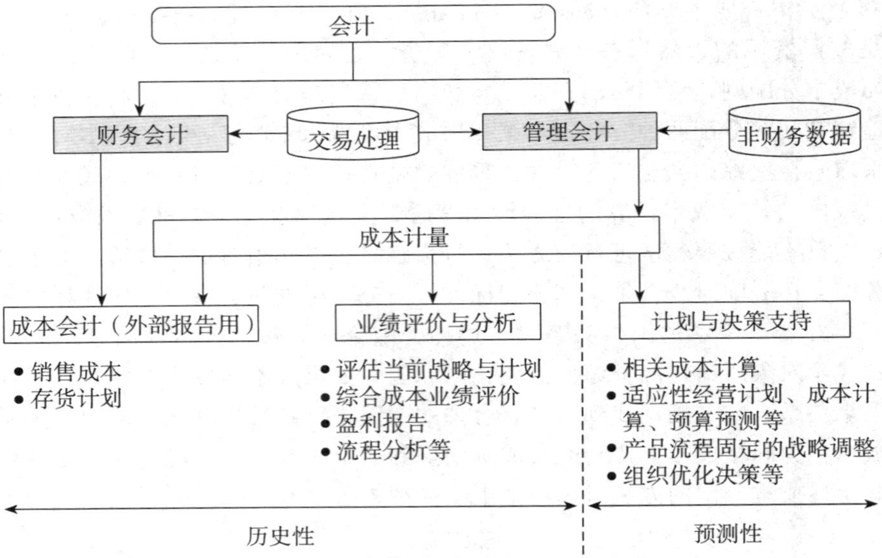

图2-2　成本计算系统在会计中的作用

2.1.3　成本计算系统的演变

一般企业对成本系统最低限度的需求就是按照法律法规来报告费用（即用于对外财务报告中），然而，许多企业也计算耗费资源的成本和相关费用。管理会计的计划、预算和财务预测等工具的应用都需要成本信息，且其质量也受到成本信息质量的影响。企业经营决策需求变化，对管理会计信息的需求也随之变化，从而对成本信息的需求也发生变化。此时，较为复杂的成本计算系统就产生了，进而为企业分析和决策提供更精确、更有深度的信息。

IFAC的一份报告，提出了成本连续成熟度模型，反映了在不同历史发展阶段成本系统的一些代表性方法（如图2-3所示）。

该模型分为12个层级，它衡量了成本系统的两个关键能力：（1）一个方法的建模能力，包括对历史成本的计算和对未来成本的预测；（2）一个方法提供的边际或增量信息的稳健性。许多企业的决策涉及对资源成本的增量影响，成本系统应能反映该影响。

第1阶段：盲目和不敏感的阶段（簿记）。这完全就是处在财务会计和报告的原始阶段，该阶段中人们仅仅满足于汇总成本信息，不计算成本，也不提供增量变化的信息，并且仅记录交易产生的费用。

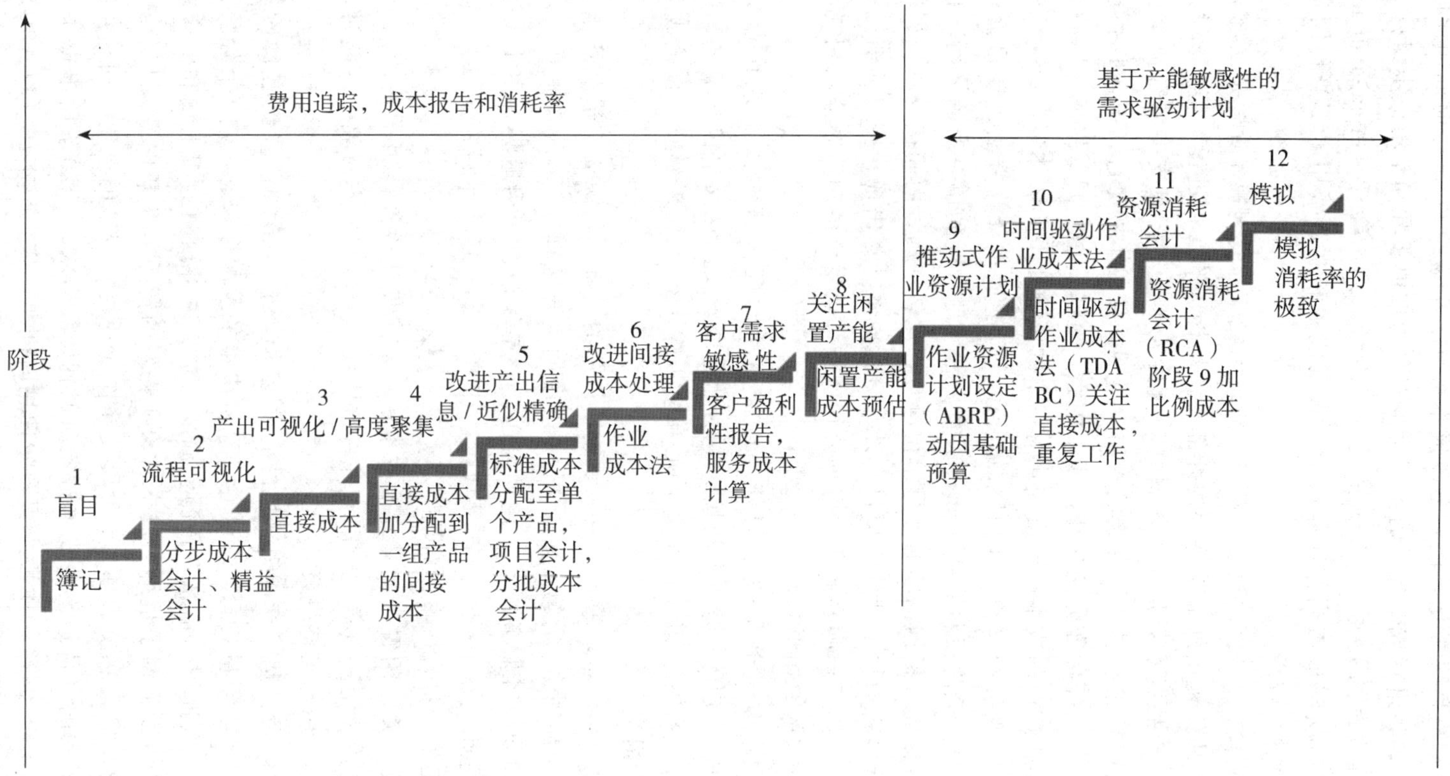

图2-3 成本连续成熟度模型

第2阶段：流程可视化阶段（分步成本会计、精益会计）。按时间顺序归集成本中心的成本，将进行成本计算的价值流步骤分为增值步骤和不增值步骤，可让人们关注到流程改进的关键点。该方法的一个变形为产出会计（throughput accounting），只将直接材料成本当作产品成本，人工成本和制造费用全部当作固定成本（其原理见本教材第6章）。

第3~4阶段：产出可视化/高度聚集阶段。第3阶段到第4阶段是从部分可视化到可视化，从仅提供外部支持到内外部支持均提供的变化过程。第3阶段为直接成本计算法，产品成本只包含直接材料和直接人工成本，只支持外部成本报告需要。第4阶段产品成本包含了直接成本和少量的间接成本的分配。某辅助生产车间的成本采用单一分配标准分配到直接成本中心。这些费用连同直接成本中心原来归集的直接成本构成产品成本。产量变化对成本的影响几乎无法体现。

第5阶段：改进产出信息/近似精确阶段（标准成本计算方法，项目会计和分批成本计算法）。该阶段将直接、间接成本更精确地分配到单个产品，而不仅仅是一组产品。直接成本根据标准的计量单位测算，比较准确，而间接成本根据单一标准，例如标准材料消耗来计算。项目会计和分批成本计算出现，按流程消耗资源的关系分配成本，用于律师事务所、咨询公司或按订单生产的制造企业。相当于时间驱动作业成本法的原始形式。

第6阶段：改进间接成本的处理以提高精确度。该阶段引入作业成本法（ABC）识别成本动因，提高了间接成本的计量准确度。这其中包含了早期的由资源到成本对象的ABC，以及两步骤ABC和多步骤ABC等复杂模型。直接成本分配的准确性逐渐提高。

第7阶段：客户需求敏感性——承接新订单的基础。资源成本追踪到作业，并进而分配到产品或顾客。第6阶段和第7阶段的主要区别在于第7阶段中，组织将非产品成本和非标准服务成本，比如配送、营销和销售费用追溯到单个渠道和客户，但并不将此类费用分配到产品成本。未来的客户需求预测并未在第7阶段出现。该阶段仍处于报告成本的阶段。

第8阶段：关注闲置产能（标准成本法加对未使用生产能力的估计）。组织在第8阶段开始估计闲置资源或时间，并将这些成本分配到成本对象中。此时，开始关注增量信息，用于支持决策。

第9~12阶段：基于产能敏感性的需求驱动计划。从第9阶段到第12阶段，开始从描述性的成本计量观念转变到管理经济决策的预测性观念。这4个阶段利用第6阶段到第8阶段提供的信息来预测资源的需求，以将预测的需求量和供应能力相匹配。这4个阶段强调了最终的成本对象所耗费的资源。在某种意义上来说，这4个阶段与前8个阶段相反，前8个阶段关注作业的耗费带来的产出，而这4个阶段关注产能需求预测（从最终的成本对象回溯到资源需求）。第9阶段出现作业资源计划设定（ABRP），第10阶段组织开始使用时间驱动作业成本法（TDABC）作为标准，第11阶段开始使用资源消耗会计（RCA），第12阶段运用模拟可以说是达到最高阶段的成本计划。需要预计资源的水平和未来作业及流程的单位成本与总成本。

不管企业所采纳的成本计算系统如何，有两个原则贯穿始终：(1) 将资源的能力（类型和数量）与产出、产品、服务或消耗资源的顾客联系。(2) 反映在这种联系中被消耗的资源成本的本质，即有些投入及成本是随产出而变动的，而另外的投入和成本则不随产出的变动而变动（除非超过相关范围需要扩展资源能力）即成本性态需要得到反映。

这12个阶段的方法从简单的数据收集、计算和报告到提供关于资源和成本变化的可能影响的更高层次的透明性、预见性和洞察力信息，由简入繁，信息逐渐丰富，对企业的价值增加，而信息成本也随之增加。经营新的数据收集系统，维护成本模型以及IT技术的发展程度等都必须在选择时加以考虑。过于复杂的系统，其优越性可能因之后维护、更新和有效运营的难度增加而降低。

成本计算方法、数据搜集和系统的设计、完善和持续的改进反映出组织中对成本的准确性需求和计量成本的权衡。成本模型和支持系统应当基于组织运行的现实基础，既要考虑商业决策的需求，又要在重要性和成本收益之间进行平衡。

上述的成本系统，在进行成本计算的时候，从第5阶段开始，就围绕间接成本如何分配而展开，并由此产生了标准成本法和作业成本法。随着成本计算方法准确性的提高，其信息的服务重点就从关注过去逐渐向支持决策转化了。以下各节重点介绍标准成本法、变动成本法和作业成本法。

【相关链接2-1】

应用成本计算系统的基本原则

由于成本计算方法的地位重要，覆盖面广，在理论和现实中均存在许多成本计算方法。这些方法从简单的数据收集、计量、报告到很可能对需要的资源和成本的改进提供透明、有远见和洞察作用的信息系统，包括了简单簿记、流程成本计算法、直接成本计算法、标准成本计算法、简单作业成本计算法、多步骤作业成本计算法、作业基础资源需求计划、时间驱动作业成本计算法、资源消耗会计等。为了避免产生困扰，国际会计师联合会（IFAC）的企业管理会计师分会制定了一些基本原则，以帮助管理者选择适当的成本计算系统。

基本原则1　成本计算对于优秀财务管理的重要性

既能以历史数据又能在前瞻背景下，识别、计量、解释和报告企业的产品和服务的相关经济流量，对于充分了解组织的利润和价值的形成动因是很有必要的。

基本原则2　根据目的选择（对目的的适应性）

成本信息应根据特定环境编制，考虑其使用目的，主要有三种：外部报告目的、业绩评价和分析目的，以及计划和决策目的。对于外部报告目的，成本信息为历史性和描述性。对于业绩评价和分析目的，成本信息为解释性和诊断性。对于计划和决策目的，成本信息为分析性和预测性。

基本原则3　商业模式（现实驱动）

成本模型的设计及维护，应能反映因果关系和组织职能的行为动态。组织各个层次的决策的信息需求，应考虑组织的商业和经营模式、战略、组织结构和竞争环境。

基本原则4　重要性/成本效益

成本计算方法、数据的收集和分析系统，其设计、实施和持续改进必须根据组织的竞争状况，考虑对准确性的要求和计量的成本，即必须进行成本效益的权衡。

基本原则5　可比性和一致性

不论是在日常的信息系统中，还是为了特定的目的和应用，成本信息必须以系统的方法进行收集和分析，以保证不同时期数据的可比性。

基本原则6　透明和可审验性

成本数据的定义和来源，与之相关的经营和其他非财务数据，以及计算成本的方法等，必须对使用者公开并加以记录，必须经得起复核、风险分析和鉴证。

资料来源　IFAC. International Good Practice Guidance: Evaluating and Improving Costing in Organizations［R］. PAIB Committee, 2009.

2.2　标准成本计算系统

2.2.1　标准成本计算系统的含义与作用

1）标准成本计算系统的含义

面对日趋激烈的市场竞争压力，成本控制越来越受企业的重视，成为现代企业管理的重要组成部分。标准成本计算系统将实际成本和预定的标准进行对比从而实施成本控制，在成本的管理和控制方面发挥着重要的作用。

标准成本计算法（standard costing），又称标准成本系统（standard costing system），是指通过建立标准成本，将在生产过程中的实际成本与标准成本定期进行比较，以显示成本差异的原因，并就重大的差异事项及时采取纠正行动，以控制成本。该系统包括标准成本的制定、差异的分析、差异的处理三个部分。其与一般的成本计算方法的不同在于它将日常核算与差异分析相结合，将成本控制与成本计算相结合，主要体现在：以标准成本为基础，把实际发生的成本与标准成本进行对比，揭示出成本差异，使差异成为向人们发出的一种“信号”，以此为线索，企业可以进一步查明形成差异的原因和责任，并据以采取相应的措施，实现对成本的有效控制。期末，既可以通过一定方法将标准成本和差异结合起来，又可以确定产品的实际成本。由此可见，以标准成本为基础形成的标准成本计算系统，把成本的事先规划、日常控制和产品实际成本的计算有机结合起来，从而成为加强成本管理的重要工具。此外，标准成本是企业在特定生产管理水平下，通过精确调查、分析与技术测定而确定的单位产品成本，可以用来评价实际成本，衡量工作效率，因而亦是一种重要的业绩评价标准。

2）标准成本计算系统的作用

（1）为预算编制提供依据。标准成本是事先经过仔细研究而确定的正常生产条件下应当发生的成本。可以提供单位产品的直接材料、直接人工和制造费用的消耗水平标准，并且可以作为预算的一个主要参数来使用。

（2）作为成本控制的重要手段。标准成本将实际成本和标准成本相对比，计算总差异，并借助单位价格和数量标准，将总差异分解为价格差异和使用或效率差异，从而为管理者提供详细的反馈信息，增强责任单位个人对于成本的敏感性和责任心，也有助于管理者推行例外管理，即只要成本维持在标准之内，管理人员即可不必采取行动，仅成本超出标准时，管理人员才视为“例外”，必须采取行动予以纠正，因此管理人员的时间和精力就可更有效地运用了。

（3）提供产品定价基础。以标准成本作为基础进行成本加成定价，可以避免实际成本不断变化导致价格不稳定的缺陷。而采用目标成本定价法，则可以将目标成本和标准成本加以对比，以发现成本差距，为进一步改进设计提供基础。

（4）帮助企业进行业绩评价。标准成本是衡量各部门和员工工作情况的尺度，也是企业评价部门及其员工实际业绩的依据。根据标准成本，企业能够考核各部门和各员工的工作完成情况，对于能够节约成本的情况应予以奖励，对于实际成本超过标准成本的情况，应在客观分析的基础上予以相应的惩罚。

2.2.2 标准的确定

1）标准的分类

在制定标准成本的过程中，有三种类型的标准可供考虑：基本的标准，正常的标准和理想的标准。基本的标准以施行标准成本第一年度或选定某一基本年度的实际成本作为标准成本，用以衡量以后各年度的成本高低，据以观察成本的升降趋势。随着时间的推移，产品的生产技术和企业经营情况会发生变化，使原有的标准成本显得过时，不能很好地发挥对成本管理的作用。所以，这一类型的标准成本在实际工作中较少被采用。正常的标准，根据企业的正常生产能力，以有效经营条件为基础而制定的标准成本。可以采用企业过去较长时期内实际数据的平均值，并估计未来的变动趋势来制定。由于在制定这种标准成本时，把那些在现实条件下难以完全避免的超额耗费也计算在内，所以这种标准成本的实现，对管理人员和员工来说，既不是轻而易举的，又不是高不可攀的，而是经过努力可以达到的。因而在成本管理工作中能充分发挥其应有的作用，在实际工作中得到了最广泛的应用。理想的标准，即企业生产技术处于最佳状态下的标准。这种标准排除了机器故障、材料浪费、空闲时间和工人不熟练等情况，只有在技术最熟练、工作效率最高等情况下才能实现。由于标准过于严格，常会使员工因感到难以达到而丧失信心，而且实际成本与该标准的差异没有实际意义，因为该差异包括了正常情况下允许发生的部分。所以，该标准不宜作为日常成本控制和考核的标准，比较适于作为企业长期战略目标的标准。

2）标准的确定

标准成本由两个部分构成：生产单位产品所需要的投入数量和投入的价格。这两方面的资料的确定，需要成本会计人员、采购员、工业工程师、生产作业人员及其他管理人员等共同配合。每一成本项目的标准成本的基本计算公式是：

标准成本=数量标准×价格标准

（1）直接材料标准成本。

直接材料标准成本包括直接材料的数量标准和直接材料的价格标准。

①直接材料的数量标准。

直接材料的数量标准是指在现有生产技术条件和正常经营条件下，生产单位产品所需要的各种直接材料的标准用量，其中包括在生产过程中的正常损耗和形成正常损坏所不可避免的材料用量，应根据不同情况由管理人员会同负责产品设计的工程技术人员确定，产品如为首次生产的新产品，则应根据产品设计要求的材料用量、规格型号等逐项进行分析，如为以前生产过的产品，可以根据以前的资料加以修订、调整来确定。

②直接材料的价格标准。

直接材料的价格标准是指产品生产过程所需各种材料的标准价格，包括材料的买价（扣除折扣）和采购费用（含运杂费等）。材料价格很大程度上受外部因素的影响，较难为管理人员所控制。在制定材料价格标准时，应有采购部门的参与，征求采购部门的意见，考虑市场价格的变动和发展趋势，以及影响价格因素的订货批量和运输方式等因素。同时，企业应要求采购部门对采购物品的质量负责，借以避免采购部门只注重于寻找报价较低的供应厂商，而对采购物品的质量要求有所忽视。

材料标准价格还应考虑材料处理成本，为有关的运输、采购、验收和其他材料处理费用设定分配率，加计到材料的标准价格上。

在分别确定直接材料的标准数量和标准价格后，可用以下公式计算直接材料的标准成本：

直接材料的标准成本=$\sum$（单位产品的材料数量标准×材料标准价格）

（2）直接人工标准成本。

直接人工标准成本包括直接人工“数量”标准和直接人工“价格”标准。直接人工“数量”标准是指标准工时，直接人工“价格”标准是指标准工资率。

①直接人工的标准工时。

直接人工标准工时是指在现有技术条件下生产单位产品所需用的直接人工小时，其中包括直接加工所需用的工时、必要的间歇和停工时间、不可避免的废品需耗用的工时等。直接人工工时通常由工程技术人员以“时间与动作研究”为基础，考虑员工的平均技术水平，按产品加工工序分别计算，然后按产品分别汇总确定。

在确定标准工时通常还应考虑学习曲线理论。学习曲线理论系由第二次世界大战中航空工业的累积经验中发展而来，是指工人重复操作某一种工作，久而久之，即可熟能生巧，当累积产品每增加一倍时，则每单位的累积平均时间即呈一定比率减少，如以20%的比率减少时，则生产第二单位产品之累积平均时间为第一单位的80%，第四单位之累积平均时间亦为第二单位的80%，依此类推。其中，80%称为学习曲线率，学习曲线率的大小通常与产品的性质、工艺技术和操作特点等相关。

②直接人工的标准工资率。

直接人工标准工资率是指每个直接人工标准工时应获取的工资额。工资率的确定应根据企业自身的现行工资制度而定，如计时工资制、计件工资制或基本工资加奖金等方式。为使每一作业的工资率公平起见，工资率应按作业性质分别拟定。按照作业性质其计算公式为：

$$直接人工标准工资率（其作业）=\frac{预计直接人工工资总额}{直接人工标准总工时}$$

在分别确定直接人工标准工时和标准工资率之后，可用以下公式计算直接人工的标准成本：

$$直接人工标准成本=\sum（各项作业标准工时数量\times 相应的标准小时工资率）$$

（3）制造费用标准成本。

制造费用标准成本也包括“数量”标准和“价格”标准，价格标准称为制造费用分配率。制造费用分配率通常按固定制造费用和变动制造费用分别计算。

在标准成本系统中，确定制造费用的标准成本，首先要按生产能力的利用程度来编制生产费用预算，再除以用直接人工小时或机器工时等表现的生产能力利用程度的标准生产量来确定制造费用的标准分配率，这是确定制造费用标准成本的两个构成要素。

①固定性制造费用标准成本。

如以直接人工的标准工时代表生产量标准，则每单位产品上固定性制造费用的标准成本按下列公式计算：

$$每工时固定性制造费用标准分配率=\frac{固定性制造费用预算总额}{直接人工标准总工时}$$

$$\begin{matrix}单位产品固定性制造\\费用标准成本\end{matrix}=\begin{matrix}单位产品直接\\人工标准工时\end{matrix}\times\begin{matrix}每工时固定性制造\\费用标准分配率\end{matrix}$$

②变动性制造费用的标准成本。

如以直接人工的标准工时表现生产量标准，则每单位产品上变动性制造费用的标准成本按下列公式计算：

$$每工时变动性制造费用标准分配率=\frac{变动性制造费用预算总额}{直接人工标准总工时}$$

$$\begin{matrix}单位产品变动性制造\\费用标准成本\end{matrix}=\begin{matrix}单位产品直接\\人工标准工时\end{matrix}\times\begin{matrix}每工时变动性制造\\费用标准分配率\end{matrix}$$

2.2.3　成本差异的计算与分析

标准成本是一种目标成本，在企业实际生产过程中，产品的实际成本可能与标准成本不一致，实际成本与标准成本之间的差额就是标准成本差异，简称成本差异

(cost variance)。为了实现对成本的控制，使其符合标准成本的要求，管理当局可以根据成本差异发现问题，具体分析差异形成的原因和责任，及时采取有效措施，发展有利差异、消除不利差异。

1）成本差异计算的通用模式

成本差异是由于实际产品成本脱离标准成本产生的。如果实际投入成本低于标准投入成本，所形成的差异为有利差异（favorable variance），表示成本的节约；反之，若实际投入成本高于标准投入成本，所形成的差异成为不利差异（unfavorable variance），表示成本的浪费。

实际成本与标准成本之间的差异又可分解为两个因素，即价格差异和数量差异。

价格差异（price variance），是由实际价格和标准价格之间的差异所引起的，其计算建立在实际投入数量的基础上，计算公式如下：

价格差异=（实际投入数量×实际价格）-（实际投入数量×标准价格）

=实际投入数量×（实际价格-标准价格）

用于直接人工差异时，价格差异通常被称为工资率差异。

数量差异（usage variance），是由于实际投入量和标准投入量之间的差异所引起的，其计算建立在标准价格的基础之上，计算公式如下：

数量差异=实际投入数量×标准价格-标准投入数量×标准价格

=（实际投入数量-标准投入数量）×标准价格

用于直接人工和制造费用差异时，数量差异通常被称为效率差异（efficiency variance）。

总差异为价格差异和数量差异之和：

总差异=价格差异+效率差异

$=(AP-SP)\cdot AQ+(AQ-SQ)\cdot SP$

$=AP\cdot AQ-SP\cdot AQ+SP\cdot AQ-SP\cdot SQ$

$=AP\cdot AQ-SP\cdot SQ$

式中，AP代表实际价格；AQ代表投入的实际投入数量；SP代表标准单位价格；SQ代表实际产量下的标准投入数量。计划或预计的标准成本就是SP·SQ，实际投入成本就是AP·AQ。

成本差异分析除了用以上公式计算外，通常还采用列表的方式。列表方式如图2-4所示。

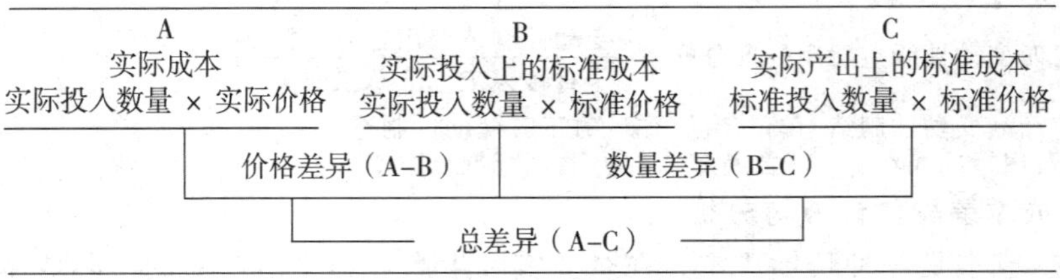

图2-4 成本差异分析的通用模式

2）各类成本差异的计算与分析

（1）直接材料差异的计算与分析。

直接材料差异是指直接材料实际成本与标准成本之间的差额，其中包括数量差异和价格差异。

①直接材料数量差异。

直接材料数量差异是指产品生产过程中直接材料实际耗用量偏离标准用量所形成的直接材料成本差异部分。其计算公式如下：

直接材料数量差异=SP · AQ-SP · SQ=（AQ-SQ）·SP

式中，AQ代表投入的实际耗用数量；SP代表标准单位价格；SQ代表实际产量下的标准投入数量。

②直接材料价格差异。

直接材料价格差异是指因直接材料实际价格偏离其标准价格形成的直接材料成本差异部分。其计算公式如下：

直接材料价格差异=AP · AQ-SP · AQ=（AP-SP）·AQ

式中，AP代表实际价格；AQ代表投入的实际耗用数量；SP代表标准单位价格。

为了说明材料差异，现举例如下：

【例2-1】

新华公司8月份生产甲产品2 500件，使用材料11 969千克，材料单价为1.93元/千克；直接材料的单位产品标准成本为8元/千克，每件甲产品耗用4千克直接材料，每千克材料的标准价格为2元。对于直接材料的差异计算分析如下（计算结果保留到个位）：

直接材料成本差异=AQ · AP-SQ · SP
=11 969×1.93-2 500×4×2
≈3 100（元）

其中：直接材料数量差异=（AQ-SQ）·SP
=（11 969-2 500×4）×2
=3 938（元）

直接材料价格差异=（AP-SP）·AQ
=（1.93-2）×11 969
≈-838（元）

③直接材料差异的分析与报告。

如上例所示，直接材料成本的不利差异3 100元，包括了有利的价格差异838元和不利的数量差异3 938元。对于产生这些差异的责任，还要进行进一步分析。

直接材料价格差异通常由采购部门负责。虽然材料价格在很大程度上不为采购人员所控制，但是采购部门可以对材料的质量、数量折扣和供货方与本厂的距离等因素进行控制，影响采购费用进而影响材料的价格高低。不过，应当注意，以材料价格差异来评估采购业绩有一定的局限性。过于强调达到标准或打破标准可能使采购人员购进低质材料，或者为取得数量折扣而采购过多的存货，因此该差异的分析应当结合材料质量来进行。

直接材料数量差异是在产品生产过程中消耗材料形成的，通常由生产经理负责。生产经理可以尽量将废料、浪费和返工控制在最低水平，以控制标准。不过，直接材料数量的不利差异并不都是可控的，例如这种不利差异可能是由于采购部门采购了质量较差的材料。在这种情况下，要具体问题具体分析，由采购部门对这些差异负责。和价格差异类似，使用数量差异来评价业绩亦有可能导致不良行为的发生。例如，某生产经理倘若觉得实现有利差异有困难，就可能将有缺陷的产品视为合格品而放行，尽管可以避免材料的浪费，却可能损害企业与顾客的关系。所以，该差异的分析应当结合产品的质量来进行。

区分差异的责任后，应当将差异的信息告知相关部门。

（2）直接人工差异的计算与分析。

直接人工差异是指直接人工实际成本与直接人工标准成本之间的差额，其中包括直接人工效率差异（“数量”差异）和直接人工工资率差异（“价格”差异）。

①直接人工效率差异。

直接人工效率差异，是指因生产单位产品实际耗用的直接人工工时偏离其预定的标准工时所形成的直接人工成本差异。其计算公式如下：

直接人工效率差异=SP · AQ-SP · SQ

=（AQ-SQ）·SP

式中，AQ代表投入的实际耗用人工工时数；SQ代表实际产量下的标准人工工时数；SP代表标准工资率。

②直接人工工资率差异。

直接人工工资率差异，是指因直接人工实际工资率偏离其预定的标准工资率而形成的直接人工成本差异。其计算公式如下：

直接人工工资率差异=AP · AQ-SP · AQ

=（AP-SP）·AQ

式中，AP代表实际工资率；SP代表标准工资率；AQ代表投入的实际人工时数。

为了说明直接人工差异，现举例如下：

【例2-2】

新华公司8月份生产甲产品2 500件，实际使用工时4 812.5小时，支付工资48 125元；直接人工的标准成本是18元/件，产品标准工时为2小时/件，标准工资率为9元/小时。相关计算如下：

实际工资率=48 125÷4 812.5=10（元/小时）

标准工时=2 500×2=5 000（小时）

差异=实际直接人工成本-标准人工成本=48 125-2 500×18

=3 125（元）

直接人工效率差异=（AQ-SQ）·SP
=（4 812.5-5 000）×9
=-1 687.5（元）

直接人工工资率差异=（AP-SP）·AQ
=（10-9）×4 812.5
=4 812.5（元）

直接人工成本差异=直接人工效率差异+直接人工工资率差异
=-1 687.5+4 812.5
=3 125（元）

③直接人工差异的分析与报告。

如上所示，直接人工成本的不利差异3 125元，是由直接人工效率的有利差异1 687.5元和直接人工工资率的不利差异4 812.5元组成的。对于此二者的形成原因，还要做进一步分析。

直接人工工资率很大程度上是由外部因素，如劳动力市场等决定的。其产生也可能是由于将平均工资率作为工资率标准，一旦实际人工组合改变，平均工资率也随之而变。这就产生了人工工资率差异。另外，由较为熟练且报酬较高的工人来完成只需较低技能的工作、意想不到的加班也可能是导致人工工资率差异的原因。由于生产经理可以控制人工的使用，人工工资率差异的责任通常就落在了有权决定如何使用人工的个人身上。

而直接人工的效率差异，可能是由于工人的熟练程度、设备的问题、管理的原因、材料的质量等造成的。一般来说，生产经理对直接人工的生产耗用负有责任。如果产生差异的原因在于其他部门，如由于维修部门对机械设备保养不善导致故障频繁发生，使生产中断和造成人工的非生产性耗用，则维修部门经理应承担这一不利的人工效率差异责任。

过分强调人工效率差异，同样可能诱使生产经理采取违背目标一致性的行为。例如，为了避免因可能的返工而造成的时间浪费和加班，生产经理会有意将次品转入产成品仓库，所以同时监督产品质量仍是必要的。

直接人工差异的结果，应及时报告责任部门，以利于其采取措施，消除不利差异。

3）变动制造费用差异的计算与分析

（1）变动制造费用差异的计算。

变动制造费用差异，是指变动制造费用实际发生额与变动制造费用标准发生额之间的差额。变动制造费用差异包括变动制造费用耗费差异即“价格”差异和变动制造费用效率差异即“数量”差异。

①变动制造费用耗费差异。

变动制造费用耗费差异，是指因变动制造费用实际分配率偏离其标准分配率而形成的变动制造费用差异部分。其计算公式如下：

变动制造费用耗费差异=（实际分配率-标准分配率）×实际工时

②变动制造费用效率差异。

变动制造费用效率差异，是指因生产单位产品实际耗用的直接人工工时偏离预定的工时而形成的变动制造费用差异部分。其计算公式如下：

变动制造费用效率差异=（实际工时-标准工时）×标准分配率

【例 2-3】

嘉盛公司10月份生产产品700件，实际使用人工7 200小时，本月实际发生变动制造费用6 264元，固定制造费用11 480元。变动制造费用的标准分配率为0.8元/小时，直接人工标准工时为每件10小时。

其变动制造费用差异计算分析如下：

变动制造费用实际分配率=6 264÷7 200=0.87（元/小时）

变动制造费用耗费差异=（0.87-0.8）×7 200=504（元）（U）

变动制造费用效率差异=（7 200-7 000）×0.8=160（元）（U）

变动制造费用差异=6 264-700×10×0.8=664（元）（U）

注：U表示不利差异，下同。

（2）变动制造费用差异的分析与报告。

尽管和直接材料、直接人工差异一样，变动性制造费用差异也分解为价格差异和数量差异，但其实质内容却大有不同。变动性制造费用的组成项目很多，诸如间接材料、间接人工、水电费、维修费等。制造费用的标准分配率，实际上是每直接人工工时应当发生的费用项目的平均数，因此变动制造费用的耗费差异，可能是由于变动制造费用的各个组成项目的实际发生额的变化造成的。而这些费用项目的发生额的变化，可能源于该项目的价格变动，也可能源于该项目的消耗量的变动。例如，水电费的超支，可能是因为水电价格的上升，也可能是因为水电用量上升导致的。而任何一种原因，都可能引起实际变动性制造费用上升，从而使实际的制造费用分配率上升（假设其他因素不变）。一般来讲，价格变动的因素是不可控制的，而耗用量的因素则是可控的。所以，对于变动性制造费用的耗费差异，必须区分不同费用项目及所属的责任部门，具体分析才能正确归属责任。

变动性制造费用效率差异与直接人工效率或用量差异直接相关。如果变动性制造费用果真与直接人工耗用成正比，那么与人工用量差异一样，变动性制造费用效率差异也是由于直接人工的高效（或低效）利用引起的。如果实际耗用的直接人工小时要多于或少于标准耗用量，那么变动性制造费用的总成本将上升（或下降）。该指标的恰当与否，取决于变动性制造费用和直接人工小时之间的关系。换言之，变动性制造费用是否果真与直接人工小时成正比？如果二者成正比，那么负责管理直接人工耗用的生产经理应承担变动性制造费用效率差异产生的责任。

4）固定性制造费用差异的计算与分析

固定制造费用与变动制造费用不同，其内容主要与生产能力的形成及生产过程的正常维护相联系。在一定的生产活动量水平内，生产量水平发生变化，固定制造费用一般变化不大。所以对于固定制造费用的差异分析可以不考虑投入与产出的关系，其差异分析中不计算效率差异，把实际的固定制造费用同预算的固定制造费用相比较，揭示固定制造费用的支出差异。

【例2-4】

沿用【例2-3】的资料，嘉盛公司10月份固定制造费用的预算总额是11 520元，实际发生额为11 480元。

对于采用变动成本法计算成本的企业，固定制造费用的差异分析如下：

支出差异=实际发生的固定制造费用-预算的固定制造费用=11 480-11 520=-40（元）（F）

注：F表示有利差异，下同。

对于采用完全成本法计算成本的企业，固定制造费用也要分配于产品，由产品吸收，所以在完全成本法下通常对固定制造费用进行三差异的分析方式。三差异是指支出差异、生产能力的利用差异和效率差异。

（1）固定制造费用差异的计算。

①固定制造费用支出差异。

固定制造费用支出差异，也称为预算差异，是固定制造费用实际发生额与其预算额之间的差额。其计算公式如下：

固定制造费用支出差异=固定制造费用实际发生额-固定制造费用预算额

②固定制造费用生产能力利用差异。

固定制造费用生产能力利用差异是指因生产能力的实际利用程度偏离在确定费用分配基础时选定的标准总生产能力所形成的固定制造费用差异。固定制造费用生产能力利用差异的计算公式如下：

$$\text{固定制造费用生产能力利用差异}=\text{固定制造费用预算总额}-\text{按实际工时总数和标准分配率计算的固定制造费用}$$

$$=（\text{以工时表现的正常生产能力}-\text{实际工时数}）\times\text{固定制造费用单位工时标准分配率}$$

③固定制造费用效率差异。

固定制造费用效率差异，是指因生产单位产品实际耗用工时偏离其标准工时所形成的固定性制造费用差异部分，其计算公式如下：

$$\text{固定制造费用效率差异}=\text{按实际工时数和标准分配率计算的固定制造费用}-\text{实际产量应分配的固定制造费用标准成本}$$

$$=（\text{实际工时数}-\text{按实际产量计算的标准工时}）\times\text{固定制造费用单位工时标准分配率}$$

【例2-5】

沿用【例2-4】的资料，假设嘉盛公司的正常生产能力为9 000小时，已知固定制造费用的标准分配率为1.28元/小时，相关差异计算如下：

固定制造费用支出差异=11 480-11 520=-40（元）（F）

固定制造费用生产能力利用差异=（9 000-7 200）×1.28

=2 304（元）（U）

固定制造费用效率差异=（7 200-7 000）×1.28

=256（元）（U）

固定制造费用总差异=实际发生的固定制造费用−实际产出标准工时×标准分配率

=11 480−7 000×1.28=2 520（元）（U）

可以看出，固定制造费用发生的不利差异2 520元被分解为三个差异：有利的支出差异40元，不利的生产能力利用差异2 304元以及不利的效率差异256元。支出差异反映了费用项目价格的变动或费用开支方面的节约或浪费。效率差异反映人工效率情况，与变动制造费用相同，生产能力利用差异反映生产能力的使用情况。该企业预算正常生产能力为9 000工时，而实际用仅为7 200工时，从而形成了1 800工时生产能力的闲置，产生了2 304元的不利差异。

（2）固定制造费用差异的分析与报告。

固定制造费用支出差异一般由部门主管负责，该项差异可能因价格及人工工资率不同而引起。固定制造费用生产能力利用差异通常由高管人员负责，其决策都是出自规划部门。至于固定制造费用效率差异，通常是由部门经理负责。

导致固定制造费用产生生产能力利用不利差异的原因可能有很多，如生产安排的不均衡、机器设备发生故障、设备检修引起的停工以及不能得到足够的订单，无法保持正常生产能力等。管理人员应该确定不利差异的产生原因并进而采取相应的措施。例如，对于由于生产安排的不均衡而产生的不利差异，可以通过调整工作程序来修正。对于订单不足而产生的不利差异，可以通过增加广告和其他推销方面的努力来克服。

固定制造费用生产能力利用差异经常导致生产管理人员追求高于正常生产能力的生产水平。如果多生产的产品可以及时销售出去，那么这样做就是有利的。但是，如果多生产的产品不能及时销售出去，而不得不成为存货，那么固定制造费用的有利差异实际上可能会导致有害的结果。例如，一家造纸企业为了实现固定制造费用的有利生产能力利用差异，按超出正常生产能力的水平进行生产。然而，这种行为导致公司6个月的产品成为库存，不得不存放在租用的仓库中。库存引起的成本远远超过了有利生产能力利用差异所能带来的效益。也就是说，对固定制造费用有利生产能力利用差异的追求，促使生产管理人员过量生产，并最终产生了目标之间的矛盾结果。

2.2.4 新制造环境下的标准成本法

1）新制造环境对标准成本法的影响

标准成本作为成本控制的有效方法已有近百年的历史，在传统的制造环境下发挥了重要的作用。然而随着全球竞争的加剧、适时制生产方法和弹性制造系统的引入、持续工序改进的目标以及对产品质量的强调正剧烈地改变着制造环境。在新制造环境下，对于标准成本系统，人们存在着两种截然不同的认识，一部分人认为标准成本法已不适应新环境的发展，而大多数人对标准成本法给予充分的肯定。

新制造环境下对标准成本法的主要批评是：标准成本系统作用的有效发挥有赖于传统的稳定生产环境。实际上，标准成本系统的一个主要目标是保证流程按标准展开，不会变化，差异可以消除。而在新的制造环境下，产品设计变化快，企业经营流程随之而快速变革，特别是全面质量管理思想强调持续改进，工作、价格、流程、数量等都处于不断调整变化中，标准成本系统不能与这种环境相适应。同时，传统标准成本法过于关注直接人工的成本与效率，而在新制造环境下人工比重下降且基本固定，人工差异对管理的意义不大，过于关注人工效率，反倒有可能导致过度生产和库存。另外，传统标准成本法过分关注成本最小化，而不是提升产品质量或客户服务质量。标准成本法在适时生产和全面质量管理环境中可能引发功能障碍。例如，为了避免材料价格差异，而以最低价格购买一定质量的材料，这可能导致选择交货能力与适时生产要求不一致的供应商。在标准中允许保留一定的材料损耗和废品，而这与全面质量管理的零缺陷思想是矛盾的。最后，传统标准成本法不足以涵盖绩效的各个重要方面。例如，直接材料标准价格不能包括所有者的所有权成本。除购买价格和运输成本外，所有权成本包括订货、支付支票、规划交货、接收订单、检测、处理和入库以及交货不及时或不准确交货导致的产品线中断等成本。

不过，在新的环境下仍有很多企业采用标准成本法，因此，也有不少人对新制造环境下的标准成本系统仍持肯定意见，认为其仍能发挥作用。主要依据是：

（1）标准成本法的核心在于事前制定标准，将执行结果与标准进行比较进而揭示差异，追踪差异，分析原因，改进工作。这种观念完全可以用于现代成本管理，作业成本计算法按作业成本归集成本，以成本动因为基础分配成本，应用标准成本方法可以按作业或成本动因制定成本标准，分析作业成本差异，为作业成本的节约、作业的改进提供成本信息。

（2）新制造环境下人工成本大幅度下降，相对处于次要地位，但可以把标准成本和差异分析重点放到制造费用上。

（3）现代管理重视产品质量，可以将差异分析用于产品质量评价，如分析材料价格差异和用量差异对产品质量的影响等。

（4）成本差异分析可以区分责任。区分的前提是正确分析差异原因，企业可以采用全程价值链法来分析差异产生的原因。例如直接材料的数量差异可能由以下原因引起：①产品设计或生产程序设计存在缺陷；②材料质量低劣或供应商供货不及时；③生产工人技术不熟练；④工人或机器与特定工作不配套；⑤紧急订货引起的工作冲突等。所以，价值链中某一环节的差异（如生产过程）可能是另一环节（如生产设计）引起的。如果企业从价值链初始环节就注意加以改进，就可能大幅度减少其他环节的差异。做好差异分析必须明确差异产生的原因，这样企业才能不断学习，持续改进。差异分析不应成为部门之间相互推脱责任的借口，而应该是促进企业学习、改进的重要工具。

2）对标准成本法的改进

由于存在上面相反的两种观点，目前大多数制造商采取了这样的方式，即在采用高级的制造方法后，仍在一定程度上使用标准成本法，只是此类企业在使用标准成本进行计算时做了些改变，以反映新制造环境的各种特点。

（1）避免过分突出人工标准和差异的重要性。随着新制造环境中直接人工作用的降低，用于控制人工成本的标准和差异的重要性也在下降。传统标准成本法对直接人工效率差异的着重强调必须让位于对生产过程中更重要投入的差异的关注。机器小时、材料和制造费用、产品质量以及制造循环次数作为管理控制的目标更具有重要性。

（2）强调材料和间接费用成本。随着人工重要性的降低，材料和制造费用成本更加重要。另外，越来越先进的制造系统要求大量的生产设备支出，这使得成本结构由可变成本转向固定成本，间接费用成本变得特别重要。控制材料成本和质量与通过成本动因分析控制间接费用成本，成为成本管理系统的重要方面。

（3）更加关注成本动因。确认驱动生产成本的因素比分析差异更为重要。机器小时、部件数、工程变化单和生产批次等成本动因，正成为成本管理的重点。借助现代信息处理技术，可以及时揭示成本差异，并有助于成本和作业的持续改进和非增值作业的消除。

（4）不断调整标准。缩短的产品寿命周期，以及不增值成本的消除，使得成本标准必须不断调整，以提供便于成本控制的、准确的基准。

（5）建立实时信息系统。计算机集成制造系统（computer integrated manufacturing system，CIMS）使得管理会计师能在生产开始时收集经营数据并向管理当局报告以实时为基础的相关绩效尺度。这样经理能更迅速地消除不利差异的诱因。

（6）经营控制的非财务指标。传统上管理会计师关注预算成本差异等绩效的财务尺度。财务尺度仍然非常重要，但非财务指标能让财务绩效标准的作用发挥得更好。在新制造环境中，经营尺度正是用于控制生产过程的关键部分。

（7）应用标杆法。一种广泛用于控制成本和改进经营效率的方法是标杆法。这是对完成一项任务最有效方法的持续研究，可通过将现存方法和绩效水平与其他组织同类指标或同一组织的其他分部的同类指标比较来完成。

2.3 变动成本计算系统

2.3.1 变动成本计算系统的原理

1）变动成本计算系统的含义

成本按资源消耗的经济用途可分为制造成本和非制造成本。生产过程中的各种耗费，称为制造成本；而在销售和管理过程中所发生的各种耗费，称为非制造成本。制造成本根据其具体的经济用途，又可细分为直接材料、直接人工和制造费用三大项目。非制造成本指的是除制造成本以外的成本。这些成本虽然不直接作用于产品的生产过程，但却是维持企业经营所必需的耗费，例如销售费用、管理费用、财务费用等。成本按照计入损益的方式，可以分为产品成本和期间成本。产品成本于发生时先归属到存货，随着产品的实物流转，于销售时从收入中扣除。制造成本归属于产品成本，等到产品销售时，再将已经销售的产品成本结转为产品销售成本，从销售收入中扣除。期间成本于发生时直接从当期的收入中扣除。

变动成本计算法是相对于完全成本计算法而言的。

完全成本计算法认为，企业产品的成本应该包括所有产品生产过程中所发生的全部消耗。由此，在完全成本计算法下，存货与销货的产品成本包括直接材料、直接人工和制造费用这些所有的制造成本；其他的非制造成本如销售费用、管理费用和财务费用都作为期间费用处理。这种成本计算法虽然反映了企业制造过程的全部资源耗费，但是不能准确反映成本、销量、利润之间的关系。因此，在内部管理中，往往采用的是变动成本计算法。

变动成本计算法，在计算产品成本时只包含变动性制造成本，即产品制造过程直接消耗的直接材料、直接人工和变动性制造费用，而不包括固定性制造费用。所有的固定性制造费用，都和非制造费用一起，归入期间成本，在发生的当期全额从当期收入中扣除。变动成本计算法和完全成本计算法的根本差异在于对固定性制造费用的处理上。完全成本计算法中的产品成本包括了所有的制造费用，因此固定性制造费用也是作为产品成本的组成部分来处理的。而变动成本计算法中的产品成本只包括变动性的部分，则固定性制造费用是按照期间成本来处理的。对于销售费用、管理费用和财务费用等非制造费用，不论其属于变动成本，还是固定成本，两种方法都是将其作为期间成本处理的。因此，在这一点上，两种方法是一致的。二者的关系如图2-5所示。

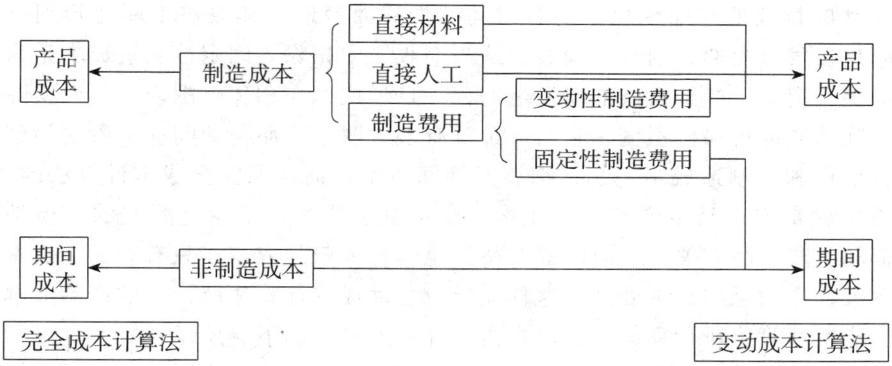

图2-5　完全成本计算法与变动成本计算法的对比

2）变动成本计算系统的主要特点

①以成本性态分析为基础，将制造成本区分为变动制造成本和固定制造成本，只有变动制造成本才作为产品成本分配到产品，而把固定制造成本作为期间成本。产品的单位成本随产量的增加而成正比例增加。

②以贡献毛益来确定企业的利润。变动成本计算法关注收入减去变动成本后的贡献毛益的形成过程，以贡献毛益确定利润的计算公式如下：

销售收入

减：产品成本（变动性）

贡献毛益

减：期间成本

税前利润

贡献毛益总额随着销量的增加而成正比例增加，在固定成本已经补偿完毕后，增量利润为单位贡献毛益与增加的销售量的乘积。

3）变动成本计算法与完全成本计算法的区别

由于变动成本计算法和完全成本计算法对固定性制造费用的处理方法存在差异，从而使得两种方法所确定的产品成本的构成、期末存货的价值和当期损益存在着差异。我们将在以下内容中逐条进行说明。

（1）产品成本构成的不同。

产品成本，是指那些随着产品实体的流动而流动，只有在产品实现销售时才能和相关收入实现配比，得到补偿的成本。作为产品成本，其得到补偿必须等到产品销售之后。如果当期完工产品在当期销售，则以销售成本形式计入利润表。如果当期完工但尚未出售，或者当期尚未完工，则将继续保持在存货当中，并递延到以后期间，从以后的销售收入中扣除。按照变动成本计算法的原理，产品成本必然与产品产量密切联系，在生产工艺没有发生实质变化、成本消耗水平没有重大改变的情况下，产品成本总额应当随着产量的变化而发生正比例变化。只有变动制造成本才符合产品成本的概念。期间成本，则不随产品实体的流动而流动，而是随企业生产经营活动的持续期间而变化，随着时间的推移而消逝，其效益不能递延到以后期间，而是在发生当期就列入利润表，从当期收入中扣除。固定性制造成本是为了给企业提供一定的生产经营条件而发生的，一旦形成，在相关范围内，不论实际产量如何，其总额都将保持不变，它与产量没有多大联系，而与期间存在着更为密切的联系，所以和非制造成本一起，都属于期间成本。而按照完全成本计算法的理解，产品成本就是与产品生产有关的成本。全部制造成本，不论是固定的，还是变动的，都和生产产品有关，理应同等对待，全部计入产品成本。只有非制造成本才和期间有关，作为期间成本处理。这样就导致变动成本计算法所计算的产品成本内容和完全成本计算法所计算的产品成本内容存在差异，如下例所示：

【例2-6】

假设甲企业只生产一种背包，20×1年1月1日并无库存。表2-1是其20×1年与生产背包有关的数据。

表2-1 **背包生产数据表**

项目	数额
年生产量（个）	5 000
单位变动制造成本（元/个）	—
直接材料（元/个）	1
直接人工（元/个）	1
变动性制造费用（元/个）	2
年固定性制造费用总额（元）	10 000

假设固定成本按产品产量分配，分别采用两种成本计算方法所确定的单位产品成本，见表2-2。

表2-2　**单位产品成本计算表**

项目	完全成本计算法	变动成本计算法
直接材料（元/个）	1	1
直接人工（元/个）	1	1
变动性制造费用（元/个）	2	2
变动性制造成本合计（元/个）	4	4
固定性制造费用（元/个）	2	—
单位成本（元/个）	6	4

可以看出，完全成本计算法的产品成本要比变动成本计算法的产品成本多出固定性制造费用这一个项目，所以按前者计算出来的产品成本，总是要大于按后者计算出来的产品成本。

（2）期末存货计价的差异。

由于产品成本是随着产品实物形态的流转而转移的，已经生产而尚未销售的产品和在产品就构成了期末的存货，产品成本也就凝固在其上。采用完全成本计算法计算成本时，固定性制造费用也因此而转移到期末存货上。采用变动成本计算法时，由于其产品成本构成中不包括固定性制造费用，所以这部分固定性制造费用将不会转移到期末存货上，而是在发生的当期就从当期销售收入中扣除了。所以，采用完全成本计算法计算的期末存货成本，必然高于采用变动成本计算法计算的期末存货成本。

【例2-7】

仍沿用【例2-6】的资料，假设甲企业在20×1年所生产出来的背包中，有4 000个已经销售出去，剩余1 000个就构成了期末存货。采用完全成本计算法计算时，这1 000个背包的成本为6 000元（6×1 000），而采用变动成本计算法计算时，这1 000个背包的成本只有4 000元（4×1 000），中间的差异2 000元（2×1 000）就是由固定性制造费用造成的。

（3）分期损益计算的差异。

变动成本计算法和完全成本计算法对固定性制造费用处理方法的差异，导致二者成本构成的差异，从而产生了期末存货计价的不同，并使两种方法所确认的分期损益不同。

【例2-8】

仍沿用【例2-6】的资料，假设甲企业20×1年销售了4 000个背包，每个单价为10元，除了发生上述制造成本以外，当年发生的变动性销售和管理费用为1元/个，而当年发生的固定性销售和管理费用总额为2 000元。采用变动成本计算法和采用完全成本计算法所编制的利润简表分别见表2-3和表2-4。从表中可以看出，采用完全成本计算法的税前利润，比采用变动成本计算法的税前利润高出了2 000元。那么，这部分利润的差异是从何而来的呢？

表 2-3　　甲公司采用变动成本计算法编制的20×1年度利润简表　　单位：元

项　目	期初金额	期末金额
销售收入	4 000×10	40 000
减：销售成本	—	—
期初存货	—	0
本期生产	5 000×4	20 000
期末存货	1 000×4	4 000
	—	16 000
变动性销售和管理费用	—	4 000
贡献毛益	—	20 000
固定成本	—	—
固定性制造费用	—	10 000
固定性销售和管理费用	—	2 000
合计	—	12 000
税前利润	—	8 000

表 2-4　　甲企业采用完全成本计算法编制的20×1年度利润简表　　单位：元

项　目	期初金额	期末金额
销售收入	4 000×10	40 000
减：销售成本	—	—
期初存货	—	0
本期生产	5 000×6	30 000
期末存货	1 000×6	6 000
	—	24 000
毛利	—	16 000
销售和管理费用	—	—
变动性销售和管理费用	—	4 000
固定性销售和管理费用	—	2 000
合计	—	6 000
税前利润	—	10 000

从两张利润简表中我们可以看出，销售收入是一致的，都是40 000元，从销售收入中扣除的销售和管理费用，虽然在表上列示的位置有差异，但其总额却是一样的，都是6 000元（变动性销售和管理费用4 000元+固定性销售和管理费用2 000元）。但是，销售成本却存在不同。在完全成本计算法中，销售成本为24 000元（6×4 000），而在变动成本计算法中，销售成本为16 000元（4×4 000）。这部分差异是由于固定性制造费用而产生的。在完全成本计算法下，固定性制造费用总额10 000元计入产品成本，其中的8 000元随着产品的销售而转为销售成本，从销售收入中扣除，另外的2 000元则随着存货的盘存而转为资产，留待以后期间扣除。

而在变动成本计算法下，固定性制造费用10 000元全部从当期收入中扣除，并没有结转到期末存货成本上。所以，由于期末存货增加带走了一部分固定性制造费用，采用完全成本计算法计算损益时从收入中扣除的固定性制造费用也相应地减少了一部分，其税前利润自然就比变动成本计算法算出来的要高了。

不过，完全成本计算法下的税前利润，并不总是比变动成本计算法的税前利润高，当产销量的对比状况发生变化时，它们之间的对比关系就可能发生改变。在当年的销售量超过当年的生产量时，完全成本计算法的利润就可能低于变动成本计算法的利润。其理由刚好和【例2-7】中的分析相反。销售量大于生产量，意味着动用了以前年度的库存，而当年生产的产品已在当年全部销售出去。所以当年发生的固定性制造费用全部随着产品的销售而转入利润表，而采用完全成本计算法时，以前年度依附于期末存货上的固定性制造费用就会在当前释放出来。所以完全成本计算法从收入中扣除的固定性制造费用就会比变动成本计算法下的多，因此其利润就会低于变动成本计算法的利润。而如果产销量平衡，这种差异就不会产生了。因为不论是采用完全成本计算法，还是采用变动成本计算法，当期所发生的固定性制造费用全部从当期销售收入中扣除了。产销量变化对于两种成本计算法的利润影响见表2-5。

表2-5　**完全成本法和变动成本法对利润的影响**

生产量>销售量	完全成本法的税前收益>变动成本法的税前收益
生产量<销售量	完全成本法的税前收益<变动成本法的税前收益
生产量=销售量	完全成本法的税前收益=变动成本法的税前收益

$$\begin{aligned}\text{两种成本法计算的营业利润差额} &= \text{完全成本计算法下期末存货中的固定制造成本} - \text{完全成本计算法下期初存货中的固定制造成本}\\ &= \text{完全成本计算法下期末存货中的单位固定制造成本} \times \text{期末存货量} - \text{完全成本计算法下期初存货中的单位固定制造成本} \times \text{期初存货量}\end{aligned}$$

2.3.2　变动成本计算法的作用

变动成本计算法的作用主要体现在以下几个方面：

1）有助于短期经营决策

变动成本计算法是建立在成本性态分析基础上的，便于提供短期经营决策所需要的相关成本信息。短期决策往往更多地考虑变动成本、产量、利润之间的依存关系，而固定成本在短期内往往不会发生变化，因而不是决策考虑的重点。将成本区分为变动性成本和固定性成本之后，有助于管理层更好把握业务量变化对于成本水平的影响，从而做出科学的决策。

而如果采用的是完全成本计算法，由于在产品成本中加入了固定成本，如果将此种产品成本用于短期决策中，就有可能对盈利能力做出错误分析，从而导致错误的决策。

2）有助于准确计量部门业绩

在成本消耗水平不变的情况下，变动成本计算法的税前利润是随着销量的变化而变化的。而完全成本计算法的税前利润，则既受销量的影响又受生产量的影响。产销量的差异比较悬殊，导致出现产量高销量低或者产量低销量高的情况时，产量变化对损益的影响就可能超过销量变化对损益的影响，从而可能出现销量低、税前利润高，而销量高、税前利润低的异常情况。

【例 2-9】

某医疗器材制造厂下属的口罩生产部门，20×1 年的预计销售量是每季度 4 000 个，库存为零。预计利润为每季度 8 000 元。在第一季度，按计划生产和销售了 4 000 个口罩，实现毛利 8 000 元。到了第二季度，由于市场对口罩的需求急剧增加，该部门突击生产了 8 000 个口罩，并全部销售出去，利润大幅度增加。受此结果鼓舞，该部门李经理决定在第三季度继续保持 8 000 个的生产量，但是，该季度却只卖出去 5 000 个口罩，库存增加了 3 000 个。经理只能紧急调整生产计划，压缩第四季度的生产量，只开工生产了 1 000 个口罩，同时发动员工共同努力，才卖出去 4 000 个口罩，将库存降了下来。经理以为，第四季度销售完成了计划，并且削减了库存，应当已经完成了该季度的毛利指标，但当会计部门将第四季度的部门报告交上来的时候他却发现，第四季度的毛利指标没有完成。经理将会计人员老张叫来，希望其能解释一下，为什么第四季度的销售量已经完成了计划，实际的成本消耗水平也没有发生改变，而毛利却没有完成计划。他还拿出了第二季度的报告，指出：第三季度的销售量比第二季度的销售量下降了 37.5% 时，其毛利也不过才下降 37.5%；和第三季度相比，第四季度的销售量只不过下降了 20%，为什么利润却下降了近 60%？公司单位产品的成本计划见表 2-6。

表 2-6 **单位产品成本计划** 单位：元

项目	单位产品成本计划
直接材料	1
直接人工	0.5
变动性制造费用	1
固定性制造费用	1.5=6 000÷4 000（第一季度）
单位产品成本	4

该部门 20×1 年各季度的经营资料和业绩报告见表 2-7。

表 2-7 **各季度经营资料表** 单位：元

项目	第一季度	第二季度	第三季度	第四季度
期初存货	0	0	0	3 000
本期生产	4 000	8 000	8 000	1 000
本期销售	4 000	8 000	5 000	4 000
期末存货	0	0	3 000	0
销售收入	24 000=4 000×6	48 000=8 000×6	30 000=5 000×6	24 000=4 000×6
销售成本	16 000	26 000	16 250	18 250
毛利	8 000	22 000	13 750	5 750

各季度的销售成本计算如下：

第一季度：实际产量4 000个。

单位固定性制造费用分配率=6 000÷4 000=1.5（元/个）

实际单位成本与计划单位成本一致，为4元/个。所以，实际销售成本为：

4 000×4=16 000（元）

第二季度：实际产量为8 000个。

单位固定性制造费用分配率=6 000÷8 000=0.75（元/个）

实际单位成本为3.25元（1+0.5+1+0.75）。所以，实际销售成本为：

8 000×3.25=26 000（元）

第三季度：实际产量8 000个。

单位固定性制造费用分配率=6 000÷8 000=0.75（元/个）

实际单位成本为3.25元（1+0.5+1+0.75）。所以，实际销售成本为：

5 000×3.25=16 250（元）

第四季度：实际产量1 000个。

单位固定性制造费用分配率=6 000÷1 000=6（元/个）

实际单位成本为8.5元（1+0.5+1+6）。所以，实际销售成本为：期初库存3 000个货物的成本加本期生产本期销售的1 000个货物的成本，即：

3 000×3.25+1 000×8.5=18 250（元）

分析：原来，问题的关键在于部门的业绩报告采用的是完全成本计算法计算的。在第三季度，当产量远远高于销售、产销严重脱节的时候，由于期末库存大量增加，部分固定性制造费用转入期末存货，从而隐藏了业绩不佳的真相。而到了第四季度，这部分递延的固定性制造费用又释放出来，结果导致业绩的大幅度下滑。幸亏对部门的业绩评价包含了期末存货的指标，否则，如果李经理在第四季度继续按原计划生产，库存无法消化，潜亏将继续隐藏下去，到将来如果产品更新换代，那么损失就更大了。

变动成本计算法的利润只受销售量的影响，而完全成本计算法的利润则同时受销售量和生产量的影响。在产销量变化异常的情况下，采用完全成本计算法，甚至可能出现销售增加而利润下降的异常情况。特别是在存货变化较大的时候，分配到特定会计期间的固定性制造费用就将发生较大的变化，从而使损益受到比较大的影响。

当业绩报告编制的间隔时间较长时，比如一年，则存货变化可能并不太大。但是，对企业内部管理而言，为了及时掌握部门业绩，并采取相应措施加强控制，业绩报告的编制频率较快，时间间隔较短。此时，各个报告期之间的存货变化就可能比较大。采用这种方法对部门业绩进行评价时，就可能使业绩扭曲，出现像上例所表现的那种矛盾结果。但是，如果采用变动成本计算法计算，这些矛盾就可以消除。根据变动成本计算法列出口罩部门每个季度的贡献毛益，见表2–8。

表2-8　　口罩部门各个季度的贡献毛益　　单位：元

项目	第一季度	第二季度	第三季度	第四季度
销售收入	24 000=4 000×6	48 000=8 000×6	30 000=5 000×6	24 000=4 000×6
销售成本	10 000=4 000×2.5	20 000=8 000×2.5	12 500=5 000×2.5	10 000=4 000×2.5
贡献毛益	14 000	28 000	17 500	14 000

在变动成本计算法下，贡献毛益和销售收入的变化是成正比例的，因此可以比较准确地评价业绩。

3）有助于促进企业重视销售，避免盲目生产，操纵利润

采用完全成本计算法时，业绩的高低除了随着销售量的变化呈同向变动外，还可能因生产量的变化而反向变动。如果生产扩大，而销量没有增加，利润也可能增加。此时，就可能促进管理人员扩大生产，人为地调整库存水平，从而影响当期的业绩。而且，存货的大量增加，可能预示着产品不适应顾客需求，将来可能需要降价才能售出。而完全成本计算法却将固定性制造费用分配到这部分存货，可能导致将来的存货跌价损失，而使当期收益高估。采用变动成本计算法计算利润时，业绩的高低随着销售量的变化呈同方向变化，有助于促进管理人员面向市场、面向顾客，努力生产出适应顾客需求的产品，不断增加市场占有率，扩大销量，从而提升企业的价值。

2.4　作业成本计算系统

2.4.1　作业成本计算法的原理

1）作业成本计算法的含义

作业成本计算法，是指通过对所有的作业活动动态地追踪反映，计量作业和成本对象的成本、评价作业业绩和资源利用情况的方法。它根据资源耗用的因果关系进行成本分配，根据作业消耗资源的情况，将资源分配给作业，再根据成本对象消耗作业的情况，将作业成本分配给成本对象（如产品）。作业成本计算法的基本模型如图2-6所示。

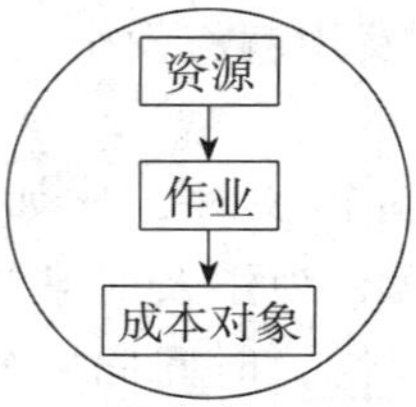

图2-6　作业成本计算法的基本模型

作业成本计算法的产品成本观念，是围绕业务流程的资源消耗展开的，其所确定的产品成本，可以只包括生产部门的，也可以只包括某一经营流程，还可以包括价值链的全部，符合前面章节所提到的不同成本、不同目的的原则。而且，其分配

间接费用的方法，不是依靠主观判断的单一标准，而是根据因果关系确定多个标准，与完全成本计算法相比具有较大的优越性。

2）作业成本计算法对传统成本计算方法的改进

作业成本计算法在三个方面发展了传统的成本计算法。

（1）改进分配间接制造费用的标准。

采用完全成本计算法分配制造费用时，一般采用的是与产量相关的分配标准，例如产量、机器工时、直接人工工时等。将这种方式确定的单位生产成本用于决策，可能导致成本扭曲，从而影响正确的决策。下面举一个例子加以说明。

【例2-10】

某企业的甲车间共生产A、B两种产品，每年能提供总工时50 000小时，其中A产品耗用10 000小时（5 000×2），B产品耗用40 000小时（20 000×2）。表2-9是该车间2019年的制造成本资料。

表2-9　**甲车间2019年制造成本表**　金额单位：元

项目	产品A	产品B
直接材料	25	15
直接人工（元/小时）	10	10
年制造费用总额	875 000	

A产品和B产品所需要的直接人工工时相等，但A产品的工艺比较复杂，设计中的机器调整、质量检验多、批量小、订单多，而B产品工艺比较简单，批量大。

由于市场竞争激烈，产品价值主要由市场决定，顾客愿意为技术含量高的产品付出较高的价格，愿意为技术含量低的产品所付出的价格则低。A产品的当前市场价格为120元，而B产品的价格为65元，并且竞争对手又提出了60元的报价。请问A、B两种产品的盈利能力如何？

按照完全成本计算法，首先要计算单位工时制造费用分配率：

875 000÷50 000=17.5（元/小时）

A产品分配的制造费用=2×17.5=35（元）

B产品分配的制造费用=2×17.5=35（元）

因为两种产品分配的制造费用一致，所以有：

A产品的制造成本=25+10+35=70（元）

B产品的制造成本=15+10+35=60（元）

从计算结果可以看出，A和B两种产品的成本只相差了10元，是由于所使用的直接材料的差异造成的，而两种产品在工艺设计等方面的差异则无法体现。按照上述成本，计算出来的两种产品的利润率分别为：71.4%，8.3%。而从产品成本的差异看，这种利润率的差异显然不能从直接材料的差异中得到解释。此外，一旦B产品的价格继续下降，例如下降到60元时，企业可能就会得出“这种产品无利可图”的结论了。

造成这种结果的原因在于，由于产品设计工艺的差异性，制造费用中与产量有关的资源消耗的比重下降，而有相当一部分的资源消耗是和产品的批量、设备调整时间相联系的。完全成本计算法以单一的工时作为分配标准，以产量作为导致资源消耗变动的原因，掩盖了制造费用的差异性，从而扭曲了产品的成本，使企业无法对产品的盈利能力做出正确分析，影响决策。而采用作业成本计算法，通过改进间接制造费用的分配而使成本计算比较准确。

假设经过分析发现，制造费用所消耗的资源主要是由调整机器、质量检验和接受订单三种作业引起，并归集了各种作业所消耗的资源和成本动因数量，其余的制造费用则全部与产量有关，这样，可采用作业成本计算法计算A、B两种产品的单位制造费用的消耗，见表2-10。

表2-10 **A、B两种产品制造费用的分配** 金额单位：元

成本动因	可追踪成本	成本动因数			单位成本动因分配率（%）	A分配	B分配
		A耗用	B耗用	合计			
机器调整	230 000	3 000	2 000	5 000	46	138 000	92 000
质量检验	160 000	5 000	3 000	8 000	20	100 000	60 000
生产订单	81 000	200	400	600	135	27 000	54 000
其他（直接工时计算）	404 000	10 000	40 000	50 000	8.08	80 800	323 200
合计						345 800	529 200
生产量（件）						5 000	20 000
单位产品制造费用						69.16	26.46

所以：

A产品的单位成本=25+10+69.16=104.16（元）

B产品的单位成本=15+10+26.46=51.46（元）

A产品的成本比B产品的成本多52.7元，其中10元属于所用材料的差异，而其余的42.7元则是由于工艺设计的差异等原因造成的。而从产品利润率看，A产品利润率为15.2%，B产品利润率为26.3%，明显偏高，如果和竞争对手一样，将价格降低到60元，则实际利润率为16.7%，还是有利可图的。和完全成本计算法相比可以发现，单一的制造费用分配标准不考虑产品在数量、准备工艺复杂性、顾客地理、规模等方面的差异，导致成本扭曲。而采用作业成本计算法后，改进了制造费用的分配方法，使产品成本计算能体现其实际的资源消耗水平，从而为决策提供了更好的依据。

【实务应用2-1】

平安交强险风波背后的成本分配问题

[新闻背景] 2008年中国平安（2318.HK，601318.SH，下称“平安”）公布年报显示，“平安”有3名董事及高管2007年的税前薪酬均超过了4 000万元，其中董事长马明哲税前报酬为6 616.1万元，折合每天收入18.12万元。3月17日，1 055位车主委托律师向保监会递交“‘平安’高管薪酬调查请求”，他们想知道高管的年薪在交强险中分摊了多少？分摊的比例如何？分摊的理由如何？如果是不合理的分摊，必然使交强险保费受到侵占，使其他业务的成本减少、利润增加。他们认为：“交强险过多分摊了保险公司的经营成本，而非用于对受害人的赔偿，不仅使投保

人投入过高的保费却没有获得应得的保护，也使交强险的强制性收费完全服务于保险公司的人员工资福利等其他经营费用。”

在平安公司于2007年公布的交强险专题年度报告（2006年7月1日至2007年6月30日）中显示，其保费收入49.15亿元，已决赔款4.4亿元，经营费用12.87亿元，这其中分摊人力成本及其他费用5.85亿元。人们只想知道，高管的年薪在交强险中分摊了多少？分摊的比例如何？分摊的理由如何？

[分析] 如果从专业的角度看，车主们所质疑的问题，实际上是：(1) 共同费用是如何分摊的，合理吗？(2) 不同险种的损益计算是否准确？(3) 顾客支付的价值是否被用在增值作业上？

通过选择平安公司2007年的年报，以及平安交强险年报中的交强险分部利润表加以分析，可以发现，公司2007年发生的交强险专属费用为95 129万元，分摊的共同费用为79 935万元（含人力成本及其他费用70 765万元，资产占用费9 170万元）。其财务报告的注释表明：共同费用指不是专业经营交强险发生的，不能全部归属于交强险的费用。其分配方法已经向保监会备案。在重大业务方面，没有重大的非交强险业务专属费用，混入共同费用中向交强险分配。

可见，高管的薪酬是包含在共同费用里的。不过由于注释中没有明确指出共同费用的标准，所以还需要进一步分析。借助分部利润表的明细项目中家庭用车、非营业客车等明细项目的保费收入和分摊的共同费用的对比可以发现，共同费用基本上是按照保费收入的比例来分配的。由此推断，交强险所分配到的79 935万元的共同费用，是根据其保险中的其他商业险的收入标准来分配的。这种分配是否合理，则要从共同费用的构成、所消耗资源的产出，以及交强险和其他商业险的经营活动是否存在显著差异来分析。

从费用的构成看，共同费用分为人力成本和资产占用费，那么需要进一步分析人员是哪些人，为哪些业务提供服务，资产是什么样的资产等。从一般经验看，这部分人员应当属于管理人员，而资产则是公司的经营活动场所。这些通常是为了生产经营管理的共同需要而发生的，无法直接归属到具体的业务上，因此属于共同费用。

而从交强险和商业险的差异看，交强险为国家规定的强制性保险险种，商业险却不具有强制性。交强险实行全国统一的保险条款和基础费率，保监会按照交强险业务总体上“不盈利不亏损”的原则审批费率。商业险各家保险公司可以在一定的范围内自行决定优惠的幅度。由于存在强制性，因此，保险公司在交强险业务上所做营销工作的努力程度和资源投入，可能不像商业险那么多。另外，由于交强险存在公益性，其价格的确定不能产生利润。但是，如果企业通过转移成本，便可使交强险保费“化身”为利润。如果分配方法不合理，那么消耗资源少但是业务收入多的交强险，可能多分摊其应承担的共同费用，从而体现出无利润，进而掩盖其定价过高的真相。这正是采用单一成本动因分配存在显著差异的产品的共同成本的缺陷。因此，社会公众对交强险是否存在暴利产生怀疑。如果能够采用作业成本法对共同费用进行更合理的分配，则公众质疑或可消除。平安公司2008年度交强险分部利润表，见表2-11。

表2-11　　2008年度交强险分部利润表　　单位：万元

项目	已赚保费	…	经营费用		…	本年经营利润（亏损）
			专属费用	分摊的共同费用		
家庭用车	286 357		46 665	40 341		44 809
非营业客车	70 083		11 463	9 912		7 999
…	略		略	略		略
合计	570 325		95 129	79 935		43 991

资料来源　佚名.平安高管高薪卷入交强险风波［J］. 中国经济周刊，2008（4）.

（2）将销售和管理费用等服务成本合理地归属于成本对象。

传统成本计算把管理费用和销售费用当作期间成本，于发生时将其一次性从当期损益中扣除。编制企业的部门盈利报告，只计算到扣除产品的制造成本后的毛利，从各个产品的毛利之和中一次性扣除期间成本。在企业加强价值链管理之后，销售和管理费用在全部经营活动中所占用的比例大大增加，这些费用虽然不一定是为某个特定产品而发生的，但却和特定的订单、生产线或品牌相联系。采用作业成本计算法后，可以将这些费用分配到不同的顾客、销售渠道、生产线或地区等，从而使不同的顾客对产品生产以外的其他服务要求的差异显现出来。加上采用作业成本计算法分配的制造成本体现了产品在生产、设计方面的差异，从而使所计算的成本对象成本体现了不同成本对象在设计、开发、生产到销售、售后服务等价值链上的各种作业的相互关系，进而能够提供更为详细的、反映不同成本对象利润率的资料，使企业关注导致利润率出现异常的产品、生产线、顾客、销售渠道等（如图2-7所示）。

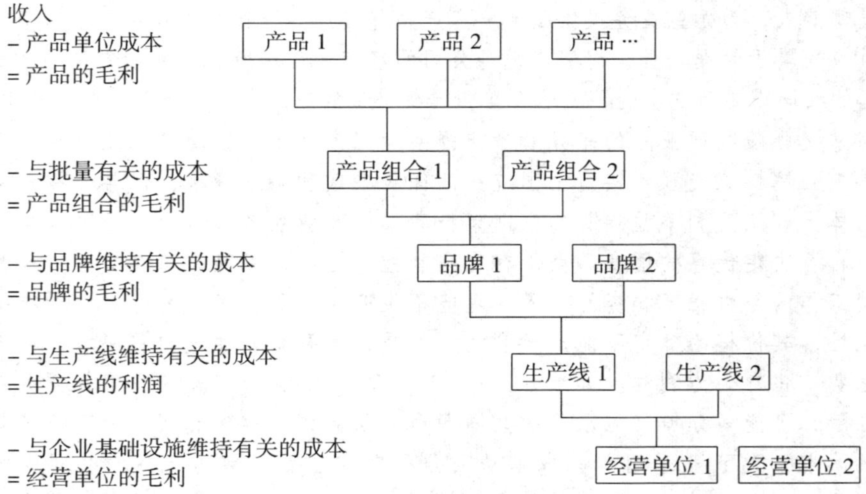

图2-7　分级盈利报告

具体地说，就是将成本对象按导致其差异性的原因划分为不同的等级。在最低等级，是个别的产品、顾客或工厂，而在最高等级，则是企业。企业的利润可能来自多个产品生产线。而每个产品生产线中又包含了不同的产品品牌，每个产品品牌又包含了不同批量的产品，每一批量的产品又包含了不同产量的个别产品。在编制企业的利润时，传统的做法是将所有产品的销售收入减去其制造成本，汇总后扣除全部的销售和管理费用。但是采用作业成本计算法后，可以先归集各个产品的贡献毛益（销售收入减产品的制造成本），然后把属于同一批的不同产品的贡献毛益相加，再扣除服务成本中与该批产品有关的但不和该批量中的任何一个产品直接联系的费用，可得到批量基础的产品的贡献毛益。类似地，再从中扣除与品牌的维护有关的服务费用，得到以品牌为基础的产品品牌贡献毛益。接着，从中扣除与维持生产线有关的费用，得到生产线的贡献毛益。最后，再扣除与维持企业生产能力有关的费用，在该级别的产品之上，就得到企业的利润了。

这样一来，原来一次性扣除的销售和管理费用，就要先区分出与企业生产能力维持、生产线维持、品牌维持、批量生产等相联系的费用，并计算出相应作业的单位成本，根据各个级别的成本对象消耗作业的量计算各个成本对象应分摊的服务成本。最后得到不同等级的成本对象的盈利能力。

上述分析的分解程序也同样可以适用于以顾客或地理位置作为成本对象的分部报告。

【例2-11】

某化妆品生产厂的护肤品生产线在5月份生产和销售了两种产品，洗面奶和润肤霜，这两种产品分属两个品牌：美颜牌和名媛牌。前者属于新开发的品牌，公司目前对该品牌投入了较大的促销费用，而后者则是市场上比较成熟的品牌，主要是面对中老年顾客的。当月发生的品牌维持费用为10 000元。假设不考虑其他的销售和管理费用，以下是该厂5月份的经营资料和业绩报告（见表2-12、表2-13）。

表2-12　**护肤品生产线5月份经营资料表**

产品名称	洗面奶		润肤霜	
品牌	美颜牌	名媛牌	美颜牌	名媛牌
销售单价（元/盒）	15	5	40	15
销售量（盒）	1 000	300	1 200	200
单位制造成本（元/盒）	6	7	20	10

表2-13　**护肤品生产线5月份业绩报告表**　单位：元

项目	洗面奶	润肤霜	合计
销售收入	15×1 000+5×300=16 500	40×1 200+15×200=51 000	67 500
销售成本	6×1 000+7×300=8 100	20×1 200+10×200=26 000	34 100
毛利	8 400	25 000	33 400
销售和管理费用	10 000		10 000
税前利润			23 400

可以看出，传统的分部报告只能提供按产品类别区分的毛利资料，但无法提供不同品牌产品的盈利情况，从而无法了解促销手段是否有效。而如果采用作业成本计算法，可以将销售和管理费用分解到不同的品牌产品上（假设全部的销售和管理费用的发生都和品牌的维护有关，其中95%属于美颜牌），从而提供更为详尽的资料。假设上述成本已经是按照作业成本计算法计算的，则可以将护肤品生产线5月份业绩报告修正如下（见表2-14）。

表2-14　**护肤品生产线5月份业绩报告修正表**　单位：元

品牌	美颜牌		名媛牌		合计
产品	洗面奶	润肤霜	洗面奶	润肤霜	
销售收入	15×1 000=15 000	40×1 200=48 000	5×300=1 500	15×200=3 000	67 500
销售成本	6×1 000=6 000	20×1 200=24 000	7×300=2 100	10×200=2 000	34 100
毛利	9 000	24 000	-600	1 000	33 400
销售和管理费用	9 500		500		10 000
税前利润	23 500		-100		23 400

表2-14使决策者了解不同品牌产品的实际盈亏情况，并针对报告中体现出来的信息，采取相应的措施。

（3）成本分配只包括资源成本中实际利用的部分，而不包括闲置资源的成本。

在企业里，存在两类资源。一种是弹性资源，比如原料、临时工、能源等，可以根据实际需求量进行调整。控制其需求量（如节约原料用量等），可以直接带来现金流的节约。另一种是约束性资源，如企业的设备、正式编制的员工、租用的场所等。这类资源，其供应量是事先确定的，在短期内很难通过调整需求量而使其耗费下降。在传统的成本计算中，如果生产能力利用不足，资源闲置的成本将由最终的完工产品成本来承担。而作业成本计算法则通过建立资源消耗模型来突出闲置资源对企业盈利能力的影响。库珀和卡普兰所设计的资源使用模型为：

企业拥有的资源成本=已利用的资源成本+未利用的资源成本

这样，当管理者试图通过降低作业量来降低资源成本时，尽管已利用的资源成本下降，但未利用的资源成本会上升同等数额。这样管理者要削减成本，就必须双管齐下，既要控制作业量（使等式右边第一项减少），又要尽量地削减资源的供应量（资源的消耗水平，等式左边的项）。这就可以在资源需求量下降的时候，激励企业及时采取措施，将多余的资源供应量也压下来。对于约束性资源，如果采取的削减成本措施仅是减少一次调整次数，少订一次材料或减少一次检验，虽然已利用资源成本下降，而未利用资源成本却上升。只有同时采取措施把资源的消耗水平也降下来，成本削减的措施才能真正有效。

【例2-12】

假设A公司的订票部配备了4名员工，专门负责公司所有人员和客人的差旅住宿和交通事宜。这4名员工的年人工成本为50 000元（包括工资、人事管理等），核定的订票业务量为5 000次/年。所以，订票的人工成本为10元/次（50 000÷5 000）。每年员工的实际订票总数总是在变化的，假设2019年的实际订票数为4 000次，则按作业成本计算法可分配订票成本40 000元，此即已耗用的订票成本，而实际成本（50 000元）和已耗用成本之间的差额10 000元就是未利用的资源成本。如果订票部的实际订票数量下降到3 000次，则由于在短期内不可能将这4名员工解聘，所以实际的订票人工成本还是50 000元，已利用的人工成本下降到30 000元，但是未利用的资源成本却上升到20 000元。只有同时削减员工的奖金、控制人事管理成本后，才能真正控制成本。这样，还可以避免出现员工工作不积极、效率低下导致订票量下降，却表现出成本下降的异常结果。

反过来，如果业务量剧增，如为5 500次，则已利用资源成本为55 000元，超过了企业的订票人工成本50 000元，短期内企业可能通过员工的加班加点来消耗掉负数的未利用资源成本，但从长期看，则提示管理者应当调整人员配备，或者提升员工工资，或者改进办公方式，例如采用网络订票系统等。

正因为未利用的资源成本能提示管理的问题所在，所以它是作业成本计算系统的核心部分。

2.4.2　作业成本计算系统的设计

作业成本计算系统的设计包括以下五个步骤：

1）确定作业和产出

作业是指在一个组织内为了某一目的而进行的耗费资源的工作。作业是作业成本计算和作业管理的核心。根据服务的层次和范围，可以将作业分为：单位作业、批量作业、产品维持作业（顾客维持作业）和设施维持作业。单位作业是指使单位产品或服务受益的作业，它对资源的消耗量往往与产品的产量或销量成比例。例如直接材料、直接人工、直接电力等。批量作业是指使一批产品受益的作业，其对资源的消耗与批量有关，而与批内所包含的产品产量无关。例如设备调整成本在产品不同批次之间转换时发生，而与各批次所包含的产品数量无关。产品维持作业是使产品生产或服务的提供成为可能的作业。例如产品品种规格的更新、技术支持作业等。这类作业的成本与产品的单位数量或批量无关，但在产品的品种增加时将增加。如果把顾客看作成本对象，则这类作业就成为顾客维持作业，例如市场调查作业等。设施维持作业是为支持产品的生产经营而发生，支持一般管理流程的作业，包括管理人员的配备、工厂的管理等。该作业成本的发生与工厂的所有产品有关。一般只有在工厂规模发生变化时才可能发生变化，所以在短期决策中经常被当作非相关成本。

作业分散在企业的组织结构中，随着企业的规模、工艺和组织形式的不同而不同。认定作业可以采用几种方法：第一种方法是绘制生产流程图，将企业的各种经营过程以网络图的形式绘制出来，从每一流程中分解出若干作业，并将同类作业汇总起来。第二种方法则是采取调查访谈的方式，由所有员工描述其工作，再进行汇总。

在确定作业时，要考虑两个原则。一是要考虑取得作业成本数据的目的。如果取得作业成本的目的在于改善经营活动，例如减少成本，则对成本的分类要细一些，要关注浪费和低增值的作业。如果取得作业成本的目的在于进行战略性决策，例如产品的定价和盈利性分析，则对作业的分类可以粗一些。二是要考虑重要性原则，如成本不大的作业可以和其他项目归并为一类。

2）归集和分析相关的成本和成本动因

各类资源成本在发生时，已通过传统会计账簿进行记录，反映在应付工资、应付账款、存货等明细账中。在本步骤中要找出与各项作业相关的资源成本，可以通过现有的计量指标直接进行分配，例如将材料成本归集到消耗材料的加工作业中，也可以通过分析某一职能或某一员工的工作时间在不同作业上的分配情况来估计该职能部门的成本或该员工的工资应如何分配到不同的作业上。而后，根据作业的类型和资源成本的性质来确定成本动因。

成本动因，是指解释发生成本的作业的特性的计量指标，反映作业所耗用的成本或其他作业所消耗的作业量。它是计算作业成本的依据，可以揭示执行作业的原因和作业消耗资源的大小。成本动因可分为三类：交易性成本动因、延续性成本动因和精确性成本动因。

交易性成本动因计量作业发生的频率，如设备调整次数、订单数。当所有的产出物对作业的要求基本一致时，可以选择交易性成本动因。例如，安排一次生产、处理一次订货所需要的时间和精力与生产了多少产品或订了多少货无关。如果不同数量的产品所要求的作业消耗的资源存在显著不同，则应采用更为准确的计量标准，即延续性成本动因，它反映完成某一作业所需要的时间。例如工艺流程简单的产品每次所进行的设备调整时间较短，而工艺流程复杂的产品所需的设备调整时间较长。如果都以设备调整次数为成本动因，则可能导致作业成本计算不准确，此时以设备调整时间为成本动因更为合适。但是，如果每单位时间里进行设备调整所消耗的人力、技术、资源等存在显著差异，则可能需要采用精确性成本动因，即直接计算每次执行每项作业所消耗的资源的成本。例如，新产品刚开始生产时所进行的设备调整，可能要求单位时间里投入特殊的人力和质量测定工具，而成熟产品在单位时间所需要的资源消耗量则可能比较少，所以，此时以每次调整的资源成本为成本动因才是比较合适的。

选择成本动因时，应考虑以下几个原则：①相关性。作业成本计算的核心思想是根据每种产品消耗的作业成本动因量将作业成本分配给产品。这实际上是以产品消耗成本动因的数量作为产品消耗的作业的计量标准。因此，成本分配的准确性是建立在作业的消耗与成本动因的消耗之间的关联关系上的。例如，要计量产品所消耗的设备调整成本，可以采用设备调整次数或设备调整时间作为成本动因。如果不同产品所消耗的设备调整时间、资源都没有显著差异，则以次数作为成本动因即可揭示其关联关系。但如果不同产品的设备调整所消耗的时间和资源存在显著差异，那么选用调整时间才能揭示作业成本和成本动因之间的关系。②成本效益。作业成本的成本库越多，所需成本动因越多，成本计算越精确，但其信息取得成本也越高，此时应考虑成本效益原则。同时，成本动因应易于计量，所以在经济上可行。③行为因素。成本动因的选择应有助于激励业绩的改进。成本系统的设计可能对管理者产生有利或不利的行为影响，成本动因的选择应考虑这个因素的存在。例如，以联系的供应商数量作为分配采购成本的成本动因时，有可能使管理者减少询价次数，从而可能丧失联系到更有利的供应商的机会。反过来，以材料搬运次数作为存货处理作业的成本动因时，有可能促使管理者减少搬运次数，从而减少处理成本。

3）建立成本库

一旦选定作业成本动因后，就可将具有同质成本动因的相关成本归集起来，形成成本库。每个成本库可以归集人工、直接材料、机器设备、管理费用等。有几个成本动因，就建立几个成本库。建立不同的成本库，并按多个分配标准分配成本，是作业成本计算法优于传统成本计算法之处。

4）建立作业成本计算模型

作业成本计算法将成本库所归集的作业成本按成本动因分配到作业上，再按成本计算对象（产品）以及作业的消耗量将作业成本分配到成本对象上。作业成本计算有两个模型：两阶段模型和多阶段模型。两阶段模型比较简单，首先将明细账中的资源成本按第一阶段资源动因分配到不同的作业上，而后将这些作业上归集的成本按第二阶段作业成本动因分配到产品上。例如，按员工人数分配福利费、按机器工时分配电费到某一作业上，再将该作业所归集的福利费、电费等进行汇总，按产品批量、加工时间等分配到成本计算对象上（如图2-8所示）。

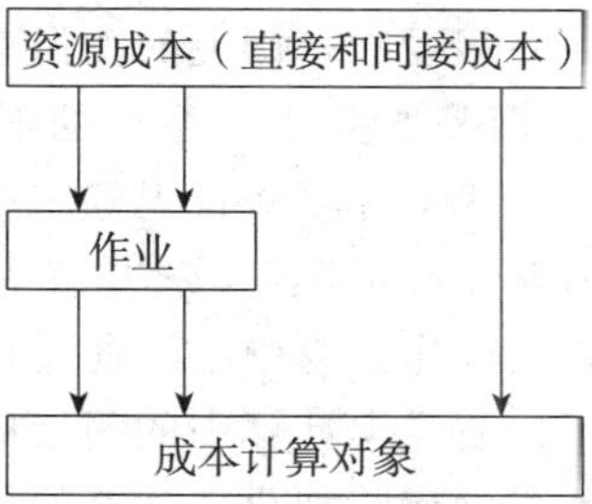

图2-8　两阶段作业成本计算模型

通过多阶段法我们可以认识到，有些作业并不直接为最终产品所消耗，而是为其他或多个作业所消耗。它试图更准确地反映成本在组织里流动的实际情况，强调作业和作业以及作业和产品之间的关系，对成本对象消耗资源的差异性进行更详细的分解，以更好地体现产品和劳务的增值以及经营的复杂性。例如在将办公文员每月的工资福利等资源成本分配到产品上时，可以先根据办公文员每月处理订单的时间占其全月工作时间的百分比，将成本计算分配到处理订单作业上，取得处理订单作业成本。再根据维修作业消耗的订单数量，将处理订单作业成本分配到设备维修作业，归集设备维修作业的成本。最后根据产品生产中消耗的设备维修次数，归集到产品成本计算对象上，确定产品所消耗的办公文员的人力资源成本。多阶段作业成本计算模型如图 2-9 所示。

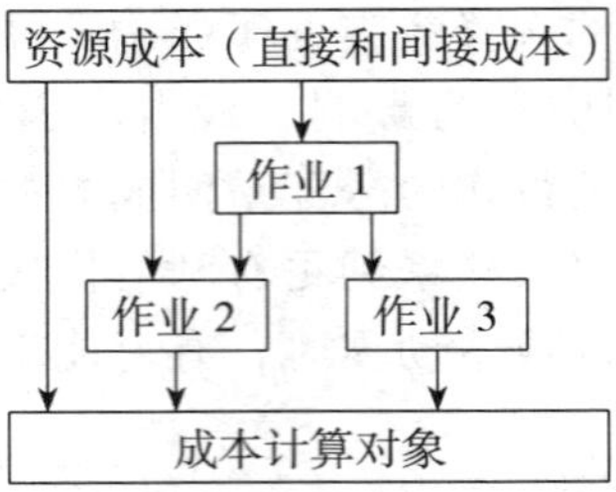

图 2-9 多阶段作业成本计算模型

5）汇总成本信息，维护作业成本计算模型

要使作业成本计算法能有效实施，就必须建立作业词典，将主要的作业、所保护的内容、适用的成本动因等进行明确规定，对使用者进行培训，使相关人员了解其运行机制，保证成本信息的相关性，并且应当对数据进行定期更新。例如，当员工数和员工工作作业组合已发生了极大的变化，消耗作业的成本目标或作业组合发生了实质性变化时（如产品、劳务费或顾客的增加或放弃），开始新的作业或消除目前的作业时，应及时修改成本模型。

2.4.3 作业成本计算法的评价

1）作业成本计算法的主要优点

（1）作业成本计算法是一种先进的成本计算方法。传统的成本计算法以产品为核心，除了直接材料和直接人工以外，将其他的制造成本全部归入制造费用，并按单一的与产量相联系的标准进行分配。这种分配是建立在所有这些费用的发生与分配标准之间存在线性比例关系的假设的基础上的。但实际上，许多组织资源的消耗并不直接为最终的产出服务，而是服务于一系列的辅助作业，要准确计算产品成本，不能就成本而论成本。作业成本计算法首先确定产生作业的成本动因，再根据成本动因计算作业对资源的消耗，确定作业成本，最后按产品对作业的消耗，将作业成本分配到产品上。这种方法以作业为中心，通过设置多样化的成本库并按多样化的成本动因来分配制造费用，使成本计算中的间接成本的分配过程建立在产出与投入之间的因果关系之上，计算过程明细化，计算的可归属性大大提高，即提高了产品成本分配的技术经济依据，从而提高了产品成本计算的准确性。就这点而言，作业成本计算实质上是一种直接成本计算方法，消除了人为设立的分配标准的影响，因而是一种先进的成本计算方法。

（2）作业成本计算法可以实现成本计算与成本管理的结合。在现代竞争性的经营环境下，企业的经营管理突破了部门与部门之间的界限，由不同部门的员工共同协作来完成某项工作，与此同时，将资源转化为产出。作业成本计算法以作业为中心，突破制造部门的界限，按同质作业建立成本库，按成本动因归集成本的思路，和现代企业价值链分析的思想不谋而合。现代企业观认为，企业是为最终满足顾客需要而设计的一系列作业的集合，是一个由此及彼、由内到外的作业链。作业成本计算法不是就成本而论成本，而是把重点放在成本发生的前因后果上，以作业为核心，以资源流动为线索，以成本动因为媒介，通过对成本形成过程进行动态的追踪反映，可以实现对作业成本的有效控制。在企业管理中，根据作业成本计算方法所提供的有关企业经营流程的数据，以及产品成本形成过程的分析，可以深入了解不同的产品、作业、业务流程等的盈利能力，对作业链上的所有作业进行分析修正，尽量消除不增值的作业，提高增值作业的效益，从而全面提高企业的经营效益。因此，作业成本计算法既是一种成本计算方法，又是一种管理手段。作业成本计算法与作业管理的关系，如图2-10所示。

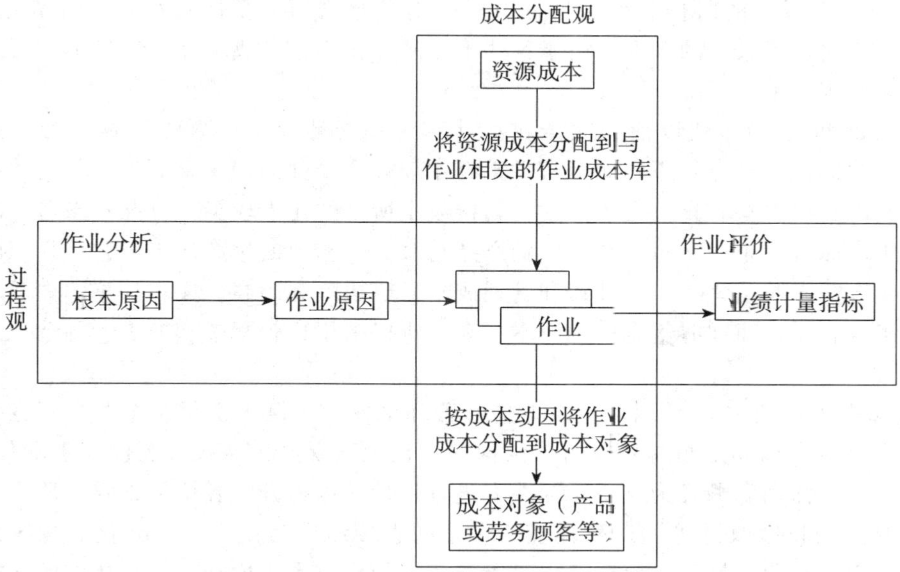

图2-10　作业成本计算法与作业管理的关系图

图2-10中的纵轴代表的是成本分配观，它表明，成本对象产生了对作业的需求，而作业需求产生了对资源的需求。在成本分配时，按照资源流动的途径，根据资源成本与作业、作业成本与成本对象之间的因果关系进行分配。而横轴代表的是过程观，它表明企业由于何种原因产生了作业，以及这些作业完成的效益如何。利用这些信息，可以改进作业链，提高顾客价值。

正是由于作业成本计算法所提供的动态信息，使企业管理深入到作业水平，形成作业管理，并且为适时生产系统和全面质量管理等现代管理方法的应用提供了经济基础。

2）作业成本计算法的不足

设计作业成本计算系统需要企业投入大量的资源，而一旦投入使用后，企业必须定期收集和更新作业成本计量单位的信息，由此而产生的巨额维护成本可能会使许多企业望而却步。特别地，通过作业成本计算法所计算出来的成本数据，与管理层所习惯的传统成本计算法所计算出来的数据，可能存在比较大的差异，有可能得不到管理层的理解和支持。而没有信息使用者的支持，作业成本计算系统显然无法在企业里畅行无阻。而且，作业成本计算所确定的成本信息，也不是能够直接为决策所用的。在进行决策前，还必须以成本计算系统的数据为依据，确定哪些是可以避免的相关成本，而哪些则不能。再者，按照作业成本计算法编制的成本信息，不一定能为外部报告所接受。首先，外部报告对于分部信息的要求不如内部管理的要求高，不需要具体到个别产品的成本信息。如果有的产品成本偏高，有的产品成本偏低，在进行加总时，这种差异就可以互相抵消。而且，把销售和管理费用计入产品成本的方法也不为公认会计准则所接受。这样，企业在建立作业成本计算系统的时候，就必须同时保持对外报告所需要的传统成本计算系统，这进一步增加了系统的成本。由于这些不足的存在，作业成本计算法还不太可能完全取代传统成本计算法。

在20世纪80年代以前，完全成本计算法和变动成本计算法一直广为企业所用。在当时的生产条件下，企业资源消耗主要以生产部门为主，而生产部门的成本消耗又以直接材料和直接人工为主，间接成本所占的比重较少，分配不当造成的影响较小。而且，企业面对的是相似的产品与服务、相似的生产加工工艺、相似的顾客、顾客需求与销售渠道，销售和管理成本低，边际利润高，成本计算的失误对企业的影响较小，而同时信息处理成本较高，难以采用比较复杂和准确的制造费用分配方法。

但是20世纪80年代以后，企业的经营环境发生了巨大变化：企业之间竞争加剧，产品寿命周期缩短。企业组织结构扁平化，重视员工授权，关注流程和作业，企业的经营活动以顾客为核心，为顾客进行设计，以提升顾客价值，强调质量、成本和时间的持续改进等。这种环境所带来的直接结果是：产品差异化、顾客差异化、流程差异化、销售和管理费用等服务成本的比重大大增加，间接成本的比重上升，边际利润下降，成本计算的微小失误，就可能导致企业竞争地位的改变。与此同时，会计信息的处理成本大大下降，会计逐渐向管理者的商业伙伴身份转化。会计信息越来越关注战略的制定和实施，业绩的持续改进，从而为作业成本计算法的产生创造了条件。1988年，美国的库柏（Robin Cooper）和卡普兰教授（Robert S. Kaplan）在调查研究的基础上，发展了前人提出的作业、作业会计概念，提出了以作业为基础的成本计算法。此后，该法在理论上和实践上都取得了较大的发展，成为一种现代的成本计算方法。许多公司通过实施作业成本法，重新评估了那些无法创造利润的客户关系，改进了生产流程，发掘出了一些隐藏在企业中的有助于成本—效益提高的重大机会。

各类企业实际所应用的作业成本计算系统可能存在多种差异。经营业务简单的企业，可能只是建立两步骤成本模型；经营业务复杂的企业，则可能建立与其经营流程相适应的多步骤成本模型。有的企业可能存在较多不同的产品和服务，因此根据资源消耗特点而建立的成本库会比较多。有的企业则可能应用较多的成本动因，以更准确地反映成本对象消耗资源的关系。另外，在将作业成本分配到成本对象的时候，有的企业可能只是简单地应用交易性成本动因，但有的企业则可能应用时间性成本动因。

2.4.4 时间驱动作业成本计算法

作业成本法在实务推行中，面临着难以反映错综复杂的运营实践、实施周期过长、建立和维护成本高等问题，致使很多公司最终半途而废。卡普兰和安德森于2005年1月在《哈佛商业评论》中提出了改进后的时间驱动作业成本法（time-driven ABC，TDABC），以解决企业中遇到的上述问题。

按照这一改进后的作业成本法，管理人员将直接估计每件产品或每位顾客的资源需求，而不是先将资源成本分摊到作业上，然后再分摊到产品或顾客上。对于每一类资源，管理人员只需估计两个参数就可以得出更为准确的成本动因的单位费用：一是单位时间内所投入的资源能力的成本，称为单位时间产能成本(cost per time unit of capacity)；二是产品、服务和顾客在消耗资源时所占用的单位时间，称为作业单位时间（unit time of activities）。其中，对单位时间产能成本的估算是直接通过公司投入资源的实际产能占理想产能的百分比来估计的，如：根据经验，管理人员可以假设实际所用的产能是理想状况的80%～85%。如果对实际产能的估计偏差过大，随着时间的推移，时间驱动作业成本法在实施的过程中将会揭示出这一偏差。此外，虽然对于大多数资源来说，产能是以时间来衡量的，但是也可以采用空间等其他标准来计量资源的单位成本。而对作业单位时间的估计，可以向员工了解或直接观察得到，这一数据只要大致准确就可以了。在估算出这两个变量之后，通过将它们相乘计算出成本动因的单位费用，以便在交易发生之时将总成本分摊到各个成本对象。通过计算资源的单位时间产能成本，管理人员在成本分析时就不得不对资源的实际产能做出估测，这就为他们能够准确地了解成本状况提供相应的成本信息，前段所述的问题自然也就迎刃而解了。

时间驱动作业成本计算法和原来的以动因分配率为基础的作业成本计算法的区别主要体现在以下三个方面：

（1）是否能反映不同成本对象彼此之间的关系。动因分配率基础作业成本计算法以作业为中心，需要建立作业词典和作业成本库，每个作业成本库需要找到相应的作业动因。最终成本对象的成本通过其消耗的作业和作业动因分配率来计算。成本对象消耗作业的逻辑关系清楚可见，作业多样性清晰。但是，最终的成本对象与其他成本对象之间的逻辑关系则不够清晰或不够多样。例如，顾客通过不同渠道购买了不同产品。这些渠道和产品，如何消耗作业，在成本系统中是清楚的，但是，系统对于顾客的渠道和产品的多样性则只做有限反映。时间驱动作业成本计算法以最终产品为中心。最终的成本对象（例如交易或订单）可以是多种多样的，其所消耗的其他成本对象的形式（如渠道、产品）等，也可以是多样的。

（2）是否需要建立作业词典，设置作业成本库。动因分配率基础作业成本计算法的准确性，很大程度上依赖作业成本的准确性。成本对象与作业之间存在一一对应的动因数量关系。而时间驱动作业成本计算法不需要太多的作业词典，不设置作业成本库。作业不是将资源成本分配到产品对象时必不可少的一步。依靠的是时间方程式来计算成本。将执行交易的标准时间与单位时间资源成本相乘，就能得到成本对象的成本。单一交易的时间是可变的，时间方程式通过交易的组合来反映复杂性，而消耗的资源也可以是多样的，以此来反映最终成本对象的多样性和差异性。

（3）是否考虑闲置资源成本。动因分配率基础作业成本计算法不体现未使用的资源成本，所有的资源成本都将由最终成本对象承担。可能导致成本分配过多。而时间驱动作业成本计算法只将实际使用的资源分配到最终成本对象上。

时间驱动作业成本计算法的优点在于：数据驱动，直接从经营性的、事务性的ERP和CRM系统中获取数据，它可以反映交易数据，如流程、订单的多样性、复杂性和细微变化。通过大量减少或消除作业词典，我们很容易处理大范围内的几百万条事务，而不影响报告的适时制作和交付。描述资源能力，并突出闲置资源能力成本。时间驱动作业成本计算法的不足在于：时间方程式要求使用者理解编程规则。计量作业时间的原始凭证必须相对准确。

【实务应用2-2】

作业成本计算法在中外运敦豪公司的应用

［背景资料］中外运敦豪公司（DHL）是1986年由中国对外贸易运输集团总公司和敦豪环球速递公司各注资50%成立的。合资公司将敦豪作为全球领先的快递和物流公司所拥有的丰富经验与中国外运集团总公司在中国外贸运输市场的经营优势成功地结合在一起，为中国各主要城市提供国际航空业务。DHL在全国拥有39家分公司、2 800名员工，网络覆盖全国318个城市。伴随中国经济的增长，中外运敦豪公司也创下了骄人的业绩。公司年平均增长率为40%，营业额总计增长60多倍，目前已稳居中国航空快递业的领导地位，在中国的市场占有率达到37%。

［ABC的引入］从1998年起，中外运敦豪公司在北京、上海和广州的三家分公司开始执行作业成本计算，并推广到全国的其他分公司中。促使中外运敦豪公司改变成本核算体系的根源在于其定价中面临的困惑。当采用成本加成定价法时，必须了解单一生产线和合理的利润率。即便是同一城市的快递业务，由于客户所在位置的不同、寄送品的不同、目的地的不同，成本存在着差异。但是，传统的成本核算模式无法揭示不同服务产品线的真正成本。这使得中外运敦豪公司在价格制定上比较盲目，有时虽然参考竞争对手的价格，却不能了解公司自己业务的盈亏情况，从而无法确定争取客户时的价格策略。

为了逆转这种局面，中外运敦豪公司开始调查其中国各地分公司的成本结构，在此基础上，将一个作业的整个流程，即从客户打进电话要求服务一直到快递货品到达目的地，分解成50个作业，然后再压缩成5～6个成本动因，确定成本库：取件成本、空中运输成本、转移中心分拣成本、清关成本（报关等费用）和目的地派送成本，按成本动因分配成本。

［ABC的应用意义］中外运敦豪公司引入作业成本计算法后，每一单业务的成本都能准确计算出来，从而使定价变得轻而易举。作业成本法的引入，还为中外运敦豪公司实施客户分析和管理提供了依据。例如，作业成本法区分了不同客户的消费习惯，从而体现出盈利性的差异。市场部门根据客户盈利性的差别，制定相应的对策：争取维护收益贡献率高的客户；改变工作方法、降低成本应对收益贡献率低的客户，必要时甚至有所放弃。另外，利用作业成本法，DHL也发展了很多利润率模型，可以很灵活地根据不同客户的情况，制定更有效的价格策略。此外，引入作业成本法，还使中外运敦豪公司发现业务流程中的重复作业，通过信息化而减少了作业成本。

资料来源　改编自：中外运敦豪公司网站（http：//www.cn.dhl.com/about/aboutcnt.html）；杨慧萍.平衡计分卡重塑敦豪［J］. IT经理世界，2003（8）.

● 2.5　几种成本计算系统的融合

2.5.1　概述

本章介绍的成本计算系统主要包括三种类型：变动成本计算系统、完全成本计算系统和作业成本计算系统。这三种计算系统对于什么是产品成本的认识是不同的，变动成本计算法只把变动制造成本计入产品成本，免去了分配固定制造费用的手续，而完全成本计算法则把全部的制造成本计入产品成本，但必须根据一定的标准分配固定性制造费用。在固定性制造费用占全部生产费用的比重比较小的情况下，变动成本计算法有助于决策。但是，随着科学技术的进步，机器和自动化生产逐渐取代了手工和半自动化生产，固定性制造费用的比重加大，将固定性制造费用排除在产品成本之外，可能导致错误决策的产生。此时，完全成本计算法可能更合适。但是，其应用也是有前提条件的。因为当存在多种产品、共享资源的时候，采用完全成本计算法分配制造费用是不可避免的。由于完全成本计算法采用单一标准（并且是与产量有关的标准）进行费用分配，只有当分配的费用占全部费用的比重比较小、产品的种类少、经营活动涉及的作业比较少的情况下才适用。如果当需要分配的费用比较大、产品品种繁多，完全成本计算法由于把费用的分配建立在成本和产量之间的假设关系之上，没有考虑产品和资源之间的因果关系，所以可能无法满足决策的需要。

不论是变动成本计算法，还是完全成本计算法，其所计算的产品成本实际上都是围绕生产部门所发生的费用进行的。只要是生产部门发生的费用，不论其发生是否由于生产产品而产生，都要计入产品成本。服务部门所发生的销售费用、管理费用等，则全部计入期间成本，而不计入产品成本。随着企业价值链分析观点的建立，企业为了增加顾客价值，在服务部门上投入的费用不断增加，这些费用对于产品价值是否能够实现具有重要意义。因此，如果不将这些部门的成本计入产品成本，管理者就无法分析其消耗是否合理，经营是否有效率，是否可以进行外包，从而也就无法实现价值链的优化。所以，产品成本计算方法就必须加以改革，不再围绕生产部门，而是围绕作业展开，这时候就需要考虑作业成本计算法了。

从完全成本计算系统，到变动成本计算系统，再到作业成本计算系统，不同的成本计算系统具有不同的特点，也有不同的适用条件。判断哪种成本计算系统适合哪些企业，主要看三个因素：成本系统的信息加工成本、竞争程度和产品多样化程度。完全成本计算系统，不需要区分固定成本和变动成本，信息加工成本最低，变动成本计算系统，要将制造成本和非制造成本进一步区分为变动性成本和固定性成本，因此信息加工成本较高，而作业成本计算系统，需要深入到作业层次，确定作业动因和成本动因，既需要取得会计系统的信息，又需要大量的经营信息，因此信息加工成本最高。完全成本计算法的成本信息，主要适用于对外财务报告的需要，引导管理者重视产品的损益，但却不一定能提供决策所需要的相关成本信息。竞争越激烈，决策的重要性越大，而对相关成本信息的需要就越大，变动成本计算法的产生满足了这一需求。当产品的多样化程度不高时，以产品为成本对象，将资源成本（制造成本）按单一标准分配到产品成本对象上，成本扭曲的程度不大。但是，当产品多样化程度提高时，这种分配方法导致的成本扭曲加剧，从而使成本信息的准确性和相关性大大下降。作业成本计算系统的产生，解决了这一问题。应当说，不同的成本计算系统，满足了不同的需要。而从企业会计的职能看，既要能通过灵活多样的方法和手段，为企业的内部经营管理的决策、计划和控制提供有用的信息，又要满足外部利益关系人对企业财务信息的需要。因此，不能以一种成本计算系统，完全取代另一种成本计算系统，也不能同时采用两种或多种成本计算系统，否则不仅加大了系统运行成本，而且多种系统所提供的多种成本信息将导致理解的混乱。必须建立起以一种计算系统为基础的统一计算系统。

2.5.2 完全成本计算系统与变动成本计算系统的融合

在企业内部，经营管理经常需要的是相关成本信息，而完全成本信息主要是在编制对外财务报告时使用，其信息的间隔期比较长。而且，完全成本信息可以在变动成本信息的基础上进行调整而取得，因此，这两种成本计算系统的融合可以以变动成本计算系统为基础，对其进行适当的调整和变通，以满足对外报告的需要，具体表现为：

（1）日常的核算以变动成本为基础，在产品和产成品均按变动成本计算法反映，即只包括直接材料、直接人工和变动性制造费用。

（2）平时增设几个账户：变动性制造费用、固定性制造费用和存货中的固定性制造费用。当固定性制造费用发生时，不直接记入“在产品”，而是记入存货中的“固定性制造费用”，当产品销售时，先只将产成品账户中的变动成本转出，可以编制以变动成本为基础的利润表。而到对外报告时，再将应归属于已销售部分的固定性制造费用从存货中的固定性制造费用账户转到产品销售成本，就可以得到以完全成本计算法为基础的利润表。至于期末存货的成本，平时在在产品账户和产成品账户所反映的，都是变动成本。而到对外报告时，再加上存货中的固定性制造费用的余额，就可以得到以完全成本计算的存货成本（如图2-11所示）。

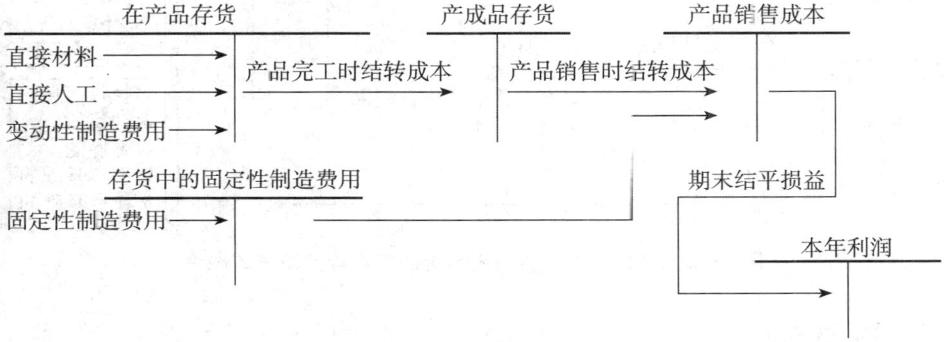

图2-11 完全成本计算系统与变动成本计算系统的统一

2.5.3 传统成本计算系统与作业成本计算系统的融合

在有些企业里，作业成本计算系统和传统成本计算系统是并行的。这样做，既能满足其管理活动对信息的需求，又不至于对其日常的信息处理造成干扰。在小型企业里，这种做法尤为有效。但是，作业成本计算系统也可以和企业日常的会计和管理系统融合在一起。此时，作业成本计算系统不仅起到了传统成本计算系统的作用，而且成为改进业务流程、提出计划、消除或减少不增值作业的一个重要的信息源泉。此时，所有的生产和报告，包括会计账户设置、成本中心结构、存货和销售成本的结转流程、部分费用的归集、应付账款和工资费用的分配方法、财务和管理报告以及会计系统中的其他与成本有关的部分，都必须加以调整，以适应作业成本计算系统的需要。

作业成本计算系统要按一定的标准来构造，其基本关系为：总账科目的所有资源消耗额应当等于作业消耗总额，等于追踪到最终成本对象的成本额。

图2-12反映的是作业成本计算系统与传统成本计算系统的融合。该系统中的数据库，既有来自传统成本计算系统（会计信息系统）中的总账科目的余额（反映资源的消耗），又有来自经营信息系统的作业、作业属性、作业成本动因的数据。这些数据通过作业成本计算模型生成作业报告。作业报告围绕流程形成多维信息，再进行进一步的加工，可以编制满足决策需要的定制报告。作业报告，围绕产品对象就可以形成产品成本信息，从而形成标准报告（对外财务报告）。

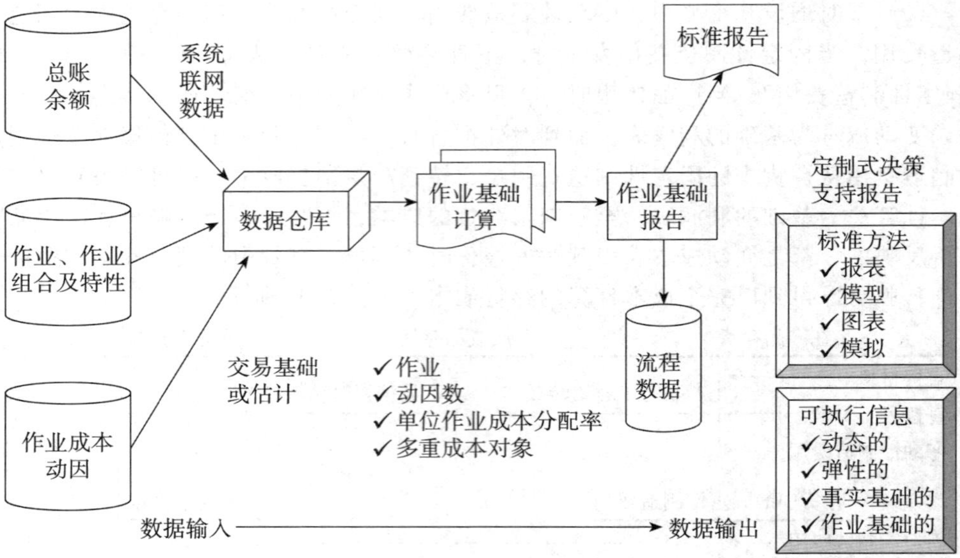

图 2-12　作业成本计算系统与传统成本计算系统的融合

总结与结论

本章在介绍了成本与成本对象、成本计算系统的重要性的基础上，重点介绍了标准成本计算系统、变动成本计算系统和作业成本计算系统，并讨论了几种成本计算系统的融合问题。

标准成本计算系统包含了标准成本、差异分析、差异处理三个部分，是进行成本控制的有效方法。差异分析主要区分为数量差异和价格差异。

变动成本计算法是相对于完全成本计算法而言的，其产品成本只包含变动性制造成本。由此，企业的利润将随销售量的增加而成正比例增加，有利于经营决策与控制。

作业成本计算法是指通过对所有的作业活动动态地进行追踪反映，来计量作业和成本对象的成本、评价作业业绩和资源利用情况的方法。该方法解决了传统成本计算方法费用分配不准确的问题，对于准确计算成本和实施有效成本管理具有重要的作用。

不同的成本计算系统有不同的适用条件。在现实中，各种成本计算系统存在一定的融合的可能。

练习题

思考题

1.什么是成本？什么是成本对象？如何确定成本？

2.什么是标准成本系统？标准成本差异如何分析？

3.成本按经济用途如何分类？

4.什么是变动成本计算法？什么是完全成本计算法？二者对于产品成本和期间成本的理解有什么不同？

5.什么是作业成本计算法？

6.作业成本计算法是如何改进间接成本的分配方式的？

7.成本计算系统有哪些基本类型？它们对于产品成本的认识有什么不同？

习题

1.博亚公司使用下列规定来确定是否要调查材料耗用差异：一旦材料耗用差异超过16 000元或标准成本的10%中的任何一个，就要进行调查。相关信息见表2-15。

表2-15　**材料成本信息表**　单位：元

月份	成本差异	标准材料成本
1	14 000（F）	160 000
2	15 600（U）	150 000
3	12 000（F）	160 000
4	18 000（U）	170 000
5	14 000（U）	138 000

注：F代表有利差异，U代表不利差异。

要求：

（1）利用给出的信息确定要进行调查的情况。

（2）如果调查结果表明产生材料消耗不利差异的原因是使用了低质量的材料，谁应对此负责？应当采取什么措施进行改进？

（3）如果调查结果表明产生材料耗费的不利差异是因为采月了新工艺导致更多的材料浪费，而对直接人工效率的有利差异分析表明，新工艺降低了人工工时，且直接人工效率的有利差异大于材料耗用的不利差异。那么，谁应对此负责？应当采取什么措施进行改进？

2.金辉公司是专门生产节能灯泡的公司，目前公司只产销一种产品，2019年度共生产1 000 000只，销售800 000只，期初无存货，全年共发生：直接材料2 000 000元，直接人工1 500 000元，变动性制造费用2 000 000元，固定性制造费用2 000 000元，推销及管理费用1 000 000元（全部为固定成本）。该产品的售价为10元/只。

要求：

（1）分别计算变动成本计算法和完全成本计算法下的产品单位成本。

（2）分别计算两种成本计算法下的税前利润并检验计算是否正确。

（3）针对两个不同的税前利润，对两种成本计算法进行评价。

3. 童趣公司是一家玩具制造商，过去一直保持多年的盈利记录。但是，由于市场竞争加剧，而公司的产品设计更新较慢，价格较高，因此，失去了几份重要的订单。从2018年开始，公司的销售量与利润开始下降，并且一直没有好转的迹象。到2019年6月，公司董事会限令总经理杨广必须在下半年内扭转局面。杨广采取了各种改进管理的措施，却没有收到很好的成效。从目前的情况看，公司的生产能力只利用了50%，而成本已降到了最低限度，但是销售量和利润仍没有显示出增加的迹象，眼看董事会的要求是没有办法完成了。有一天，杨广突然想到，公司的会计核算采用的是完全成本计算法。于是，杨广下了新的指令：将产量扩大一倍，使生产能力得到完全利用。这一措施连续实施几个月后，奇迹出现了。尽管公司的销售情况并无改善，但2018年下半年的收益却显著增加。杨广顺利完成了董事会交给他的任务，得到了一笔丰厚的奖金，并获得了到澳大利亚过圣诞节的机会。不过，杨广深知这种利润无法长久，所以在2019年递交辞呈，另谋高就了。

要求：

（1）分析为什么杨广所采取的措施能使公司的收益大幅增加？

（2）杨广所采取的措施为什么无法长久？这种做法将给公司带来什么样的负面影响？

（3）公司的业绩计量和评价方式存在什么样的问题？应如何改进？

4.10年来，经过不断的技术更新，金利汽配公司的汽车配件生产线已经全面实现了自动化生产。目前，公司可以提供设计要求各不相同的100多种款式的配件。但是，公司的成本计算系统仍采用原来的方式，将全部的制造费用按照直接人工工时分配到不同的产品上。在2019年，金利汽配公司的制造费用见表2-16。

表2-16 **制造费用表** 单位：元

项　目	金　额
机器设备运行费用	250 000
机器设备维护费用	50 000
工程师工资	150 000
仓库管理人员工资	70 000
配送发货人员工资	80 000
合计	600 000

公司的管理部门发现，会计部门所提供的产品成本报告显示，有的产品单位成本高，但是其市价却比较低，而且竞争对手还在不断压价；有的产品单位成本低，

但是其市价却比较高，而且顾客似乎对价格并不敏感。管理层认为，公司的成本计算系统可能不够准确，于是聘请了新世纪顾问公司来进行评估。顾问公司经过调查后发现，该公司的生产经营活动主要包括四种作业：

（1）接收供应商提供的零件。

（2）为每批生产进行设备调整和准备。

（3）进行质量检查。

（4）按顾客订单配货。

另外，从短期看，公司的制造费用中的40%是固定的，而其余的60%是变动的。在变动性制造费用中，只有50%与直接人工工时直接相关，其余的则与质量检验次数直接相关。

在固定性制造费用中：（1）在机器设备的运行费用和维护费用中，15%属于为存储零件而发生的，70%是为制造配件而发生的，而其余15%则是为配货而发生的。（2）在支付给工程师的工资中，30%用于设备的维护，40%用于设备的调整和准备，还有30%用于质量检验。

在第一季度中，已发生了直接人工工时4 000小时（12元/小时），收到供应商的零件2 000个，设备调整次数2 100次，进行质量检验1 200次，为顾客配货840次。

在该季度所生产的汽车配件中，A和B两种配件的资料见表2-17。

表2-17　**配件资料表**

项目	A汽车配件	B汽车配件
直接人工工时（小时）	14	480
直接材料成本（元）	1 200	2 800
收到的供应商提供零件数（个）	45	24
设备调整次数（次）	16	20
质量检验次数（次）	10	8
按订单配货次数（次）	22	80
汽车配件总数（个）	580	13 500

要求：

（1）利用现有的成本计算系统，计算A和B两种汽车配件的单位成本。

（2）顾问公司觉得采用作业成本计算法可以更好地反映产品的实际盈利能力，请根据上述资料，确立应当设立的成本库和各个成本库的成本总额。计算各个成本库的单位作业成本，并确定A和B两种汽车配件的单位成本。

（3）两种方法所计算出的单位成本有什么差异？为什么产生了这种差异？

5. 美洁公司现在正在使用的产品成本计算系统是多年前设立的，而当时的经营环境、科技水平和公司的规模与现在有很大差别。你被邀请参与一个项目，参与制订该公司对该系统进行改革的方案，特别是关于制造费用分配的改革。在某种程度上，这个项目将涉及通过使用恰当的分配基准（成本动因）和集中到各种不同作业活动上而对准确性做出改革的要求。

要求：

（1）描述在设计和发展这个新的系统中所涉及的步骤。请引用一个制造业或服务业的环境加以举例。

（2）在引进这个建议的系统前，有哪些其他因素（如技术性或组织性的）是项目组需要考虑的？

建议阅读材料及相关网站

［1］库珀，卡普兰. 成本管理系统设计：教程与案例［M］. 2版.王立彦，等，译.大连：东北财经大学出版社，2003.

［2］毛付根，王光远.管理会计国际惯例［M］. 北京：中国人民大学出版社，1997.

［3］COOPER R，KAPLAN R S.The design of cost management systems：text，cases and readings［M］. Upper Saddle River：Prentice-Hall，1991.

［4］COOPER R，KAPLAN R S.Activity based systems：measuring the cost of resource usage［J］. Accounting Horizons，1992：1-13.

［5］KAPLAN R S，COOPER R.Cost and effect：using integrated cost systems to drive profitability and performance［J］. Harvard Business School Press，1997.

［6］IFAC.Evaluating the costing journey：a costing levels continuum maturity model［J］. The International Federation of Accountants，2009.

［7］KAPLAN R S，ANDERSON S R. Time-driven activity-based costing［J］. Harvard Business，2006.

［8］财政部.管理会计应用指引第302号——标准成本法［S］. 财会〔2017〕24号.

［9］财政部.管理会计应用指引第303号——变动成本法［S］. 财会〔2017〕24号.

［10］财政部.管理会计应用指引第304号——作业成本法［S］. 财会〔2017〕24号.

第3章

本量利分析

学习目标

通过本章学习，你应该了解本量利分析的基本含义和意义；理解和掌握本量利分析在决策中的应用方法。

3.1 本量利分析概述

3.1.1 本量利分析的含义和意义

本量利分析（CVP分析）是一种研究作业量（即产出量）变化和销售单价、单位变动成本、固定成本、品种结构和利润之间的相互关系的系统方法。该方法是在成本性态分析和变动成本计算法的基础上展开的，简化了企业在现实生活中所能遇到的情况，通过分析不同作业量水平的财务结果，使管理者了解其决策的可能财务结果，从而促使管理者进行科学决策。通过本量利分析，可以使管理者掌握各个变量之间的相互关系，从而了解其决策可能造成的财务结果；通过本量利分析，可以使管理者了解各个部门所面临的经济问题，并采取相应的措施；通过本量利分析，可以使管理者掌握盈亏平衡的数量，了解价格、成本等变化对利润的影响，可以帮助管理者通过敏感性分析而掌握各个变量变化对利润的影响程度。因此，本量利分析是企业进行决策、计划和控制的重要工具。

3.1.2 本量利分析的基本公式和相关概念

本量利分析是建立在变动成本计算基础上的。根据变动成本计算法的原理，利润等于收入减变动成本再减固定成本。本量利分析所用到的各种模型，都是以这个基本的利润式推导出来的。在进行本量利分析时，经常要用到一些基本术语，主要包括：

1）贡献毛益和贡献毛益率

贡献毛益为销售收入减变动成本后的余额。该余额可用来补偿固定成本，剩余的部分则构成企业的利润。如果贡献毛益不足以弥补固定成本，则企业将出现亏损。

单位贡献毛益=单位售价-单位变动成本

【例3-1】

元元公司生产的变压器，单位变动成本为16元/个，单位售价为32元/个，每月固定成本为10 000元，每月销量为1 000个。

则该变压器的单位贡献毛益为16元/个（32-16），每个月销售1 000个，可以实现的贡献毛益总额为16 000元（16×1 000）。这16 000元可以用来弥补企业当月发生的固定成本10 000元，剩余的6 000元就形成企业的利润。如果当月的销售量只有500个，则贡献毛益总额为8 000元（16×500），不足以弥补当月的固定成本，则企业将出现亏损2 000元（8 000-10 000）。

在本量利分析中，企业试图找出最优的变动成本、固定成本、销售量和利润的组合，而贡献毛益是确定组合的最主要指标，因为该指标直接反映产品的盈利性。单位贡献毛益的大小，影响着企业提高利润的决策。如果单位贡献毛益比较大，企业就比较愿意增加一定的投入做广告，以增加产品销量，提高利润。所以，在现实生活中人们常常看到化妆品、洋酒等高档产品的大手笔广告，但却很少看到针头线脑等贡献毛益小的日用百货的广告。

贡献毛益也可以用相对数的形式表示，这就是贡献毛益率，即单位贡献毛益与单位售价之比再乘以100%，可以用公式表示为：

$$贡献毛益率=\frac{单位贡献毛益}{单位售价}\times 100\%$$

元元公司所生产的变压器的贡献毛益率为50%（16÷32×100%）。

贡献毛益率指标直接表明当销售收入变化时，贡献毛益总额将发生的变化。例如，上述的变压器的收入如果增加100元，则贡献毛益总额将增加50元，如果固定成本保持不变，则利润也将随之增加50元。通过贡献毛益率，管理者能快速地了解收入总额变化对利润的可能影响，而且当企业生产多种产品时，便于对不同价格、不同种类的产品的贡献毛益进行加总。企业还可以通过对贡献毛益率的比较，选出获利能力最高的产品。

2）安全边际和安全边际率

安全边际是相对于盈亏临界点而言的。企业的贡献毛益，如果正好等于固定成本，此时企业处于不盈不亏的状态（即盈亏临界点）。而当企业的销售量超过盈亏临界点的销售量时，企业才可能获得利润。销售量超过盈亏临界点销售量越多，企业出现亏损的可能性越小，企业就越安全，由此产生了安全边际的概念。安全边际，是指现有销售量超过盈亏临界点销售量的差额。或者，现有的销售量再降低多少，企业将从盈利状态转入亏损状态。安全边际越大，企业越安全。安全边际销售量以公式表示为：

安全边际销售量=现有销售量-盈亏临界点销售量

安全边际也可以用金额表示，只要将以数量表示的安全边际乘以单位售价即可。

安全边际也可以用相对数的形式表示，即安全边际率。

$$安全边际率=\frac{安全边际销售量}{现有销售量}\times100\%$$

或：$$安全边际率销售收入=\frac{安全边际销售收入}{现有销售收入}\times100\%$$

根据【例3-1】中的相关资料，元元公司当前情况下的盈亏临界点为：

$$\frac{固定成本}{单位贡献毛益}=10\ 000\div16=625（个）$$

安全边际销售量=1 000−625=375（个）

或：安全边际销售收入=375×16=6 000（元）

安全边际率=375÷1 000×100%=37.5%

安全边际的作用在于表明企业当前是否存在问题，如果安全边际太低，则企业比较容易陷入亏损状态，企业应当通过分析成本结构，应用本章所介绍的本量利分析法来找出可能的解决办法。

根据安全边际的概念，安全边际所创造的贡献毛益，正好形成企业的利润。所以，销售利润可以表示为：

销售利润=安全边际销售量×单位贡献毛益

该等式两边同时除以销售收入，可以得到：

$$\frac{销售利润}{销售收入}=\frac{安全边际销售量\times单位贡献毛益}{销售收入}=\frac{安全边际销售量\times单位贡献毛益}{现有销售量\times单位售价}$$

销售利润率 = 安全边际率 × 贡献毛益率

【例3-1】中的元元公司，在销售量为1 000个时的销售利润为6 000元。此时的销售利润率为18.75%（6 000÷32 000×100%，或者37.5%×50%）。

3.1.3 本量利分析

本量利分析，有时也被称为盈亏平衡分析或者是保本点分析、盈亏临界点分析。不过，实际上，盈亏平衡分析只是本量利分析中的一个重要组成部分，它可以使管理者了解企业的一些基本情况。

1）盈亏临界点模型

盈亏临界点，是指企业处于不盈不亏的状态。由于利润等于销售收入减变动成本再减固定成本，当企业处于不盈不亏的状态时，销售收入减变动成本（即贡献毛益）正好等于固定成本，此时的销售量就是盈亏临界点。盈亏临界点可以用数学模型来表示．基于上一节的种种假设，可以得到利润的计算公式如下：

$$\begin{aligned}P&=V\cdot SP-V\cdot VC-FC\\&=V\cdot(SP-VC)-FC\\&=V\cdot CM-FC\end{aligned}$$

式中，P代表利润；V代表销售量；SP代表单位售价；VC代表单位变动成本；FC代表固定成本总额；CM代表单位贡献毛益。

盈亏临界点（BE）为企业利润等于零时的销售量。因此，令P等于零，则有：

$$BE \cdot SP - BE \cdot VC - FC = 0$$

所以：$BE=\frac{FC}{SP-VC}$

或者：$BE=\frac{FC}{CM}$

这就是盈亏临界点的基本模型。在该模型中，盈亏临界点是以实物量表示的。如果将实物量乘以单位售价，就可以得到以销售额表示的盈亏临界点。由于贡献毛益率等于单位贡献毛益除单位售价，所以盈亏临界点也可以表示为：

$$BE_{金额}=FC \cdot \frac{SP}{CM}$$

$$=\frac{FC}{CM\%}$$

式中，CM%代表贡献毛益率。

从盈亏临界点的基本模型可以发现，当固定成本、单位售价、单位变动成本、单位贡献毛益等发生变化时，将对盈亏临界点产生影响。当固定成本增加，或者销售单价下降，或者单位变动成本上升（或者单位贡献毛益下降）时，盈亏临界点将上升；反之，则盈亏临界点下降。而从安全边际概念可以得知，当盈亏临界点上升时，安全边际下降，如果单位贡献毛益不变，企业的利润将下降；反之，则企业利润上升。

【例3-2】

沿用【例3-1】的资料，该变压器的单位售价为32元/个，单位变动成本为16元/个，月固定成本为10 000元，所以，以数量表示的盈亏临界点为：

$BE_{数量}$=10 000÷（32−16）=625（个）

以金额表示的盈亏临界点=625×32=20 000（元）

或者：$BE_{金额}$=10 000÷50%=20 000（元）

如果企业的正常设计生产能力为1 250个，安全边际为625个（1 250−625），预计利润为10 000元（625×16），即当企业每月销售的变压器为625个，或者每月能实现20 000元的销售收入时，才能保本。

如果企业的固定成本增加到12 560元，其他因素不变，则盈亏临界点为：

BE=12 560÷（32−16）=785（个）

盈亏临界点上升，此时安全边际下降到465个（1 250−785），利润下降到7 440元（465×16）。

如果企业的单位售价下降6元/个，或者单位变动成本提高6元/个（即单位贡献毛益降低6元/个），则盈亏临界点为：

BE=10 000÷（16−6）=1 000（个）

盈亏临界点也会上升，此时安全边际下降到250个（1 250−1 000），利润下降到2 500元（250×10）。

2）目标利润模型

盈亏临界点，只表明企业避免亏损的最低销售量。而企业的持续经营，需要有源源不断的利润支持。因此，还需要进一步分析实现目标利润所应达到的销售量水平，这就需要了解目标利润模型。对利润公式进行移项处理，可以求得：

$$V=\frac{FC+P}{SP-VC}$$

或者：$V=\frac{FC+P}{CM}$

实现税前目标利润的销售量为固定成本与税前利润之和除以单位贡献毛益。

同样，实现目标利润的销售水平也可以用销售额来表示：

$$R=V\cdot SP=\frac{(FC+P)\cdot SP}{CM}=\frac{FC+P}{CM\%}$$

【例3-3】

假设【例3-1】中的企业在计划期内的税前目标利润为6 000元，则实现目标利润的销售量为：

$$V=\frac{10\ 000+6\ 000}{32-16}=1\ 000\text{（个）}$$

以金额表示为32 000元（1 000×32，或者16 000÷50%）。

3）多品种分析模型

上述盈亏临界点模型和目标利润模型是建立在单一产品基础上的，但是在现实生活中，企业往往不只生产一种产品，此时就需要建立多品种分析模型，考虑品种结构的影响。品种结构是指企业所生产产品的构成比例或组合关系。由于各种产品的盈利能力不同，盈利性高的产品在品种结构中所占的比例越大，企业的利润就越大。因此，品种结构也会影响企业的利润。在其他因素不变的情况下，通过调整产品的品种结构，也可以使企业的利润发生改变。增加贡献毛益高的产品在品种结构中的比例，降低贡献毛益低的产品在品种结构中的比例，可以使利润增加。反之，则使利润下降。因此，在本量利分析中，品种结构也是一个考虑因素。当存在多种产品时，也需要进行盈亏平衡分析，不过由于不同产品的实物量不可直接相加，因此盈亏临界点只能以金额来表示。

如前所述，以金额表示的盈亏临界点为固定成本除以贡献毛益率之商。当企业生产多种产品时，上述的贡献毛益率就是加权平均贡献毛益率，即各种产品的个别贡献毛益按其销售额占全部销售额的比重进行加权的结果。其基本步骤如下：

（1）计算全部产品在预计销售量条件下的销售收入总额。

$$R=\sum_{t=1}^{n}R_t=\sum_{t=1}^{n}SP_t\cdot V_t$$

式中，R代表销售收入总额；R_t代表第t种产品的销售收入；SP_t代表第t种产品的单位售价；V_t代表第t种产品的预计销售量。

（2）计算各种产品的销售额占全部销售额的比重。

$$K_t=\frac{R_t}{R}$$

式中，K_t代表第t种产品的销售比重。

（3）计算全部产品的加权平均贡献毛益率。

$$ACM\% = \sum_{t=1}^{n} CM_t\% \cdot K_t$$

式中，ACM%代表加权平均贡献毛益率；$CM_t\%$代表第t种产品的贡献毛益率。

（4）计算盈亏临界点的销售额。

$$BE=\frac{FC}{ACM\%}$$

（5）计算各种产品在盈亏临界点的销售额和销售量。

$$R_t=BE \cdot K_t$$

$$V_t=\frac{R_t}{SP_t}$$

下面以一个例子进行说明。

【例3-4】

美亚录像厅月固定成本为1 376元，设有三种座位：包厢、普通座和雅座。各种座位的设计数量、票价和单位变动成本见表3-1。

表3-1 座位信息表

项目	包厢	普通座	雅座
设计座位数（个）	50	100	125
单位售价（元/个）	40	10	16
单位变动成本（元/个）	25	6	8

根据表3-1可计算该录像厅的盈亏临界点，见表3-2。

表3-2 盈亏临界点计算表　　金额单位：元

项目	包厢	普通座	雅座	合计
设计座位数（V_t）（个）	50	100	125	
单位售价（SP_t）（元/个）	40	10	16	
销售收入（$R_t=SP_t \cdot V_t$）	2 000	1 000	2 000	5 000
销售比重（$K_t=\frac{R_t}{R}$）	0.4	0.2	0.4	1
单位变动成本（VC_t）（元/个）	25	6	8	
单位贡献毛益（$CM_t=SP_t-VC_t$）（元/个）	15	4	8	
贡献毛益率（$CM_t\%$）	0.375	0.4	0.5	
加权平均贡献毛益率（ACM%）	0.15	0.08	0.2	0.43
固定成本				1 376
$BE_{金额}$	1 280	640	1 280	3 200
$BE_{数量}$（$\frac{BE_{金额}}{SP_t}$）（个）	32	64	80	

盈亏临界点销售额=1 376÷0.43=3 200（元）

各种产品在盈亏临界点的销售额通过盈亏临界点销售额分别乘以各自销售比重所得，然后除以各自的单位售价，可得出各自的销售量。

进一步计算盈亏临界点的作业率（上座率）为64%（3 200÷5 000×100%）。

说明在三种座位销售品种结构不变的情况下，该录像厅至少要保持64%的上座率（或者实现3 200元/月的销售额）才能保持盈亏平衡。

假设该录像厅一般月平均上座率为80%，则平均月销售收入为设计座位全部销售出去时的收入的80%，即4 000元，此时安全边际为800元（4 000−3 200），预计可实现的利润为344元（800×0.43）。如果上座率能提高到90%（即实现4 500元的销售额，则预计安全边际为1 300元（4 500−3 200），预计可实现利润为559元（1 300×0.43）。

不过，上述利润的预测值是在假定品种结构不变（即各类票的销售比不变）的情况下做出的，假设品种结构发生改变，即使销售收入没有改变，目标利润也会发生变化。

【例3-5】

假设美亚录像厅3月份的实际上座率为80%（即实现了4 000元的销售收入），但是各类座位的出售情况与原设计比例不一样，分别为30个座位、80个座位和125个座位，即单价高的包厢销售数下降，而单价居中的雅座的销售数量上升，则有关计算见表3-3。

表3-3　**盈亏平衡点计算表**　金额单位：元

项目	包厢	普通座	雅座	合计
80%上座率时的预计销售量（个）	40	80	100	
实际销售量（V_t）（个）	30	80	125	
单位售价（SP_t）（元/个）	40	10	16	
销售收入（$R_t=SP_t \cdot V_t$）	1 200	800	2 000	4 000
销售比重（$K_t=\frac{R_t}{R}$）	0.3	0.2	0.5	1
贡献毛益率（$CM_t\%$）	0.375	0.4	0.5	
加权平均贡献毛益率（ACM%）	0.1125	0.08	0.25	0.4425
固定成本				1 376
$BE_{金额}$	932.88	621.92	1 554.80	3 109.6
$BE_{数量}$（$\frac{BE_{金额}}{SP_t}$）（个）	23	62	97	

盈亏临界点销售额=1 376÷0.4425=3 109.6（元）

各种产品在盈亏临界点的销售额通过盈亏临界点销售额分别乘以各自销售比重所得，然后除以各自的单位售价，可得出各自的销售量。

可以看出，由于销售比重发生变化，增加了贡献毛益率大的雅座的销量，而减少了贡献毛益率小的包厢的销量，从而使加权平均贡献毛益提高，盈亏临界点的销售额下降。在销售收入保持4 000元的情况下，安全边际提高到890.4元（4 000-3 109.6），二者共同作用，使利润上升到394元（890.4×0.4425），比原品种结构下的利润多出50元。

可见，在销售单价和成本结构不变的情况下，录像厅可以通过提高上座率或者改变品种结构，增加贡献毛益大的座位的销售量来增加利润。

【实务应用3-1】

调和油配方背后的利润秘密

［背景］2012年8月23日，中储粮油脂有限公司旗下的金鼎品牌正式公布新推出的食用调和油配方，配方主要成分包括：大豆油、菜籽油、花生油、玉米油、葵花籽油、芝麻油、橄榄油、茶叶籽油八类，配比分别为47.50%、41.40%、6.00%、2.50%、1.00%、0.40%、0.60%、0.60%。这是我国首个委托权威机构监制并公布的食用调和油配方。此举曝出了行业“潜规则”，消费者可以大致核算出每升调和油的成本，进而判断该产品是否存在“暴利”，企业涨价是不是合理。

［分析］5升装大豆油100元/桶，5升装棉籽油50元/桶，油品正常的利润（贡献毛益率）为3%，则当上述油料各卖出1桶时，收入为150元，企业在前者上赚得3元，在后者上赚得1.5元，合计赚得4.5元，贡献毛益率为3%。但是，如果将二者混合成为调和油，则可制作2桶，命名为大豆调和油，按80元/桶卖出，在不公布配方的情况下，消费者可能误认为其价格比较便宜。但是如果消费者有了配方比，企业的利润就被曝光了。大豆油和棉籽油的含量各占50%，则一桶调和油料的价格应为：100×0.5+50×0.5=75（元），企业实际上提了价，利润增加了5元。如果调整油料配方，将棉籽油的比例提高到60%，而降低大豆油的比例到40%，则按新配方比制成的调和油的实际价格应为70元/桶（100×0.4+50×0.6），而企业仍按原配方比的应有价格75元卖出，企业的利润仍将增加5元，贡献毛益率提高到6.3%（9.5÷150）。

正是因为调和油配方隐藏着利润的秘密，被许多生产企业视为最高机密，企业往往仅将具有较高营养价值、价格高的油品放很低的比例，用价格低的食用油作主要成分，却将调和油以前者来命名，并按较高油品的价格出售。2019年央视《每周质量报告》披露有一些食用油生产企业对外打着所谓高端调和油的旗号，实际上几乎都是销售采用普通植物油勾兑出来的低端油，而消费者却在无形中付出了更多的成本。

资料来源　佚名.中储粮首次公布食用调和油配方　调和油或将不得随意冠名［EB/OL］.［2012-08-24］. http://www.hbtv.com.cn/news/2012/0824/90499.shtml.

3.2　本量利分析在经营决策中的应用

企业在经营决策中，往往需要对现有的资源进行合理安排，以取得最优的经济效益。本量利分析模型为进行这类决策提供了合理的依据。本量利分析模型在决策中的应用主要有两大类：一种主要是考虑有关变量变化对盈亏临界点的影响，以确保方案的实施能使企业处于盈亏临界点之上。这类方案包括开发新产品、新营业网点、新业务等决策。另一种主要分析有关变量变化对目标利润的影响，以确保方案的实施能使企业的目标利润不低于当前方案的水平。这类方案包括调整销售价格、改变成本结构、改变营销手段等。以下分别举例说明。

1）有关变量变化对盈亏临界点的影响决策

当企业考虑是否设立新产品，从事新业务等方案时，由于方案是全新的，没有现成的历史数据可供利用，需要进行各种各样的预测。是否采纳新方案，将取决于对变量未来值的预测结果的准确性。通过盈亏临界分析，企业可以预测有关变量的变化范围是否在允许的范围之内，从而对是否采取决策，以及决策的可能结果形成正确的判断。

【例3-6】

某培训中心正考虑开设一个为期20天的会计师考前辅导班，预计每人收费200元，需要支付临时管理人员工资和宣传费用共计4 000元，教室租金为3 000元，此外还需要支付教师的讲课报酬8 000元。预计学习提纲、学员证的印刷等变动成本为每人40元。

（1）预计招生人数至少应当达到多少人时才能开班？

解：此时需要分析该培训班在盈亏临界点的销售量。

BE=（4 000+3 000+8 000）÷（200−40）=93.75（人）≈94（人）

即：招生人数至少要达到94人才能开班。

（2）由于教室容量的限制，每班的人数不能超过70人，则至少应将学费提高到多少才能开班？

解：此时需要计算销售单价的下限临界值。

SP_{min}=40+15 000÷70=254.29≈255（元）

即：至少要将学费提高到255元/人才能开班。

（3）根据预测，学费超过250元后就不太容易吸引到生源，所以打算维持原收费标准，但租赁可容纳150人的教室，不过租金将增加3 000元。此时至少应该招到多少人才能开班？

解：BE_1=（4 000+3 000+3 000+8 000）÷（200−40）=112.5≈113（人）

即：至少应招收113人才能开班。

（4）如果维持原学费标准，但多开一个班（分为白天班和夜晚班），由于教室是按天计租的，因此租金不变，但是需要额外支付该教师的讲课报酬5 000元，则至少应招收多少人?

解：BE_2=（15 000+5 000）÷（200−40）=125（人）

即：每班至少为63人（125÷2），仍在教室容量范围之内。

从上面的分析可以发现，单位售价、固定成本、单位变动成本等因素发生变化时，均可能对盈亏临界点和利润产生影响。管理者所关心的是，当变量变化值达到多大时，会对决策的结论产生影响，这实际上是敏感分析的一种。在本量利分析中，实际上就是要确定某个变量发生变化达到什么样程度时，将使企业由盈利转为亏损，即变量变化的临界值。

本量利分析中的有关变量的临界值，就是使企业实现盈亏临界状态的各个变量的最大值或最小值。超过该临界值，企业就会由盈利转为亏损。

根据利润公式，P=V・SP−V・VC−FC，令P=0，分别对该式进行处理便可以求得各个变量的临界值。对于单位变动成本和固定成本而言这是最大值，对于单位售价和销售量而言这是最小值。

（1）销售量的最小允许值V_{min}实际上就是盈亏临界点。

$$V_{min}=\frac{FC}{SP-VC}=\frac{FC}{CM}$$

（2）单位售价的最小允许值SP_{min}为：

$$SP_{min}=\frac{V\cdot VC+FC}{V}=VC+\frac{FC}{V}$$

（3）单位变动成本的最大允许值VC_{max}为：

$$VC_{max}=\frac{V\cdot SP-FC}{V}=SP-\frac{FC}{V}$$

（4）固定成本的最大允许值FC_{max}为：

$$FC_{max}=V（SP-VC）$$

2）有关变量变化对目标利润的影响决策

有时候，企业在经营过程中会考虑市场的变化、技术的进步等因素对现有的经营策略做出调整，从而使销售单价、单位变动成本等变量发生改变。而某个变量的变化又往往会产生连锁反应，引起其他变量的变化。此时，企业必须综合分析各个变量变化对目标利润的影响，以确保经营策略调整之后，目标利润不会低于当前的水平，以下说明几种主要策略的分析：

（1）调整销售价格。

在经营中，企业通常需要根据市场情况的变化对销售价格进行调整。特别是在竞争激烈的情况下，当竞争对手采取降价措施时，企业可能被迫降价，但有时也可能主要采取提价措施。价格变动，将影响销售量的变化。一般情况下，降价将可能促进销售量的增加，而提价则有可能使销售量下降。

【例3−7】

沿用【例3−1】的资料，元元公司生产变压器，单位售价为32元/个，单位变动成本为16元/个，月固定成本为10 000元。目前的月生产能力为1 250个，实际月销量为1 000个。为了能充分扩大生产能力，企业决定降价促销。

（1）公司拟每个变压器降价2元，请问支持此降价措施的最低销售量是多少？

解：支持此降价措施的最低销售量，就是使当前目标利润得以保持的销售量。

企业当前月利润水平（P）=1 000×（32−16）−10 000=6 000（元）

降价后实现此目标利润的月销售量=（10 000+6 000）÷（30−16）=1 142.86（个）

如果降价之后可以使月销售量扩大到1 143个以上（此销售量仍在生产能力范围之内），则可以考虑此方案。

（2）如果预计要将企业的生产能力全部利用起来，并且全部产品得以销售出去，则允许降价的最大幅度是多少？

当企业的生产能力全部利用且生产的产品全部销售出去时，每月销量为1 250个。要保持当前目标利润，企业的销售单价的最小值为：

由（SP_{min}−16）×1 250−10 000=6 000

可得：SP_{min}=16+（16 000÷1 250）=28.8（元/个）

价格下降额=32−28.8=3.2（元/个）

降价幅度=3.2÷32×100%=10%

即：最多允许降价10%。

（2）增加固定成本，扩大生产能力（或销售量）。

在市场需求极为旺盛的情况下，企业可能通过增加固定成本支出（如广告费、租赁设备等）来扩大生产能力，进而扩大销售量。

【例3-8】

沿用【例3-7】的资料，但假设元元公司的生产能力已经被充分利用，由于市场上变压器已经脱销，元元公司打算租一台机器，月租金为2 000元，以使月生产能力扩大到2 000个。

（1）支持此租赁决策的最低销售量是多少？

解：要使此决策得到支持，至少应保持现有的利润水平。

当前月利润（P）=1 250×（32−16）−10 000=10 000（元）

实现此目标利润的月销售量=（10 000+10 000+2 000）÷（32−16）=1 375（个）

即：如果月销售量能保持在1 375个以上，则租用设备的决策是可行的。

（2）如果增加的产量能够全部销售出去，月利润将上升到多少？

如果增加的产量都能销售出去，此时月销量为2 000个，比实现10 000元利润目标所需要的销售量1 375个多出625个，增加贡献毛益10 000元（625×16），即为增加的利润，所以利润将上升到20 000元（10 000+10 000）。

或者：2 000×（32−16）−10 000−2 000=20 000（元）

【实务应用3-2】

大片或小成本电影票房后面的本量利

2012年上半年的国产电影市场上，《画皮2》首映3天的票房就达2.4亿元，票房排名第一。在上半年公映的百余部国产片，过亿元的影片也不过6部。其他的票房市场则为进口大片所占据。似乎只有大片才能与进口片抗衡了。不过，不需要在演员、场面、服装、效果等方面有额外支出，所需资金仅限维持正常制作、发行的小成本电影也有成功案例。2005年由宁浩执导的《疯狂的石头》便十分成功，我们不得不说它创造了一个奇迹。该片以300万元的投资最终赢得了3 000万元的高票房，它迄今为止还是电影界小成本电影最成功的案例。电影《即日启程》投资只有400万元，而院线经理十分看好该影片，并最终赚回3 000万元的票房。好的票房，确保了发行商的成本回收。

《画皮2》在国产影片不景气的情况下获得了成功，其原因在于其大场面、大明星、大投资的工厂化经营模式。大投资，使其能请得起大明星，做特技场景，搞立体式营销宣传。当然，要想收回成本，这些额外的投入，必须能吸引到额外的票房。

按照中国电影的票房分账惯例，100元的票房，5元是要上缴的电影基金，上税3.3元，剩下的91.7元，影院拿走47元，院线拿13元，制片方和发行商拿剩下的31.7元。因此，在导演和主演不参与分红的情况下，发行商的贡献毛益率相当于31.7%。而投资额，就是固定成本。要保本，必须保证票房超过盈亏临界点。《画皮2》总投资1.5亿元，其保本点为4.73亿元（1.5÷31.7%），实际票房为7亿元，发行商大赚。而电影《疯狂的石头》，投资300万元，只要票房超过946万元（300÷31.7%）即可盈利，实际票房3 000万元，表现不俗。当然，小成本电影投资少、成本低，但也有风险。为了能吸引更多的票房，发行商可能会做一定的宣传，或请明星加盟。《即日启程》的总投资400万元中，有100万元是请到范伟加盟而追加的。由此估算，发行方估算范伟的票房增量号召力至少在315万元（400÷31.7%−300÷31.7%）以上。

3）不完全线性条件下的本量利分析

本量利分析试图模拟现实生活，用数学模型来分析各个变量之间的依存关系，但这种分析必须在一定的假设条件下才能成立。在本量利分析中主要用到的假设包括：

（1）销售收入和变动成本与销售量之间呈完全线性关系。

在本量利分析中，通常假设销售收入和变动成本与销售量之间为完全线性关系，即单位售价和单位的变动成本为一常数。但是，这种假设只有在相关范围内才是有效的。经济学的供求关系理论表明，销售量不可能无限增长，企业只有通过降低单位售价，才可能使销售量进一步增加。当价格下降对收入的影响超过销售量增加对收入的影响时，总收入将下降。因此，销售收入与销售量之间不是线性关系，而是非线性（曲线）关系。而变动成本也只有在相关范围内才表现出与产量之间的线性关系。当产量比较小的时候，由于设计的生产能力没有充分利用，企业难以实现经营效率，从而使单位变动成本较大，变动成本总额增长较快。但是，随着产量的进一步增加，企业可以利用有效经营规模，获得原料批量折扣，发挥劳动力专业分工和协调生产计划的优势，从而使单位变动成本趋于稳定，此时变动成本与产量近似存在线性关系。但是，当产量进一步增加时，超过正常生产能力时，可能需要加班，导致单位人工工时生产率下降，生产瓶颈出现，可能出现停工，生产计划复杂。单位变动成本急剧上升，导致总成本上升。因此，变动成本与产量之间也是曲线关系（如图3-1所示）。所以，在实际决策中，并不是销售量（产量）越大，企业利润越大。

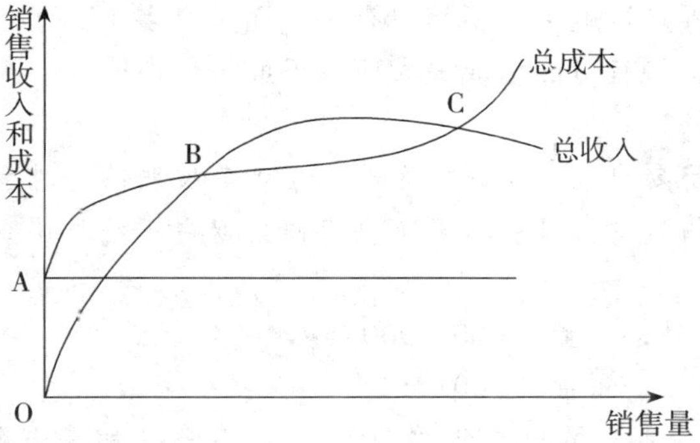

图3-1　销售收入和成本与销售量的实际关系图

（2）固定成本保持不变。

本量利分析假设固定成本与产量无关，能够保持稳定。但是这一假设也只有在一定的相关范围内才能成立。当由于经济衰退等原因导致产量长期低于正常水平，企业可能关闭一部分生产线，从而使固定成本下降。如果预计长期销售量持续增长，则固定成本将增加到较高的水平。因此长期来看，实际的固定成本将表现出阶梯性半变动成本的特点，不过就短期而言可以近似地将其看作是保持不变的，需要借助作业成本计算的信息，对其性态做进一步分析。

（3）单一产品或者品种结构保持不变。

本量利分析一般假设只有单一产品，或者当企业生产多种产品时，假设品种结构保持不变，这样就可以利用既定品种结构的平均收入和平均成本进行本量利分析。但是，在实际经济生活中，企业很难完全按计划的固定品种结构进行销售。当实际品种结构和预计品种结构有较大的不同时，实际利润和计划利润就会产生较大的差异。

（4）成本能够准确地区分为变动成本和固定成本。

本量利分析以成本性态为基础。所有分析建立在会计人员能够准确地将所有成本分解成变动成本和固定成本，并能确切地知道这些成本与销售量（产量）之间的关系。但是，要完全准确地区分变动成本和固定成本并不容易。不过，近似准确地分解成本，将为决策提供相关信息。

由于上述种种假设的存在，本量利分析只在相关范围内有效。而在现实决策中，又常见到超出了基本假设范围的各种实际问题，因此对这些基本假设进行分析、探讨以后，还有必要对这些超出基本假设的实际问题做分析（比如，当收入、成本与产销量呈不完全线性关系、非线性关系情况下，如何进行本量利分析？这些条件对盈亏临界点有何影响？如何计算临界点和利润等），以便为决策者提供更接近实际、更为可靠的信息。

当产销量、单价和成本与利润呈完全线性关系时，总销售收入和总成本（即变动成本与固定成本之和）都是一条直线，它们的交点即盈亏临界点只有一个，但如果它们之间呈不完全的线性关系，总销售收入和总成本就会表现为一条折线，它们的交点（即盈亏临界点）就可能不是只有一个而是有多个。而且总销售收入线减总成本线后的利润线，将有可能形成最大值，下面举例说明。

【例 3-9】

李智正考虑要不要自己开办一家企业，生产其发明的一种会唱歌的电子灯。该电子灯生产所需要的零件，可以从多个供应商处取得。经过调查后李智发现，预计销售情况如下：

售价为25元/盏时，销量在600~900盏。

售价为22元/盏时，销量在900~1 250盏。

每盏灯所需要的零件的成本价格为14元。但是，如果采购量达到1 000件以上，供应商可以在全部采购价格上给予5%的折扣优惠。

当灯组装数量在750盏以下时，组装成本为7 400元/月，超过该数量，组装成本将上升到8 400元/月。

要求：对上述情况进行本量利分析，以确定李智的经营能够获利的销售量水平。

分析：在本例中，销售单价在两个销量区间呈现两个水平，零件单价（单位变动成本）在另外两个价格区间呈现两个水平。此外，组装成本（固定成本）在750盏的销量之下和之上，也分别出现了两个水平。不过，在各个销量区间，销售收入、销售成本都是线性的，可以确定各个区间的收入和成本函数，并绘制成图，分别计算不同区间范围的盈亏临界点，再做进一步分析。不完全线性的本量利图如图3-2所示。

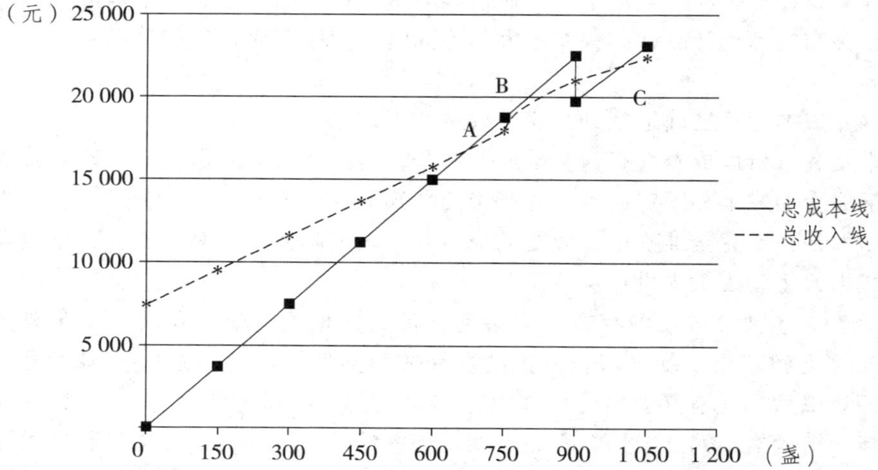

图3-2 不完全线性的本量利图

销量小于750盏时，销售单价为25元/盏，单位变动成本为14元/盏。固定成本为7 400元。此时的盈亏临界点为672盏（7 400÷（25−14））。

由于该盈亏临界点小于750盏（固定成本上升的临界点），因此不需要做进一步分析，如图3−2中的A点所示。但是，如果生产了751盏及以上的时候，固定成本将为8 400元。此时的盈亏临界点为764盏（8 400÷（25−14））。

即：当销量为751～764盏时，企业是亏损的；当销量大于764盏，但小于900盏的时候，企业是盈利的。

如果销量进一步增加到1 000盏时，此时的单价为22元/盏，盈亏临界点为1 050盏（8 400÷（22−14）），超过了零件可获得折扣的数量，所以应按单位变动成本为13.3元/盏（14×0.95），单位贡献毛益为8.7元/盏进行分析。盈亏临界点为965盏，此时不能享受到采购折扣优惠。所以，实际的盈亏临界点应该是在采购折扣的起点1 000盏。当销量为999盏时，经营亏损，但是达到1 000盏及以上就能盈利了。

至于是否应该从事该经营业务，则需要结合李智对市场的判断和对风险的接受程度来考虑。

总结与结论

本章介绍了本量利分析的基本概念和基本模型。本量利分析主要用于计算盈亏临界点和目标利润。本量利模型被广泛应用于经营决策。

练习题

思考题

1. 什么是本量利分析？本量利分析中有哪些基本假设？如何看待这些假设对实际分析的影响？

2. 什么是盈亏临界点？销售单价、单位变动成本、固定成本、品种结构变化对盈亏临界点销售额可能产生什么影响？

3. 邮政部门由于成本上升，一直在向上调整资费，2006年11月15日，国内平信首重100克以内，资费从每重20克本埠0.6元、外埠0.8元上调为本埠0.8元、外埠1.2元；快件业务被取消，只保留了特快专递业务，并且最低收费为20元/封。

要求：

（1）请分析投递一封平信会发生哪些成本，并区分这些成本中哪些是固定成本，哪些是变动成本。

（2）根据市场调查，因近几年来，人们比较喜欢采用手机、网络聊天工具、电子邮件等方式进行联系，信件的投递量持续下降。请分析这一消费趋势的变化会如何影响单封平信的投递成本。

（3）从事快递业务的公司不断兴起，单件收费最低可达到10元。假设快递公司每封快件的利润与邮政部门的利润一样，二者资费的差异主要在于成本，请分析为什么快递公司的单件成本比邮政部门的单件成本低。

习题

智行顾问公司新近开张，主要向顾客提供咨询服务。开张期间其收费为每小时100元，为同类顾问公司服务收费的一半。公司在1月份为顾客提供了100小时的咨询服务，在2月份提供了140小时的咨询服务。其每月的固定支出为9 100元，平均每小时的变动成本（主要是人员成本）为30元。

要求：

（1）如果公司预计在接下来的10个月里，平均咨询时间为140小时/月，公司希望做到收支平衡，则每小时的收费应当是多少？其中基础收费应是多少？计时收费应是多少？

（2）如果平均咨询时间为180小时/月，则保持收支平衡时，每小时的收费应是多少？为什么咨询时间增加，平均每小时的收费就可以下降？

案例

1.1996年李宾在从北京回老家的火车上，结识了温州市一打火机厂的业务员刘刚。那时，李宾就想着利用多年的积蓄在老家做点生意。听了刘刚的介绍，他对打火机生产产生了极大的兴趣。李宾回家后立即对阳泉市的打火机市场进行了考察，发现本市根本没有打火机生产厂家，他意识到可能找到了一个赚钱的门路。他在和刘刚取得联系之后，就带着4万元去了温州。刘刚陪着他参观了生产车间，李宾花3万元从刘刚那购买了一台设备。设备到家后，他并没有急于加工生产，而是先去阳泉市各打火机批发商那里探探市场，他以比从外地进货价每个低0.05元的优惠价取得了大量的订单。手里掐着订单还怕什么呢，他第一天生产的2 000个打火机不到6个小时就全部卖了出去，除去成本，每个赚0.16元，2 000个纯利320元。他把这个赚钱的方法告诉了闲着的亲戚朋友。大家看到他真的赚到钱后，都决定与李宾一起生产打火机。产量提高了，要货的也多了，送货的区域越来越大，李宾遇到了两个问题：第一，一台机器不能满足供货需求；第二，送货不及时。

资料来源　广莹. 组装打火机，家庭致富新门路［J］. 现代营销，2006（9）.

要求：面对这两个问题，李宾决定先购入面包车，以及时将货运送给客户，但是他还没有决定是否要购入机器，以满足供货需求。请分析李宾购入面包车的决策是否正确，以及是否需要购入机器。

2.“小书店因不堪承受在文化大繁荣、大发展的东风中狂飙的房租，作为鼓浪屿上唯一的人文书店，即将停业。感谢读者，十载浇灌，临别依依……此告”。这是厦门鼓浪屿上唯一的人文书店——“晓风书屋”近日在门口张贴的一张告示。

北京“风入松”书店和“光合作用”书店相继停业；“三联书店”退出广州市场；四川“弘文书局”又传言连续关掉主要店面。10年来，已有近50%的民营书店倒闭，却仍不见曙光。民营书店面临着许多难题，首先是不断上涨的图书纸张、房租、人工等成本。其次是近年来来自网络书店和电子书的冲击，网店提供的价格普遍较实体书店低30%，且购物和送货非常便利，电子书的出现更是减少了消费者对于纸质书的需求。大多数民营书店依靠提供文化体验和售卖非图书类商品等来维持经营。

要求：

（1）用本量利分析模型，解释房租、图书纸张、人工成本属于什么成本，其上涨对利润会产生什么影响。

（2）网络书店图书价格低于实体书店，对实体书店的利润将产生什么影响？

3.某品牌深海鱼油调和油，其配料表上显示的配料依次为：菜籽油、大豆油、花生油、玉米油、葵花籽油、深海鱼油、稻米油、芝麻油、橄榄油、亚麻籽油。标签上除详细介绍了这款调和油诞生的全过程及所获的各项赞誉外，同时标出：本产品添加了含有深海鱼油的新资源食品（鱼油），添加量为1.4%～1.8%。据测算，每桶5升装深海鱼油调和油中含有的营养成分相当于70粒纯正的深海鱼油胶囊，以此为卖点，这款调和油5升包装的要比同类调和油贵30元左右。

要求：通过市场调研，分析添加了深海鱼油后单价提高30元/桶是否合理。

4.2012年3月20日，国家发改委上调了国内汽油成品油价格，93号汽油最高零售价由7.85元涨至8.33元，涨幅较大（每升上涨近0.5元），这对于出租车行业来说无疑增加了不少成本。国家上调成品油价格两天后，深圳率先调整市内运营的出租车燃油附加费，在现有基础上增加1元，自此，深圳红色出租车燃油附加费增加至4元，成为全国最贵。厦门自2012年3月30日起，也将出租车燃油附加费增加至3元。3月31日，北京出租车燃油附加费由2元调整为3元，3千米内不收此费用。北京因此成为继深圳、厦门后，第三个上调出租车燃油附加费的城市。

出租车司机赵师傅给记者算了一笔账，汽油每升涨0.48元，按平均一天加20升油计算，每天的成本增加9.6元，一个月就是288元，也就是说，每天至少拉10个10元以上的活儿，才能将这次涨价的成本消化掉。

资料来源　佚名. 北京出租车燃油附加费今日起调高至3元［N］. 京华时报，2012-03-31.

要求：

（1）借助本量利分析模型，分析赵师傅“每天10个10元活儿才能抵消成本”是怎么算出来的？

（2）收集有关出租车管理方面的资料，利用本量利分析模型说明出租车司机每天要拉多少趟活儿才能保本，怎样才能保证赚到钱。

建议阅读材料及相关网站

[1] CHAN Y L. Incremental cost-volume-profit analysis [J]. Journal of Accounting Education, 1990, 8 (2): 253-261.

[2] ADAR Z, BARNEA A, LEV A. Comprehensive cost-volume-profit analysis under uncertainty [J]. The Accounting Review (January), 1977: 137-149.

[3] 财政部. 管理会计应用指引第401号——本量利分析 [S]. 财会〔2017〕24号.

第 4 章

定价决策

学习目标

通过本章学习，你应该了解影响企业定价的因素以及企业可能采取的定价策略；理解自由竞争和垄断条件下的定价决策；掌握成本加成定价法及其适用条件；了解目标成本定价的原理和适用条件；了解产品在不同寿命周期的定价策略。

4.1 影响定价的因素

定价决策是企业管理者经常要面临的一个重要决策。不论是制造业、贸易业还是服务业，都必须考虑定价问题。由于企业所面临的市场条件不同，企业的产品各异，价格政策也不同。价格影响企业的盈利能力和生存，同时，价格还是企业竞争时的一个有力武器。最优的定价方法应根据具体的情况而定。由于价格和成本共同影响着企业的盈利能力，合理定价决策的制定，需要考虑管理会计的信息，特别是成本信息。

企业的定价政策必须考虑许多因素，主要包括：

(1) 顾客的需求。顾客的需求是影响产品定价的最主要因素，因为只有定价为顾客所接受，产品才能销售出去，企业价值才能实现。价格的变化会影响顾客对产品的需求。不过，不同的购买者，其对价格变化的敏感程度是不同的。有些顾客可能关心的是服务水平和质量，对价格敏感性不大，价格上升甚至可能对关心质量的顾客发出质量得到改进的信息，而降价则可能是质量下降的信号。顾客的经济收入也影响着其对价格的敏感程度。在经济繁荣时期，消费者比较关心产品的质量和配送的方便程度，而在经济衰退时期，价格成为消费者的首要考虑因素。此外，商品的类别也影响着顾客的需求。一般商品的需求随着顾客收入的增加而增加，劣质或低档商品的需求随着顾客收入的增加而减少，对生活必需品的需求则在达到一定限度后就基本保持不变了。顾客对价格变化的预期也会影响其对产品的需求，如果预期价格上涨，顾客有可能囤积产品，造成市场上出现短期的需求过剩。顾客对产品的需求，还受到替代品价格变化的影响。如果替代品的价格下降，顾客对本产品的需求就可能转向替代品，从而影响现有产品的定价。例如，当飞机票价下降时，有些顾客就会放弃火车转而选择飞机；出租车价格提高将使乘客转而利用公共汽车。互补产品的需求上升，则可能引起本产品需求的上升，例如汽车需求的上升将引起汽车配件需求的上升。

（2）竞争对手的行动。如果企业在市场中处于近乎垄断的地位，那么价格可由其自主决定，此时可以不太在意竞争对手的行动。但是，对于多数的经营者来说，竞争是普遍存在的。当竞争对手调整其价格策略时，企业可能要根据自己的竞争优势做出调整。有些企业的价格基本上是协调一致的（如石油价格），但有些行业里，某一企业的价格变化将引起价格战，导致各个企业的竞争性降价。

（3）企业的成本。成本在定价中的作用因行业的不同而不同，有的行业市场处于高度自由竞争的状态，价格基本上由市场决定，此时企业只能随行就市，很难考虑成本（例如农产品），而在有些行业里企业拥有一定的自主定价权，可以根据成本和必要的利润来决定其价格。例如，一些公用事业单位往往根据成本的变化而要求政府允许其提高价格。在多数企业里，价格则同时受到市场和企业成本的影响。如果定价主要考虑市场因素，则企业同时要考虑长期成本的收回；如果定价主要考虑成本因素，企业则同时要考虑顾客和竞争对手的反应等。此外，定价决策还需要考虑一些政策和法律的因素。例如，有的行业规定了最高限价（或最低限价），有的国家禁止对同类产品进行差别定价，在国际市场上还需要考虑定价过低遭遇反倾销诉讼的可能性等。

（4）如果按照波特的理论，依照竞争规律，企业的盈利能力取决于新竞争者的进入、替代品的威胁、买方的议价能力、卖方的议价能力和现有竞争者之间竞争的激烈程度这五种竞争力量。[①]它们通过影响企业的价格、成本和投资报酬而影响企业的盈利能力。新竞争者的进入威胁，受到规模经济、产品特色、知名度、顾客转换成本、资本需求等方面的障碍。如果障碍多，进入威胁就小。现有企业在定价上将拥有较大的自主权。买方的议价能力也影响着企业的定价。买方议价能力越强，企业就越难获得较高的价格。而买方的议价能力受多种因素影响。集中程度高，购买数量多，盈利性高，从一个企业产品转到另一企业产品的转换成本低，采购产品的替代性强，产品知名度低，则顾客议价能力高，企业的定价将更多地适应顾客需要进行调整。替代品的威胁也会发生同样的作用，如果替代品的相对价格比较低，顾客使用替代品的转换成本低，具有较强的使用替代品的倾向，则企业的议价能力比较低。卖方的议价能力受到卖方的集中程度、投入的差异、对用户经营重要性等

---

① 波特. 竞争优势［M］. 陈小悦，译. 北京：华夏出版社，1997.

因素的影响。其议价能力越高，现有生产方的成本就越容易受到供应商价格的影响，从而对其定价也产生一定的影响，现有的竞争程度也是影响企业定价的一个重要因素。企业所在行业处于上升时期，企业容易提高价格，反之，则更多地依赖降价。固定成本高的企业倾向于扩大生产规模，而规模的扩大又容易导致价格战。产品差异化程度高、集中度强、商标知名度高的企业，容易制定较高的价格，反之，则可能采取低价策略。

凡此种种可以看出，企业的定价是一个相当复杂的决策。这就决定了定价方法绝对不是单一的，它存在着多种定价模型。

【实务应用4-1】

白菜也能卖金价

2011年，"涨声"四下响起，"豆你玩""蒜你狠""姜你军""盐王爷""花你钱"……连"白菜价"这一常被用来形容物品价格相对本身价值十分便宜、实惠的俗语也被物价不断上涨的现实淘汰了——白菜再也不是"白菜价"。叹一句"瓦片也有朝天时"，在2010年的韩国泡菜危机中，作为泡菜原料的白菜，竟成了"金白菜"。

每年立冬时节，韩国都会进入"泡菜季节"，很多民众纷纷制作泡菜，以备冬季和来年春季食用。但2010年"泡菜季节"即将开始之际，"泡菜危机"却不期而至。作为制作泡菜主要原料的大白菜产量大减，价格飙涨，9月27日，韩国白菜的零售价达到了史上最高：每棵1.38万韩元（约合人民币82元）。10月6日，韩国市场上的白菜价格为每棵1.2万韩元（1万韩元约合人民币60元）。这一价格与8月时相比翻了一番，与2009年同期相比，则是当时价格的6倍多。白菜价格极高，震动了韩国社会上下，民众争相排队购买白菜。

泡菜是韩国人一日三餐的必需品，韩国每年大约需要消耗泡菜145万吨。但是在2010年，其国内的白菜供给严重不足，从而导致白菜卖出了金价。主要原因有：第一，2010年韩国春季非常寒冷，夏季极端高温，9月份正值白菜的收获季节，却遭遇了台风、强降雨等极端天气，致使白菜大幅减产；第二，韩国农业生产成本的上涨，导致韩国蔬菜产品出现20年来最大幅度减产；第三，韩国国土面积狭小，粮食自给率低，大部分农产品需要通过进口获得。但为了保护韩国自己的农业，防止国外便宜农产品的冲击，韩国向国外进口农产品征收高额关税，白菜的平均进口关税为27%，从而把外国白菜挡在了韩国市场之外，韩国国内白菜出现减产以后，外国白菜无法迅速地平抑物价，导致韩国的白菜价格高速增长。为了度过危机，韩国政府不得不临时取消关税，放开白菜进口，并从中国进口了大量白菜，在超市对顾客采取了限量供应3棵的措施的情况下，白菜仍被抢购一空。随着其国内白菜供应量的逐渐增加，这一危机才得以缓解。

由此可以看出，商品的价格受到多种因素的影响。

资料来源　佚名．"泡菜危机"震动韩国　白菜涨价至一棵82元［EB/OL］．［2010-10-09］．http：//finance.qq.com/a/20101009/001679.htm.

4.2 产品的经济定价模型

有些企业是以市场为导向进行定价的，这些企业通常需要应用经济定价模型。经济定价模型以经济学的供求关系理论为基础，以企业利润最大化为目标来制定价格。经济学的供求关系理论认为：在其他条件不变的情况下，需求量与价格呈现相反方向的变化，即消费者对某一商品的需求量随着价格的上升而下降，随着价格的下降而上升（如图4-1中的需求曲线所示）；在其他条件不变的情况下，供给量（指生产者愿意生产和销售的物品的数量）则与价格呈现相同方向的变化，即随着价格的上升而增加，随着价格的下降而减少（如图4-1中的供给曲线所示）。供给和需求的力量通过市场发挥作用，从而产生了市场均衡（如图4-1中需求曲线和供给曲线的交点C所示），这一点发生在供给和需求达到平衡的价格和数量上。此时，消费者愿意购买的数量正好和生产者愿意出售的数量一致，价格和数量趋于稳定。不同企业的产品，由于所处的市场条件不同，因此其确定价格的方式有所不同。

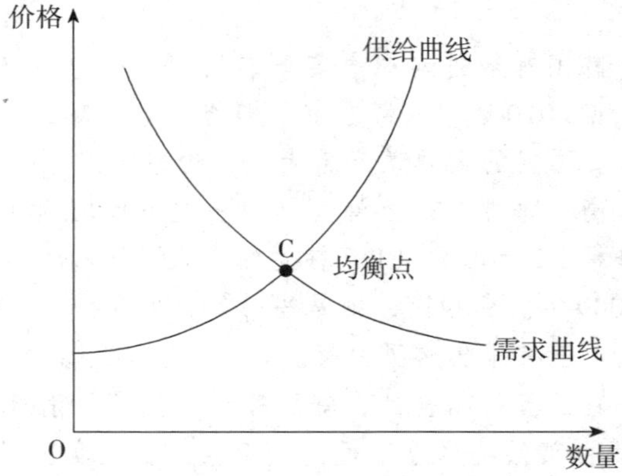

图4-1 供求关系的均衡点

4.2.1 完全自由竞争市场条件下的经济定价模型

在完全自由竞争的市场中存在着大量的规模很小的买方和卖方，出售的是同质产品。由于个别生产者和消费者所打算买卖的产品数量在市场总量中所占的比重很小，所以个别生产者和消费者只能是价格的接受者，即把市场价格作为既定价格来接受。市场均衡状态下的数量是市场上所有买卖双方的交易总量，由于任何一方都不能单独影响市场已经形成的价格水平，因此对于个别生产者而言，其供给曲线只是一条平行于横轴的水平线。每一单位产品的销售价格就是其边际收入。此时按照利润最大化的目标进行定价，实际上不是要决定价格，而是要决定价格和数量之间的最优组合。企业所愿意提供的数量，则取决于其生产成本的大小。实际的成本与销售量之间存在着曲线关系（如图4-2所示），并且在数量较少的情况下，成本的增长比较快，进入一定范围后，增长比较固定，但当数量进一步增加时，成本的增长又加快了，从而使边际成本成为一条曲线。当生产最后一个单位所带来的额外收入（边际收入）大于其额外增加的成本（边际成本）时，企业就能获得额外的利润。如果企业新增的产量再不能提供额外利润时，总利润就达到最大。此时，边际收入等于边际成本（如图4-2a所示），即：在完全自由竞争的条件下，追求利润最大化的企业将接受市场价格，并且将其产量确定在边际成本等于单位市场价格的水平上。以下通过一个例子进行说明。

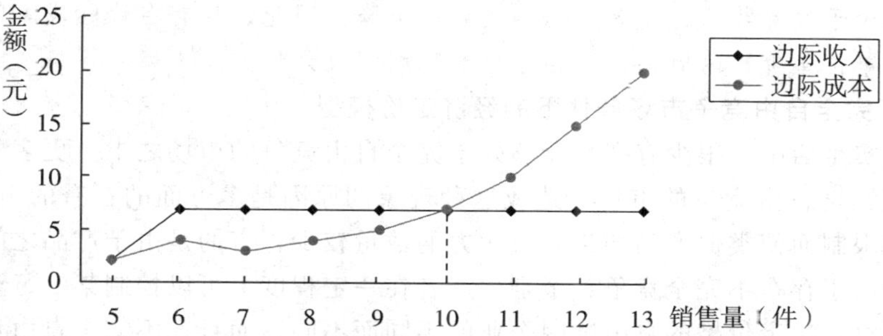

图4-2a　完全自由竞争条件下的边际收入、边际成本

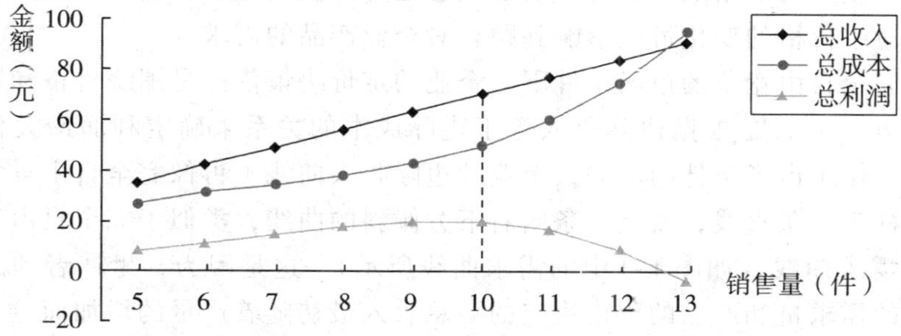

图4-2b　完全自由竞争条件下的总收入、总成本和总利润

【例4-1】

某生产者的价格、数量、成本和利润之间的有关数据见表4-1。

表4-1　　生产者信息表　　金额单位：元

价格（元/件）	销售量（件）	总收入	边际收入	总成本	边际成本	总利润
P	Q	TR=PQ		TC		TP=TR-TC
7	5	35	—	27	—	8
7	6	42	7	31	4	11
7	7	49	7	34	3	15
7	8	56	7	38	4	18
7	9	63	7	43	5	20
7	10	70	7	50	7	20
7	11	77	7	60	10	17
7	12	84	7	75	15	9
7	13	91	7	95	20	-4

从表4-1的数据可以看出，不管需求量如何变化，生产者总是按照市场价格7元来出售产品的。因此，其边际收入是保持7元不变的。而从图4-2b可以看出，总收入线是一条直线，而在图4-2a中边际收入线则为平行于横轴的水平线。从总成本看，随着生产量的增加，企业的边际成本不断增加，在销售量小于10件的时候，企业的边际成本小于边际收入，增加1个产量所带来的额外收入7元超过了额外的成本，所以总利润处于增长状态。但是，当销售量超过10件的时候，企业的边际成本大于边际收入，此时，总利润开始下降。因此，只有在边际成本等于边际收入（即单位售价）的时候，企业才能实现利润最大化。

4.2.2 不完全自由竞争市场条件下的经济定价模型

在现实生活中，很少有产品能够处于完全自由竞争的市场之中。更多的产品所处的是不完全自由竞争的市场。造成这种现象的原因是多方面的：有的由于法律、资本等的限制而使类似产品的买方或卖方的数量较少；有的是由于产品之间的差别造成的。由于存在不完全竞争，个别生产者在一定程度上可以控制某一行业的产品价格。不过，决定价格的自由度因企业的不同而不同，而且，不完全自由竞争并不排除竞争，企业为了增加自己的市场份额总是力图使企业的产品与其他产品区分开来，竞争对手价格的变化可能影响到顾客对企业产品的需求。

在不完全自由竞争的市场条件下，企业的定价决策依然是围绕价格和数量的最优组合展开，并且是根据边际收入等于边际成本的关系来确定利润最大化时的产量。不过，由于市场条件的不同，企业的边际收入曲线不再像完全自由竞争市场条件下的那样为一条直线，而是一条向右下方倾斜的曲线，类似于完全自由竞争市场下的市场需求曲线（如图4-1中的需求曲线所示）。这是因为，生产者的总收入是由消费者的需求量和产品的价格决定的。总收入最初随着产量的增加而上升，此时产品的需求弹性大，产品数量的增加带来收入的增加，边际成本超过单位价格导致收入的减少。当销量增加到一定程度时，总收入达到最大。而后，需求弹性下降。进一步增加销售量需要进一步降低单位售价，并且售价下降对收入的影响抵消了数量增加对收入的影响，从而使总收入开始下降。总收入表现为一条二次函数的曲线，边际收入则表现为一条直线。企业的生产成本和边际成本与完全自由竞争市场条件下相似。在边际收入等于边际成本时企业的利润最大，因此，企业的生产量将保持在这一均衡点上。这一点并非是总收入最大的点（如图4-3所示）。以下通过一个例子进行说明。

【例4-2】

某生产者的价格、数量、成本和利润之间的有关数据见表4-2。

表4-2的数据表明，价格提高，消费者的需求量下降；反之，则需求量上升。根据表4-2的数据，可绘制不完全竞争条件下的均衡图。

图4-3表明，随着需求量的增加，企业的总收入增加，在销售量达到8件时，总收入最大。而边际收入则随着销售量的增加而不断下降，因为只有降低产品的价格，才能扩大产品的需求。而与此同时，总成本随着销售量的增加而不断增加，边

表4-2　**生产者信息表**　金额单位：元

价格（元/件）	需求量（件）	总收入	边际收入	总成本	边际成本	总利润
P=16-Q	Q	TR=PQ		TC		TP=TR-TC
11	5	55	—	27	—	28
10	6	60	5	31	4	29
9	7	63	3	34	3	29
8	8	64	1	38	4	26
7	9	63	-1	43	5	20
6	10	60	-3	50	7	10
5	11	55	-5	60	10	-5
4	12	48	-7	75	15	-27
3	13	39	-9	95	20	-56

际成本也不断增加。当企业产品的单位售价为9元/件，销售7件产品时，边际收入和边际成本相等，此时利润最大。但是，在这一点时总收入却不是最大的。

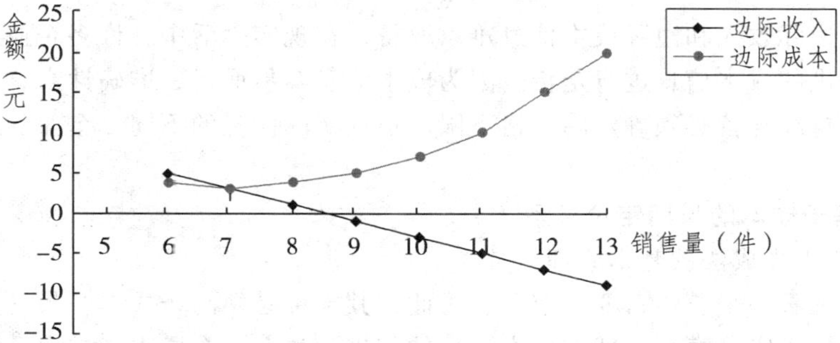

图4-3a　不完全竞争条件下的边际收入与边际成本

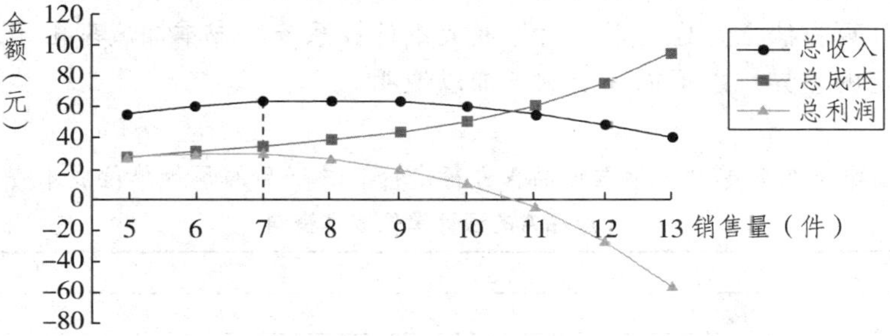

图4-3b　不完全竞争条件下的总收入、总成本和总利润

4.2.3　经济定价模型评价

经济定价模型评价为企业的定价决策提供了很好的分析框架，但是在现实生活中，其应用却比较有限。主要的障碍有以下几点：

（1）经济定价模型要求企业预测其需求和边际收入曲线。个别生产者虽然可以利用市场调查等方法来收集产品的需求信息，但要准确预测个别生产者的需求曲线就比较难。特别是有的生产者同时生产多种产品，彼此之间存在着复杂的相互关系，再加上竞争对手的反应，问题就更复杂了。

（2）经济定价模型假设需求只受到价格的影响。但在现实生活中，产品的设计和质量、广告与促销方式、公司的信誉、消费者的收入情况等都可能对需求产生影响。只考虑单一影响因素的模型不能全面反映顾客需求的变化。

（3）经济定价模型必须取得准确的边际成本信息。由于成本计算系统不能直接提供边际成本信息，因此，必须经过大量的分析才能取得边际成本信息。不仅信息收集成本高，而且其效益不见得好，因为这种信息往往只能对边际成本做出粗略估计。

尽管如此，经济定价模型强调研究价格和数量之间关系的重要性，并且强调定价应当在成本的基础上保证加成利润的获得。此外，定价模型可促使企业根据不同的价格弹性来调整其定价措施，在价格弹性小的时候适当提价，而在价格弹性大的时候则避免过度提价。

4.3 产品的成本定价模型

由于边际收入和边际成本信息难以取得，在现实生活中，许多企业依赖会计师事务所提供的成本信息进行定价。因为成本信息容易取得，准确性高，并且是企业为了保持持续经营必须确定的价格下限。根据实际情况的不同，企业的定价模型也有差异。

4.3.1 基于成本的长期定价模型

1）成本加成法的基本原理

从长远看，企业经营要求获利，为此，其定价必须高于成本。最常见的定价模型为成本加成定价模型，即在成本基数的基础上加上一个成本加成率，得出预计的售价。成本基数，可以是完全成本，也可以是变动成本。其取得方式可以建立在传统的成本计算方法上，也可以取自作业成本计算系统。成本加成率由于基数的不同而存在一定的差异。以下以一个例子加以说明。

【例 4-3】

元大公司正在考虑对其标准产品A进行定价。该产品的预计单位成本资料见表4-3。

表 4-3　**产品A的预计单位成本资料**　单位：元/件

直接材料	14
直接人工	10
变动性制造费用	8
变动性制造成本合计	32
固定性制造费用（320 000÷20 000①）	16
制造费用合计	48
变动性销售和管理费用	4
固定性销售和管理费用（60 000÷20 000②）	3
全部成本合计	55

注：①按预计的年固定性制造费用除以预计的年产量计算得出。

②按预计的年固定销售和管理费用除以预计的年产量计算得出。

根据表4–3，可以取得四种不同的成本基数，并且以此为基础进行加成定价（见表4–4）。

表4–4　**成本加成定价表**

项目	成本基数（元/件）		加成率	成本加成定价（元/件）
(1)	变动性制造成本	32	125%	32×（1+125%）=72
(2)	变动成本	36	100%	36×（1+100%）=72
(3)	完全制造成本	48	50%	48×（1+50%）=72
(4)	全部成本	55	30.9%	55×（1+30.9%）=72

从表4–4可以看出，从第（1）式到第（4）式，成本基数的数额逐渐加大。第（1）式的成本基数只包含变动性制造成本，而第（2）式的成本基数则在变动性制造成本的基础上增加了变动性销售和管理费用。第（3）式的成本基数为完全制造成本，相当于在第（1）式的基础上增加了固定性制造费用。而第（4）式的成本基数则在第（3）式的基础上加上了全部销售和管理费用。与此同时，加成率递减。因为，不管如何选择成本基数，企业的价格必须足以弥补所有的成本并赚取正常的利润。成本基数加大后，需要从加成数中弥补的成本就下降了，到第（4）式，加成数只需要补偿企业的正常利润。

以完全成本为基础的定价法，称为完全成本加成定价法。完全成本，可以是完全制造成本，也可以是全部成本。不过，由于许多企业把销售和管理费用当作期间费用，而不是当作成本，因此一般完全成本加成定价法中的成本基数为完全制造成本。以变动成本为基础的定价法，称为变动成本加成定价法。变动成本加成定价法中的成本基数，可以是变动性制造成本，也可以是包含变动性销售和管理费用的变动成本。

2）完全成本加成法和变动成本加成法的对比

在现实生活中，许多企业喜欢采用完全成本加成法，主要原因如下：

（1）长远看，价格必须弥补企业的所有成本并保证一定的利润。成本加成定价公式中的成本基数，经常被人们看作定价的下限。如果以变动成本为基数，可能导致经理为了促销而过度削价，从而影响企业的长期获利能力。而且，如果定价太过接近变动成本，将使固定成本无法收回。

（2）完全成本加成法表明定价中包含了企业必须收回的全部成本和一定的利润，容易为客户所接受。

（3）完全成本信息可以立即从企业的财务会计信息系统中取得，其信息取得成本低。

不过，完全成本加成法忽视了企业成本性态，其中的固定成本是分配而得的，当企业的销售量变化时，可能使实际的成本发生变化。另外，该方法与本量利分析的思想不一致，后者要求企业通过分析价格和销售量、成本变化来预测对利润的影响，而完全成本加成法则无法进行这种分析。

为了了解成本性态对利润的影响，有些企业选择采用变动成本加成法。其理由是：

（1）变动成本加成法使管理者关注贡献毛益，以及销售量、价格变化对利润的影响。

（2）变动成本加成法不需要分配固定成本，避免了主观分配导致的成本扭曲。

（3）变动成本加成法能够提供一些决策（如短期定价）所需要的相关信息。

当然，变动成本加成法所欠缺的，正是完全成本加成法所具备的。因此，一般在容易取得变动成本信息的情况下（如零售行业）比较容易采用变动成本加成法。但是需要注意的是，在定价时要保持较高的加成率。

3）成本加成率的确定

不管企业采用何种基数进行定价，都必须确保加成率足以弥补企业的全部成本并带来一定的利润。所以，加成率中包含了部分成本项目和企业的利润。这里的成本项目，指的是不包括在成本基数中的成本项目。此外，就是要确定利润。加成利润一般是以公司确定的利润目标或期望的投资报酬率为依据计算的。

【例 4–4】

沿用【例 4–3】的资料，假设元大公司的投资额为 3 400 000 元，预期的投资报酬率为 10%，可以计算出预期的年利润为 340 000 元。采用完全成本加成定价法时，加成率必须考虑利润和不包括在完全制造成本中的销售和管理费用 140 000 元（4×20 000+60 000），则按照预计的销售量 20 000 件计算，单位产品的加成额为 24 元/件（（340 000+140 000）÷20 000），加成率为 50%（24÷48×100%），以公式表示为：

$$加成率=\frac{目标利润+非制造成本}{产量\times单位制造成本}$$

如果采用的是变动成本加成法，则加成率必须考虑利润 340 000 元和固定成本 380 000 元（320 000+60 000）。单位产品的加成额为 36 元/件（（340 000+380 000）÷20 000），加成率为 100%（36÷36×100%）。以公式表示为：

$$加成率=\frac{目标利润+固定成本}{产量\times单位变动成本}$$

以其他成本为基数的成本加成率也可采用类似的方式推算出来。

可以概括出成本加成定价法下的加成率的通用计算公式为：

$$加成率=\frac{实现预计投资报酬率的目标利润+不包括在成本基数中的总成本}{产量\times单位成本(成本基数)}$$

上述公式提供的只是确定加成率的原则，实际制定加成率时还要考虑许多因素，例如产品需求，需求高的产品，加成率较高；需求低的产品，加成率较低。价格弹性也会影响加成率的制定，价格弹性小的产品加成率可以定得高些。不同产品之间的加成率，由于消费习惯、相对竞争地位的不同也会存在差异。

4）成本加成定价法的评价

成本加成定价法在现实生活中为企业所普遍采用，主要原因在于其定价方式简便易行，而且容易为顾客所接受。垄断企业就常常以成本加成的方式来说明其定价的合理性。另外，当行业内企业的成本结构相似时，这种方法也有助于企业预测竞争对手的可能价格。

不过，成本加成定价法的主要不足在于忽视了需求量的影响。价格是以成本为基础制定的，不考虑价格和需求量之间的关系，而假定价格完全由成本决定。另外，成本加成定价法也不能保证企业有利润。只有当预计的销售量实现的时候，才能确保所有的成本得以收回，并且赚取利润。如果预计销量没有实现，则企业就可能出现亏损。

因此，成本加成定价法所确定的价格只为管理者提供参考依据，最终确定的价格，应当根据市场的条件、竞争对手的可能行动、经济的总体状况、消费者的重要性等诸多因素，在成本加成定价法确定的价格基础上进行调整。

4.3.2　基于成本的短期定价模型

1）边际成本定价法的原理

有的时候，企业并不按上述成本加成的原则定价，而是采用边际成本定价。其基本原理是，在企业现有生产的基础上，进一步生产其他产品所确定的价格，不会使企业的利润下降。此时对新增产品的定价，就是边际价格或者最低价格。只要定价在边际价格之上，就能给企业带来增量利润。

【例4-5】

某企业生产和销售笔筒，其正常定价是以每年生产10 000个为基础，按照成本加成定价法确定的，见表4-5。年底有一个客户要求企业为其生产1 000个笔筒，所用材料与企业现有材料有所不同，导致单位直接材料成本增加2元。请问企业对此业务应如何定价？

表4-5　**产品定价表**　单位：元/个

项　目	定价
直接材料	10
直接人工	5
变动性制造费用	4
固定性制造费用	5
制造成本合计	24
加成（50%）	12
定价	36

对该笔业务的定价应根据企业生产能力的利用情况而定。

（1）如果企业生产能力存在剩余且无他用，则对该合同的定价应当按照边际成本而定。

边际成本=12+5+4=21（元/个）

这是该合同定价的下限，实际定价可以在21元/个以上。

（2）如果企业生产能力已经充分利用，则对该合同的定价除了考虑边际成本外，还要考虑该产品生产对现有生产能力和盈利能力的影响。假设接受该订单将使企业放弃正常定价的1 000个产品的生产，则：边际成本仍为21元/个。

机会成本=36-（10+5+4）=17（元/个）

最低定价=21+17=38（元/个）

可以看出，按照边际定价法，产品的价格应能弥补生产和销售该产品的增量成本（在相关范围内经常表现为变动成本），此外，如果存在资源约束，该定价还应能补偿产品所消耗资源的机会成本。这种定价法，实际上是以相关成本为基础进行定价的。它不是企业的实际定价。因为按此价格定价，企业没有增量利润。但是，它是企业应当制定的价格的下限，只要定价超过边际定价法确定的价格，就能使企业利润增加。

2）边际成本定价法的适用条件

边际成本定价法主要适用于以下三种情况：存在剩余生产能力、市场需求发生变化和竞争性定价。

（1）存在剩余生产能力。当企业存在剩余生产能力，在短期内无法做他用时，可能希望扩大销售量。而只有价格的下降才能促进销量的扩大。此时，只要价格定在边际成本（变动成本）之上，正常销价之下，企业就能增加利润。这种情况实际上经常出现在特殊订货的决策中（参见本书第5章）。

（2）市场需求发生变化。有的时候，市场对某种产品的需求量会突然下降，迫使企业不得不降价出售。例如，在禽流感流行的时候，有的地方"谈鸡色变"，迫使养禽户和禽制品生产商降价出售产品。非典时期野生动物园人流量下降，导致收入下降，经营难以为继，甚至出现了野生动物挨饿的情况，最后动物园管理者不得不采取将门票价格减半的方式以促进客流量。只要能将价格维持在边际成本之上，则尚可弥补部分固定成本。这比完全停止生产、出售固定资产，甚至宰杀禽兽要好。

（3）竞争性定价。当市场竞争非常激烈，为了战胜对手，企业不能总是坚持按成本加成的基础定价。因为，成本受销量影响，而后者又取决于售价。没有销量，成本就失去补偿的来源。另外，利润既来源于利润率，又受周转率的影响。薄利多销，一样能使企业的利润增加。如果企业的固定投资很大，那就更不能坚持要按成本加成定价了。因为企业只有赚取贡献毛益，才能弥补这些固定成本。即使是亏本经营，也比没有贡献毛益好。在工程合同竞价中，更是如此。定价过高，可能失去订单，但定价过低，则可能没有贡献毛益。利用边际定价法，可以使企业了解合理定价的范围。

【实务应用4-2】

燃油附加费增加背后的定价决策

［新闻背景］根据发改委通知，中石油决定自2012年9月1日起上调9月份航空煤油结算价格，供中航油的3号航空煤油出厂价格由6 804元/吨调整为7 522元/吨，上调718元/吨。受此影响，国内航线燃油附加费迎来5个月来的首次全面上调。9月5日起，国内航线成人旅客乘坐800公里（含）以下航段燃油附加费由50元上调至70元；800公里以上航段，由100元上调至130元。

[分析] 航油成本是航空公司成本的重要组成部分，国内三大航空公司燃油成本占总成本比例已超过40%，燃油成本平均占到航空公司成本的40%～45%，近年来国内外航油价格的稳步上涨使得中国航空公司的航油成本不断增长，大大压缩了航空公司的利润空间，使其面临较大的成本压力。目前航空公司转移航油成本的主要措施是收取燃油附加费。根据2011年11月份由国家发改委制定的“完善民航国内航线旅客运输燃油附加与航空煤油价格联动机制”，国内航空煤油综合采购成本累计调整幅度超过每吨250元时航空公司燃油附加费将跟随调整，每月调整一次。根据测算，目前60%～70%由油价波动引起的成本变化可通过燃油附加费的征收转移给消费者。

因此各航空公司燃油附加费的提高实质上是为了转移航油价格的上涨带来的压力，这体现的是成本加成定价法的原理。但这种加成定价法忽视了需求量的影响，在市场竞争激烈的今天，成本加成定价法所确定的价格只为管理者提供参考依据，最终确定的价格，应当根据市场的条件、竞争对手的可能行动、消费者的需求等诸多因素，在成本加成法确定的价格基础上进行调整。近年来国家发改委和民航总局不断推进燃油附加费征收体制的市场化改革，随着燃油附加费征收体制的完善，燃油附加费的收取将日趋市场化，其对航油波动的覆盖情况将更多地取决于油价变化、航空市场需求、航油利用率等多重因素的共同作用。

资料来源　佚名. 燃油附加费上涨难挽行业颓势 [N]. 东方今报，2012-09-11.

4.4　基于市场的目标成本定价模型

在上述的定价模型中，产品已经开发出来，并已计算出产品的成本，只等确定好价格后就能销售了。但是，有的时候情况正好相反。企业知道应当确定的价格，问题在于如何开发出按既定价格出售的产品，同时保持一定的盈利能力。此时需要引入目标成本定价模型。通过确定目标成本来引导新产品的开发，从而使其能按预期的价格水平出售。目标成本以公式表示为：

目标成本=目标价格-目标边际利润

目标成本法的基本步骤如下：

（1）确定顾客愿意接受的产品的目标价格。

（2）从目标价格中扣减企业的目标利润以取得目标成本。目标利润可以根据企业的预期投资报酬率来计算，并且分解到各种产品上。

（3）按照预期设计规格和当前的成本水平估计产品的预计成本。

（4）计算预计成本和目标成本之间的差异，并努力采取措施降低预计成本，使未来成本控制在目标成本之下。

通过目标成本定价法来确定价格和成本的关系，可以使管理者关注寿命周期成本，关注早期的成本控制。目标成本是使企业能够成功进入市场并且能够战胜竞争对手保持市场份额的长期成本。该成本包含了产品寿命周期的全部成本，如产品的开发设计、生产、营销和售后服务成本。如果预计成本超过了目标成本，在计划和设计阶段就需要采取措施，例如价值工程，引导产品设计的改进，材料的选择和工艺方法的变革，从而降低成本，保证目标成本的实现。

对于许多企业而言，价格是由市场决定的。目标成本定价法根据市场和顾客调查结果来确定价格，而不是根据企业的成本来确定价格，由于考虑外部环境因素，该方法顾及企业的战略，能为企业提供较大的竞争优势。此外，当产品完成设计阶段投入生产之后，很难显著降低成本。而该方法强调产品设计人员、工程技术人员、财务人员在产品设计阶段通力合作，有效控制成本。因此，该方法在战略决策中为许多企业所采纳，比较适用于非定制产品和销量很大的产品的定价。

4.5 企业的定价策略

如前所述，在不同的市场条件下，企业对价格的影响能力是不同的。在完全自由竞争的条件下，企业只能被动接受市场的价格，从而成为价格接受者（例如农民），而当企业处于卖方垄断状态时，企业则可以自主定价，成为价格制定者（如石油生产者）。但是，多数市场情况则介于两者之间，例如垄断性竞争的条件。在这种情况下，企业可能是价格制定者，也可能是价格接受者。企业的具体定价策略，因其身份的不同而不同，同时也因定价决策对企业影响的长短而不同。

4.5.1 价格制定者策略

对于价格制定者而言，成本是其定价的重要考虑因素。

当价格制定者面临短期定价决策（如一次性的特殊订货）时，由于完成此订单的约束性资源已经投入，不论是否接受此订单都将照常发生，只需要考虑增量成本。主要的增量成本包括特殊订单所需追加的材料、追加的人工、能源和维修费等。对于服务业，追加的成本一般很少。例如宾馆客房的布草补充费用等。此时，企业可以采用边际成本定价法进行定价。

采用边际成本定价法定价所确定的价格，一般低于正常的定价。在最终确定价格前，企业还需要考虑其他因素，例如：价格的下降是否影响企业现有产品的销售？是否影响与现有顾客的关系？该定价是否确属临时性的，如果长期采用较低的价格，是否会给市场发出企业即将降价的信号，从而影响企业产品的需求量？在经济不景气的时候，企业是否愿意通过降价来维持企业的基本规模，而不是解聘员工？在工程竞价中，低价获得的合同，其贡献毛益是否足以弥补该合同导致的管理或人工成本的增加？新增业务是否是企业所熟悉的，是否会增加企业风险？近似满负荷生产是否会降低企业的弹性？在国际贸易中，价格低于完全成本可能引起反倾销方面的诉讼，这也是需要考虑的。只有对这些因素进行全面考虑，才能做出正确的定价决策。

当企业面临长期的定价决策时，必须考虑所有资源成本的收回，否则企业无法生存。因此，较常采用的定价方法是成本加成定价法。而要确保企业利润的实现，成本计算的准确性就十分重要。特别是当企业提供定制产品时，准确反映不同产品的成本差异，才能保证定价的准确性。如果企业提供非定制产品，在定价时还不知道确定的需求量。而成本加成定价法中的单位成本，是建立在预计的一定销售量的基础上的。如果对销售量的估计不当，也会影响定价的准确性，甚至使企业出现亏损。此时，由于销售单价和销售量都是未知的，企业一般要估算在可能销售量范围内的不同销售单价。管理者必须估计按设定价格销售假定销量的产品的可能性，并选择最可能实现的销售量条件下的销售价格。如果在所有的销售价格条件下都无法实现预计的销售量，管理者必须考虑采取一些促销手段，否则就不应推出产品。此外，企业也可以考虑采用目标成本定价法，以市场价格为基础，确定目标成本，进而分析是否推出新产品。

4.5.2 价格接受者策略

对于价格接受者而言，价格由市场决定。在面临短期经营的机会时，价格接受者的定价原则与价格制定者的相似，即考虑增量的收入应该超过增量的成本，采用边际成本定价法，考虑企业所能接受的最低价格是否得到满足。此时的定价决策，其实和是否接受特殊订单的决策是一样的。应用边际成本定价法时必须满足这些条件：如存在剩余生产能力，企业在将来不会再按短期增量成本进行定价。这种经营机会只需要短期占用企业未使用的生产能力，很快这种生产能力就可以用来从事更有利的产品的生产。另外，企业还必须考虑其现有的产品组合。如果企业由于预期销量即将增加而保留生产能力，则此时对该短期机会的定价应同时考虑占用约束性资源对现有盈利能力的影响。如果由于生产能力的限制，使得产品的需求量大于生产量，则对产品组合的确定需要考虑单位受限制资源所能创造的贡献毛益（参见本书第6章）。

价格接受者所面临的长期定价决策，实际上是考虑使企业利润最大的产品组合。而成本是其决策的重要考虑因素。资源限制由于可以根据需求量进行调整，不再是约束因素。企业收入必须超过其所有的资源成本，才能保证利润的实现，准确的成本计算依然重要，并且最好能根据不同的产品种类、不同的产品品牌、不同的分销渠道、不同的顾客群等计算成本，以反映产品的真实盈利能力，从而做出最优的产品组合决策。通常企业将生产盈利性高的产品，而放弃亏损产品。但如果产品属于同一系列，为了满足顾客对同系列产品选择的需求，有些亏损产品还需要保留。此时要考虑整个系列的盈利能力，而不是个别产品的盈利能力。如果正在开发新产品，则可以采用目标成本定价法。

4.5.3 差别定价策略

在不完全竞争的条件下，企业对市场具有一定的影响力。对于同样的产品，根据市场或顾客的不同，而采用不同的定价，即差别定价策略。其主要形式有：

（1）按市场上不同顾客群体差别定价。例如民航发展基金对国内航班按每人次50元收取，对国外航班按每人次90元收取。工业用电单价较高，而生活用电单价较低。

（2）按不同产品型号差别定价，品牌产品定价较高，而一般产品定价较低。

（3）按不同地理位置的差别定价，例如体育馆里前排座位和后排座位的差别定价。

（4）按消费或采购时间采取差别定价。春节是交通运输高峰期，对于那些需要交通工具的人来说，不论此时票价如何变化，其需求是固定的，因此航空公司在春运期间往往提价，而春运时节之外，不同航空公司之间又会展开折扣战。

差别定价策略是建立在不同顾客愿意支付和可能支付的价格存在差异的基础上的，其有效应用的前提：一是市场能够细分，只有细分后，才能利用不同的需求价格弹性，获取最大的利润。例如工业用电价格弹性小，不会因为电价高而减少用量，而生活用电价格弹性大，价格高将影响其用量。二是市场必须是分割的，不会出现套利行为而使价格差异丧失。一般地，劳务是最适于实施差别定价的，此外，产品地理位置的差别也容易形成市场分割，从而实行差别定价。细分和分割市场的费用不应超过差别收入带来的增量利润，顾客不会因为差别定价产生反感。

在有些国家，企业在同样的产品上对不同的顾客进行差别定价是违法的，除非有证据表明这种差异是由于成本的差异造成的。但是，传统的成本计算系统只能计算产品成本，而不能计算不同顾客的成本。如果借助作业成本计算法，就可以分析不同顾客的需求、结算方式、服务方式等方面的差异导致企业成本的差异，从而为差别定价战略提供依据。

【例 4-6】

某企业同时为A、B和C三个顾客提供电子配件，有关数据见表4-6和表4-7。

表 4-6　**销售情况表 1**

作业	单位成本动因分配率
处理订单	300元/张订单
售后服务	200元/次
运输	10元/千米
收款	按收款额和占用时间计，年利率5%

表 4-7　**销售情况表 2**

顾客	A	B	C
订单数量（张）	300	50	20
售后服务次数（次）	20	2	1
运输里程（千米/每次订货）	50	20	30
总运输里程（万千米）	1.5	0.1	0.06
平均收款时间（天）	90	10	3
年销售额（万元）	100	100	200
年经营利润（万元）*	30	30	60

注：*收入减去与产量、批量等有关的成本，占收入的30%。

按照作业成本计算法，将订单处理等顾客服务成本分配到不同的顾客，可以分别计算各个顾客的盈利能力，见表4-8。

表4-8　**顾客盈利能力表**　金额单位：万元

顾客	A	B	C
年销售额	100	100	200
年经营利润*	30	30	60
顾客服务成本			
订单处理成本	9（300×300÷10 000）	1.5	0.6
售后服务成本	0.4（20×200÷10 000）	0.04	0.02
运输成本	15（1.5×10）	1	0.6
收款成本	1.25（100×5%×90÷360）	0.14	0.08
小计	25.65	2.68	1.3
利润	4.35	27.32	58.70
销售利润率（%）	4.35	27.32	29.35

注：*收入减去与产量、批量等有关的成本，占收入的30%。

可以看出，不考虑顾客服务成本差异时，不同顾客定制同样的产品，企业所获得的利润率是一样的（30%）。但是，利用作业成本计算系统提供的信息，对不同顾客的服务成本进行分配，可以发现企业在不同顾客上的盈利能力是不同的。其中，C顾客的订单少、要求少、距离近、货款结算快，因此利润率最高；B顾客次之；而A顾客由于服务成本高而使企业基本处于微利状态。了解了顾客盈利能力的差异后，企业可以根据不同的情况采取不同的措施。

4.5.4　寿命周期定价策略

任何产品从最初投入市场到最终退出市场都有一个周期，这就是产品的寿命周期。该周期一般包括四个阶段：投放期、成长期、成熟期和衰退期。市场在不同阶段特性各不相同。在投放期，产品刚刚进入市场，消费者并不知道这种产品或服务，因为销售量增长缓慢，企业需要投入巨额的资本，还要做促销以引起市场对产品的关注；在成长期，销售量急剧上升，市场占有率逐步提高，产品开始盈利，新产品的投资逐渐收回；在成熟期，销售增长稳定，产品继续盈利，企业主要考虑维持现有的市场份额和竞争地位；而在衰退期，销售量开始减少，盈利能力下降甚至亏损，企业开始停止销售产品和更新产品。

由于不同寿命周期的产品呈现不同的市场特征，因此与之相适应的产品定价策略也有所差异：

1）投放期

当企业推出新产品的时候，其定价存在着很大的不确定性。此时可以采取试销的方式来收集定价决策所需要的信息，一般是在不同的地区按照不同的价格推出新的产品，以此获得产品的竞争情况、价格和数量之间的关系、不同价格和销售量条件下预期可取得的利润等信息。试销为全面推广产品提供了有用的数据，而且即使定价不当，其影响面也是有限的。

试销所采用的定价策略包括撇油性策略和渗透性策略两种。

撇油性策略。如果企业的产品具有独特性，市场上尚未有同类产品出现，则短期内企业可以垄断市场，从而在定价方面具有较大的影响力。此时，可以制定较高的价格，同时投入巨额的广告费用和促销费用。以后，随着市场的日渐扩大，产品趋于成长或成熟后，再逐步降低价格。这种方法可以在产品寿命周期的早期就获得较高的利润，防止意料外的成本所带来的损失。不过由于利润率较高，会迅速引来竞争者。撇油性策略主要适用于以下情况：产品与众不同；由于技术或资本限制，进入比较困难；需求量对价格的敏感性不确定；先制定高价，当发现需求弹性大时再降价，这比先报出低价，发现需求弹性小时再提价的策略要好。此外，对存在现金周转困难的企业，采用高价策略可以提早收回资金；在产品寿命周期短的情况下，采用高定价，可以尽快收回成本并获利；当产品市场存在分割时，采用该策略可以在一部分市场保持较高价格，而在另一部分市场采用较低的价格。

渗透性策略（又称薄利多销战略）。如果企业的产品只是模仿市场上已有的产品，那么，定价策略受制于竞争对手。为了获得市场份额，渗透性策略在新产品投放时制定较低的价格。等到市场份额扩大后，再逐步提价。这种战略虽然早期利润率较低，但是可以有效阻止新的竞争者进入，缩短产品的投放期，尽快进入成长期和成熟期，并且随着销售量的扩大而获得规模经济。当产品需求弹性大且对低价反应敏感时，比较适用。

不论采取哪一种策略，具体定价方法均可用成本加成定价法，差异只在于加成率或目标利润率的高低。

2）成长期

进入成长期后，竞争加剧，企业可以采用不同的战略以赢得竞争优势。这些战略包括：成本领先战略、产品差异化战略和集中一点战略。

采取成本领先战略时，企业试图用规模经济、专有技术等方法，使产品成本低于竞争对手，从而形成竞争优势。不过低成本并非低质量，企业的价格也不一定比较低。企业可以通过确定最优价格，使目标利润高于寿命期的平均利润率。

采取产品差异化战略时，企业致力于为自己的产品开发独特的属性，从而在市场上确立自己的地位。竞争对手必须通过降价才能突破市场垄断，而且当竞争趋于激烈时，产品的差异可以产生较高的价值，而企业则可以通过提高价格来增加利润。

采取集中一点战略时，企业致力于采取成本或其他差异化因素来满足特定市场的顾客需求。该战略又可细分为成本集中战略和差异集中战略。成本集中战略通过在特定市场上的成本领先来取得较高的利润，而差异集中战略是在特定的市场上通过满足顾客特定的需求来取得较高的利润。

当企业实施产品差异化战略时，由于产品的独特价值和属性，定价的主要任务在于收取产品差异化的回报。当只有个别企业采用差异化战略时，企业可以在产品评价很高的市场上实施撇油性策略。如果行业普遍实行差异化战略，则可能需要考虑渗透性定价方法。

当实施成本领先战略时，企业主要采用的是渗透性定价策略，通过该战略给后来的竞争者造成进入的障碍。不过，如果行业中只有个别企业采用成本领先战略，则不一定总是采用渗透性定价策略。例如，当公司依靠规模小、灵活多变，而不是靠销售量来获得成本优势时，顾客更关注的是质量和可靠性，因此定价可以适中。而如果订货时间特别紧，购买者无暇另寻其他供应商时，甚至可以用撇油性策略。

3）成熟期

在成熟期，价格趋于稳定。有效定价的着眼点不在于争取市场份额，而是尽可能扩大竞争优势。其竞争定价策略根据竞争对手的具体情况而定。当竞争对手采取降价措施时，如果对手的实力不强，预期只会丧失部分市场份额，则可以保持现有价格水平不变，也可以通过降价，最终迫使竞争者退出。如果竞争对手与自己实力相当，则可以通过改良产品、提供优质服务等非价格反击的方式维持售价。企业还可以在提价的同时采取非价格反击的方式，不过价格的提高必须建立在强调本企业产品与竞争对手产品存在差异的基础上。具体定价方法主要采取的是成本加成定价法。

4）衰退期

此时顾客需求下降，企业主要目标在于减少损失，尽快退出。降价是企业的主要战略。如果企业的固定成本比例大，产品只能服务于特定的市场，需求下降导致设备利用率下降，亏损增大，降价可以增加贡献毛益，减少损失。如果固定成本比例小，则通过降价收回资金，以便转向其他产业。

【实务应用4-3】

企业的不同定价策略

1.低价策略

2012年8月14日，京东商城CEO刘强东发出两条微博声称，“京东”的大型家电三年内零毛利，所有大家电保证比“国美”“苏宁”的连锁店便宜10%以上，从而点燃了电商争霸的导火索。“苏宁”“国美”随即应战。“苏宁易购”称，任何消费者发现“苏宁易购”价格高于“京东”的，公司会即时调价并进行赔付。“国美”则表示，从8月15日9时开始，国美电器网上商城全线商品价格将比京东商城低5%。一时间电商行业硝烟弥漫，新一轮电商大战拉开序幕。随着“当当”“易迅”等企业的“乱入”，大战正演变为整个国内电商行业的混战。这场价格战给参与其中的这三家企业带来了巨大的现金流量和销量。京东8月15日全天大家电的销售额突破3.5亿元；苏宁易购当天访客数比去年同期增长了近10倍，整体销售规模同比增长了10倍。

“零毛利”承诺意味着销售价要低于包含进货价、管理成本、营销成本在内的成本价，企业将承担损失，同时还涉嫌不正当竞争。2012年9月，国家发改委认定电商价格战属于欺诈行为，需要严惩，但相关部门抽查15种产品的结果显示，这些产品的毛利率最低达4%，最高达22.43%，即使促销后最高的毛利率也达到了10%。这说明，企业实际上执行的只是低价策略，不过电商可能因为虚假宣传而被惩罚。

资料来源　汪小星，谢睿. 电商价格战苦果：发改委向三巨头开罚单［N］. 南方都市报，2012-09-06.

2.高价策略

号称“中国瓜子南方大王”的上海三明食品股份有限公司，系1993年年底完成股份制改造。尹文明买下了该公司52%的股份，1999年公司的销售额达到了3.6亿元，成为一个实行品牌运作的现代化炒货企业——名副其实的“中国瓜子南方大王”。但是2000年年底，受到浙江金华“毒瓜子事件”的影响，企业销售量下跌，而安徽“洽洽瓜子”实行差异化战略，迅速占领了市场，同时企业面临连锁超市、家乐福和沃尔玛等大商场控制销售渠道的窘境，利润被挤压。因此，从2001年年底开始，公司调整定位，由炒货商扩大为休闲食品厂家，产品品种从单一的瓜子扩大到花生、核桃仁等。为了突显企业产品的安全性，公司通过了HACCP认证（危害分析及关键控制点认证），为国内首家获此认证的炒货企业，同时还通过了ISO 9001质量认证。为适应战略的转变，公司在定价上改变成本加成定价法，转而采取市场定价，同时为了突出品牌价值，其产品比同类产品价格高出10%，新产品的毛利率定在40%左右。

资料来源　改编自：詹姆斯. 把瓜子卖给休闲的人 [J]. 青年参考，2004-06-23.

3.差别定价策略

国内航空公司采取了差别定价策略，分别根据不同需求，按不同的舱位确定不同的价格。以下列出海南航空股份有限公司2012年9月11日13时15分从厦门飞往北京的航班（航班号为HU7191）的不同舱位的票价表，见表4-9。

表4-9　**不同舱位的票价表**

价格	舱位	退改签规定
3 420元	头等舱	更改条件：起飞前（含）同等舱位免费更改，起飞后更改需收取票面价5%的更改费，收费更改请到海航直属售票处办理 退票条件：起飞前（含）免收退票费，起飞后需收取票面价10%的退票费（婴儿免收退票费） 签转条件：允许签转，如变更后承运人适用票价高于海航票价，需补齐差额后进行变更，若低于海航票价，差额不退
1 710元	标准经济舱	更改条件：起飞前（含）同等舱位免费更改，起飞后更改需收取票面价5%的更改费，收费更改请到海航直属售票处办理 退票条件：起飞前（含）办理需收取票面价5%的退票费，起飞后需收取票面价10%的退票费（婴儿免收退票费） 签转条件：可以签转
1 540元	9折经济舱	更改条件：起飞前（含）同等舱位免费更改，起飞后更改需收取票面价5%的更改费，收费更改请到海航直属售票处办理 退票条件：起飞前（含）办理需收取票面价5%的退票费，起飞后需收取票面价10%的退票费 签转条件：不得签转

资料来源　根据2012年9月11日携程网（http：//www.ctrip.com）查询结果整理.

总结与结论

定价决策是企业管理者经常要面临的一个重要决策。定价影响着企业的盈利和生存能力，同时又受到顾客需求、竞争对手成本、企业成本和政治法律因素的限制。最优的定价方法应根据具体情况而定，同时，企业的定价必须综合考虑各个因素的作用，特别要注意成本的信息。本章介绍了几种定价的基本方法：经济定价模型，根据利润最大化的目标进行定价；成本加成定价法，在成本基数的基础上加上一个成本加成率，得出预计的售价；边际成本定价法，对新增产品的定价以边际成本为基础定价，得到边际价格或者最低价格；目标成本定价法，根据预期的市场价格和目标利润，倒推目标成本，以目标成本来引导新产品的开发，从而使其能按照预期价格水平出售，并保证目标利润的实现。

企业的定价策略有很多种。企业可以根据其市场身份、定价影响时间的长短、市场或顾客的不同、产品寿命周期的不同阶段，分别采取不同方法定价。

练习题

思考题

1.影响企业定价的因素有哪些？

2.在不同的市场结构下，经济定价模型的原理和方法是什么？

3.基于成本的定价模型有哪些？

4.企业如何根据市场条件选择定价策略？

5.企业如何进行差别定价？

6.企业如何根据寿命周期的不同进行定价？

习题

1.阅读【实务应用4-1】，分析影响白菜定价的是哪些因素？

2.请分析成本在不同的定价模型中可以起到什么样的作用？

3.某公司目前按照单价15元/件销售睡衣，单位变动成本为7元/件，需求量预计为2 000件。公司的市场部门预计，单价每降低1元/件，需求量将增加100件。

要求：分析公司目前的售价是否达到了使企业利润最大的最优价格？

4.甲出版社出版了一本小说，在不同的市场需求下售价将进行相应的调整，具体见表4-10。

表4-10　**单价调整表**

需求量（本）	单价（元/本）	单位成本（元/本）
1 100	48	22
1 200	46	21
1 300	45	20
1 400	42	19

要求：请根据上述资料，计算该小说的边际收入和边际成本，并分析如何定价可使甲出版社实现利润最大化。

5.正大生物制剂公司新近开发了一种新药，可以大幅度提高养殖水产品的抗病力。这种药已经完成了开发和测试阶段，并获得了专利，准备推向市场。公司营销部经理老张正在考虑该新产品的定价问题。目前可能有几种策略：撇油性策略、渗透性策略，此外，在具体定价方法上，企业可以考虑用成本加成定价法，也可以考虑目标成本定价法。

要求：

(1) 在什么情况下适宜采用撇油性策略？在什么情况下适宜采用渗透性策略？

(2) 在什么情况下适宜采用成本加成定价法？在什么情况下适宜采用目标成本定价法？

讨论题

1.阅读【实务应用4-2】和【实务应用4-3】，请收集有关部门资料，分析：民航公司属于价格接受者还是价格制定者？在实施差别定价的情况下，航空公司的平均收入如何确定？成本信息对于航空公司的定价有什么作用？

2.我国的移动通信市场由中国移动、中国联通和中国电信三家企业所分享。三家企业之间屡有竞争，并展开过免费送话费、免月租费、降低通话费、预存话费获赠手机等促销手段。从定价决策的角度看，这些促销手段实际上是降价手段。那么，企业的成本在这种决策中起什么作用？支持企业降价的主要依据是什么？

3.阅读【实务应用4-2】后，试回答以下问题。

(1) 请收集厦门航空公司在2018年上半年的燃油附加费调整信息，并联系航油价格，观察燃油附加费的调整规律是否符合题目中的描述。

(2) 请评价燃油附加费征收体制的市场化改革对航空公司利润的影响。

(3) 请在航空业这一具体背景下，分析成本加成定价法的优缺点及适用条件。

4.任正非说：我们要向苹果学习，把价格做高一点，让所有的竞争对手都有生存空间，而不是通过价格降低来挤压这个市场。尽管我们今天受排挤，我们的价格还是卖得比较高的，来维护良好的市场秩序。请分析华为手机的定价策略。

案例题

鲜虾鲍鱼汤一直以来受到广大消费者的钟爱，不仅是因为这道料理以虾的鲜甜衬托鲍鱼的细嫩、鲜而不腻，更是因为鲍鱼作为海味之首，是一种名贵的食材，极富营养价值。福建和山东是国内鲍鱼的主要产地。每年的5月底、6月初是鲍鱼上市的旺季，但2012年的5月份、6月份对于福建的鲍鱼养殖户来说，留在他们记忆里的却是意外来袭的赤潮、空空荡荡的鲍鱼笼以及弥漫着死鱼臭味、满是鲍鱼尸体的海域。

2012年4月中旬以来，福建省内泉州、莆田、福州、宁德等地的海域陆续发生多起赤潮灾害，造成海上养殖鲍鱼的大量死亡。仅平潭地区，鲍鱼死亡约5 500万只，直接经济损失逾2.2亿元，而且经专家预测，当年福建产区鲍鱼将减产七八成，下半年鲍鱼及鲍鱼苗价格还可能会继续攀升。受产量大减的影响，鲍鱼产地收购价大幅上升。据了解，此次赤潮灾害之前，壳长1.5厘米和1.8厘米规格的鲍鱼苗每粒价格分别仅为0.08元和0.16元。受赤潮影响后，目前以上两种规格的鲍鱼苗每粒价格已分别升至0.2元和0.3元，分别是灾害前的2.5倍和近2倍。据福州市连江一位鲍鱼养殖场老板描述，一个月内规格为每斤10～11粒的产地收购价约为51元/斤的鲍鱼涨到了70元/斤左右，与去年同期相比上涨10%（去年产地收购价为62～65元/斤）。

收购价作为决定市场上鲍鱼售价的关键性因素，它的上涨导致了鲍鱼市价直接被推高，但是纵观竞争激烈的水产市场，各商户的涨幅不一。

资料来源　沈乾生，李荣强．受赤潮影响诏安鲍鱼苗价格飙升［N］．福建日报，2012-08-02.

要求：分析水产经营企业的定价依据是什么？考虑了哪些策略？

建议阅读材料及相关网站

［1］波特．竞争优势［M］．陈小悦，译.北京：华夏出版社，1997.

［2］萨缪尔森A，诺德豪斯D．经济学（上）［M］．胡代光，等，译．14版．北京：首都经济贸易大学出版社，1996.

［3］内格尔，霍尔登．定价策略与技巧［M］．赵平，等，译．北京：清华大学出版社，1999.

［4］吕本富．价格模式的选择——信息经济学原理之七［J］．IT经理世界，2003（10）.

［5］TANAKA T. Target costing at Toyota［J］．Journal of Cost Management for the Manufacturing Industry，1993，1（7）：4-11.

［6］COLIN DRURY，Management & cost accounting［M］．5th ed.Thomson Learning，2002：371-394.

第5章

短期经营决策

学习目标

通过本章学习，你应该了解短期决策的基本流程和定性分析在决策分析中的作用；掌握确定相关成本和收入的方法；掌握不同类型的短期经营决策分析方法。

5.1 短期经营决策概述

5.1.1 决策的基本流程

1）短期决策的基本流程

经营决策是企业管理的一个主要职能，其中的短期决策一般由基层经理做出，通常与如何合理配置现有的人、财、物有关。管理会计人员在决策中的作用在于为管理者提供相关的信息。要提供相关信息，管理会计人员应当先了解决策的基本流程。

决策的基本流程是[①]：

（1）明确需要进行决策的问题。有些决策的问题是明确的，例如是否接受特殊订单。但有的时候，问题却不明显。例如，企业的某产品盈利能力下滑，可能是由于宏观经济的变化，也可能是由于竞争对手的介入，还可能是由于产品质量的下降。企业必须先找出原因，才能提出相应对策，并进行决策。

（2）指明判断标准。确定了决策问题之后，企业必须指明判断标准，即通过该决策希望实现的目标。对于短期经营决策来说，其目标通常体现为利润的最大化，或者是成本的最小化。此外，目标也可能是增加市场份额、降低风险、改善产品质量、增加职工福利等。由于企业不仅是经济组织，同时也是社会组织，在确定目标时，不仅要考虑经济目标，同时还要考虑其社会责任，而后者往往难以量化，可能

① 基本流程参考：希尔顿W. 管理会计［M］. 9版. 影印版.北京：机械工业出版社，2009：678.

体现为对主要利益关系人的各种责任。例如，增强员工的职业安全、对工作的满意度，以合理的价格为顾客提供高质量的产品，向供应商定期采购以获得可靠稳定的服务、保护环境、避免产品对消费者身体健康的伤害，从而回报社会。有时候，多个目标之间存在冲突，则企业需要确定一个主要的决策标准，把其他的目标设定为限制条件。例如，以降低成本为主要目标，把顾客满意度达到90%为限制条件。

（3）提出备选方案。决策过程是对多个备选方案进行选择的过程。如果不能充分认识到可能存在的各种机会，那么决策就不一定有助于企业实现其目标。因此，提出备选方案是决策中的一个重要步骤。

（4）确定决策模型。决策模型可以将面临的问题简化，去粗取精，强调与问题有关的最重要的因素，而突出问题的所在、判断的标准、限制条件和可能的备选方案。决策模型可以是简单模型，只考虑少数变量，如单一产品的本量利模型，也可以是多种变量的复杂模型，例如多产品的本量利模型。

（5）收集数据。虽然管理会计人员通常也参加到前几个步骤中，但是其最主要的工作在于收集与决策相关的数据。

（6）选择方案。根据确定的模型和收集的数据，再加上定性分析的资料，管理者可以做出符合满意标准的决策。

2）决策对信息的要求

在设计管理会计信息系统为决策提供信息时，应考虑以下要求：

（1）相关性。只有与决策相关才能对决策有用，管理会计信息系统必须能提供与决策所直接联系的信息。

（2）准确性。与决策相关的信息必须准确，否则可能没有用。例如，在决定是否增加产量的时候，与增产有关的成本信息是相关的，但是如果成本计算系统不准确，导致成本信息不真实，那么据此信息做出的决策的科学性就得大打折扣。反之，非常准确的信息如果与决策不相关，那么对决策毫无用处。例如沉没成本信息，再怎么准确都不能影响当前决策。

（3）及时性。具备相关性和准确性的信息只有被及时提供给管理者才能对决策起作用。如果决策必须逐日做出，那么信息也必须逐日提供。有的时候，必须在及时性和准确性之间进行取舍。例如，定价决策时，需要进行试销才能获得需求量的信息，而试销需要一定的时间。等待时间过长，虽然可以取得相当准确的信息，但却可能错过了将产品推向市场的最佳时机。此时，近似胜于精确的原则就该发挥作用了。

总而言之，管理会计人员必须为决策提供相关信息，同时考虑信息的准确性和及时性，必要时在二者之间进行取舍。

3）定性因素的考虑

管理人员在决策过程中所使用的会计数据通常是定量的数据。但是，决策的目标却不仅仅只有财务目标，还可能包括非财务目标。这类目标，有时无法以数量形式得到全面反映。例如，采取外购而不是自制的决策，除了需要考虑成本因素以外，还可能需要考虑外购对材料质量的影响，企业对供应商依赖程度的影响等因素，这类因素就难以量化。所以，在管理者做出最终决策之前，除了需要考虑定量分析的结果以外，还需要进行定性分析。并且，将定性分析的结果与定量分析的结果加以比较和权衡。此时，管理者的经验、技能、判断能力和道德标准等都会影响决策的最终结果。而会计人员除了需要为管理者提交相关的量化的财务信息以外，还需要让管理者注意到那些可能对企业未来盈利能力产生影响的非财务信息。决策中通常需要考虑的定性因素主要有：

（1）员工。员工是企业内部的主要利益关系人，许多决策都和员工息息相关。在考虑关闭生产线、改变工作流程等决策时必须考虑员工的接受能力，同时要顾及对员工士气、福利等的影响。

（2）顾客。在新产品的开发决策中，产品的质量和售后服务的好坏，会影响顾客对企业的忠诚度及顾客的需求，也会影响企业未来的市场。取消生产某一产品的决策，则可能改变顾客对企业的忠诚度。处理好与顾客的关系，将有助于价值链价值的提高。此外，有的时候也需要考虑顾客的信誉和及时偿付货款的能力。

（3）竞争对手。竞争对手对于企业决策结果的可能反应，也是经常需要考虑的一个因素。如果本企业采取降价策略，竞争对手也采取类似策略，则企业试图达到扩大需求的目的就可能无法实现。如果出现了价格战，甚至可能导致两败俱伤的后果。

（4）供应商。现在的价值链管理思想要求企业建立和供应商的长久合作关系。如果企业改变采购原料的品种规格，或者变更采购政策，提出不可预测的需求，对供应商利润压榨过多，都可能影响和供应商的合作关系。

（5）政治压力。大型企业经常可能遇到政府和社会对其更多的关注，在决策时更应该注意决策结果对其社会形象的影响。

5.1.2 相关成本的确定

1）相关成本的含义

决策要求会计人员提供相关的成本和效益信息。相关成本代表未来增加的现金流量，具有以下特点：

（1）与未来相联系。所有决策都是在未来执行的，因此，与决策相关指的是与未来某一事件的发生有关，例如与增加产量这一方案相关的成本，应当是将来可能增加的成本，而与过去经营发生的成本不相关。

（2）在备选方案之间存在差异。如果在各个备选方案之间不存在差异，则对决策不产生影响。例如，在继续生产或立即出售半成品的决策中，不管选择了哪一个方案，都不会改变当前半成品的成本，则该成本为不相关成本。

（3）需要预测。相关成本信息面向未来，而未来事件尚未发生。因此，该信息将依靠预测取得。在预测时，会计人员需要借助各种预测方法，包括对历史成本数据的成本性态进行分析。

2）相关成本的确定

相关成本存在着各种各样的表现形式，如可避免成本、增量成本、边际成本、机会成本和应计成本等。相关成本是指将因方案的取舍而发生改变的未来成本。该成本必须是未来成本，同时还应当是不同备选方案之间的成本差额。取得相关成本和效益的信息，对于管理决策而言非常重要。因为信息的加工需要付出代价，而且需要一定的时间。只有集中关注相关信息，才能简化和缩短信息的处理过程。而且，只有提供相关的信息，才能避免信息过载，影响决策效率。

相关成本信息的确定方法，根据具体情况的不同而有所不同。

（1）原材料相关成本的确定。

使用原材料的相关成本一般是其当前重置成本，但是如果材料已经购买、存储，并且企业不再进行重置时，就要另当别论了。此时材料的相关成本为其当前变现价格，或者是另作他用可取得的收益。这两种价格中的高者，代表的是使用材料的机会成本。如果材料当前变现价格为零，或者没有其他用途，则其机会成本为零。其确认流程如图5-1所示。

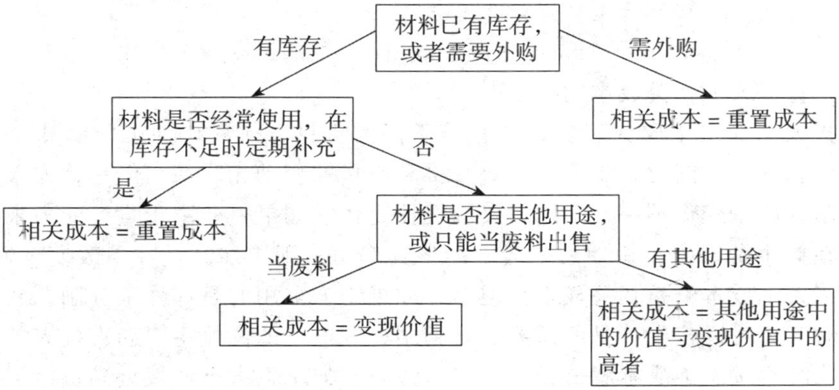

图5-1　原材料相关成本的确定

【例5-1】

甲公司正在考虑是否接受一单特殊的订单。该订单要求使用A、B、C三种材料。其有关资料见表5-1。

表5-1　**订单相关信息表**

材料名称	该订单需要量（千克）	库存量（千克）	账面单位成本（元/千克）	可变现价值（元/千克）	重置成本（元/千克）
A	1 000	800	4	2	8
B	500	400	5	3	7
C	500	500	6	4	9

企业定期使用A材料，如果将A材料用于此订单，企业就必须重新购置A材料，以满足正常生产的需要。

B材料和C材料都是由于以前的生产活动积压下来的，其用途受到很大的限制，其中B材料没有其他用途，而C材料可以用于另一订单中，如果在另一订单中使用，可以使成本节约2 300元。

则该订单所需要材料的相关成本为：

（1）A材料，必须重新购置，相关成本为重置成本8 000元（8×1 000）。

（2）B材料，其中400千克可以动用库存量，而另外100千克必须重新购置，现有库存量没有其他用途，如果用于该订单，则企业丧失将其出售的机会，因此，机会成本为1 200元（400×3），加上外购部分的成本700元（100×7），B材料的相关成本为1 900元。

（3）C材料有库存，且不需要再重购，可以全部动用库存。如果将C材料用于该订单，企业就丧失了两个机会，一个是变现的机会，可能的收入为2 000元（500×4），另一个机会为用于另外的订单，节约成本2 300元。这两种收益为接受该特殊订单的机会成本，取高者作为该材料的相关成本，即C材料的相关成本为2 300元。

综上所述，该特殊订单的材料相关成本为：

相关成本总额=8 000（A）+1 900（B）+2 300（C）=12 200（元）

（2）直接人工相关成本的确定。

直接人工成本主要为工资，存在着不同的支付方式：计件工资制和计时工资制。采用计件工资制时，工资的变化直接和产量的变动相联系。但是，如果采用计时工资制，产量变化不一定引起工资的线性变化。如果企业由于生产能力未充分利用而存在剩余劳动力，短期内一般不能将其解聘，则增加产量并不改变工资总量，此时直接人工成本不是相关成本。但是，如果工人采用的是计件工资制，或者工人属于临时工，可以按生产量的需要逐日聘用，则产量的调整将引起直接人工成本的变化，此时直接人工成本就是相关成本。另外，如果工人已经接近满负荷工作，增加产量需要工人加班，工资成倍增加。如果工人已经无法再加班，而短期内又招聘不到合适的临时工，那么在新决策中使用工人就将影响当前生产中的人工工时，由于影响当前生产而减少的贡献毛益就构成了新决策的机会成本，也必须加以考虑。此外，在现实生活中，不论工人有无任务，一些基本生活保障都必须支付，例如法定最低工资、养老保险费等。这就使得计算劳动力相关成本的工作变得复杂了。一般不能以标准单位成本表中的单位工资简单进行匡算，而需要结合具体的决策对劳动力的要求进行测算。

（3）机器设备使用成本的确定。

在计算产品的单位成本时或制定标准成本时，通常将制造费用分解为变动性制造费用和固定性制造费用两部分。一般地，如果决策不影响到固定成本的变化，则固定性制造费用就可以不加考虑，而只考虑变动性制造费用的部分。

在对特殊订单定价时，企业可以采用边际成本定价法。但该决策的准确与否，在很大程度上取决于边际成本是否准确，以下通过一个例子来说明相关成本的确定。

【例5-2】

某企业生产一种电子配件，正常的单位生产成本资料见表5-2。其单位售价为50元/件，企业目前生产能力已经被充分利用。现有一位客户希望该企业为其生产一种类似的电子配件1 000件，生产工艺和工时要求与目前产品一致，但所使用的材料有所不同。客户希望能在价格上给予一定的优惠。销售经理希望知道企业能够给出的最低报价。

表5-2 **产品信息表** 金额单位：元

项目	金额
直接材料	30
直接人工（2工时×2元/工时）	4
变动性制造费用（2工时×2元/工时）	4
固定性制造费用（2工时×4元/工时）*	8
合计	46

注：*按标准制造费用分配率进行分配。

客户的订单需要用的材料共计28 000元。由于目前生产能力已被充分利用，接受客户订单将要求工人加班1 000小时，企业需要支付双倍工资。另外，还需要减少现有产品的产量500件。接受该订单的相关成本见表5-3。

表5-3 **接受订单成本表** 金额单位：元

项目	金额
直接材料	28 000
直接人工	
加班工资 （1 000×2×2）	4 000
减产的机会成本（（50-30-4-4）×500）	6 000
变动性制造费用（2 000×2）	4 000
合计	42 000
单位相关成本（元/件）	42

所以，接受此订单的最低报价为42元/件。

5.2 短期经营决策分析

短期经营决策是指企业为了有效地组织现在的生产经营活动，合理利用经济资源，以期在不远的将来获得最佳经济效益而进行的决策。这类决策问题归纳起来，可分为三大类问题：第一，生产什么；第二，生产多少；第三，如何去生产。其共同点在于：如何更有效地利用现有的生产能力，为企业带来最大的经济效益。

短期经营决策以相关成本分析为主，涉及的内容主要包括：新产品开发与否决策、特殊订单决策、亏损产品停产或转产决策、零部件自制或外购决策、半成品是否继续加工决策、产品最优组合决策等。其中，新产品开发与否决策，主要借助本量利模型进行分析（见本书第3章）；特殊订单决策，相当于特殊定价决策的变形（见本书第4章）。本节重点论述后面几种决策的分析方法。

5.2.1 停止生产线决策

企业经营中常常需要对不同成本对象（如产品、顾客、生产线）的盈利能力进行分析，以便及时发现存在亏损的产品，并采取相应的措施。如果持续出现亏损，可能需要考虑停止该产品的生产。此时，管理者首先需要确定，是否应当停止该产品的生产。其次，应当确定该决策是临时性的还是长期性的。如果属于长期性的，则将对企业连续几年的经营现金流量产生影响，闲置固定资产可能要变卖，而闲置人员需要重新安置或者需要支付遣散费。但是，也可能把这类决策简化为短期决策。此时，一般假定不存在变卖固定资产的问题，或者变卖固定资产的所得正好足以支付人员的遣散费。

【例5-3】

某企业有三个生产部门，其20×4年的分部利润表见表5-4。

表5-4 **20×4年分部利润表** 单位：元

项目	产品			合计
	A	B	C	
销售收入	200 000	180 000	150 000	530 000
变动成本	140 000	108 000	120 000	368 000
贡献毛益	60 000	72 000	30 000	162 000
固定成本				
其中：管理人员工资	15 000	20 000	20 000	55 000
行政管理费用*	14 000	12 600	10 500	37 100
税前利润（亏损）	31 000	39 400	-500	69 900

注：*按收入分配。

就报表数据而言，C产品出现了亏损，企业可能考虑是否停产，但是否应当停产则必须对相关成本和收入做进一步分析。假设经过分析发现，停止生产C产品销售收入将减少，而变动成本（如直接材料等）也将因此而减少。在固定成本中，由于管理人员不可随意解聘，其工资成本将照常发生，因此不论停产与否，该部分成本都不会发生变化，因此属于非相关成本。而行政管理费用，按收入分配，即便停止生产C产品，也不会改变其总额，而是将原来由C产品分摊的部分，转由A产品和B产品来分摊。所以，停止生产C产品导致相关收入将减少150 000元，相关成本将减少120 000元，从而使贡献毛益减少30 000元。因而，停产不但不能使企业利润增加，反倒减少了贡献毛益，从而使利润减少。

一般地说，如果因停产而转移出来的生产能力不能挪作他用，那么只要产品贡献毛益为正数，就应当继续生产产品，从而为补偿企业的固定成本提供资金来源。但是如果停产后，能够将生产能力转移到其他盈利能力更高的产品的生产上去，那么停产也可能是明智的选择。

【例5-4】

沿用【例5-3】的资料，但假设C产品停产后，可将生产能力转移到A产品和B产品的生产上去，使A产品的销量增加30%，B产品的销量增加20%。

对表5-4的资料进行分析可以发现，A产品的贡献毛益率为30%，B产品的贡献毛益率为40%，C产品的贡献毛益率为20%，C产品的盈利能力最低。停产C产品，贡献毛益将减少30 000元，但是增加A产品和B产品的销量，将使贡献毛益增加。

A产品的贡献毛益增加额=200 000×30%×30%=18 000（元）

B产品的贡献毛益增加额=180 000×20%×40%=14 400（元）

两者合计：	32 400元
减去：C产品的贡献毛益减少	30 000元
贡献毛益增加	2 400元

不过，仅做定量分析还是不够的，企业还必须考虑如果停止生产C产品，是否会对该生产线的员工的士气产生影响，员工是否能够得到妥善安置，固定成本是否真的不受影响，以做出最终的决策。

5.2.2 自制或外购决策

自制或外购决策是指是否应当生产产品（零部件）或者把产品和零部件的生产转给其他企业生产。常见的自制或外购决策主要有：

（1）企业是应当自己生产部件，还是从企业外部供应商处购买部件？

（2）建筑公司是应当自己承接某项工程项目，还是将其转包给其他公司来完成？

（3）某些服务应当是由企业内部的某些部门来完成，还是由企业外部来完成（即外包）？

【例5-5】

大野汽车公司下属的汽车配件生产部正考虑将配件外包。该部门每年能提供10 000个A汽车配件，供应商愿意按30元/个提供企业每年的生产需要量。目前公司生产该汽车配件的年生产成本和单位成本见表5-5。如果将A配件的生产外包，则直接材料、直接人工、变动性制造费用将不再发生，劳动力虽然过剩，但由于都是农村打工族，聘期一到即可解聘，无须发放遣散费。固定性制造费用中的专属制造费用将减少到40 000元，而分摊的固定性制造费用则保持不变。

要求：分析汽车配件部是否应将生产A配件的业务外包。

表 5-5　**产品成本表**　金额单位：元

项目	成本总额（10 000个）	单位成本（元/个）
直接材料	150 000	15
直接人工	50 000	5
变动性制造费用	50 000	5
专属固定性制造费用	50 000	5
分摊的固定性制造费用	100 000	10
合计	400 000	40

从表面上看，自制单位成本为40元/个，而外购价格为30元/个，似乎应当选择外购，但实际上单位成本中有些成本项目不会因为外包而发生改变，因而属于非相关成本，不应在分析中考虑。假设企业存在剩余生产能力，由于外包而节约的生产能力没有其他用途，则可计算相关成本见表5-6。

表 5-6　**相关成本计算表**　单位：元

自制的相关成本	成本总额
直接材料	150 000
直接人工	50 000
变动性制造费用	50 000
专属固定性制造费用	10 000
合计	260 000
外购相关成本	300 000
自制零件节约成本	40 000

可见，企业不应选择外包，而应当自制零件。

不过，如果由于外包而腾出来的剩余生产能力，可以转到10 000个B配件的生产中，那么自制的相关成本还需要考虑放弃生产其他产品的收益（机会成本）。假设在B配件的单位生产成本构成中，单位变动成本为32元/个，而单位售价为38元/个，则放弃生产10 000个B配件的贡献毛益为60 000元。此时，自制A配件的相关成本就不再是260 000元，而是要再加上机会成本60 000元，从而变为320 000元，与外购的相关成本300 000元相比较，反倒是自制成本比外购成本多出了20 000元，此时，从节约成本的角度看，企业应当选择外购A配件，而将节约出来的生产能力用于生产B配件。

【实务应用5-1】

康师傅的自制或外购决策

在进行自制或外购决策时，除了比较成本以外，还需要考虑决策对企业整体战略的影响。

1992年，当康师傅开始上碗面生产线时，并不自己生产面碗，而是向当时全国仅有的一家北京方便面专用碗生产厂订购。怎料在既定送货日，没有等到面碗，等来的却是该公司将面碗拿去卖给康师傅的头号竞争对手“统一”的消息。尽管如此，康师傅仍不得不继续向该公司订货，结果在供货数量和供货日期上没有保障，导致康师傅的生产时断时续。为了摆脱受制于供应商的困境，康师傅索性成立了自己的面碗工厂。1994年，康师傅开始上袋装方便面的时候，遇到的问题则是：供应商制作周期长，产能有限，无法满足康师傅产品更新快、产量大对包装材料的需求，结果康师傅也选择了成立自己的包材印刷公司。在方便面调味包——菜包的供应方面，康师傅经过千挑万选，并对供应商提供辅导，最终才在国内选到七八家还算合格的脱水蔬菜供应商。但是，质量不稳定的状况一直没有彻底解决。最后，为了保证质量，康师傅成立了自己的脱水蔬菜生产制造基地。

在1998年以前，康师傅的物流实行外包，一年招标一次。但是，承运商为节省成本，在运输过程中超量摆放货品，导致消费者拿到的方便面因运输时被挤压而破碎。此外，第三方配送在准时性和仓储的先进先出方面都很难达到康师傅的要求，最终康师傅成立了独立的物流公司，将业务改为自己完成。尽管在有的省份，这样做的成本甚至比外包的成本还要高，但是由于产品的新鲜度、完整度得到保证，使康师傅的服务品质有了极大提升。

不过，这都是20世纪90年代的情况了。当时，国内市场的专业化服务如运输、原材料、技术服务等还很不发达，质量不高，市场交易成本大。康师傅自己完成配套业务，实现一体化经营，从战略层面上解决了物料配套供应的数量、质量和稳定性，并降低了整体的成本，取得了巨大的成功。

进入21世纪以后，市场已经今非昔比。国内包装行业迅速发展，并且拥有了一些国际知名的包装企业。此时，康师傅自己的包装公司和外部包装商之间在质量、技术、成本、时效方面的优势开始不明显了。首先是质量控制方面，由于是自己生产，当出现质量问题时，不能向对待外部供应商那样严格执行退货标准。其次，1998年，康师傅因资金问题转让部分股权，主业开始萎缩。配套工厂也开始因产能过剩而接受外部订单。配套事业部的贡献额小，影响了康师傅的总体投资报酬率。也许，康师傅应该重新考虑其相关配套产品是自制还是外购了。

资料来源 改编自：佚名．外包：事故多发区［J］．IT经理世界，2003（13）．

【实务应用5-2】

华为芯片的自制与外购

2019年5月15日，美国商务部以国家安全威胁为由，将华为及其70个关联企业列入美方“实体清单”，禁止华为在未经美国政府批准的情况下从美国企业获得元器件和相关技术。20日，“谷歌暂停支持华为部分业务”。包括英特尔、高通、赛灵思和博通在内的多家芯片制造商告知其员工停止对华为供货。知名芯片设计公司ARM已经暂停和华为所有的业务往来。一时间，华为这家全球领先的ICT（信息与通信）基础设施和智能终端提供商，面临重大危机。

不过，5月17日清晨，华为海思总裁致信全体员工：为保证公司对客户持续服务，华为保密柜里的“备胎”芯片全部转正。原来，早在多年前，华为就做出极限生存的假设，从而坚持核心技术和配件的自主研发。经过二十多年坚持不懈的努力，海思各领域的芯片技术已然进入了成熟阶段，包括麒麟手机芯片，以及巴龙5G芯片，它们在性能上丝毫不亚于高通的骁龙、苹果的A系列芯片。不过，在过去，这些芯片只是作为“备胎”并没有面向全球大量开售，华为仍是优先和高通、谷歌、微软等生态伙伴合作，以有助于大家的共同成长。

20日华为相关负责人宣布，华为数据中心芯片“可以完全不依赖美国供应链”。

华为创始人、CEO任正非5月21日接受人民日报记者采访说，“在和平时期，我们从来都是‘1+1’政策，一半买美国公司的芯片，一半用自己的芯片。尽管自己芯片的成本低得多的多，我还是高价买美国的芯片，因为我们不能孤立于世界，应该融入世界。”

除了芯片转正外，华为推出了鸿蒙操作系统，和30多个国家签订5G合作协议。

20日美国股市开盘下跌，纳斯达克指数下跌1.6%，谷歌股价下跌2.1%，高通、赛灵思等华为产品芯片供应商的股价一度暴跌5%以上。2019年5月21日，美国政府宣布对华为禁令推迟90天。6月29日特朗普在G20峰会上表示，将取消政府禁止美国公司向中国科技巨头华为销售产品的决定。

坚持核心技术自主研发，自制与外购并举，与生态合作伙伴共同发展，使华为拥有了行业领先的实力，甚至有能力帮助合作伙伴完善财务报表，从而使华为顶住了美国政府的打压。

资料来源：萧达，李珍，青木，等．美国：对华为禁令推迟90天［N］．环球时报，2019-05-21.

张意轩，冯华．任正非：即使美国芯片供应不上，我们也有备份［N］．人民日报，2019-05-21.

选择自制，企业管理当局能够对工作施加直接控制，而如果选择外购，则可以充分利用外部组织的专业化技能和经验。何去何从，并不完全基于成本的考虑。在最终做出自制或外购的决策前，企业还应当考虑以下因素：

（1）如果外购，企业现有的生产能力将存在剩余。那么，如何利用这些剩余生产能力以给企业带来更大的利润？员工可能被重新安置，那么员工是否会对自己的工作由他人完成感到反感？外包是否会引起行业的争议？

（2）如果外购（或外包），产品或业务的质量是否可靠，交货时间有没有保证？

（3）外购是否会使企业过多依赖供应商，从而会降低其满足顾客需求的弹性？

5.2.3 半成品继续加工决策

企业的原料，经过一定加工阶段后，成为半成品，可以对外出售，也可以进一步加工后再出售。通常，进一步加工后出售的价格比较高，但是需要追加一定的成本。企业必须分析，进一步加工所追加的收入，是否超过追加的成本。如果答案是肯定的，则企业应进一步加工半成品；如果答案是否定的，则应当选择立即出售半成品。

【例5-6】

美衣纺织厂的生产车间生产棉纱，可以立即对外出售，也可以进一步织成白布后再对外出售。棉纱和白布的单位成本资料，见表5-7。

表5-7 单位成本资料表

项目	棉纱（元/件）	白布（元/100米）
直接材料	300	51.3
直接人工	120	8
变动性制造费用	110	4
固定性制造费用*	40	5
合计	570	68.3
单位售价	620	75

注：*车间的固定性制造费用由棉纱和白布各分摊42%和58%，然后按照棉纱每月90件来分配，白布按每月100 000米来分配。

该纺织厂每织100 000米白布，需要棉纱90件，所以100米白布的直接材料成本为51.3元（570×90÷1 000）。

由于企业当前生产能力可以满足棉纱和白布的生产，因此，继续生产白布不会引起固定性制造费用的变化，而白布成本中的直接材料（即棉纱）的成本，不论企业选择的是立即出售棉纱还是继续加工，该部分成本都不会发生变化，因此也属于非相关成本，不需要加以考虑。所以，根据相关成本和收入（见表5-8）可进行如下分析：

表5-8 相关成本和收入计算表 单位：元

进一步加工追加的收入	1 000×75=75 000
进一步加工追加的成本	1 000×12=12 000
利润的增加	1 000×63=63 000
放弃加工立即出售的机会成本	90×620=55 800
进一步加工的增量利润	7 200

如果立即出售棉纱，企业可获得55 800元的收入。但如果将棉纱进一步加工为

白布，则可获得收入75 000元，扣除继续加工的增量成本12 000元，企业实际净收入为63 000元，比立即出售棉纱还多出了7 200元，因此，企业应当选择进一步加工棉纱的决策。

【实务应用5-3】

平和蜜柚的尴尬

漳州平和蜜柚的产业规模在国内占据领先地位。但是，2011年年底却遭遇尴尬。数千棵柚子树上有数十万吨的柚子没有找到"婆家"，静静地挂在枝头上。往年几乎已经卖光的柚子，当年不得不面临入冬的遭遇。

2011年，蜜柚大丰收，价格却连连下挫，从开始的4元/千克，跌至1.5～1.6元/千克，销路也遭遇"滑铁卢"。如今，平和县预计还有35万吨的柚子积压待售。

某农民算了一笔账：一年下来，要买的农药、化肥涨价了不说，去年请工人采摘的费用，也从一斤五六分钱，涨到了一斤七八分钱，"远的地方，甚至涨到0.24元/千克，采摘比种柚子还赚钱"。从山上到山下，7千米左右的运输费，去年一趟只要180元，如今也快翻了一番，涨到300多元。若是按1.5元/千克的价格卖给收购商，一年的辛苦算是白费了。

经销商也叫苦：收购成本也增加了。小网袋涨价了，大网袋也从去年的一个1元多上涨到2元多。

据某经销商说，在农历八月中旬之前，柚子的收购价还不错，后来却连连下滑，"我刚从农户手中收购柚子的时候，是1.8元/千克，结果包装好之后，别人收购的价格已跌到1.2元/千克"。

收购来的柚子，经他的手卖到江苏等地，售价为2.4元/千克左右，但扣除比起去年上涨很多的运输费、包装费、手工费等，"真就没赚钱，成本收回来就差不多了"。

由于收购价低，请人采摘的成本和运出山外的成本高，农民选择将柚子留在树上，而不是采摘（进一步加工）后出售给经销商。同样是出于成本原因，经销商只能压低收购价，或者放弃将柚子分装外运销售。

资料来源　佚名. 平和35万吨蜜柚尴尬过冬［J］. 海峡导报，2011-11-30.

5.2.4　资源限制条件下的决策

当企业向市场提供多种产品和服务，并且某些资源的供应存在限制时，企业就必须对产品和服务的组合做出决策。在这种情况下，制约企业生产量和销售量的，不是市场的需求，而是企业的特定资源。因此，管理者必须考虑如何充分利用稀缺资源以实现最好的决策。存在资源限制条件下的决策的关键是：通过安排产品组合或服务组合，使企业的利润最大化，即使企业的贡献毛益最大化。

1）基于变动成本法观点的决策方法

按照变动成本法的观点，不论产品如何组合，相关范围内固定成本不变，因此为不相关成本，不需要考虑。利润最大化问题转为使企业的贡献毛益最大化。对于存在资源限制条件的决策，可以根据单位稀缺资源贡献毛益的大小排序，来确定优先安排生产的产品，如果市场需求没有限制，可以只生产单位稀缺资源贡献毛益最大的产品。如果市场需求存在限制，则仍按上述原则对产品生产进行排序，直到将所有的稀缺资源安排完毕。此时，企业的利润最大。

【例5-7】

某企业生产A和B两种产品，市场销路极好，在当前的售价条件下，需求不受限制。生产一件A产品需要消耗8个机器小时，单位变动成本为34元/件，单位售价为70元/件。生产一件B产品需要消耗4个机器小时，单位变动成本为24元/件，单位售价为48元/件。A产品和B产品都需要使用同样的机器，而企业拥有的机器工时是有限的，为了使企业利润最大化，应如何安排生产？

将上述资料加以整理，可以得到表5-9的数据。

表5-9 产品信息表 金额单位：元/件

项目	A产品	B产品
单位售价	70	48
单位变动成本	34	24
单位贡献毛益	36	24
单位产品的机器工时消耗（小时）	8	4
单位机器工时的贡献毛益	4.5	6
排序	2	1

产品需求没有上限，企业应当尽量生产贡献毛益最大的产品，A产品的贡献毛益大于B产品，表面上看应当安排生产A产品。但是，由于企业的机器工时有限，从占用单位工时所创造的贡献毛益看，B产品的盈利能力更高。所以，应当先安排生产B产品。

【例5-8】

沿用【例5-7】中的数据，假设A产品的市场需求为300件，B产品的市场需求为200件。企业每月能提供的机器工时为3 000小时。

如果生产订单所要求的产量，需要机器工时3 200小时（300×8+200×4），超过了企业所能提供的机器工时，因此此时资源存在着限制。

此时，按照表5-9的分析结果，应当先安排生产B产品，再考虑安排生产A产品。

安排生产B产品200件，消耗机器工时800小时（4×200），剩余机器工时2 200小时（3 000−800）。可安排生产A产品275件（2 200÷8），即在当前的条件下，应当安排生产A产品275件，B产品200件，此时利润最大，为：

最大利润额=275×36+200×24=14 700（元）

如果企业不是先安排生产B产品，而是先安排生产A产品，则：

可以安排生产A产品300件，消耗机器工时2 400小时（300×8），剩余机器工时600小时（3 000−2 400），可安排生产B产品150件（600÷4）。

此时，企业实现的利润为：

利润额=300×36+150×24=14 400（元）

显然这不是最优决策。

在存在资源限制条件的决策中，通常隐含着以下假设：

（1）不论决策如何做出，固定成本保持不变，因此利润最大化的目标就可以转化为贡献毛益最大化的目标。不过，如果产品存在专属固定成本，则该假设不成立，分析时要同时考虑减少某种产品所导致的固定成本的节约。

（2）不论产品或劳务的数量如何变化，单位变动成本都是保持不变的，即材料采购不能享受到价格折扣，劳动效率保持不变。

（3）产品的数量是可以细分的。企业可按照最优组合的数量将订单分割。

2）基于约束理论与产出会计观点的决策方法

资源限制条件的产品组合决策，也可以根据约束理论和产出会计的观点来进行。

以色列物理学家、企业管理顾问戈德拉特博士（Dr.Eliyahu M.Goldratt）及寇斯（Cox）于20世纪80年代开创了优化生产技术（Optimized Production Technology，OPT）。其原理是利润通过增加工厂的有效产出（throughput）而实现。根据OPT，企业应设法识别瓶颈并消除之，或充分利用瓶颈资源。非瓶颈资源的生产应根据瓶颈资源而定，不能超过瓶颈资源的吸收能力超量生产。因而，OPT不鼓励百分之百地利用非瓶颈资源，闲置的非瓶颈资源对组织不一定有害。戈德拉特博士及寇斯把这种存在瓶颈资源条件下使经营利润最大化的过程称为约束理论（Theory of Constraints，TOC）。该理论提出了在制造业经营生产活动中定义和消除制约因素的一些规范化方法，以支持连续改进（continuous improvement）。TOC的五大核心步骤是：

第一步，找出系统中存在哪些约束（瓶颈）。

第二步，寻找利用这些约束资源的办法。

第三步，根据第二步的决策安排计划。

第四步，想办法使约束资源不再成为约束。

第五步，资源约束消除后，回到步骤一，持续不断地改善。

前两步，识别约束资源，要确保约束资源得到充分利用。必须围绕约束资源做出最优生产计划。第三步，非约束资源的安排，应从属于约束资源的生产安排。第四步要消除约束，例如提高约束资源设备的生产效率，更新约束资源设备，改变产品设计以减少其对约束资源的消耗等等。

为了衡量实现目标的业绩和效果，TOC打破传统的会计成本概念，提出了三项主要衡量指标，即有效产出、库存和运营费。

有效产出（Throughput，T），销售收入减直接材料成本，可用来反映通过实现产品或服务的销售来盈利的速度。

库存（或投资，Investment，I），包括在产品的直接材料成本、研发费用、设备和建筑的成本等。

运营费（Operating Expense，OE），是指将库存转化为产销率过程中的一切耗费，即除了直接材料以外的所有经费成本。

TOC认为要从企业的整体来评价改进的效果，而不能只看局部。库存投资和运行费用虽然可以降低，但是不能降到零以下，只有有效产出才有可能不断增长。换言之，传统管理会计试图降低经营成本，多数的经营成本是固定成本。理想库存是零，但是由于存在约束资源，因此存在一些闲置的经营资源是可以接受的。利润取决于生产产品满足顾客需求的速度。因此，TOC强调要优先关注T，其次是存货，最后才是OE。约束理论的目标使有效产出率最大，使加工和投资成本最小，在面对约束条件的决策时，应根据单位约束资源的T的最大化进行排序。

应用约束理论的原理，Galloway和Waldron（1988）提出了产出会计(throughput accounting)，这是适时生产环境下的成本与管理会计系统。采用产出比率（TA ratio）作为安排约束资源的生产的依据，设计了三个指标：

单位约束资源的回报=（收入-直接材料）÷约束资源的时间

单位约束资源的成本=单位工时的总工厂成本÷约束资源的时间

TA比率=单位约束资源的回报÷单位约束资源的成本

=单位工时的产出÷单位工时的总工厂成本

在三个指标中，“收入-直接材料”实际上就是有效产出（T），“单位工时的总工厂成本”其实就是TOC中的OE，“TA ratio”其实就是有效产出率（T/OE）。

根据TA ratio安排生产组合，其实就是根据有效产出率安排生产。由于单位工时的总工厂成本（即OE）实际上是固定常量，因此安排最优组合的依据，实际上就是单位约束资源的回报。这和前述按单位约束资源的贡献毛益（变动成本法）排序的做法相近。

不同的是，二者对于变动成本的认识有差异。在TOC中，只有直接材料才是变动成本，才能计入存货。直接人工和制造费用全部当作经营费用，必须从销售收入中扣除，因此不存在增加库存提高利润的可能性，而变动成本法则把直接材料、直接人工和变动性制造费用当作变动成本，存货包含了这三项费用增加库存可以使这直接人工和变动性制造费用转移到期末存货上，减少从销售中扣除的费用，增加利润。

应用TOC获得成功的企业很多，如美国得克萨斯食品公司从1992年就开始进行了TOC改善活动，省去了为增产所需的数亿美元的投资。半导体乌耶哈工厂也引进了TOC，提前期在1年半内减少了75%，生产能力在同样的设备条件下提高了25%。

5.3 不确定性决策分析

在前面的经营决策中，假设与决策相关的客观条件是确定和明确的，但决策是面向未来的，在目前情况下看似正确的决策，也许将来却被证明是错误的，或者是当前的种种预测最终却没有实现。如果决策者在决策时就能确切知道未来的可能结果，那当然是最理想的了。但是，现实总归是现实。所以管理者在决策中必须进行风险和不确定性分析。

5.3.1 风险与不确定性的含义

如果影响决策的相关因素的未来情况存在各种可能的结果，并且可以根据过去的经验预计各个结果出现的可能性（概率）时，就意味着存在风险。如果对影响决策的相关因素的未来情况不仅不可能完全确定，而且连出现各种可能结果的概率也无法确切地进行预计的，此时就存在着不确定性。风险和不确定性的差异，在于是否有充分的信息，可以计量结果出现的可能性。在决策中，经常不区分风险和不确定性。

管理会计人员在为管理者的决策提供信息时，应确保管理者能够考虑所有的可能性，包括最坏的结果。不过，管理者所愿意接受的风险水平，则因企业的不同和管理者对待风险的态度而大相径庭。高科技企业，以及当前的网络经济中涌现的种种网络公司，其股东期望较高的收益，可能愿意接受较大的风险，管理者就比较倾向于采取激进的决策。而成熟市场上的上市公司，受股票市场业绩压力的影响，管理者可能倾向于采取比较保守的决策。另外，偏好风险的管理者，青睐最好的结果，而不论其发生的可能性有多小。回避风险的管理者则根据可能出现最坏结果的假设来决定行动。风险中立的管理者，则可能更关心最可能出现的结果。管理会计人员应充分考虑管理者的风险态度，评价决策中的风险。评价决策的风险和不确定性，可以采用的方法，除了敏感分析法，还可以采用期望值分析法、决策树分析法。如果无法取得概率估计值，则可以利用大中取大，小中取大等决策标准对方案进行选择。

5.3.2 期望值分析法

对于风险决策，可以利用计算期望值和标准差的方法来分析其风险程度。

期望值，是每一种出现的结果与其对应的概率的乘积的和，以公式表示为：

$$EV = \sum px$$

式中，EV代表期望值；p代表概率；x代表可能的结果值。

管理者可能选择的是期望值最有利的方案，即利润期望值最大或成本期望值最小的方案。不过，选择期望值最好的方案，不一定保证企业的决策是最优的。计算期望值只是提供了进行分析的一种方法，管理者还可以通过计算标准差来分析决策的可能风险。

标准差的公式为：

$$\sigma = \sqrt{\sum_{i=1}^{n}(X - EV)^2 P_i}$$

式中，σ代表标准差；X代表可能的结果值；P_i代表各种可能结果的概率。标准差，可以计量可能结果与其期望值偏离的程度，标准差越大，收益的分散程度越大，风险也就越大。

5.3.3 决策树分析法

对于风险决策，通常采用计算变量期望值，并以变量期望值为代表，计算决策的可能结果，再进行对比选优。由于多个变量可能出现多个结果，而且有些变量的结果还取决于其他变量的结果，为了能分析不同的行动方案及其可能结果，通常采用决策树分析法。

决策树分析法以图形的方式列出不同行动方案、自然状态和可能的结果。从决策点开始，有几个行动方案，就有几个分枝，每一分枝再分叉，代表进一步的行动方案或自然状态。如此反复，直到列出所有的结果。

【例5-9】

某旅游酒店的管理者正面临一个艰难的抉择。当前正处于销售淡季，每年此时的气候变化无常，很难预测客房的需求量。如果天气不好（概率为70%），需求量可能有200夜·间，如果天气好（概率为30%），需求量可能有600夜·间。该业主考虑可以在当地做广告以促进需求量增加。

在当地打出降价广告，如果天气不好，有60%的可能性使需求量受到促进，增加到300夜·间，如果天气好，降价广告将有40%的可能性影响需求，需求量将增加到800夜·间。

表5-10为不考虑做广告的增量费用时不同需求量的损益情况：

表5-10　**不同需求量损益情况表**

需求（夜·间）	收益（元）
200	(35 000)
300	(15 000)
400	(5 000)
500	20 000
600	30 000
700	45 000
800	65 000
900	90 000

在当地打广告的费用为10 000元。

在这个场景下，管理者可以有两个备选方案：第一，不做广告；第二，在当地做广告。由于未来的天气状况存在两种可能，不同天气状况下，广告效果也有好坏之分，从而形成了多种结果，可绘制如下决策树（如图5-2所示）：

做广告的期望值是：−12 900元。

不做广告的期望值是：−15 500元。

不论是哪个方案，未来期望值都为负数，做广告的损失小些。

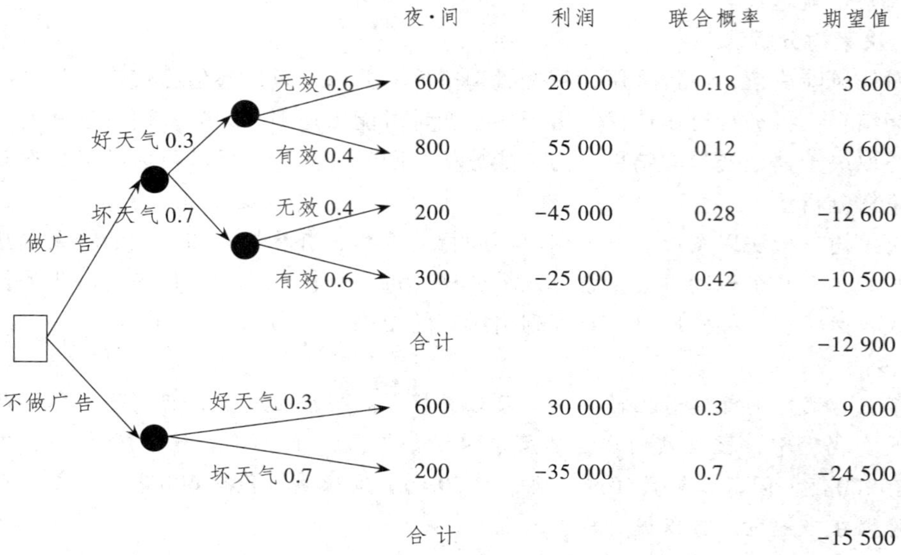

图 5-2　决策树分析

当然，期望值必须多次重复才有意义，而现实却常常是非重复性决策，因此可能需要借助不确定性决策标准做出选择。

5.3.4　不确定性决策标准

对于不确定性决策，其选择往往取决于决策者的风险态度。风险态度一般分为三种：风险厌恶（risk avere）、风险中性（risk neutral）和风险偏好（risk appetite）。风险厌恶是一个人接受一个有不确定性的收益的交易时相对于接受另外一个更保险但是也可能具有更低期望收益的交易的不情愿程度。风险偏好是主动追求风险，喜欢收益的波动性胜于收益的稳定性的态度。风险中性是相对于风险偏好和风险厌恶的概念，风险中性的决策者对自己承担的风险并不要求风险补偿。

1.最小最大准则

这种方法也称为悲观决策法。其基本假设是：方案的最坏结果总是要发生的，因此，管理者应当选择在出现最坏结果时能带来最大收益的方案。其步骤是：首先从每个方案中选出一个最小的收益值，然后再从中选出一个收益值最大的方案作为决策方案。这种做法是从最不利的情况下选择最有利的方案，因此适用于决策者对未来持悲观态度的不确定性决策。

2.最大最大准则

这种方法也称为乐观决策法。与最小最大准则刚好相反，其基本假设是：方案的最好结果一定会发生，决策者应当选择这种结果出现时收益最大的方案。其步骤是：首先从每个方案中选出一个最大的收益值，然后从中选出一个收益值最大的方案作为决策方案。这种做法从最有利的情况下选择最有利的方案，因此适用于决策者对未来持乐观态度的不确定性决策。不过，由于只考虑最有利情况下的结果，因此具有较大的冒险性。

3.最小最大后悔值准则

对于不确定性决策，也可以采用最小最大后悔值法进行决策。后悔值是指由于做出错误决策导致的机会损失。其假设是：如果某一自然状态确定要发生，那么会很容易地发现在该种状态下的最满意方案。如果决策者当初没有采用这一方案，而选择了其他方案，那么必然会后悔。而放弃的最满意方案的收益值，相当于所选择方案的机会成本，必须考虑。最满意方案的收益值与所选择的方案的收益值之间的差异就是后悔值。以公式表示为：

方案的后悔值=自然状态下的最大收益值-该状态下实际选择的方案的收益值

不同的自然状态下，可以计算出不同方案的后悔值，进而找出最大的后悔值。最小最大后悔值法，就是要选择最大后悔值最小的方案。

【例5-10】

长风运输公司考虑租赁货车从事搬运业务。有大中小三种类型的货车可供租用。小车可放100个货箱，中型车可放150个货箱，大型车可放200个货厢。其日租金分别为200元、300元和400元。公司预计对货箱的需要为每天120个或190个，后者的概率为0.6。每个货箱收取的运费为10元，单位变动成本为4元/个。如果供不应求，顾客流失的商誉损失为100元。该公司过去为了快速成长，采取的是激进战略。不过近来由于竞争加剧，管理者开始变得保守了。

根据上述信息，可以编制收益矩阵见表5-11。

表5-11　**收益矩阵**　单位：元

需求 方案	120个	190个
小型（100）	（1）300	（2）300
中型（150）	（3）420	（4）500
大型（200）	（5）320	（6）740

计算过程：

	（1）	（2）	（3）	（4）	（5）	（6）
贡献毛益	600	600	720	900	720	1 140
减：租金	200	200	300	300	400	400
商誉损失	100	100		100		
利润	300	300	420	500	320	740

管理者的决策受其风险偏好影响。

激进型的管理者，将采取最大最大法决策。他们只关注出现需求为190个这种最好状况下利润最大的决策，因此选择租赁大货车。而保守型的管理者，将关注需求为120个的状况下利润最大的决策。此时中型货车是最优决策。

当然，管理者也可以依据最小最大后悔值准则进行决策。上述三个方案的后悔值表见表5-12：

表5-12 **后悔值表** 单位：元

方案 \ 需求	120个	190个	最大后悔值
小型（100）	120	440	440
中型（150）	0	240	240
大型（200）	100	0	100

在三个方案中，各个方案失误的最大机会损失分别为440元、240元、100元。追求利润最大化的决策者自然会选择机会损失最小的方案，即租赁大型货车了。

总结与结论

本章介绍了短期决策的基本流程。会计人员经常参与到决策的各个步骤中，不过，其最主要的工作是收集数据。为了满足决策的需要，会计人员所收集的数据应当是相关、准确和及时的。除了定量数据以外，还需要收集各种定性分析的数据，以满足多种决策目标的需要，从而做出正确决策。会计人员所收集的定量数据，主要是相关成本和收益的数据。作为相关成本，是与未来相联系的成本，在备选方案之间存在差异，并且需要通过预测手段加以确定。

短期经营决策有许多类型。本章重点分析了停止生产线的决策、自制和外购决策、资源限制决策、进一步加工与否的决策。分析中特别强调，不能只依赖定量分析的结果，管理者还需要根据各种定性资料，以做出最终决策。

在不确定性条件下，人们可以利用期望值、决策树、不确定性准则加以决策。决策结果取决于管理者的风险偏好。

练习题

思考题

1. 短期决策包括哪些基本流程？对信息的要求是什么？
2. 短期决策中需要考虑哪些定性因素？
3. 相关成本具有哪些特点？如何确定？
4. 如何进行各类经营决策？需要考虑哪些定性因素？
5. 如何利用约束理论进行产品组合决策，并实现持续改进？
6. 在不确定性条件下如何决策？

习题

1.洋山公司生产各种各样的电器，在东南、北方、中部和西部均设有分厂，在当地生产并以当地市场为主进行销售。公司各分厂之间有时也相互调度产品。20×4年，公司整体的利润表见表5-13。

表5-13 洋山公司利润表

20×4年度 单位：万元

项目	金额
销售收入	817
销售成本	506.54
毛利	310.46
期间费用	240
净利润	70.46

从总体来看，公司是盈利的，不过各个分厂的业绩却不相同。西部分厂的毛利率只有公司整体毛利率的一半，其销售收入只有公司整体收入的15%，在其销售成本中，固定成本为300 000元，而分厂的期间费用为150 000元，全部为固定成本，其中的35 000元为分配的总公司管理费用。

预计来年西部分厂的销售额可增加8%，全部固定成本将增加4%，而变动成本占销售额的比例则保持不变。

目前，有一家公司打算收购洋山公司的西部分厂，收回的资本再投资于其他项目，将使企业在明年获得70 000元的利润。不过，中部分厂的销售收入则可能受到影响，预计将损失20 000元的贡献毛益。

要求：

（1）计算出售西部分厂对公司整体是否有利？

（2）在分析该决策的过程中，还应当考虑哪些因素？

（3）如果从经济效益的角度考虑，要使公司选择保留西部分厂，则西部分厂来年的销售收入至少应为多少？

2.阿山种植荔枝，今年预计收成好，估计产量在1吨左右。在上市之前，阿山必须浇灌、除虫、护理、剪枝，并请人采摘。估计每千克荔枝的成本为0.9元。但是，今年荔枝收购价格很低，只有1元/千克。阿山考虑请人帮忙剥皮去核，加工后再出售，预计人工费为0.3元/千克，加工后收购价为1.5元/千克。

要求：

（1）分析阿山是否应请人将荔枝剥皮去核后再出售？

（2）由于鲜荔枝的销售市场不理想，有人建议阿山将荔枝加工成荔枝干后出售。不过，这样做首先要将荔枝剥皮去核，还要购买烤箱，并且要租赁一个仓库，预计人工费为0.5元/千克，而烤箱成本、将荔枝干出售前的仓库租金和电费等预计要5 000元。2千克鲜荔枝能加工成1千克的荔枝干。荔枝干的收购价为10元/千克。此时，鲜荔枝的加工量至少要达到多少千克，阿山才会考虑不立即出售鲜荔枝，而是加工荔枝干？

（3）如果阿山自己的果树产量不足以满足荔枝干加工的最低需要量，阿山打算按1.1元/千克向同村的果农收购鲜荔枝，则此时加工量至少要达到多少，阿山才会选择加工荔枝干而不是立即出售鲜荔枝？

（4）阿山在做出是否要加工荔枝干的决策之前，还需要考虑哪些因素？

3.风驰公司生产两种型号的自行车并将其命名为“风驰一号”和“风驰二号”，近年来，城市自行车专用通道的建设和人们对于绿色低碳出行的推崇，使得市场对自行车的需求重新上升，但公司现有的生产能力不足。据市场调查，对“风驰一号”的需求是每月8 000台，对“风驰二号”的需求是每月5 000台，公司的月生产能力是60 000机器小时。其他相关资料见表5-14。

表5-14 **产品成本信息表**

项目	单位成本	
	“风驰一号”	“风驰二号”
直接材料（元/台）	120	160
直接人工（20元/小时）	50	80
变动成本（5元/机器小时）	20	40
固定成本（元/台）	20	20
单位总成本（元/台）	210	300
单价（元/台）	260	400

要求：

（1）计算两种型号自行车的单位边际贡献。

（2）如何安排生产才能使净利润最大化？

（3）公司接到一份特殊订单，以每辆300元的价格购买2 000辆“风驰一号”，公司应该接受这份订单吗？请列出具体计算过程。

讨论题

1.近年来外包之风盛行，请完成一份分析报告，说明外包的优点和缺点，以及进行外包决策时需要考虑的主要因素。

2.Y跨国公司的中国分公司从2001年成立以来，由于固定资产投资规模大（主要是一栋房产），每年都会产生巨额的折旧费用，从而一直处于亏损状态。但是，Y公司却每年都为其注入资金。请分析，Y公司继续保留该亏损公司的主要原因可能有哪些？

3.阅读【实务应用5-1】，分析产品的自制和外包决策应该考虑哪些因素？

4.阅读【实务应用5-3】，分别站在农民和经销商角度进行相关成本分析，帮其决策，并考虑，如何使其脱离困境，愿意继续种果卖果？

案例题

《中国好声音》的商业模式

直播收视率最高达3.34%，黄金时段每条15秒广告价格高达30万元以上，节目冠名费8 000万元到9 000万元之间……这个夏天，浙江卫视凭借《中国好声音》这档真人秀节目赚得金盆满钵。随着《中国好声音》一炮而红，我们也听到了它所代表的电视节目模式的购买时代正向我们走来。

《中国好声音》的节目版权原本属于荷兰的"The Voice"，由于其在荷兰大获成功，吸引了超过45个国家购买版权，在本土复制该节目模式。版权代理公司IPCN的CEO杨媛草因看到了它的市场前景，决定将版权引进中国。浙江卫视从IPCN手中购进了"The Voice"的代理权，IPCN翻译了"节目模式宝典"——其中事无巨细地记录了节目宗旨、操作流程以及舞美灯光等所有细节，并参与了整个制作过程。两家合作的方式也开创了国内电视制作模式的先河，国际通行的传统模式是电视台给制作公司经费来做一档节目，电视台付成本、运营广告费，而浙江卫视与IPCN采取的是广告分成的模式，即浙江卫视并不承担亏损责任，但如果盈利，双方按比例分成。

纵观电视节目发展的这些年，无非有三种商业模式：本土原创、山寨国外版权和购买节目模式版权。国内本土原创的电视节目，由于无法形成系统的模式，而且缺乏节目版权营销的经验，大多缺乏可持续发展的商业价值。而在节目模式版权概念微弱的中国电视圈，电视台由于不愿意花费巨额资金购买版权，山寨节目一度蔚然成风。在江苏卫视热播的《非诚勿扰》被诟病为山寨国外节目"Take me out"的创意，遭到了版权购买方湖南卫视《我们约会吧》节目的投诉。随着竞争的加剧，山寨节目无法完美继承原版节目精髓的缺点也渐渐显露。另外，《中国好声音》的唱响无疑将会把购买国外版权进行本土化改造的模式推向高潮。

随着市场竞争的加剧，商业模式愈加复杂，这种选择实质上就是企业的又一次经营决策。当这个夏天我们被那些撇去渲染和炒作的纯净的好声音，以及那些坚持追逐歌唱梦想的勇敢的故事感动得一塌糊涂时，这个节目就是一个好节目，浙江卫视在没有硝烟的商场上又打了漂亮的一仗……

资料来源　佚名. 买个好节目［J］. 财经天下，2012（11）.

佚名. 音乐节目脱掉选秀外衣死而复生［N］. 半岛晨报，2012-07-21.

要求：分析电视台将何去何从。是把节目制作外包给IPCN这样的版权代理公司，或者山寨，或者坚持本土原创，还是绕过版权代理公司直接与国外节目版权方接洽？用管理会计的语言来说，自制还是外购？需要考虑哪些相关成本？

建议阅读材料及相关网站

［1］ FERRARA，KAPLAN，SHANK，etc. Contribution margin analysis: no longer revelent [J]. Journal of Management Accounting Research，1990：1-32.

[2] COLIN D. Managemnt and cost accounting [M]. 5th ed. Thomson Learning，2002：279-307.

[3] ACCA. Performance Management. [M]. Lonlon：BPP Learning Media，2016.

[4] 汉森. 管理会计 [M]. 王光远，等，译. 4版. 北京：北京大学出版社，2005.

[5] 布洛切，陈，林. 成本管理——计划与决策 [M]. 高晨，王娟，译. 北京：华夏出版社，2002.

[6] 华书—美通（HAM）国际管理研究室. 经营决策与战略·基础管理方法 [M]. 乌鲁木齐：新疆科技卫生出版社，2000.

[7] 财政部. 管理会计应用指引第403号——边际分析 [S]. 财会〔2017〕24号.

[8] 财政部. 管理会计应用指引第504号——约束资源优化 [S]. 财会〔2018〕22号.

第6章 长期投资决策

学习目标

通过本章学习，你应该了解长期投资决策的模型，掌握现金流量分析的方法；掌握长期投资经济评价的主要指标，并了解其优缺点和适用条件；了解长期投资方案的几种主要类型及其评价方法；了解长期投资方案的风险分析方法。

6.1 长期投资决策概述

长期投资决策是那些未来收益的收回期长于1年的决策。其与短期决策的主要差异在于收益收回的时间。短期决策，从现金流出到收益收回，一般只需要1年或1个营业周期。而长期投资决策从现金流出到收回投资，需要经过若干年。由于时间跨度大，所以在进行分析时需要考虑利息因素，即货币时间价值的影响。而在短期决策中，由于时间很短，利息因素可以忽略不计。长期投资决策是企业里具有长远意义的决策，需要企业投入大量的资金，一旦决策做出后，很难进行调整，因此必须特别重视其决策的科学化。

6.1.1 长期投资决策的决策模型

长期投资决策，即对各种长期投资方案进行分析对比，包括对方案经济效益的对比，从中选择最满意的方案，这也是资本预算过程的一部分。长期投资决策主要包括：厂场设备、研究和开发支出等方面的决策，在决策中要按照项目对实现企业目标的贡献来进行分析评价。企业的目标可以有多种表述方式，而其中最主要的是既要保持一定的盈利能力，又要能持续经营。在长期投资决策中，以普通股市场价值的最大化作为目标，相当于未来现金流量现值的最大化。该目标是对盈利能力和风险水平的综合反映。

长期投资决策模型如图6-1所示。

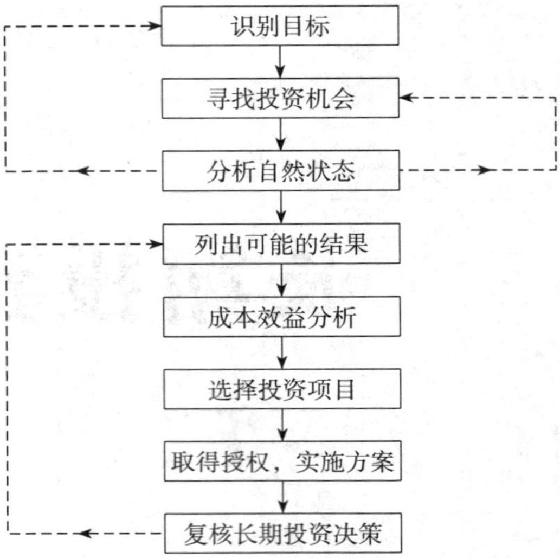

图6-1　长期投资决策模型

（1）识别目标。在决策之前，必须确定企业的目标，并加以量化。本章我们假设管理者的目标是实现股东财富的最大化，以普通股市场价值的最大化表示。

（2）寻找投资机会。投资机会不会从天而降，企业必须创造性地提出新的投资方案。这些方案可以是对新产品或现有产品的改进，也可以是对设备或厂房的更新。前者更可能来源于销售部门，而后者可能来源于生产部门。但不管是什么样的投资方案，都必须与公司的战略保持一致。

（3）分析自然状态。提出投资方案后，应收集可能影响方案未来结果的各种自然因素，例如，经济的发展趋势、通货膨胀率等。为了方便，我们先假定未来的自然状况是确定的，了解这种条件下的投资决策评价的方法。再进一步分析，当未来不确定时，如何进行评价（即风险分析方法）。

（4）列出可能的结果。这主要是预测项目的税后增量现金流量。

（5）成本效益分析。将项目的各种现金流入和流出进行对比分析，以确定是否符合设定的目标。

（6）选择投资项目。根据收益最大化的标准选择投资项目，并将其纳入战略规划（战略规划内容见本书第7章）。

（7）取得授权，实施方案。投资方案纳入计划后，还需要经过批准，才能实施。

（8）复核长期投资决策。投资方案实施中还需要定期进行复核。

长期投资决策模型是持续和动态的，必须定期根据实施状况加以调整和控制。此外，当各种可能的自然状况发生变化时，也必须对可能的投资机会和目标进行修订，如图6-1中的箭头符号所示。

6.1.2　现金流量的分析

人们进行长期投资，其目的在于获取未来的收益，而这种收益分布在未来的若干年中。因此，在对长期投资决策进行财务评价之前，首先要确定项目现金流量及其时间分布。现金流量预测的准确性，决定着分析结果的准确性。项目的现金流量，是指长期投资项目从筹建、设计、施工、正式投产使用直至报废为止的整个期间形成的现金流入量与流出量，二者之间的差额就是净现金流量。现金流出量主要是由投资支出构成的，包括投放在固定资产上的资金和项目建成投产后为开展正常经营活动而需投放在流动资产（如原料、在产品、产成品和应收账款）上的资金。现金流入量，是由投资回收构成的，主要包括：经营净利润，项目建成投产后每年计提的折旧（折旧计入产品成本，随着产品销售收入的实现而收回），固定资产报废时的残值收入，项目寿命期终了时收回的流动资金。净现金流量为二者之差，以公式表示为：

净现会流量=-投资额（固定资产和流动资产投资）+各年经营净利润之和+各年折旧之和+固定资产残值收入+流动资金收回　（公式6-1）

上述现金流量是指营业的现金流量，而筹资的现金流量如利息、本金的支付、现金股利等不在分析范围之内；但是筹资成本的大小是通过投资者的预期报酬率以贴现率的形式体现在分析中的。

所有的现金流量，都应当建立在税后的基础上。所得税是根据企业在经营期间的应税收入减去可抵税项目后的应税收益计算的，而可抵税项目，除了企业的现金支出以外，还包括固定资产使用过程中每年根据税法规定计提的折旧费用，以公式表示为：

所得税=（应税现金收入-可抵税支出）×所得税税率

=（应税现金收入-可抵税现金支出-折旧费）×所得税税率

所以有：

税后经营现金流量=应税现金收入-可抵税现金支出-所得税

=应税现金收入-可抵税现金支出-（应税现金收入-可抵税现金支出-折旧费）×所得税税率

=应税现金收入×（1-所得税税率）-可抵税现金支出×（1-所得税税率）+折旧费×所得税税率

=税后现金流入-税后现金流出+折旧费×所得税税率　（公式6-2）

折旧费虽然不需要企业流出现金，但是可以在计算所得税时作为一种费用扣除，从而减少了企业的所得税支出，其对所得税的影响额为折旧费与所得税税率的乘积，称为折旧的抵税作用。

公式6-2表明，税后经营现金流量包括三个组成部分：税后现金流入、税后现金流出和折旧的抵税作用。

税后经营现金流量也可以从各年的经营净利润中推算出来，如公式6-3所示。

$$\text{税后经营现金流量}=\text{应税现金收入}-\text{可抵税现金支出}-\text{所得税}$$

$$=\text{应税现金收入}-\text{可抵税现金支出}-(\text{应税现金收入}-\text{可抵税现金支出}-\text{折旧费})\times\text{所得税税率}$$

$$=(\text{应税现金收入}-\text{可抵税现金支出}-\text{折旧费})+\text{折旧费}-\text{税前经营利润}\times\text{所得税税率}$$

$$=\text{税前经营利润}-\text{税前经营利润}\times\text{所得税税率}+\text{折旧费}$$

$$=\text{税后经营利润}+\text{折旧费}$$

（公式6-3）

这表明可根据各年的预计利润表取得税后经营利润，再加折旧费，求得各年的税后经营现金流量。

项目的现金流量，是该项目的相关成本。按相关成本含义，必须是增量现金流量，即企业采用某个投资项目和不采用该投资项目之间现金流量的差别。例如，考虑引入新生产线的现金流量的增加时，如果该新生产线对现有产品形成了替代，那么，不能只根据新生产线的总销售额来预测现金流入，而要同时扣减现有产品销售所受到的影响，即要考虑机会成本的影响。沉没成本不是相关成本，不能纳入考虑范围。例如，当项目以新换旧时，旧项目的历史成本或账面价值属于沉没成本，不应当考虑。当项目扩张时，往往需要增加营运资本的投入（项目终了时收回），这部分也构成增量现金流量。由于项目的时间跨度长，预测现金流量时，需要考虑通货膨胀的可能影响，采取一定方法的现金流调整，以消除通货膨胀的影响。

项目现金流量可以按照流动的方向分为流入量和流出量，二者差异即为净现金流量。同时，也可以按现金流量的时间分布情况，将其分为初始现金流量、期间净现金流量和期末净现金流量。在确定时间流量分布后，应采用一定方法，对其经济可行性加以评估。

6.2 长期投资评价指标

评价长期投资项目的经济可行性可以有许多评价指标，以下分别介绍。

静态指标是指在评价投资项目的经济效益时，不考虑货币时间价值因素，直接按投资项目形成的现金流量进行计算的指标，包括投资利润率、年平均利润率和静态投资回收期等指标。

6.2.1 静态指标

1）投资利润率

投资利润率一般是指项目建成投产后在一个正常的生产年份内年平均利润与总投资额之比。其计算公式为：

$$\text{投资利润率}=\frac{\text{年平均利润}}{\text{总投资额}}\times 100\%$$

（公式6-4）

【例6-1】

比胜公司近期开发出一新款手机，市场研究表明，每年预计可带来现金收入150 000元。该手机的预计产品寿命周期为5年。生产该手机的生产线成本为160 000

元，运输费和安装成本为10 000元。5年后设备预计可按40 000元出售。此外，由于存货和应收账款增加，营运资本将增加30 000元，这部分资金预计将在寿命周期终了时收回。年经营成本为90 000元，所得税税率为40%。采用直线法计提折旧，不留残值，则各年现金流量分布见表6-1。

表6-1　新生产线各年现金流量分布　单位：元

年份	0	1	2	3	4	5
现金流量	-200 000	49 600	49 600	49 600	49 600	103 600

该生产线各年的利润均为15 600元，总投资额为200 000元，所以：

投资利润率=15 600÷200 000×100%=7.8%

该指标反映单位投资额每年能为企业创造的利润额。一般地，投资利润率越高，投资效益越好。对于独立投资方案，如果项目的投资利润率高于预先确定的基础投资利润率，则项目是可行的，反之则不可行。对于互斥投资方案，除了投资利润率必须高于预定的基础投资利润率以外，还要对各可行方案的投资利润率进行比较，并选取投资利润率最高者。

以投资利润率对项目的经济效益进行评价，简单明了，易于理解和掌握，资料容易收集。但是，投资利润率指标不考虑项目现金流量的时间分布，以利润为计算基础，而不以现金流量为基础，难以反映投资项目的真实效益。而且，随着时间的推移，折旧收回，项目的投资额逐渐减少，而该指标中的分母始终保持在初始投资额水平，不能反映这种实际情况，所计算出来的投资利润率偏低。

基于上述局限性，投资利润率指标一般只用来初步评估投资项目的经济效益，不宜作为投资决策的主要依据。

2）年平均利润率

年平均利润率是指一定的年平均投资额所取得的年平均利润。其计算公式为：

$$年平均利润率=\frac{年平均利润}{年平均投资额} \qquad （公式6-5）$$

由于折旧为投资的收回，因此各年的投资额呈递减趋势。年平均投资额为各年的平均投资额的平均数，即计算各年的平均投资额（年初、年末数的平均数），再计算项目寿命周期内的平均投资额。如果固定资产无残值，则年平均投资额就等于总投资额的1/2。

【例6-2】

沿用【例6-1】的资料，项目各年的平均投资额计算见表6-2。

表6-2　平均投资额计算表　单位：元

年份	年投资收回	投资余额
0		170 000
1	34 000	136 000
2	34 000	102 000
3	34 000	68 000
4	34 000	34 000
5	34 000	0

$$\text{年平均投资额}=\left(\frac{170\,000+136\,000}{2}+\frac{136\,000+102\,000}{2}+\frac{102\,000+68\,000}{2}+\frac{68\,000+34\,000}{2}+\frac{34\,000+0}{2}\right)\div 5$$

=85 000（元）

年平均利润率=15 600÷85 000×100%=18.35%

该指标可用来评价投资方案的可行性。反映在项目正常生产年份内平均每元投资所带来的年平均利润。一般而言，当年平均利润率高于预定的投资利润时，方案可行。并且，年平均利润率越高，投资方案越好，其优缺点与投资利润率基本一致。

3）静态投资回收期

静态投资回收期是指项目投资的返本年限，即项目的预期现金流量的累计值等于其初始现金流出量所需要的时间，通常以年表示。此时，项目的累计净现金流量为零。其计算公式为：

$$\text{静态投资回收期}=\frac{\text{累计净现金流量开始}}{\text{出现正值的年份数}}-1+\frac{\text{上年累计现金流量的绝对值}}{\text{当年净现金流量}} \quad \text{（公式6-6）}$$

【例6-3】

沿用【例6-1】的数据，对表6-1数据整理见表6-3。

表6-3 **数据整理表** 单位：元

年份	0	1	2	3	4	5
现金流量	−200 000	49 600	49 600	49 600	49 600	103 600
累计现金流入	−200 000	−150 400	−100 800	−51 200	−1 600	102 000

静态投资回收期=5−1+1 600÷103 600=4.02（年）

如果投资回收期小于最大可接受的回收期，则项目可以接受。并且，投资回收期越短，项目越好，因为该项投资未来所承担的风险越小。但如果投资回收期大于最大可接受的回收期，则项目不能被接受。此例中，假设企业最大可接受的投资回收期是5年，则该方案可以被接受。

投资回收期表明投资项目经过多久才能收回其初始投资，可作为未来承担风险程度的标志，且计算简单，容易理解，因此在实务中经常为人们所接受。但是，其主要的不足是未考虑货币时间价值，这一点和上述的投资利润率指标或年平均利润率指标是一样的。其次，该指标只考虑净现金流量中小于或等于初始投资额的部分，不考虑大于初始投资额的部分，因此不是反映项目盈利性的好指标。例如，两个初始投资额都是200 000元的投资项目，只要前4年每年都有50 000元的现金流量，就有相同的回收期。但也许其中的一个项目在4年后不再产生任何现金流量，而另一项目却还能在第5年继续提供50 000元的现金流量。回收期指标无法体现两个方案的区别。最后，最大可接受投资回收期的确定，纯粹是一种主观选择。

尽管投资回收期指标在理论上存在着不少缺陷，但是在实务中，该指标的应用却比较普遍。因为，当企业在流动性方面受到限制，必须尽快收回投资时，该指标对于项目的排序非常重要。另外，当企业在设计和产品更新非常快的市场进行投资时风险很大，或者难以预测未来现金流量时，也可以应用此指标。因为回收期法假定时间越长风险越大，从而促使企业关注早期的现金流量。由于现金流量存在一定的时间趋势，如果早期现金流量低于预计水平，则未来现金流量就不见得会令人满意。该指标通常用于粗略地估计项目的可能风险，通常和净现值指标或内含报酬率等指标结合使用，以找出需要进一步研究的项目。

6.2.2　动态指标

1）动态投资回收期

动态投资回收期考虑货币时间价值的项目投资的返本年限。就经济意义而言，该指标和静态投资回收期并无本质区别，均可用来反映项目收回初始投资额的能力，都可作为衡量风险的标志。不同的是，动态投资回收期是以企业要求达到的最低收益率进行贴现的现金流量为基础计算的，即项目的预期贴现现金流量的累计值等于其初始现金流出量所需要的时间，通常以年来表示。此时，项目的累计贴现净现金流量为零。其计算公式为：

$$\text{动态投资回收期}=\text{累计净现金流量现值开始出现正值的年份数}-1+\frac{\text{上年累计现金流量现值的绝对值}}{\text{当年净现金流量}} \quad \text{（公式6-7）}$$

【例6-4】

沿用【例6-1】的数据，假设贴现率为10%，对表6-4数据整理见表6-4。

表6-4　**数据整理表**　单位：元

年份	0	1	2	3	4	5
现金流量	−200 000	49 600	49 600	49 600	49 600	103 600
贴现系数	1	0.9091	0.8264	0.7513	0.6830	0.6209
贴现现金流量	−200 000	45 091.36	40 989.44	37 264.48	33 876.8	64 325.24
累计现金流量	−200 000	−154 908.64	−113 919.2	−76 654.72	−42 777.92	21 547.32

动态投资回收期=5−1+42 777.92÷64 325.24=4.67（年）

动态投资回收期指标对项目的选择标准和静态投资回收期指标一样。

与静态投资回收期相比，由于现金流量的贴现值小于其未来值，因此，收回初始投资额所需要的时间延长了。由于考虑了货币时间价值因素，使不同时间收回的现金流量都建立在初始投资发生的同一时点上，体现了前后各期发生的现金流量的差异，有助于企业缩短建设期，因此该指标优于静态投资回收期指标。不过，和静态投资回收期一样，该指标也不考虑现金流量中大于初始投资额的部分，因而也不是反映项目盈利性的好指标。一般只适用于对项目优劣的初步判断，需要和其他反映盈利性的指标结合使用。

2）净现值

净现值（NPV）是按企业要求达到的最低收益率将项目各年净现金流量贴现到零年的现值之和。其计算公式为：

$$NPV = \sum_{t=1}^{n} \frac{CF_t}{(1+i)^t} - CF_0$$ （公式6-8）

式中，i代表贴现率；t代表时间；CF_t代表第t期的净现金流量；CF_0代表项目的初始投资额。

沿用【例6-1】的资料，假设贴现率为10%，从表6-4的计算可以发现，项目的净现值为21 547.32元。

该方案净现值大于零，表明投资项目可实现的收益率大于所用的贴现率（企业要求的最低收益率），初始投资能够收回，因此该投资项目是可接受的。

一般地，对于独立方案，如果投资项目的净现值大于等于零，则该项目是有利的，因此可接受。而如果投资项目的净现值小于零，则该项目是不可接受的。在多个方案进行对比时，净现值越大，表明方案的盈利性越好，因此应当优选。其原理是，最低投资收益率是投资者预期公司在该投资项目中所能赚取的收益率，如果接受净现值大于零的方案，则公司股票的市价将上升。如果贴现率选择正确，则公司股票市价的上升值等于项目的净现值。

贴现率的大小，对于计算结果具有很大的影响。由于现金流量的现值随着贴现率的提高而下降，因此贴现率越大，项目的净现值越小。表6-5列出了按不同贴现率进行贴现时投资项目的净现值。

表6-5 不同贴现率情况下的净现值 单位：元

贴现率	0	2%	4%	6%	8%	10%	12%	14%	16%
净现值	102 000	82 692.44	65 191.88	49 289.24	34 785.36	21 547.32	9 437.68	-1 665.68	-11 880.36

将上述结果绘制于坐标轴上，就形成了净现值的特征图（如图6-2所示）。

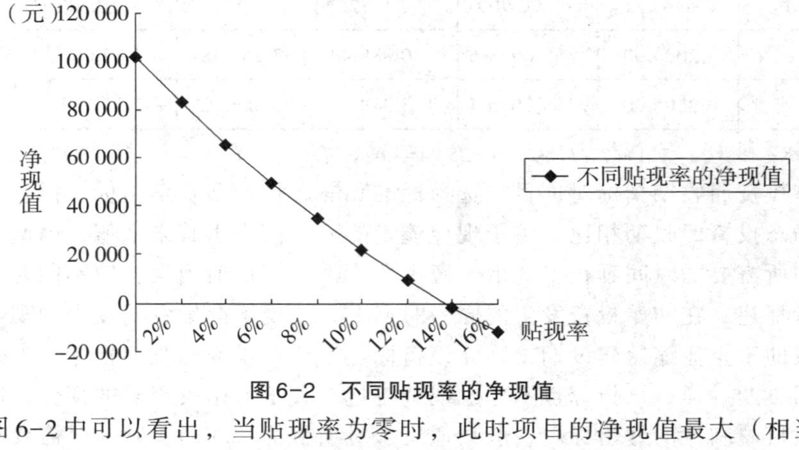

图6-2 不同贴现率的净现值

从图6-2中可以看出，当贴现率为零时，此时项目的净现值最大（相当于未贴现时的累计现金流量）。随着贴现率的增加，项目的净现值逐渐下降，当净现值曲线与横轴相交时，此时的净现值为零，该处的贴现率就是后面将介绍的内部报酬率。

净现值考虑了货币时间价值对不同时期现金流量的影响，使得现金流入和流出具有可比性，可以较好地反映投资方案的经济效果。但是，如果方案的初始投资额不同，则该评价将不具有可比性。因此投资额大，净现值也比较大的投资方案不一定是最优方案。在各个方案投资额不一致的情况下，可以采用净现值率进行评价。

3）净现值率

净现值计算的是投资方案未来现金流量的现值与项目初始投资额的差额，而净现值率则计算投资方案未来现金流量的现值与项目初始投资额的比值，说明每元投资未来可获得的现金流入量的现值，也称为盈利指数（PI）。其计算公式为：

$$PI=\sum_{t=1}^{n}\frac{CF_t}{(1+i)^t}/CF_0$$

$$=\frac{NPV+CF_0}{CF_0} \quad \text{（公式6-9）}$$

【例6-1】中的投资项目的净现值率为1.11（（200 000+21 547.32）÷200 000）。

从净现值和净现值率的公式对比可以看出，二者之间存在如下关系：

当净现值≥0时，净现值率≥1；当净现值<0时，净现值率<1。因此，在对投资方案进行评价时，只有净现值率大于等于1的项目才能接受。如果存在多个净现值率大于等于1的投资方案，则净现值率越大的方案越好。

净现值率使不同投资规模的方案之间具有可比性，因此其使用范围比净现值法更广，更能正确反映投资方案的经济效果。

4）内部报酬率

（1）内部报酬率的计算原理。

净现值和净现值率指标虽然反映了项目的盈利能力是否超过企业所要求的最低收益率，但不能据以了解各个投资方案自身的投资收益率。内部报酬率（IRR）可以做到这一点。内部报酬率，也称内部收益率，是指使投资方案在建设和生产经营期限内的各年现金流量的现值累计为零的贴现率，即公式6-10中的r：

$$0=\sum_{t=1}^{n}\frac{CF_t}{(1+r)^t}-CF_0 \quad \text{（公式6-10）}$$

内部报酬率反映的是项目在整个寿命期间，对所使用的资源所能支付的最高利率。投资方案的现金流量的数量和时间对项目的影响都可以通过内部报酬率表现出来。用内部报酬率评价投资方案的可行性时，一般是将内部报酬率与企业所要求的最低报酬率进行比较。只有内部报酬率大于最低报酬率，项目才是可接受的。当存在多个投资方案时，内部报酬率越大的越好。

（2）内部报酬率的确定。

内部报酬率与净现值之间存在着一定的关系，随着贴现率提高，净现值下降，当净现值为零时，此时的贴现率正好是内部报酬率（即图6-2中的净现值曲线与X轴的交点）。不过，实际计算内部报酬率则比较复杂，一般可以采用“逐次测试法”来确定。其基本步骤是：先估算一个贴现率，计算项目的净现值，如果净现值为正数，说明方案的内部报酬率高于估计的贴现率，应提高贴现率进一步测试，直到方案的净现值出现负数为止。此时，说明方案的内部报酬率在估计的贴现率之下。经过多次测试后可以找出净现值由正数向负数转化的相邻的两个贴现率。方案的内部报酬率就介于两个贴现率之间，具体可通过内插法来计算。

此外，也可以利用EXCEL软件中的计算功能（函数IRR）快速计算求得。

（3）内部报酬率评价。

内部报酬率反映了项目所能获得的最大收益率，也可以作为项目能够接受的资本成本的上限，有助于筹资和投资决策。而且，由于克服了初始投资额和寿命期的差异，内部报酬率指标便于方案之间优先顺序的比较。但是，内部报酬率的主要缺陷是：该方法假定净现金流量流入后，在其寿命周期内是按照各自的内部报酬率进行再投资形成增值，而不是按企业统一要求达到的并在资金市场上可能达到的收益率进行再投资而形成增值，这种再投资假设具有较大的主观性，一般与实际情况不符。此外，当投资支出和投资收入交叉发生时，根据上述程序计算，可能得出多个内部报酬率，也可能无法求出内部报酬率，从而给决策带来了困难。

尽管内部报酬率在理论上存在这些不足，但是该方法却是实务中最常采用的投资评价方法。这是因为，内部报酬率是一个相对值指标，而不是绝对值，比较便于理解，也不需要在一开始就确定最低收益率。它可以告诉决策者投资机会的收益率，可以与所投资金的资本成本（如银行贷款或储蓄存款的利率）相比较。

6.3 长期投资决策分析

以上介绍了长期投资经济评价的各种方法，接下来就可以利用经济评价指标的计算结果，对方案进行对比和选优。根据不同投资方案之间的关系，可以将长期投资方案分为三类：独立投资方案、互斥投资方案和最优组合投资方案。独立投资方案不论接受与否，都不会影响其他项目的决策。互斥投资方案是在一定的条件下，相互排斥的若干备选方案，接受一个方案就必须放弃一个或多个其他的投资方案。【例6-1】中是否上新生产线的方案，可以看作独立投资方案。但如果企业所面临的决策为是否以新生产线来替代旧生产线，则属于互斥投资方案。最优组合方案是指几个投资方案可以同时并举，但是由于资金总量的限制，不能接受所有的已通过评价标准的方案，必须将这些方案进行优化组合，使其综合经济效益达到最优的决策。

【实务应用6-1】

核危机后的重新审视

2011年3月15日，日本地震，并引发福岛核电站危机。该事件加快了欧洲提高核电安全标准的决策速度。世界各国不同程度地放缓了建设新核电站的项目。瑞士、中国等国暂停新核电站项目的审批，德国关闭了7座核电站。全球对核电站标准的同步推进将可能推高核电站的建设和运营成本。

核电的发电成本由运行费、基建费和燃料费三部分组成。核电站的基建费比火电高，10万～20万千瓦容量的轻水堆建设费用比同等发电量的火电机组建设费用约高100%，100万千瓦容量的轻水堆建设费用比同等发电量的火电机组建设费用约高60%～70%，重水堆和气冷堆的基建费还要贵一些。但燃料费要比火电低得多，核电站的运行费则和火电站的运行费用差不多。加上核电站运行可靠，每年的利用小时最高达8 000小时，平均约为6 000小时。核电的运行期一般为30年（目前甚至派到了50年），而火电（包括煤电及天然气发电）的运行期则一般为25年。因此，从投资回报上看，核电站比火电站更为有利，加上核电属于清洁能源，成为近年各国能源发展战略的首要考虑。不过，核电投资中有相当大一部分是用于安全检测。福岛核危机后，如果出台新的安全标准，诸如对地震的应对，面对海啸、洪水和火灾时，拥有更强的保护，在极端情况下的供电，以及是否应准备额外的水源等，这些都会增加核电站建设和运营成本。

危机后，新能源领域领跑者德国政府决定在未来3个月内暂停延长核电站运营期限的计划，同时彻底检查国内所有的17座核电站的安全标准。新标准通过后，核电站的运营成本提高，使用年限缩短，其效益可能下降。德国老核电站是临时关闭还是永久关闭，取决于根据新的标准进行更新维护，技术上是否可行，经济上是否有意义。如果安全维护费用太高，核电站将被关闭。而同时，未来对核电站的投资也将受到影响，需要进一步评估核能的风险。2011年5月29日，由总理默克尔领导的德国执政联盟就德国放弃核电的时间表达成妥协，宣布德国将于2022年前彻底放弃核能发电。

反观日本，在福岛核事故后，日本经历了“减核”—“零核”—“启核”的反复考验。2015年7月日本九州电力公司川内核电站1号机组重启，引来极大争议。反对者除了担心核电站建在日本这样多地震国家的安全性外，对核废料的处置问题也很担心。尽管核反应堆在福岛事件后都关闭了，但日本仍在国内存放着将近11吨的钚。目前还没有哪个国家找到一个安全的或者经济上可持续的方式再次利用这些物质，尤其是钚。迄今为止，处理钚最好的办法是将它储存在一个安全的长期地下仓库中。而这种地下仓库能否找到，能维持多久，如何维持都未可知。

对于投资者而言，在考虑投资核电或火电时，应如何分析？对于已建的核电站是否应当关闭的问题，又应如何分析呢？决策者需要考虑许多因素。

6.3.1 独立投资方案的对比选优

独立投资方案的对比选优，主要是根据经济评价指标的计算结果来确定的。由于方案彼此独立，不存在方案之间的对比和选优问题。最常用的评价指标为净现值和内部报酬率。净现值大于零的方案是可行方案，此时方案可实现的投资利润率高于企业要求达到的最低收益率。内部报酬率大于企业所要求的最低收益率的方案是可行的。采用净现值和内部收益率指标所得出的结论是一致的。因为，从净现值的特征图（如图6-2所示）可以看出，当净现值大于零时，内部报酬率高于选定的贴现率；当净现值小于零时，内部报酬率小于选定的贴现率；当净现值等于零时，内部报酬率等于选定的贴现率。

【例 6-5】

沿用【例 6-1】的资料，假设该新建生产线与企业当前生产无关，为资本扩张项目，企业在同类风险的投资项目上所要求的最低收益率为10%。则该项目属于独立投资项目，将上一节中对该投资方案计算的各种评价指标的结果汇总，见表 6-6。

表 6-6 **评价结果汇总表**

方法	项目结果	接受标准	决策结果
投资利润率（%）	7.8	10	拒绝
年平均利润率（%）	18.35	10	接受
静态回收期（年）	4.02	5	接受
动态回收期（年）	4.67	5	接受
净现值（NPV）（元）	21 547.32	0	接受
净现值率（PI）	1.11	1	接受
内部报酬率（IRR）（%）	13.69	10	接受
外部收益率（ERR）（%）	12.28	10	接受

可以看出，除了投资利润率外，按照其他指标进行分析的决策结果都是一致的。

对于独立投资方案，一般而言，不进行贴现的年投资利润率只供初步估计用，而回收期指标只是对项目的风险进行初步估计。从盈利性考察，应当采用净现值或内部报酬率指标。对于独立投资方案，净现值和内部报酬率的决策结果不会存在矛盾。

6.3.2 互斥投资方案的比较选优

当存在互斥投资方案时，就需要计算投资项目的经济效益，并进行排序和选优。静态指标由于不考虑货币时间价值，无法反映长期投资项目的实际效益，所以一般不予采用。而采用动态指标时，依据净现值、净现值率或内部报酬率对互斥项目进行排序的结果可能存在矛盾，一般采用净现值进行分析。

1）相同寿命周期的项目的对比分析

【例 6-6】

凌云公司使用的计算机系统已经过时了，董事会要求购买一套新的计算机系统，董事长要求 CFO 对两套计算机系统中应购买哪一套比较合适提供建议。这两套系统在满足公司需要和操作难易程度方面是一样的。其中主机系统是由一台大型主机电脑、各个办公室的远程终端和打印机构成；个人电脑系统是由一台很小的主机电脑、几个远程终端和12个与小主机联网的个人电脑组成。每种系统使用年限均为5年。公司CFO决定用12%的目标收益率进行分析。表6–7列示了与决策相关的数据。

表6–7　**决策相关数据表**　单位：元

项目	主机系统	个人电脑系统
(1) 旧计算机残值（第0年年末）	25 000	25 000
(2) 新系统购置成本（第0年年末）	(400 000)	(300 000)
(3) 软件购置成本（第0年年末）	(40 000)	(75 000)
(4) 系统更新成本（第3年年末）	(40 000)	(60 000)
(5) 新系统的残值（第5年年末）	(50 000)	(30 000)
营运成本（第1、2、3、4、5年年末）		
(6) 人事部	(300 000)	(220 000)
(7) 维修部	(25 000)	(10 000)
(8) 其他部门	(10 000)	(5 000)
(9) 数据联络服务（第1年～第5年年末）	(20 000)	(20 000)
(10) 从分时客户获得的收入（第1年～第5年年末）	20 000	0

注：(10) 客户A和B各自同意对使用一定时间的计算机支付一笔费用，而个人电脑系统则没有此项服务。

[分析] 在使用净现值法进行比较前，让我们审查表6–7中的现金流量数据中是否有与决策无关、可以忽略的数据。注意第（1）和第（9）条在两个选择方案中没有什么区别。无论购买哪一种新计算机系统，旧系统的残余价值都是25 000元，而且无论购买哪一种系统，年数据联络服务成本都是20 000元。如果净现值分析的目的仅仅是确定哪一种计算机系统成本最低，那么由于第（1）和第（9）条会同样影响两个方案的净现值，故可当作与决策无关、可以忽略的数据。

[解]（1）总成本法。

表6–8列示了两个可选择计算机系统的净现值分析。该表用了总成本法，即每个计算机系统的所有相关成本都包括在分析中，然后将主机系统与个人电脑系统各自成本的净现值进行比较。由于个人电脑系统成本的净现值较低，因此CFO建议购买个人电脑系统。

诸如凌云公司选择计算机系统的决策，其目标是选择成本最低的方案，因此称作最低成本决策。这不同于使现金流入减现金流出的净现值最大化，其目标是使成本的净现值最小化。

表6-8　**净现值分析：总成本法**　金额单位：元

年度	项目	第n年现金流量	折现系数（r=12%）	折现后的现金流量
主机系统				
0	（2）新系统购置成本	（400 000）	1.000	（400 000）
	（3）软件购置成本	（40 000）		（40 000）
3	（4）系统更新成本	（40 000）	0.712	（28 480）
5	（5）新系统的残值	（50 000）	0.567	（28 350）
1～5	（6），（7），（8）营运成本	（335 000）	3.605	（1 207 675）
	（10）从分时客户获得的收入	20 000		72 100
成本净现值				（1 632 405）
个人电脑系统				
0	（2）新系统购置成本	（300 000）	1.000	（300 000）
	（3）软件购置成本	（75 000）		（75 000）
3	（4）系统更新成本	（60 000）	0.712	（42 720）
5	（5）新系统的残值	（30 000）	0.567	（17 010）
1～5	（6），（7），（8）营运成本	（235 000）	3.605	（847 175）
	（10）从分时客户获得的收入	0		0
成本净现值				（1 281 905）
成本净现值差（应购个人电脑系统）				（350 500）

（2）增量成本法。

表6-9对该公司两个可选择计算机系统相关项目的成本差进行了分析。计算机取得的成本在表6-9中表示为100 000元，这是主机系统取得成本超过个人电脑系统取得成本的金额。该分析的结果是主机系统成本超过个人电脑系统成本的净现值为350 500元。这个差额与表6-8底部所列示的差额是相同的。

表6-9　**净现值分析：增量成本法**　金额单位：元

年度	项目	第n年现金流量	折现系数（r=12%）	折现后的现金流量
在个人电脑基础上主机系统的增量成本				
0	（2）新系统购置成本	（100 000）	1.000	（100 000）
	（3）软件购置成本	35 000		35 000
3	（4）系统更新成本	20 000	0.712	14 240
5	（5）新系统的残值	（20 000）	0.567	（11 340）
1～5	（6），（7），（8）营运成本	（100 000）	3.605	（360 500）
	（10）从分时客户获得的收入	20 000		72 100
增量成本净现值				（350 500）

2）项目寿命周期不同的投资方案的比较选优

当两个互斥投资方案的寿命周期不同时，此时面临的主要问题是在寿命周期较短的项目结束后将发生什么样的投资活动。一般可以假设用类似的项目替代，建立替换链而使替换后项目具有共同的寿命期，也可以分别计算各个项目在寿命期内的年平均现金流量来对比。

（1）最小共同寿命周期分析。

在这种选择条件下，需要重复执行同类项目，直到所有项目都在同一年份结束，从而使相互比较的投资项目具有最小的共同寿命周期。

【例6-7】

某公司打算购买一台编织机，目前有两种机器可供选择。A机器的买价为200 000元，预计使用年限为3年，年税后现金流入为96 000元；B机器的买价比较高，为600 000元，预计使用年限为6年，年税后现金流入为150 000元。公司所要求的最低收益率为10%，公司只能从两台机器中选择一台。

单独计算A机器和B机器的净现值，内部报酬率如下：

NPV_A=96 000×（P/A，10%，3）−200 000=38 738（元）

IRR_A=20.71%

NPV_B=150 000×（P/A，10%，6）−600 000=53 250（元）

IRR_B=12.98%

以净现值看，A机器盈利性不如B机器；而从内部报酬率看，B机器不如A机器。此时出现了排序问题。由于两个项目的寿命周期不同，为了使两方案的对比分析建立在可比基础上，应计算其最小共同寿命，为6年，即应假设在A机器寿命周期终了时再投资于同样的项目上。据此，可以计算两个项目在6年内的现金流量见表6-10。

表6-10　**净现金流量表**　单位：元

年末	净现金流量	
	A	B
0	−200 000	−600 000
1	96 000	150 000
2	96 000	150 000
3	−104 000	150 000
4	96 000	150 000
5	96 000	150 000
6	96 000	150 000

重新计算项目的净现值：

NPV_A'=96 000×（P/A，10%，6）−200 000×（P/F，10%，3）−200 000=67 830（元）

或者NPV_A'=NPV_A+NPV_A（P/F，10%，3）=38 738+38 738×0.751=67 830（元）

NPV_B=53 250（元）

IRR_A=20.71%，IRR_B=12.98%

可以看出，A机器优于B机器。

（2）年现金流量分析。

如果不构造替换的项目，也可以计算每个项目在寿命周期内的年现金流量（当项目的经营现金流入一致，而只有经营现金流出存在差异时，实际上就是项目的年平均使用成本），再进行分析对比。其原理是，先计算各个项目在其寿命周期内的净现值，然后利用年金现值系数，将净现值转化为寿命周期内的年平均现金流量，从而使不同寿命周期的项目的现金流量建立在可比基础上。其计算公式为：

$$年现金流量=\frac{寿命周期内的净现值}{寿命周期内的年金现值系数} \quad （公式6-11）$$

【例6-8】

沿用【例6-7】的资料，购买A机器在寿命周期内的净现值为38 738元，则其年现金流量为：

38 738÷（P/A，10%，3）=15 576（元）

购买B机器在寿命周期内的净现值为53 250元，年现金流量为：

53 250÷（P/A，10%，6）=12 227（元）

即在A机器的寿命周期内，每年可以给企业带来的现金流量为15 576元，大于B机器在寿命周期内，每年可以给企业带来的现金流量12 227元，因此应该选择购买A机器。[①]

3）互斥投资方案比较选优方法小结

综上所述，在对互斥投资方案进行比较选优时，采用净现值会比采用内部报酬率更容易得出比较正确的排序结果。其根本原因在于净现值法对再投资率的假设比较合乎现实，并且其以绝对值来反映企业的盈利能力，可以体现企业价值由于投资而产生的变化值。选择具有较大净现值的项目和企业价值最大化的目标是一致的。而内部报酬率指标或净现值率指标的最大化，并不一定意味着企业价值的最大化。

应用净现值法对互斥项目进行对比选择的基本步骤是：分析各个投资项目的现金流量，计算各个项目在同等寿命周期条件下的净现值，根据净现值的结果进行排序，以净现值大者为优。

【例6-9】

某公司现有一台机器是两年前购入的，账面净值为240 000元，如出售可净得200 000元。该机器预计尚可使用3年，期满无残值，年维修成本为45 000元。现在市场上有一种新的机器，售价为420 000元，预计可以使用6年，无残值，年维修成本为20 000元。企业采用的所得税税率为20%，所要求的最低报酬率为10%。问企业是否应当更新该机器？

---

① 当A机器寿命终了时，再投资于同样的机器，给企业带来的年现金流量仍是15 576元，大于B机器可带来的年现金流量。

首先，分析使用旧机器和购买新机器的现金流量。

旧机器的账面价值为沉没成本，不是相关现金流量，不予考虑。但是，由于继续使用旧机器，企业丧失了将其变卖获得现金收入的机会，因此，其当前转让价为使用该机器的相关现金流出。在寿命周期内，企业必须发生的维修成本为45 000元，扣除费用抵减所得税9 000元（45 000×0.2），实际现金流出量为36 000元。固定资产按直线法计提折旧，年折旧额为80 000元（240 000÷3），可以获得抵税收入16 000元（80 000×0.2），所以各年的增量现金流出为20 000元（36 000−16 000）。

新机器的购买成本为420 000元，为当前相关的现金流出。在寿命周期内，企业必须发生的维修成本为20 000元，扣除费用抵减所得税4 000元（20 000×0.2），实际现金流出为16 000元。固定资产按直线法计提折旧，年折旧额为70 000元（420 000÷6），可以获得抵税收入14 000元（70 000×0.2），所以各年的增量现金流出为2 000元（16 000−14 000）。将以上结果汇总，见表6-11。

表6-11　**运算结果汇总表**　单位：元

年份	旧机器现金流量	新机器现金流量
0	−200 000	−420 000
1~3	−20 000	
1~6		−2 000

其次，对两个方案进行经济评价。

$NPV_{旧}$=−20 000×（P/A，10%，3）−200 000=−249 740（元）

$NPV_{新}$=−2 000×（P/A，10%，6）−420 000=−428 710（元）

由于两个方案的寿命周期不同，因此不能直接比较其净现值，而应计算其可比的年使用成本。

$AC_{旧}$=−249 740÷（P/A，10%，3）=−100 418（元）

$AC_{新}$=−428 710÷（P/A，10%，6）=−98 441（元）

最后，根据经济评价结果提出建议。

旧机器在寿命周期内的年使用成本为100 418元，而新机器在寿命周期内的年使用成本为98 441元，即旧机器的年使用成本高于新机器，所以应当更新机器。

6.3.3　最优组合投资方案的比较选优

经过上述对独立投资方案进行对比选优后，所有经济上可行的方案都已经选出来了。如果资金总量不存在限制，所有筛选出来的方案都可以付诸实施。但是，当存在资金总量的限制时，就需要将资金总量在这些方案之间进行合理分配，以便在资金总量的限额内实现项目的总体经济效益最大。资金总量的限制，在一些企业中非常普遍。例如，有些公司只允许从内部筹资，在分权制企业中，有些部门只能做出一定限额以下的投资决策，对超过限额的投资决策没有决定权。这样，就产生了投资项目组合的问题。

如果投资项目组合涉及多个期内的资金总量限制，就可能需要运用线性规划、目标规划等方法，这里不做阐述。

如果投资项目组合涉及当期的资金总量限制，问题就转化成如何在不超过资金总量限制的情况下选择那些使单位资金的投资带来最大价值增量的项目。

【例6-10】

某公司在下一个预算年度安排了65万元的资金用于长期投资，目前面临若干投资机会，各个投资机会对初始投资额的要求、内部报酬率、可能给企业带来的净现值和净现值率见表6-12。

表6-12 **净现值及净现值率表** 金额单位：万元

投资方案	初始投资额	净现值	净现值率	内部报酬率
A	30	42	2.4	28%
B	35	15	1.4285714	22%
C	10	11	2.1	25%
D	10	13	2.3	36%
E	15	10	1.6666667	23%
F	25	5	1.2	26%

根据净现值、净现值率和内部报酬率等指标，上述方案在经济上都是可行的。但是，由于存在资金总量的限制，不可能同时安排上述所有项目，而只能按照其盈利能力高低进行排序，从高到低选取投资项目，直到65万元的资金被用完为止，如图6-3所示。

投资方案	净现值	初始投资额
A	42	30
B	15	35
合计	57	65

投资方案	内部报酬率	初始投资额	净现值
D	36%	10	13
A	28%	30	42
F	26%	25	5
合计		65	60

投资方案	净现值率	初始投资额	净现值
A	2.4	30	42
D	2.3	10	13
C	2.1	10	11
E	1.6666667	15	10
合计		65	76

图6-3 投资项目选取方案图

按照净现值进行排序，投资组合为A和B方案，总的净现值为57万元；按照内部报酬率进行排序，投资组合为D、A和F方案，总的净现值为60万元；而按照净现值率进行排序，投资组合为A、D、C和E方案，总的净现值为76万元。最后这种组合给企业带来的总的净现值最大，因此是最优的组合。

可以看出，按照不同的反映盈利性的动态指标对投资项目进行排序的结果是不同的，而最优的组合产生于按照净现值率进行排序的结果中。因为，只有这样，才能使每一元投资发挥最大的作用。而方案B和F，虽然能使公司财富增加20万元，但是，由于资金总量的限制，将不得不放弃。

6.3.4 长期投资项目的管理

在做出长期投资决策后，事情并未结束。为了确保企业目标的实现，还应对项目的实施进行追踪控制。这种控制包括对项目建设期间的支出的控制和建成投产后的经营现金流入和流出的控制。

建设期的资本支出控制比较困难，因为每个资本项目通常都是独特的，企业很难依靠过去的经验来估计现金流出的模式。如果实际的资本支出与预计的资本支出不符，差异可能源于估计不当，也可能是实际支出控制无效。资本支出项目的提案人应对差异的产生有所估计，并在方案提交审核时指出。在对支出进行控制时，可以将实际支出与这种事先的估计差异进行比较，并要求责任人做出解释。通过这种控制，可以防止在未完成项目上的过度支出，同时，也可以促使方案的提案人在将来做出更准确的估计，并控制成本和完工时间。对资本支出的控制应在建设期内定期完成，控制报告应当指出完工的百分比、实际支出与工程进度所对应的支出的差异、预计完工所需要的成本与原来的估计值的差异，按当前工程进度估算完工所需要的时间、预计完工时间与原来的估计时间的差异等。这些信息可以帮助管理者采取相应措施，例如修订建设进度表，以节约支出。

对经营现金流入和流出的控制称为事后审计，即将项目的实际成本和收益，与预计的成本和收益进行对比分析，评价投资项目的总体效益并在必要时采取修改措施。例如，可能发现现金收入比预计增加因而需要追加投资，但也可能发现项目预计效益未能实现而终止项目。

实施事后审计，可以对项目的实际盈利能力进行分析，从而确保资源得到有效利用。如果项目进展顺利，可以对其提高重视，而如果项目进展不顺，则可能要采取调整措施，以免损失扩大。此外，事后审计可以影响管理者的行为，使其按照公司利益最大化的目标来进行决策，并且有助于提高其未来的决策水平。

不过，实施事后审计时要注意，在进行决策时的有些假设可能发生了变化，所以不能简单地将实际效益与预计效益的差异归咎于决策或执行不当。

● 6.4 长期投资决策的风险分析

在前几节的分析中，我们并不考虑投资项目的风险，因此，无论面对什么样的投资，都可以用企业统一的最低收益率进行贴现。但是，实际上，不同的投资项目具有不同程度的风险，即项目的实际现金流量与其预期现金流量之间存在差异的大小。为了使长期投资决策更加接近现实，我们必须将风险考虑进来，主要有两大类方法：行为分析法和风险调整法。此外，近年来，利用期权理论进行分析的方法即实物期权法也很盛行。

6.4.1 行为分析法

行为分析法是指在评估项目现金流量的不确定性时，将不同程度的风险考虑进去的一系列方法，属于主观方法。这些方法研究一种或者多种因素的变化对项目现金流量产生的可能影响，主要包括敏感性分析法、情景分析法和模拟分析法。

1）敏感性分析法

敏感性分析法衡量一个或者两个主要变量（如初始投资额或者贴现率）的变化对一个项目的净现值或者内部报酬率产生的影响。敏感性分析可以采取许多形式，一种是计算有关变量变化的临界值，即计算各变量的参数值在多大范围内变化不会影响原来结果的有效性。变量参数值在越小的范围内变动，对原来结论有效性的影响就会越大，说明该变量的敏感性越强，越应引起重视。另一种形式是分析有关变量在一定的范围内变动时其对净现值的影响程度，即计算敏感系数，敏感系数的绝对值越大，变量的敏感性越强。

【例 6-11】

利里公司的包装部门正考虑购买一台包装机，预计现金流量见表 6-13。

表 6-13 **包装机预计现金流量表** 单位：元

年份	0	1	2	3
设备成本	-200 000			
现金流入（100 000 件，3 元/件）		300 000	300 000	300 000
现金流出（变动成本）		200 000	200 000	200 000
净现金流量	-200 000	100 000	100 000	100 000

企业要求的最低报酬率为 10%，则项目的净现值为：

NPV=100 000×（P/A，10%，3）-200 000=48 700（元）

IRR=23.38%

项目的净现值大于零，因此在经济上是可行的。但是，如果有关变量的预测值发生变化，使净现值小于零，则项目将变成不可行。通过敏感性分析，可以计算各个变量的临界点及其变化率，见表 6-14。

表 6-14 **变量计算表**

项目	初始状态	NPV=0 状态	变量变化百分比
设备成本（元）	-200 000	-248 700	24.35%
年销售量（件）	100 000	80 418	19.58%
单位售价（元/件）	3	2.80	6.7%
单位变动成本（元/件）	2	2.20	10%
最低报酬率	10%	23.38%	133.8%

可见，最敏感的项目是产品的单位售价，其次是产品的单位变动成本和年销售量，该方案在执行过程中要特别关注这些变量的变化趋势。

敏感性分析并不能计量项目的风险，它反映的是各个变量的预测值发生变化时其对净现值的可能影响，并可用来估计变量变化到什么程度时将使决策结果发生改变（由接受转为拒绝）。该方法有助于管理者深入分析现金流量的估计值，并在执行中关注这些变量的变化趋势。敏感性分析法虽然揭示了影响决策的关键变量，但不能对这些变量的变化提出相应对策，因此在实务中要和其他方法一起结合使用。

2）情景分析法

敏感性分析法假设各个变量的变化是独立的，而管理者可能更关心各个变量共同变化时的可能影响，此时可以采用情景分析法。该方法与敏感性分析法相似，不同的是该方法同时考虑了各种可能的情况下多种因素同时变化的影响，其基本步骤是：先做一些基本的预测，计算该基本情况下的净现值，然后分析不同情况（如较好和较差）时的现金流及其净现值。该方法可以告诉人们将发生什么情形，并估计潜在的不利影响，但不能说明是否应接受该项目。

【例6-12】

沿用【例6-11】的资料，假设例中所列示的现金流量是最有可能发生的，同时，企业还分别估计了悲观情况和乐观情况下的现金流量，见表6-15。

表6-15 **现金流量估算表** 单位：元

年份	0	1	2	3
悲观情况				
设备成本	-200 000			
现金流入（50 000件，3元/件）		150 000	150 000	150 000
现金流出（变动成本）		100 000	100 000	100 000
净现金流量	-200 000	50 000	50 000	50 000
乐观情况				
设备成本	-200 000			
现金流入（150 000件，3元/件）		450 000	450 000	450 000
现金流出（变动成本）		300 000	300 000	300 000
净现金流量	-200 000	150 000	150 000	150 000

$NPV_{悲观}$=50 000×（P/A，10%，3）-200 000=-75 650（元）

$IRR_{悲观}$=-13.11%

$NPV_{乐观}$=150 000×（P/A，10%，3）-200 000=173 050（元）

$IRR_{乐观}$=54.77%

据此，除了最有可能发生的情况下的净现值和内部报酬率外，还可分别计算出悲观情况和乐观情况下的净现值及内部报酬率。

上述计算表明，该投资方案的净现值和内部报酬率并不是唯一的定值，而是存在三种可能达到的数值，这将有助于引导人们积极创造条件，争取实现最好的结果，避免最坏结果的产生。

3）模拟分析法

模拟分析法实际上是一种统计方法，按照既定的概率和分布及其相关的现金流量来进行预测。把各种现金流量的组成部分与数学模型结合起来并多次重复，就会取得该项目的净现值和内部报酬率的概率分布。

情景分析法中的所有变量只有特定的几个变动值，而模拟分析法则让变量在所有的可能值之间变动，以测试接受投资项目的各种可能结果。例如，在分析某投资项目的现金流量时可能考虑以下因素：（1）市场分析：市场规模、售价、市场增长率和市场占有率。（2）投资成本分析：所需投资额、设备的寿命期、设备残值。（3）营业和固定成本分析：营业成本和固定成本。所有这些因素都是具有概率分布的随机变量，这些概率分布是估计变量预测值的基础。一旦确定了各个变量的各种可能的结果和概率后，就可以计算由上述各个因素的一个随机组合的内部收益率或按无风险利率计算的净现值，这就是一次模拟。

具体地说，首先要根据各个变量的概率分布结果，对其可能值按照从1到100的顺序进行编号。例如，某投资项目的销售量具有以下概率分布（见表6-16）。

表6-16 **概率分布表**

销售量（件）	2 000	4 000	6 000	8 000	10 000
概率	0.1	0.25	0.3	0.25	0.1

对其编号如下（见表6-17）：

表6-17 **编号表**

编号	数值
1~10	2 000
11~35	4 000
36~65	6 000
66~90	8 000
91~100	10 000

对于数量为2 000件的情况，其编号为1~10，占全部编号（100）的10%，与其出现的概率一致，同样，数量为4 000件的情况的编号为11~35，占全部编号的25%，对于其余的变量用同样的方法进行编号。

接着，由计算机随机抽取各个变量值的一个编号，找出其对应的数值，这就产生了一次模拟数据，可以利用这组数据计算项目的内部报酬率或净现值的模拟值。模拟值取决于各个变量概率的相互作用。这样，经过多次模拟之后，就可以产生内部报酬率或净现值的概率分布图（如图6-4所示）。根据概率分布图，人们可以确定净现值大于或小于某一特定值的概率。净现值小于零的概率相当于项目内部报酬率小于无风险利率的概率。如果把低于无风险利率的收益率视为机会损失，则净现值小于零的概率为30%，意味着企业投资于国库券而不投资于该项目的获利机会为30%，但这并不能说明是否应接受该项目。如果是在评估互斥项目时，可以通过计算互斥项目净现值及其概率分布并进行比较，以判断项目彼此之间的优劣程度。净现值期望值大、离差小的项目，要优于净现值期望值小、离差大的项目。

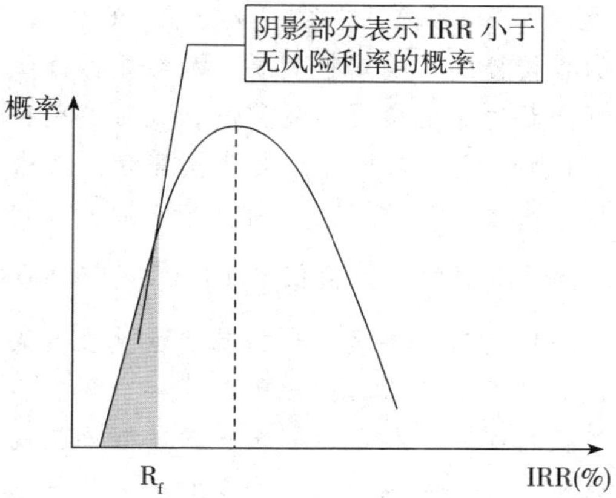

图6-4 内部报酬率的概率分布

利用模拟分析法计算净现值的模拟值时采用的是无风险利率，为的是避免重复计算风险。该方法的优点是可以使人们了解影响项目现金流量的各个变量之间的关系，以及如果估计错误可能产生什么样的影响，并评价可能的风险。但是，按无风险利率计算的净现值的概率分布无法告诉管理者是否应当接受该项目。因此，在利用该方法评估风险之后，还需要按风险调整贴现率计算项目的净现值，以作为决策的依据。

6.4.2 风险调整法

行为分析法对研究投资项目所涉及的因素的变化及其对报酬率或净现值的影响是非常有用的，但是却无法提供对风险的量化标准。对不同的风险情况进行量化的方法，称为风险调整法，主要包括肯定当量法和风险调整贴现率法。前者是对项目现金流量的调整，后者则是对项目贴现率的调整。

1）肯定当量法

肯定当量指的是某人在一定时点所要求的确定的现金额，该现金额与在同一时点预期收到的一个含风险的金额无差别。肯定当量法按照投资者有把握获得不确定的现金流量的程度，将不确定的现金流量按其涉及的风险大小折算为确定的现金流量（肯定当量），然后将这些现金流量按照无风险利率进行贴现，以反映该项目特有的风险。应用肯定当量进行风险调整的公式为：

$$NPV=\sum_{t=1}^{n}\frac{\partial_t CF_t}{(1+r_f)^t}-CF_0 \qquad \text{（公式6-12）}$$

式中，∂_t代表肯定当量系数（$0<\partial_t<1$）；r_f代表无风险利率。

【相关链接6-1】

肯定当量与人的风险态度

现在的电视荧屏上，每到周末就开始上映各种游戏节目。在某一种节目的最后，胜利者可以选择确定的奖金（如1 500元），也可以选择掀开游戏场上的一些纸板，纸板上写着各种各样的礼物的名称，有的价值高于确定的奖金（如6 000元），有的则低于确定的奖金（如300元），甚至一文不值（0元）。此时，不同参赛者做出了不同的选择，有的直接接受了确定性奖金，放弃了掀开纸板的悬念。有的则选择尝试，尝试的结果可能获得了价值更高的奖励，也可能获得了更低的奖励。这个游戏里确定的奖金额（1 500元），实际上就是肯定当量。各个纸板掀开后，奖励的价值是不确定的，假设只有上述三种情况，而参赛者掀开任何一张纸板的机会是均等的，都是$\frac{1}{3}$，那么，掀开纸板的期望价值是2 100元（$6\,000\times\frac{1}{3}+300\times\frac{1}{3}+0\times\frac{1}{3}$）。参赛者的不同选择体现了不同的风险态度，选择确定性奖金的人，比较厌恶风险，而相比之下，选择了尝试掀开纸板的人，则比较愿意接受风险。并且，随着确定性奖金的提高，选择尝试的人将减少。相反，当纸板后的奖励提高时，选择尝试的人就会增加。不同的人的风险态度，可以由肯定当量和风险投资的期望值之间的关系来表示：

肯定当量<期望值，风险厌恶；

肯定当量=期望值，风险中立；

肯定当量>期望值，风险爱好。

在上面的例子里，选择了确定性奖金1 500元而放弃可能期望值为2 100元的机会的人，属于风险厌恶型的人，而当确定性奖金提高到2 500元时仍然选择尝试掀开纸板的人，则属于风险爱好型的人。在实际决策中，许多投资者都属于风险厌恶型投资者。为了使投资者投资于高风险的项目，必须提供较高的期望收益率。

【例6-13】

假设PL公司正在考虑一项投资计划，其预期的现金流量见表6-18。

表6-18　**PL公司预期现金流量表**　单位：元

年度	0	1	2	3
现金流量	-10 000	4 000	5 000	4 000

企业所要求的最低收益率为10%。

如果不考虑项目的风险，该方案的净现值为：

NPV=4 000×（P/F，10%，1）+5 000×（P/F，10%，2）+4 000×（P/F，10%，3）-10 000
=774（元）>0

IRR=14.33%>10%，表面上看，具备经济可行性。

但是，考虑到未来经营的风险，可以将未来各年的预计现金流量的期望值转化为肯定当量，假设分别为期望值的100%，90%，80%和70%，而无风险利率为

6%。则上述期望现金流转化为肯定当量见表6-19。

表6-19　**肯定当量表**　单位：元

年度	0	1	2	3
现金流量	−10 000	3 600	4 000	2 800

该方案的净现值为：

NPV^{*}=3 600×（P/F，10%，1）+4 000×（P/F，10%，2）+2 800×（P/F，10%，3）−10 000
=−1 318（元）<0

IRR=2.07%，小于无风险利率6%，所以该计划不可行。

2）风险调整贴现率法

风险调整贴现率法对使用的贴现率进行调整，并对预计的现金流量进行贴现。

以公式表示为：

$$NPV=\sum_{t=1}^{n}\frac{CF_t}{(1+RADR)^t}-CF_0 \quad \text{（公式6-13）}$$

式中，RADR代表风险调整贴现率，风险越大，风险调整贴现率越高，项目的净现值越小。风险调整贴现率法通常与资本资产定价模型结合起来。选择一个与投资项目风险类似的上市公司的β系数来计量其贴现率。或者，可以将公司整体的风险水平与投资项目的风险水平相比较，使用主观的方法将投资项目的贴现率在公司所要求的最低报酬率基础上向上或向下调整而获得该项目的贴现率。如果项目经过风险调整的净现值大于零，说明项目收益高于同类风险投资的收益，因此是可行的，反之则不可行。如果以项目的内部报酬率进行判断，则当项目的内部报酬率位于证券市场线之上时，可接受；当项目的内部报酬率位于证券市场线之下时，则不可接受（如图6-5所示）。

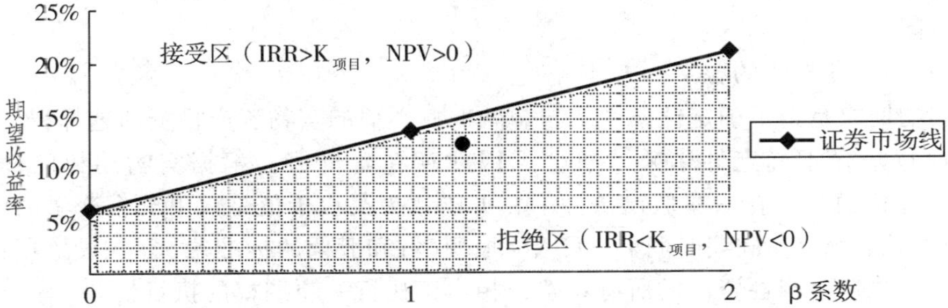

图6-5　风险贴现率与证券市场线

【例6-14】

沿用【例6-13】的资料。企业所要求的最低收益率为10%。假设无风险利率为6%，市场投资组合的期望报酬率为13.5%，同类项目的β系数为1.2。根据资本资产定价模型，该项目的期望收益率应为：

6%+（13.5%−6%）×1.2=15%

该方案按经过风险调整后的净现值为：

NPV=4 000×（P/F，15%，1）+5 000×（P/F，15%，2）+4 000×（P/F，15%，3）-10 000
=-111<0

IRR=14.33%<15%，因此该项目不可行。

6.4.3 实物期权法

在投资决策中，净现值法由于具有价值的可加性，以及和股东财富最大化目标一致等优点而成为具有代表性的投资决策方法。但是，这种方法需要解决两个问题：一是如何估计投资项目的未来现金流；二是如何确定合适的贴现率。对于前者而言，通常项目管理者只使用一期的单一数据预测，或者借助肯定当量法来调整现金流量。至于贴现率，基本上是以加权平均资本成本来代替，或者使用风险调整贴现率。在外部环境比较确定的条件下，这种分析基本上可以取得令人满意的结果。但是，随着外部环境不确定性的加强，管理者经常需要做出一些战略性的决策，此时的市场规模、进入市场的机会、竞争对手的行动方案等，都是未知的。净现值法假设，一旦投资者决定投资，就始终坚持投资直到项目的寿命终结。而在实际的市场上，项目的现金流并不是一成不变的。随着时间的变化，项目的不确定性将逐渐减少。因此，投资项目并不是不可推迟的。管理者对投资项目的决策，经常面临很多选择机会，例如可以选择推迟、扩张、收缩或放弃投资策略。而这种选择权的存在，是有一定价值的。净现值法不考虑管理者可以采取的管理行为，以及由此导致现金流量与现金流量期望值的差异，所以净现值法只限于不确定性非常小的业务，这类业务不需要进一步投资，每年提供稳定或逐步下降的现金流。但是，在不确定性经营环境中，这类投资所占的比重越来越小。在面临越来越多的不确定性决策，特别是战略决策时，管理者经常不依靠数量分析，而是依靠大量的定性资料，甚至是经验或直觉来进行决策。但是，这种决策，由于和传统投资评价结果的不一致，常使管理者感到犹豫和担心。实物期权法的出现，解决了战略投资和不确定性投资的评价问题。

1）实物期权法的含义

实物期权是指不确定性条件下与金融期权类似的实物资产投资的选择权。按照实物期权法，不确定性带来了机会，因此存在着价值。根据实物期权的Black-Scholes定价模型，在一些假设条件下，可以认为买权价值是以下五个变量的函数：股价S，执行价X，到期时间T，无风险报酬率r和股票的标准差σ。在投资项目中，为了购买建造生产性资产的所有花费，相当于执行一项期权的执行价X，建造或是取得的资产价值就是股价S，公司既不失去这种机会又可以等待的时间长度即为到期时间T，用资产报酬的标准差σ来表示项目的风险，时间价值仍用无风险利率r表示。[①]

实物期权法与实物资产投资决策具有相关性，包括：（1）实物期权具有期权的特征。因为，现实生活中的投资具有不可逆性，时间上的延迟和选择性以及投资后

① 期权定价模型，可以参考二项树定价模型，或者是B-S模型，这里不做介绍。

的各种变动弹性，增加了投资的价值。（2）实物期权法所用的贴现率为无风险利率，客观而准确，避免了净现值法的不足。（3）实物期权法虽然也建立在对未来现金流估计的基础之上，但能更好地解释实际的投资行为。投资项目的净现值随市场变化而波动，当市场价格（净现值）大于执行价格（投资成本）时，公司才会执行该期权（即选择投资）。项目的净现值使企业得以在特定的时间范围内，支付执行价格以获得一定价值的资产，为未来进行投资创造机会，但并不承诺一定投资。

因此，不确定性条件下投资项目的价值表现为扩展的净现值：

扩展的净现值=静态的净现值+实物期权的价值±竞争的影响

由此，影响项目价值的因素主要有三个：第一，项目未来收入的现金流（净现值）。第二，投资机会的价值，即实物期权的价值。实物期权理论认为不确定条件下投资的执行具有灵活性，从而具有价值。第三，竞争者之间的交互作用对项目投资价值的影响。在没有竞争的情况下，投资机会是专有的，投资者只需考虑项目未来的收益和其中所包含的实物期权价值即可做出正确决策。但是，由于竞争的存在，还必须考虑竞争对项目价值尤其是实物期权价值的影响。不同的投资外部性可能会带来不同的影响，这种影响在具有战略替代性的市场上（负的外部性）是负面的，会减少实物期权的价值，而在具有战略互补性的市场上（正的外部性）是正向的，会增加实物期权的价值。

2）实物期权投资的种类

实物期权投资主要有以下几种类型：扩张（或紧缩）期权、延迟的期权、放弃的期权、增长期权、转换期权等。

（1）扩张（或紧缩）期权。项目的持有者有权在未来的时间内增加（减少）项目的投资规模，即未来的时间内，如果项目投资效果好（或不好），则投资者有权扩张（或紧缩）投资项目的投资规模。这种期权使公司能够在刚进入新市场时，先做少量投资，只有当市场条件变好时，才通过扩张投资项目的规模，取得比开始预期较好的投资效益。而如果市场条件不好时，则可以通过收缩项目规模降低投资风险。

（2）延迟的期权。项目的持有者有权推迟对项目的投资，以解决投资项目当前所面临的一些不确定性。当投资者在从事一些重大的不可收回项目时，如资源开采、农业、房地产开发项目，需要详细的前期投资分析，通常可以通过推迟项目投资，直到项目的重大不确定性得以解决时，再进行具体投资。项目所拥有的延迟期权，能够控制投资项目的损失，因此，其价值将比不含有延迟期权的项目价值大。

【例6-15】

某房地产商拟开发一个项目，预计投资额为800万元，如果立即投资，未来现金流量的现值为1 000万元。但是，由于市场情况并不明确，该开发商也可以选择等待1年后再进行投资。这种等待的权利就是一种延迟期权，其约定价格为800万元，时间为1年。当第1年的市场情况不理想时，企业当年预计的现金流量为80万元，第1年年末该项目的价值将下降为640万元，如果第1年的市场情况很好，企业当年预计的现金流量为160万元，第1年年末项目的价值为1 840万元。

从上述资料可以看出，立即投资的净现值为200万元（1 000-800），按传统的投资方法，该项目应当立即进行。

但是，如果立即进行投资，将可能承担第1年年末价值下降所带来的损失160万元（640-800）。而如果等到第1年年末再投资，虽然少得到第1年的现金流量（80万元或160万元），但是却会避免出现损失。因此，在市场条件好的情况下，买权价值为1 040万元（1 840-800），而市场条件不好时，企业放弃投资，买权价值为0。

假设无风险利率为10%，根据二项树模型，可以计算该期权价值如下：

μ=（1 840+160）÷1 000=2

d=（640+80）÷1 000=0.72

$\rho=\dfrac{(1+10\%)-0.72}{2-0.72}=0.297$

$1-\rho=0.703$

期权到期的期望现金流量为：

0.297×1 040+0.703×0=308.88（万元）

按无风险利率贴现得：

308.88÷1.1=280.8（万元）

立即投资，获得项目净现值200万元，但失去了延迟期权280.8万元。

等待1年的扩展净现值=-200+280.8=80.8（万元）

所以，应当等待1年再进行投资。

（3）放弃的期权。如果项目的收益不足以弥补投入的成本或者市场条件变坏，投资者有权放弃对项目的继续投资。这种类型的期权大多存在于研究开发密集型的产业，如制药行业，项目具有高度不确定性，研发周期长，从产品研究开发到产品营销可以分为若干个投资阶段，当市场条件不利时，投资者可以放弃投资以控制继续投资的可能损失。

（4）增长期权。项目的投资者在获得初始的投资机会后，在未来时间内可以获得一些新的投资机会。这种机会具有十分重要的战略意义。一些早期投资项目的价值，并不主要来自于项目的现金流，而是来自于它所能提供的将来的增长机会的价值。例如，投资于第一代产品，虽然可能净现值为负数，但是该产品开发过程中建设的基础设施、积累的经验、形成的营销网络，都可以构成以后开发新一代产品的基础。如果不做出最初的投资，公司就不可能获得接下来的投资机会，就将丧失竞争优势。

【例6-16】

20×1年年初，某公司考虑引入DVD生产线，但是由于存在诸多不确定性，DVD的市场销售情况很不明确。现金流量的不确定性极大，预计波动率为35%。公司打算先于20×1年年初投资1 500万元引入VCD生产线，预计从20×1年年末起年现金净流量为470万元，该生产线于20×6年年初报废。通过VCD的生产，培育销售渠道和知名度后，公司于20×4年年初投资2 400万元于DVD生产线，预计寿命期为5年，最保守的估计，年现金净流量为715.16万元。公司的经风险调整的资本成本为18%，无风险利率为5%。

首先计算投资于VCD项目的净现值为：

NPV_{VCD}=470×（P/A，18%，5）-1 500=-30.31（万元）

按传统的分析方法进行分析，公司不应投资于VCD生产线。

而如果公司于20×4年直接投资于DVD项目，则其在当年的净现值为：

$NPV_{20\times4}$=715.16×（P/A，18%，5）-2 400=-163.70（万元）

换算为$NPV_{20\times1}$=-163.70×（P/F，18%，3）=-99.69（万元）

按传统的分析方法进行分析，公司也不应投资于DVD生产线。

但是，现在如果上马VCD生产线，除了获得5年的现金流量，还存在着在3年后上马DVD生产线的机会。这相当于一个期限3年，约定价格为2 400万元，标的资产的当前价值为1 361.082万元的买权价值，则σ=35%，T=3，S=1 361.082，X=2 400，r=5%，根据Black-Scholes模型可得：

$$d_1=\frac{\ln(S/X)+(r+\sigma^2/2)T}{\sigma\sqrt{T}}=-0.38508$$

$$d_2=d_1-\sigma\sqrt{T}=-0.99129$$

N（d_1）=0.3502；N（d_2）=0.1608；C=144.486。

所以，考虑了投资于DVD生产线的增长期权后，VCD生产线的扩展的净现值为：

扩展的NPV_{VCD}=-30.31+144.486=114.176（万元）

因此，从公司整体战略考虑，公司应现在投资于VCD生产线。

（5）转换期权。在未来时间内，项目的持有者有权在多种决策之间进行转换。例如工厂选购不同类型的锅炉，有的只能使用天然气做燃料，有的只能使用燃油做燃料，而有的则可以在两种燃料之间进行转换。选择前两种锅炉，管理者没有权利进行转换。但选择第三种锅炉时，管理者可以根据市场上的天然气和燃油价格的变化，转换燃料。这种选择权的存在，使第三种锅炉的价值高于前两种。

3）实物期权法的优点和适用条件

实物期权法的主要优点包括①：

（1）实物期权法改变了人们对不确定性的认识。该方法能较好地在投资的不可逆转性、不确定性及时机的选择的相互作用下处理不确定性，发现不确定性的价值并把其作为投资价值的一个组成部分。它彻底改变了投资者对待风险的态度，不确定性越大，使用期权的机会就越大，期权的价值就越大，从而更好地解释了经济主体的投资行为。

---

① 马莎，阿姆拉姆，纳林，等. 实物期权——不确定性环境下的战略投资管理［M］. 张维，等，译. 北京：机械工业出版社，2001.

（2）实物期权法将产品市场和交易机会联系起来。实物期权法使用金融市场的输入量及概念，来为所有类型的实物资产复杂的损益定价，使用实物期权、金融市场的选择方案、内部投资机会和交易机会（如合资、技术许可证、收购等）具有等值基础上的一致性，从而将金融市场的规则引入企业内部战略投资决策中来，提高了管理者捕捉战略投资机会的能力。使用实物期权法分析时，首先要识别战略投资项目中的期权，在此过程中，可以使公司的战略投资分析和公司的战略愿景联系起来，并通过重新设计投资方法，创立期权，事先积极地管理好投资。

（3）实物期权法的思维方法可以改变很多行业的结构。实物期权思想对企业战略投资的影响，可以推广到产业中。根据实物期权分析的结果，在不确定性市场上，对一个大型项目进行分解具有极大的价值。用阶段性扩张或更为灵活的生产能力，比起一次性投资具有更大的价值。这种思想可以改变很多行业结构，促进竞争性产业的动态均衡。

（4）实物期权的思维方法可以改善一般经营决策。传统的资本预算程序假设项目将在其预测寿命期内的每一年都正常经营，但项目有时在既定的年份中无法达到最令人满意的经营效果，按实物期权的思维方法，此时可选择替代生产技术，如对项目规模扩张或收缩的选择、暂时关闭或终止项目、等待项目时机等，来提高企业的经营效率。

实物期权主要适用于在不确定性环境中含有管理选择权的投资决策，如存在或有投资决策。传统投资决策无法正确估计这种投资机会的价值，项目的价值主要由未来的增长权而不是目前的现金流所决定，项目不确定性很大，需要考虑项目的灵活性或者需要等待更多的信息，以避免无法收回投资的决策失误。

如果不存在管理选择权或者虽然存在选择权，但几乎没有不确定性因素，或不确定性因素对项目的影响很小时，仍可采用传统的投资决策分析方法。

总结与结论

本章首先介绍了长期投资的决策模型。在进行长期投资评价之前，应对项目的现金流量进行分析。现金流量按时间分布，可分为初始现金流量、期间净现金流量和期末净现金流量。

本章重点介绍了长期投资评价的几种基本指标：投资利润率、静态回收期、动态回收期、净现值、净现值率、内部报酬率等。不同指标的作用不同，其优缺点各异。在对投资项目实际进行对比选优时，由于项目之间关系不同，应采用的评价方法也有所不同。当对独立投资项目进行对比选优时，可以采用净现值、净现值率或内部报酬率等指标，这些指标计算出来的选择结果是一致的。但是，当对互斥投资方案进行对比选优时，应当采用净现值指标进行比较，对寿命周期不同的项目，则可以通过计算年现金流量进行分析比较。对投资组合方案，则应当采用净现值率进行分析。长期投资决策做出之后，在建设期应当加强对资本支出的控制，在经营期要实施事后审计，以确保既定目标的实现。

本章还介绍了不同的投资项目风险分析的方法，包括行为分析方法、风险调整方法和实物期权方法等。

练习题

思考题

1. 什么是长期投资决策？其决策模型包括哪些基本步骤？

2. 什么是现金流量？它包括哪些内容？需要考虑哪些因素？

3. 长期投资决策经济评价的指标有哪些？简要说明这些指标的优缺点和适用条件。

4. 如何对独立投资项目进行比较和选优？

5. 在对互斥项目进行比较和选优时，为什么净现值较大的项目要优于净现值较小的项目？

6. 请对净现值法和内部报酬率法进行比较，并解释为什么在对互斥项目进行排序的时候，这两种方法可能产生矛盾？

7. 如何对最优投资组合项目进行比较和选优？

8. 如何对长期投资项目进行风险分析？

习题

1. 李医生是位整容专家，自己开了一个诊所。最近参加了一次学术会议后，她掌握了一种新的去除鱼尾纹的技术，这种技术可以使除皱操作耗用的时间比现有技术缩短50%。由于李医生的客户很多，她很希望能试试这种技术。如果采用新技术缩短了操作时间，则在同样工作时间内可以接待更多的客户，就可以增加收入。不过，采用这种新技术需要购买一种专用设备，其成本为74 000元。设备预计使用年限为4年，预计残值为6 000元。李医生估计未来4年内其收入的增加额见表6-20。

表6-20　**收入表**　单位：元

年份	增量收入
1	19 800
2	27 000
3	32 400
4	32 400

同时，预计每年将增加现金支出3 000元。诊所的所得税税率为25%。李医生要求的最低报酬率为10%，医生在报税时采用直线法计提折旧，残值率为零。

要求：

（1）计算该新设备的静态投资回收期。

（2）计算该新设备的净现值，并分析李医生是否应该购买该设备。

（3）在做出最终决策之前，李医生决定向其他使用过该设备的整容医生了解一下情况。结果发现，该技术实际上只能使操作时间缩短25%，而不是像广告说的那样减少50%。李医生估计，经营现金净流量的估计额将因此而减少1/3（残值不变）。请问，此时该项目的净现值将是多少？你是否建议李医生购买该设备？

2. 百里公司在第0年的资金配给额度只有60 000万元，以后就没有这方面的资金配给了，但眼下的三个项目一个也不能拖。根据公司所要求的最低报酬率（10%），三个项目的净现值计算见表6-21。

表6-21 **净现值表** 单位：万元

项目	初始现金流量	项目净现值
A	50 000	5 700
B	28 000	3 300
C	30 000	4 400

要求：为了达到最理想的净现值，在现有资金配给额度允许的范围内，第0年要进行哪些项目？假设所有的项目都可分成比较小的部分来进行投资。

讨论题

1. 有车族们逐渐遇上了一个烦恼：车位是买还是租？在厦门岛内，车位售价大多在30万元以上，而月租金在400元左右。有车一族需要考虑许多因素，比如买入的车位是自用还是投资用，买车位和租车位的机会成本分别是多少等。请讨论并分析：

（1）有车族们还需要考虑什么因素？

（2）这一章提到的哪些指标可用于车位决策的比较选优？

2. 根据【实务应用6-1】的资料，讨论一下在做投资核电与否的决策时企业需要考虑哪些因素，应使用哪些方法展开分析。

案例

由于看好猕猴桃市场前景，利达公司决定从事这一业务，与猕猴桃产地丰泽乡签订供应合同，一次性支付100万元，以扶持丰泽乡猕猴桃生产基地，条件是该乡必须连续5年按2元/千克的价格向其独家供应猕猴桃。收购回来的猕猴桃的10%，将在县城按8元/千克的价格销售给批发商。其余90%都将空运到国外市场，按20元/千克的价格出售。

投资顾问收集了以下资料：

（1）每年猕猴桃的采摘时间为1个月，年平均收获量为120吨。

（2）从产地到公司在县城机场附近的仓库，必须用小货车运输，小货车载重量为3吨，货运公司每趟收费为400元。

（3）仓库系利达公司按每月10 000元的价格租入的，租期为5年。在仓库里，对猕猴桃进行初步挑选分装，一部分在当地销售，一部分则准备空运。有关管理成本（人工、运输手续等）为95 000元/年。

（4）空运装箱：空运的产品必须装入特殊货箱，每箱容量50千克，每箱每次租用费为6元。公司与一家包机公司签订了空运协议，该公司拥有一架载重量为2吨的飞机，每运输一次收费为：固定收费600元外加每千克货物运费1元。

（5）猕猴桃的购买商按30天的付款期结算，而公司也可以按30天的结算期和供应商进行结算。

（6）目前国际市场猕猴桃供不应求，而且价格存在上涨趋势，预计年涨价5%。不过，由于农产品收成受到气候影响，可能遇到收成不好的年分，预计猕猴桃的收获量可能在平均收获量的20%上下波动。

（7）公司的所得税税率为30%，取得猕猴桃供应合同时所支付的100万元，可以分5年摊销，在税前扣除。

（8）市场研究发现，市场投资组合的平均报酬率高出无风险利率7%，政府债券报酬率为6%。公司的β系数目前为0.9。市场上农业产品的β系数平均值为1.3。公司的加权资本成本为13%。

要求：

（1）列表分析该投资项目的相关现金流量。

（2）根据该项目的必要投资报酬率计算该项目的净现值。

（3）确定对本项目进行敏感性分析最适当的上限值和下限值。

（4）根据分析结果提出你的建议。

建议阅读材料及相关网站

［1］范霍恩C，瓦霍维奇M.现代企业财务管理［M］．郭浩，译．11版．北京：经济科学出版社，2002.

［2］约翰逊．资本预算决策：公司价值最大化［M］．齐寅峰，李莉，译．北京：机械工业出版社，2002.

［3］BACON，PETER W.The evaluation of mutually exclusive investments［J］．Financial Management，1977（6）：55-58.

[4] BUTLER J S, BARRY S. The investment decision, estimation risk and risk adjusted discount rates [J]. Financial Management, 1989 (18): 13-22.

[5] http: //www.tellus.org，该网站提供的P2/Finance的软件可供快速计算资本投资项目的经济效益.

[6] 财政部. 管理会计应用指引第501号——贴现现金流法 [S]. 财会〔2017〕24号.

第7章

管理控制系统

学习目标

通过本章学习，你应该了解控制的含义及不同类型的控制；理解管理控制系统，正式和非正式管理控制系统的含义；了解管理会计控制系统的控制原理，掌握管理控制的原则。

7.1 控制及其分类

7.1.1 控制

控制，是指控制主体按照给定的条件和目标，对控制客体施加影响的过程和行为。管理中的控制职能，是指管理主体为了达到一定的组织目标，运用一定的控制机制和控制手段，对管理客体施加影响的过程。从某种意义上来说，管理的过程就是控制的过程。控制保障企业的行为与其计划一致，使目标得以实现。控制的前提是存在目标和计划，以此为前提，组织可以指明其成员应当采取的行为和流程。没有目标和计划，则无从控制。因此，控制既是管理的一项重要职能，又贯穿管理的全过程。

7.1.2 控制的分类

控制可以从不同角度分类。

当其在组织的不同层级中应用时，可以将控制分为：战略控制、管理控制和任务控制（Merchant，1998）。

战略控制是指监督战略实施进程，及时纠正偏差，确保战略有效实施，使战略实施结果符合预期战略目标的必要手段。

管理控制是指为执行组织战略，管理者向组织内的其他成员施加影响的过程。管理控制是组织实施战略的工具之一，管理控制包括计划、协调、沟通信息、评估信息、决策和影响人们行为的种种活动，信息是这些活动得以开展的保障。由于企业内部不同级别的管理人员需要不同的信息，因此该系统收集的信息既包括了财务信息（如收益、成本信息），又包括了非财务信息（如顾客反应时间、缺陷率等）。信息既可能源于企业内部（如员工生产力），又可能源于企业外部（如股价、竞争对手成本）。

任务控制是指保证具体任务得到有效果和效率的执行的过程。任务控制依据管理控制过程中建立的规则执行，关系到个人任务的绩效。

管理控制、战略控制及任务控制存在着本质的区别。

战略控制是确定组织的目标和如何实现这些目标的过程。管理控制则是实施战略的过程。二者之间最根本的区别在于，战略控制是涉及企业同外部环境关系的基本战略方向的控制，它从企业总体考虑，着重于长期（1年以上）业绩。战略控制是非系统的过程，在出现实现目标的新机会或新威胁时进行，而这种机会或威胁出现的时间并不固定。管理控制需要处理战略规划实施过程中的局部、短期性问题，着重于短期（1年以下）业绩，这是系统化和程序化的。此外，战略控制依靠大量判断和粗略估计的数字，主要参与者为少数高级管理人员。而管理控制则按可预计的流程和顺序依次完成，依靠的是比较可靠的估计，并涉及企业各个层级的管理人员和员工。

任务控制则是确定特定任务有效实施的流程。要处理的是近期活动，考虑近期（如月度、季度）业绩，如日常的产品质量控制，是针对特定的交易而言的，关心的是特定任务是否按照管理控制流程制定的规程完成，并确保规程得到遵守，强调的是科学性，较少有人为因素的介入。而管理控制则涉及管理人员的行为，不能简单地将其视为科学，人的行为因素将影响控制的效果。以任务控制的手段来进行管理控制，可能导致严重的不良后果。另外，任务控制针对的是组织内部各个部门的特定的任务，较少掺杂判断，而管理控制针对的是管理者在既定战略中的各种管理活动，需要应用判断。

控制的另一种分类，是Ouchi（1979）和Merchant（1998）提出的，包括：行为控制、人员和文化控制、产出（结果）控制。

行为控制是指直接对人们的具体活动进行控制，它基于直接的个人观察。当工作成绩的要求或标准已众所周知而需要用个人观察来提高效率时，通常运用行为控制。如果能确知行为与结果之间的因果关系，那么，只要手段正确，期望的结果就能实现。此时，有效的控制只要通过上级对下级的观察和引导就能实现。例如，车间经理观察生产线上的员工是否按既定流程工作，就可以确保产出的质量和数量。

人员和文化控制是指人员控制帮助员工根据其天性来实现自我控制，以做好事情。员工有能力和资源来做好事情。这种控制包括：员工的选聘、培训、岗位设计和提供必需的资源。文化控制则代表组织成员共同拥有的足以影响其行为的价值观，社会道德观念等。文化控制是个体之间相互执行的。

产出（结果）控制是指对企业战略活动结果的控制，如对质量、成本和性能等指标的控制。该控制收集并报告行为结果的信息，其优点在于上级管理者无须知晓实现期望结果的手段，或不需要直接观察下级的行为。他们只需要依靠产出报告来确定期望结果是否达成。管理会计控制系统，是一种典型的产出控制系统。通过收入、成本、利润等财务指标，以及质量、业务量，按时送货率等非财务指标来控制。

产出（结果）控制包括以下几个步骤：

（1）制定结果指标，以减少不必要的行为。期望的行为可以改进业绩指标，而不希望的行为则将对业绩造成不良影响。业绩指标应能反映组织目标期望达成的结果，否则将鼓励员工采取不利于组织目标的行为。

（2）制定业绩指标的目标值。设定业绩目标值，则使员工明确工作目的，并使实际业绩能够有对照标准。

（3）计量业绩。能否有效计量业绩也会影响结果控制的效果。

（4）提供奖惩。奖惩建立在已经实现的业绩结果之上，可以鼓励员工实现组织目标。奖励可以是涨工资、奖金、激励和认可，也可以体现为成就感等隐形奖励；惩罚则可以是惩戒，扣发奖金甚至辞退。

根据Merchant的观点，管理者选择控制形式时，可以先考虑人员和文化控制，因为该方式副作用小，对于小型组织而言实施人员和文化控制也许足够，不再需要其他的控制手段。管理者可以先评价组织里的人员和文化控制的可靠性再决定是否还需要其他控制系统。

行为控制是最为有效的控制形式，因为控制机制与行为之间存在密切联系，并且预计的产出很可能实现。一般不会存在计量的问题。但是，其应用必须建立在对因果关系的充分理解上，而这很难实现。此外，这种控制只能局限于固定的行为方式，不利于鼓励创造性。

当无法确知应该采取的行为时，结果控制是最有效的手段。对多数企业而言，这也是最常见的手段。在确定大型、复杂的组织以及这些组织内部主要的下属单位的工作成绩时，最常使用产出控制。此外，结果控制不影响个体的自主权，个体可以自主决定达成目标所需要的行动，而不受既定规则或程序的影响。其不足在于：预计的结果可能无法得到准确描述，无法准确区分可控和不可控的因素，可能存在准确性、客观性、及时性、可理解性等计量的问题。

7.2 管理控制系统

7.2.1 正式和非正式的管理控制系统

管理控制系统是指为实现管理控制而设计的互相关联和彼此互相联系的沟通的组织和机制。这些机制有助于信息的加工。管理控制系统在运行时按它的途径不同，分为正式管理控制系统和非正式管理控制系统。除非很小，否则企业通常都会使用正式控制系统，并且与非正式系统同时使用。管理控制系统的目的在于帮助管理者驾驭组织中的各个部分能够实现其整体目标。

正式管理控制系统是指在组织系统内，依据组织明文规定的政策、程序并通过正式的组织来贯彻这些政策和程序。在正式管理控制系统中，领导者能够利用正式组织的结构，使组织成员遵循执行这些政策和程序。这些组织结构、政策和程序的正式文件帮助成员来实施他们的职责。

正式的管理控制系统包括：指导管理人员和员工行为的各种正式的规定、程序、业绩指标和奖励计划（如图7-1所示），其中又包括管理会计系统，人力资源系统、质量管理系统、环境管理系统等。

所有的组织都存在非正式的一面。这是在正式的组织结构中不会展现出来的人与人之间的联系。非正式组织，即指由于个人之间的接触和相互联系而形成的一群人的组合体，并产生一种不成文的、非正式的行为准则或惯例，要求个人服从，但没有强制性。非正式的管理控制系统包括公司的共同价值观、忠诚度以及公司内部各种不成文的行为规范。例如，"顾客就是上帝"，这种观念将影响员工的行为。在个体层面，员工的业绩受到其加入职场的动因、需求层次的影响。

非正式组织与正式的控制系统的管理思想是不一样的。正式的控制系统要求明确区别行为，而非正式的控制系统避免了区分行为，追求的是应急的作用。

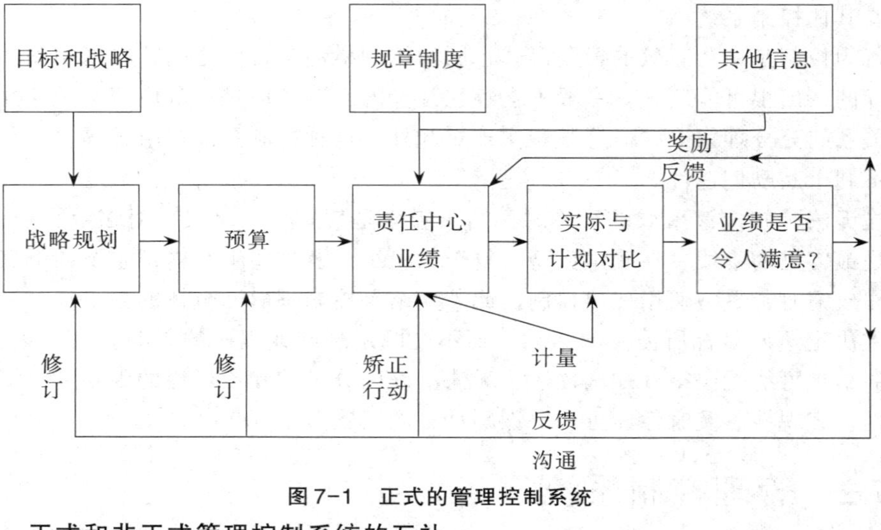

图7-1　正式的管理控制系统

7.2.2　正式和非正式管理控制系统的互补

有效的管理控制系统应能以经济可行的方式实现企业的目标，其设计应能体现和传递公司整体的战略和目标，能考虑公司的组织结构和管理人员承担的责任的差异，能发挥激励作用。

正式管理控制系统的设计，必须考虑与控制环境的融合，包括组织结构，非正式管理系统中职业道德、企业文化的影响，并使其与非正式系统的因素保持一致。

正式的管理控制系统借其结构，流程和固定的反应形式帮助管理者对战略做出规划与实施，以保证组织目标在相对可预期的环境中实现。组织结构不同，管理控制系统也将不同。组织结构指出了组织里权利是如何分配的，并明确指出了组织成员必须遵循的方针、程序等。管理控制系统通过组织结构执行战略，其设计必须考虑组织的战略与经营，各个部门之间的自治类型与程度，计量的方法（例如责任中心的设计和转移定价的安排）。

同时要考虑组织的管理风格与文化，组织里主导的管理风格影响着控制的过程。管理风格是指管理者受其组织文化及管理哲学影响所表现出来的风格、行为模式等，它可以是高度指令式（专制）的管理风格，也可以是高度参与式的管理风格。管理控制系统是为管理者服务，必须考虑管理者管理的方式。

公司的文化由共同的价值等组成，与公司文化的融合有助于提高控制效率。帮助决策，形成团队的向心力，减少冲突。

同时，沟通与协调也很重要，在正式的管理控制系统中，将有常设委员来处理战略和经营的问题，通过正式的会议进行沟通，并有专门使成员参与的流程。

非正式管理控制系统也要考虑组织结构，其中包含的是人和人之间的联系方式与网络，其基于经验和信任而形成了联系与责任，进而形成了共同合作的标准。其沟通通过信任，简单直接的个人联系，电话或个人备忘录来完成。

非正式管理控制系统的流程包含了组织的正式控制流程之外的，在面对非常规决策时参与进来的成员的行为，例如寻找替代方案，理性对话，不确定性的应对等。

正式控制系统与非正式控制系统是互为补充的。非正式系统帮助组织做出适应性的反应。不确定性增大时，管理当局将更多依赖非正式系统。例如，环境变化、竞争改变、技术变革等，要求组织进行适应性调整。管理者通过非正式系统寻找替代方案，缩短渠道，依赖组织的期望和核心价值观来引导行为。

● 7.3　管理会计控制系统

正式管理控制过程包括战略计划，预算，责任中心业绩评价和激励机制（如图7-2所示，具体内容在后面的章节做进一步的讨论）。战略计划确定企业应采取的项目以及各个项目应分配资源的大约数额，作用在于实施组织的目标和战略。战略计划转换为年度预算，用于控制各个责任中心的计划收入与费用。责任中心执行分配给他们的任务，向上级报告其计量的产出，并将产出与预算的目标对比，从而评价业绩，最终上级根据业绩评价结果做出反馈。如果结果令人满意，那么责任中心得到奖励；如果结果不令人满意，那么责任中心将被引导采取纠正行为或者可能针对计划做出修订。

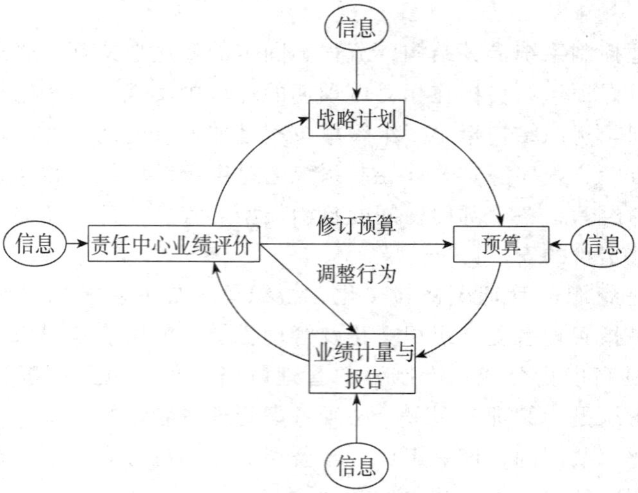

图 7-2　管理控制过程

控制的本质是对信息的控制，控制过程是信息的变换过程。控制系统通过信息的加工、处理和反馈起到调节和控制的作用。

维纳创立的控制论认为客观世界存在着一种普遍的联系，即信息的联系。信息是控制的基础，离开了信息，控制系统就无法发挥作用。管理控制的基本步骤，实际上是对信息的变换和加工过程。

管理会计控制系统是组织里最为重要的管理控制系统。因为，第一，管理会计系统以财务信息为主，辅以各种非财务信息，能将各种不同的活动结果按共同的指标加以综合。第二，各种利益关系人密切监督的财务指标，如盈利能力指标也是由会计信息系统提供的。第三，会计信息也是管理人员进行决策时主要的信息来源。其四，对结果的控制能给管理者更多的自主权，以确定达到目标所应采取的行动。

由于预算编制、业绩报告和业绩评价往往是围绕责任中心来设计的。所以，服务于管理控制的管理会计，也称为责任会计。管理会计控制系统有两个主要构成部分：用于制定业绩目标的正式计划流程（如战略规划和预算）的责任会计和将业绩的目标值分解到负责责任中心业绩的具体个人的责任会计。

7.4　管理控制的原则

管理控制系统有效与否，在很大程度上依赖两个原则：目标一致性原则和可控性原则。

1）目标一致性原则

管理控制的首要目标在于确保目标一致性的达成，即人们按照其个人利益采取的行动，同时也符合组织的最优利益。股东和最高管理层的利益可能不一致，上层和下层管理者的利益可能不一致，管理者和员工的利益也可能不一致。个人往往希望获得较高的报酬，而企业出于保持盈利能力的考虑，不可能无限制地支付高薪。个人利益和组织利益不会自然而然地达成一致。有效的管理控制系统应能促进二者利益的统一。评价管理控制系统是否鼓励目标一致性的达成，应考虑两个问题：管理控制系统激励人们按其个人利益采取什么样的行动？这些行动是否符合企业的最优利益？

管理控制的手段包括正式手段和非正式手段。正式手段如战略计划、预算和业绩报告。而非正式手段则包含职业道德、管理风格和企业文化等因素的影响。本书主要阐述的是正式手段的作用，但是为了实现目标的一致性，在设计正式控制手段时必须考虑和非正式手段的协调一致。非正式手段中的职业道德反映人们在特定社会文化环境中的工作态度、对组织的忠诚度、士气、荣誉感等，因人们所处外部环境的差异而有所不同。而管理风格则反映管理者处理事情的方式和态度，有的比较专断，有的比较民主。管理控制系统必须和管理风格相融合。企业文化反映企业共同的价值观、理念和行为准则。当企业拥有共同价值观时，沟通就比较容易实现，也比较有效。

2）可控性原则

管理控制系统，特别是管理会计控制系统，是建立在可控性原则的基础上的，即责任只能归属于能对其施加重大影响的责任中心的管理者。在责任中心管理者的责任中，不应当包含其不可控制的因素，或者应在其业绩报告中明确区分可控项目和不可控项目。不过，在实践中要贯彻这一原则存在一定难度。因为不是所有的项目都可以简单地区分成可控项目和不可控项目。有些项目，例如石油价格的上涨，不是管理者所能控制的。但是，他们可以通过决策，例如采取替代燃料或者削减用量等方式来减少石油价格上涨造成的不利影响。如果把这些项目完全归入不可控因素，不利于激励管理者采取措施消除这种不利影响。另外，即便是那些确实可以归为不可控的项目，其对业绩的影响，有时也很难计量。

企业里部门经理的不可控因素主要有三种类型：经济和竞争因素、自然因素和相互依赖程度。

（1）经济和竞争因素。顾客的喜好、竞争对手的行动、经济周期、政府法规的变更、外汇汇率的变动和竞争因素都将影响企业的收入和成本。管理人员虽然无法控制这些因素，但却可以通过行动来抵消这些因素的不利影响。而且，这种面临环境变动调整政策也是管理者的一个重要工作。所以，管理会计系统不能将这些因素的影响完全排除在管理者的责任之外，但是，不能要求管理者承担全部的风险。

（2）自然因素。火灾、台风、旱涝灾害等一般都是一次性发生的，其影响是管理者的能力所无法预见和控制的。因此，这类因素导致的不利后果不应当由管理者负责。不过，管理者应当通过购买保险或在出现灾难后采取积极措施来降低损失。

（3）相互依赖程度。组织里的各个部门并不是完全独立的，它们彼此之间可能存在相互依赖，从而使某部门的业绩可能受其他部门行动的影响。部门和部门之间的相互联系可以细分为三种：共同联系、前后联系和交互联系。当责任中心共享某种资源时，就产生了共同联系。例如，各个部门可能共享公司总部所提供的人事和会计服务。此时，部门经理所接受的服务成本的高低将受到共同服务提供部门效率的影响。把这种部门经理不可控因素排除在外的方法之一是在预算时事先进行协商，以确定所需的服务数量和金额。责任中心的服务成本将按预算分配率计算，而不受服务提供部门业绩影响。如果服务提供部门不能提供指定质量或数量的服务时，责任中心应有权另外寻找提供者。由此产生的额外成本或损失不由使用单位负责，而应由共同服务部门负责。当某一责任中心的产出成为其他责任中心的投入时，这两个责任中心就产生了前后联系。如果责任中心之间彼此相互提供产品或劳务，例如供电部门为机修部门提供电力，机修部门为供电部门提供维修服务，则产生交互关系。此时，可以考虑采用外部竞争性环境下的价格作为转移定价，来区分不同部门的责任。另外，如果上级管理层对于决策实施了干预（如为了整体税收利益而转移利润），那么由此而产生的后果也应当作为不可控因素。

要消除不可控因素对业绩的影响，可以分别在计量期之前和之后采取相应的措施。在进行业绩计量之前，编制预算时可以先区分可控和不可控的项目，把不可控项目剔除，或单独列示。单独列示可以使使用部门的管理者关注公司总部为支持其活动而发生的耗费，并避免无限制地使用公司总部的服务。同时，使用部门的管理者还可以站在使用者的角度对总部服务的质量和数量提出要求，以促进后者业绩的改善。此外，管理者还可以要求投保员工或产品责任险、财产险、意外事故险等，以减少自然灾害等不可控因素的影响。在计量期之后，发放奖励之前，管理者也可以用一些办法来减少不可控因素的影响，包括：进行差异分析，建立弹性预算体制，进行相对业绩评价和主观业绩评价等。差异分析是传统责任会计的方法，通过该方法以确认差异产生原因和相关的责任者。而实施弹性预算，则可以根据实际出现的不可控情况对预算标准进行调整，如果是预算错误导致的业绩差异，则需要调整预算。或者，也可以以某一业绩最好的责任中心（可以是企业内部或外部的）为标杆，将特定责任中心的业绩和标杆进行对照。当然，标杆单位的工作类型和面临的经济环境应当相似。此时不可控因素实际上就被当作常量来处理了。最后一种办法是依靠主观判断，即由管理者根据其对产出指标和责任中心所面临的环境的了解进行评价。其优点是减轻了会计控制系统评价中的一些不足，但是，缺乏客观性，无法说明业绩是如何得到评价的。

总结与结论

本章在介绍控制、控制系统和管理控制等概念的基础上，指出管理控制系统的核心——促使企业实现既定的战略目标，而实施管理控制的手段则是管理控制系统。服务于管理控制的管理会计，也称为责任会计。管理控制必须遵循目标一致性和可控性原则。

练习题

思考题

1.什么是控制？控制有哪些分类？管理控制、战略控制和任务控制之间有什么区别，请举例说明？

2.什么是管理控制系统？什么是正式管理控制系统？什么是非正式管理控制系统？

3.管理会计系统和管理控制系统是什么关系？管理会计控制系统主要包括哪些内容？

4.设计管理控制系统时应考虑哪些原则？

建议阅读材料及相关网站

[1] SIMONS R.Levels of control：how managers use innovative control systems to drive strategic renewal [M]. Boston：Harvard Business School Press，1994.

[2] CHENHALL R H. Management control system design within its organizational context：findings from contingency-based research and directions for the future [J]. Accounting，Organizations and Society，2003（28）：127-168.

[3] 安东尼，戈文达拉扬．管理控制系统 [M]．赵玉涛，刘寅龙，杜晓阳，译．北京：机械工业出版社，2004.

第 8 章

战略规划与预算管理

学习目标

通过本章学习，你应该了解战略规划的含义和作用；理解和掌握预算的含义与作用；掌握预算管理的流程；重点掌握预算控制的几种手段。

8.1 战略规划

在前面几章里，我们介绍了管理会计是如何帮助企业的管理者进行决策的。这些决策涉及营销、生产和采购的各个方面，既有短期决策，又有长期决策。最终管理者必须对这些不同领域的决策进行协调，即进入计划过程，将决策的结果转化为计划。计划可以区分为长期计划和短期计划，前者也称为战略规划，后者也称为预算。

8.1.1 战略规划的本质

1）战略规划的含义和特征

战略规划，是指一个组织决定其未来若干年内将采取的方案，以及为每一个方案应配备的资源的大致数额的过程。方案，是指企业为了实施战略制定过程中选择的战略而决定实施的主要活动。战略规划是一个跨越若干年度，引导并控制未来经营活动朝着预期目标前进的系统化的正式过程。战略规划是在企业确定战略之后制定的，研究的是如何在企业既定目标和战略的引导下，有效地实施企业的战略。例如，某个企业可能选择了差异化的竞争战略，为实现此战略，在战略规划中，就必须考虑：是通过内部积累还是外部扩张来实现差异化战略，应集中在哪一地区或领域进行扩张，应当采取自制还是外包的决策、采用什么样的销售渠道等问题。

战略规划是一种系统的计划过程，必须遵循一定的程序，并按照既定的时间表进行。一般地说，战略规划是由最高管理层和经营单位或主要的责任单位的管理者在其员工的辅助下制定的，其目的在于根据他们已达成共识的目标和计划，提供一系列应当按顺序完成的活动的计划，以加强公司和经营单位管理者之间的联系。由于战略规划要求具有较高的分析技巧和战略眼光，往往不能依赖会计部门独立完成。会计部门主要是帮助管理层将战略规划进一步地转化为年度预算，以及分析实际结果和预算之间的差异，同时要保证战略规划、年度预算和会计系统中的相应数值的一致性。

战略规划的主要内容包括对拟议的新方案和正在进行的方案的分析。拟议的新方案的设想可能来自企业的各个层级，有时是因为面临竞争对手创新产品的威胁，有时是为了利用新的机会。由于企业的成功，很大程度上源于其发现和实施新方案的能力，因此，管理层必须充分分析新的方案。这些方案通常包括了长期投资决策，其相应的分析方法已经在本书第6章做了介绍。但值得注意的是，对长期投资进行财务评价的方法并不完全适用于所有的方案，经常还需要依赖风险分析、敏感分析、模拟等方法进行评价。除了分析新方案以外，企业还必须系统地对正在进行的方案进行分析。企业未来几年要采取的行动可能和正在进行的方案相似，但是企业必须充分认识顾客需求变化、竞争条件变化的含义，对现有的方案进行分析，预测新的形势，并确定相应的措施。价值链分析和作业成本计算等手段，可以帮助企业分析现有方案。

2）战略规划的信息需求

基于战略规划的上述特征，编制战略规划时需要外部的，与企业目标的制定等相联系的信息。这些信息综合性强，面向未来，与企业整体、竞争对手、顾客、供应商、技术、市场，乃至经济、法律、政治等因素有关。这些信息应当能反映企业整体和分部的盈利能力，市场的细分情况，对人力资源、资本、资金的总体需求，包括定量信息和定性信息。

战略管理会计通过提供外向型和面向未来的信息来帮助制定战略规划。战略管理会计可以提供的信息有：竞争对手的成本、竞争对手反映的财务结果、产品盈利性、顾客盈利性、定价策略、市场份额、品牌价值、资本扩张、股东财富和现金流量等信息。这些信息对于战略规划的制定，具有重大作用。

3）战略规划的作用和不足

正式的战略规划是在预算之前制定的，可以起到如下作用：

（1）提供制定年度预算的框架。在为经营预算考虑资源的分配方案时，管理层需要考虑未来若干年的发展方向。企业长期目标的实现，是经由战略规划而得以与短期经营计划联系起来的。缺乏战略规划而编制起来的预算，可能出现目标过松或过紧的问题，也可能出现短期目标和战略目标冲突的问题，还可能出现业绩指标过分关注财务业绩而忽视战略业绩的问题。而且，缺乏战略规划，企业在预算过程中就需要考虑过多的战略问题，可能导致信息过载，可能忽视一些战略备选方案，从而影响资源分配的决策。而在预算之前先进行战略规划，可以为预算编制提供框架，帮助管理者做出支持主要战略方案的最优资源分配决策。

（2）发展管理人员技能。正式的战略规划过程本身就是一个对管理者进行教育和培训的工具，它使管理者考虑战略及其实施。有时，战略规划过程，比其结果形成的计划文件更为重要。

（3）促使管理者按战略眼光进行思考。管理者很容易陷入日常经营的各种问题，而缺乏长远考虑。正式战略规划促使管理者关注未来的重大项目。

（4）使管理者就公司的战略达成共识。战略计划过程中的各种讨论、争议和协商，可以帮助澄清公司的战略，使管理者对其达成共识，并揭示公司战略对各个管理者的影响。

不过，在战略规划中要避免几个缺陷：首先，要避免将战略规划过程变成填表式的工作，而忽视了战略思维。其次，要避免建立过于庞大的战略规划部门，而把规划编制工作托付给服务部门。战略规划是生产管理的职能之一，战略规划部门的员工不宜太多，其作用在于激发和协调规划过程。最后，战略规划耗时多，费用高，需要最高管理层和各级管理者投入相应的精力。

要使战略规划发挥其作用，第一，应当设法让最高管理层认识到其重要性。第二，企业应当是规模较大且经营较为复杂的。如果是在规模小且经营简单的企业里，通过非正式手段了解企业未来的经营方向就足以帮助其做出资源分配的决策了。第三，未来存在着不确定性，但企业应具有对变化的环境做出调整的能力。在稳定的环境里，未来与过去类似。如果未来完全不可测，则无法做出合理可靠的估计，在这两种情况下进行战略规划就等同于浪费时间。

8.1.2 战略规划的基本流程

企业在进行战略规划时，应当考虑以下几个方面的问题：企业所长何在，市场将如何变化，如何令顾客满意，实现计划的限制因素是什么，如何减少风险，应采取哪些行动等。战略规划的过程一般包括以下三个阶段：战略分析、战略选择、战略实施。

1）战略分析

在战略分析阶段，首先应确立企业的使命和愿景。使命解释了企业存在的理由，而愿景则说明企业在未来若干年内的发展方向，这主要是通过使命宣言的方式来传递的。接着，企业应通过利益关系人分析，向后者阐明其目标，然后将目标量化为具体的指标，如盈利性、时间等。此后要做的工作是利用SWOT分析法，阐明企业当前所面临的机遇、威胁、优点和弱点。企业优点和弱点的分析，属于内部分析，目的在于指出企业当前在技能或资源方面的不足，以及应当充分利用的优势。具体分析内容因企业而异，主要涉及市场、产品和品牌、分销渠道、研究与开发、财务、生产、管理层和人员、库存等方面。分析时应特别关注企业历年的财务报告和趋势分析，现金和财务结构、成本结构、管理能力等。对机遇和威胁的分析，其目的在于找出在经营环境中能为企业优点所用的带来利润的机会和可辨认的威胁，属于外部评估，一般涉及经济、政治、竞争对手、技术和社会等因素。将内外部分析的结果汇总，即形成SWOT分析矩阵。完成SWOT分析后，要对目标和现状进行差异分析。

2）战略选择

该阶段包括提出战略方案、评估战略方案和选择战略方案三个步骤。

（1）提出战略方案。通过价值链分析，情景分析，扩张或成长分析，提出关于竞争、竞争领域和成长方式等方面的新方案。其中的价值链概念最早由波特提出，是指企业设计、生产、营销、交货和对产品提供支持的内部流程或一系列作业的集合。企业的价值链体现了企业的历史、战略、实现战略的方法和实施作业的经济性。价值链分析研究从原材料供应商开始，直至最终产品消费者的相关活动的整合，通过改变价值链作业之间的联系而改变成本，并进而影响企业的成本地位和竞争优势，是从战略角度进行的成本控制。其目的是确定企业的价值链，明确各价值活动之间的联系，提高企业创造价值的效率，提升企业降低成本的可能性，为企业取得成本优势和竞争优势提供条件。

（2）评估战略方案。根据方案的可接受性、持续性、可行性和对环境的适应程度等方面，对战略方案进行评估，所使用的方法包括利益相关人分析法、风险分析法、决策数、矩阵、排序、财务指标分析等方法。

（3）选择战略方案。选择方案则是对不同的备选战略进行对比，确定企业的竞争战略（竞争优势的确定），产品与市场战略（市场的进入与退出）和成长战略（与其他组织的关系）。按照波特的理论，企业获取竞争优势的基本战略有成本领先战略和差异化战略。

成本领先战略的核心是企业决定在所属行业中成为低成本生产的企业。应用一切可能的方式和手段，如规模经济、专用技术、原料优惠供应等，使其成本低于竞争对手，并以此取得超过其他厂家的竞争优势。差异化战略的核心是企业提供具有独特性的产品，从而和竞争对手区分开来。其特点是突出产品为客户所看重的某一方面的特定功能，力求在为客户所重视的产品性能的某一方面独树一帜，以便增强企业产品的竞争力。企业应根据自己的特点，选择适合的战略。

3）战略实施

在此阶段，企业应当将战略转化为经营单位的具体目标。此时可能需要考虑评估应当完成的主要任务，所需要的人员、财力和时间。管理组织所需要建立的经营系统，以及必要时对组织结构和控制系统进行调整。

【实务应用8-1】

柯达百年大厦将倾：是宿命还是自导的悲剧？

2012年年初，影像巨头柯达申请破产保护，并从纽约证券交易所摘牌。究其失败的原因，主要在于战略制定的错误。在新技术变革的时代，柯达难舍传统技术的高利润，错误估计了市场对数码技术的接受程度，转型反应过于迟钝、犹豫不决，再加上金融危机的冲击，最终导致失败。

其实柯达进入数字摄影行业并不晚，甚至可以说是数字摄影技术的发明者。柯达1975年发明了世界上第一台数码相机。1991年，柯达与尼康合作推出了一款专业级数码相机。不过，同富士和奥林巴斯这些竞争对手相比，柯达的动作还是太慢了，仍把主要精力放在了传统的相机胶卷生意上。

进入20世纪80年代后，美国胶卷市场已经处于饱和状态，同时富士以强劲的势头进入美国市场，并逐步侵蚀柯达的市场份额，柯达的霸主地位受到了史无前例的冲击。面对挑战，柯达如果想继续保持优势地位，唯有打破当时的均势局面，从竞争对手手中抢走更多的市场份额。为此，柯达管理层决定施行多元化的经营战略，进入药品、日用品和化工产品等领域。进入新行业之后，柯达虽然做出了一定的成绩，但其核心的胶卷业务却受到了更严重的冲击。究其原因，在于多元化经营战略使柯达的胶卷业务处于次要地位，大规模的收购兼并并没有给柯达带来协同作用，反而使柯达失去了自身发展的重心。

之后，柯达启动了两次战略转型。2003年9月，柯达正式宣布放弃传统的胶卷业务，将发展重心向新兴的数字产品转移。但此时的消费者却以购买索尼、佳能、富士在内的日系数码相机为荣，日系品牌整体崛起以及时尚的外观设计，使得柯达数码相机根本没有竞争力，柯达为时已晚。而当时在传统胶片市场的巨额投资更是成了柯达转向数码市场的大包袱。为了筹集转型资金，柯达做出了向中国等新兴市场拓展传统胶卷业务的战略决策，但是，2005年后新兴市场的急剧萎缩使得柯达十分被动，原先用来支撑转型的业务却成为转型的负担。柯达不得不寻找新的资金来源，同时还要承担新兴市场转型的支出。

2007年12月，柯达决定实施第二次战略重组——时间长达4年、耗资34亿美元的庞大计划。该重组过程中柯达裁员2.8万人，裁员幅度高达50%。重组的目标，是把公司的业务重点从传统的胶片业务转向数码产品。

然而，两度转型并没有为柯达挽回颓势。资料显示，自2005年以来，柯达仅有一年盈利，其他年份全部亏损。2008年以来，柯达靠出售专利权所获的近20亿美元收入勉强维持。2012年1月19日，柯达及其美国子公司向美国破产法院提出破产保护申请和业务重组申请。

战略规划未能适应市场和技术变革的要求，导致柯达节节败退。

资料来源 蔡恩泽. 百年柯达 痛苦转型 [J]. 新财经，2009（6）.

杨柳. 利润在左机会在右 柯达犹豫中错失江山 [J]. 数字商业时代，2012（3）：78-82.

●8.2 全面预算管理

8.2.1 预算的本质

1）预算的含义

和战略规划一样，预算也是一个计划过程。不过，战略规划着眼于未来若干年内的发展，而预算则只涉及来年。预算是以货币形式表现企业未来特定时期（通常是一年）的计划，显示了企业为了获得预期利润而期望其责任中心从事的活动，表明了该年的预期收入和费用情况，所以，也称为利润计划。编制预算，可以使企业各个职能部门相互配合，协调行动，从而保证企业整体目标的实现。

预算通常以货币单位表示，以非货币单位为补充，涵盖一个年度，体现了企业下属经营单位的预期利润，并反映管理者愿意承担实现预算目标的责任的一种承诺。

2）预算与战略规划的区别

预算和战略规划虽然都属于计划过程，但是所涉及的计划活动却存在着较大的差异，主要表现在：

（1）战略规划关注的是跨越若干年度的活动，而预算只关注一个年度的活动。

（2）战略规划在预算之前编制，为预算提供框架，而预算则是战略规划的具体体现。

（3）战略规划的目标在于对各种备选方案进行选择，不需要探究详细的数值，而预算则必须列出详细的数值。

（4）战略规划的重点是各种方案本身，而不是执行方案的责任中心。预算则是将方案分解，按责任中心来制定，以此来影响责任中心管理人员的业绩并在事后进行评价。

3）预算的基本构成

企业的全部预算包括好几项，由一系列单项预算构成的整体，称为全面预算（或总预算），它以财务形式反映企业在一定期间内对经营和资源分配的计划，由一套预计的财务报表和其他附表构成。按照其内容，可分为经营预算、财务预算和资本支出预算。

（1）经营预算：反映未来一年的经营计划，包括收入、费用、存货变动和其他营运资本项目。其主要包括销售预算、生产预算（又分为直接材料预算、直接人工预算、制造费用预算、期末产成品存货预算）、销售及管理费用预算。

（2）财务预算：反映企业计划期内预算现金收支、经营成果和总体的财务状况。现金收支情况体现在现金预算中，经营预算的最终结果体现在预计利润表中，而预算期终了的预期财务状况则反映在预计资产负债表中。

（3）资本支出预算：反映企业在经营中发生的一次性业务，如房产、工厂扩建和设备采购的预期变化，主要是根据企业的长期投资决策而编制。资本支出预算是对长期投资决策中已选定方案的集中、概括和系统化、表格化的表示，其主要内容是列示有关投资方案分年度的用款额度和企业各年需投入的资金总量，以便据以筹划相应的资金来源。

经营预算、财务预算和资本支出预算各有侧重，但又存在一定的联系。实际编制时是以经营预算和资本支出预算为基础，而财务预算则是经营预算和资本支出预算的现金流量的总结。全面预算所包含的内容和各项预算之间的关系如图8-1所示。

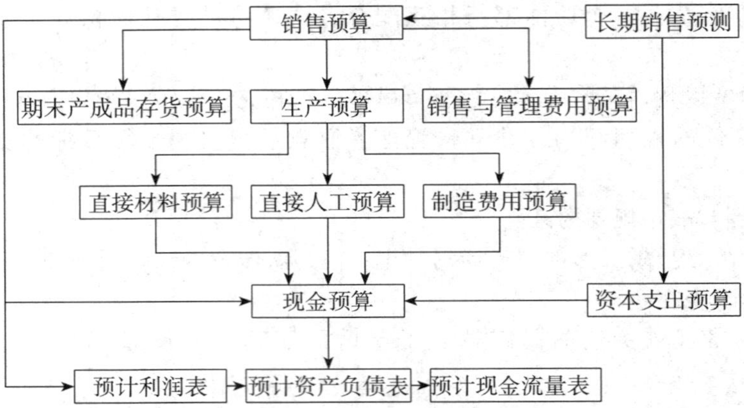

图 8-1 全面预算及其各部分之间的相互关系

其中，销售预算起着主导性的作用，是全面预算的起点，其他预算都是以销售预算为基础编制的。生产预算[①]则为直接材料、直接人工、制造费用和现金预算及各种预计财务报表提供依据。各种预计财务报表是最终编制的。现金预算反映各个预算期的现金收入和支出情况，并作对比说明，其目的在于在资金不足时筹措资金，在资金多余时及时处理现金余额，并提供现金收支的控制限额，从而发挥现金管理的作用。当现金预算表明没有足够的现金来支持计划的经营活动时，企业应根据现金预算的结果来调整其他预算。预计利润表是提供未来一定期间的收入、成本、利润等方面资料的报表，根据经营预算的结果汇总编制，总括反映企业预期的盈利情况，从而有助于管理者及时调整经营战略。而预计资产负债表则反映企业在预算期内各项资产、负债及所有者权益数额的情况，是在预计期初资产负债表的基础上，经过对经营预算和现金预算中的有关数字做适当调整后编制的报表。

8.2.2 预算的评价

预算具有以下作用：

（1）明确企业的目标，是战略规划的具体体现。企业目标可以通过战略规划来实现。但是，战略规划跨越时间长，涉及的管理人员少，比较简略，而预算则是对战略规划的进一步完善，它根据预算编制期的最新资料以及企业里各个层级的管理人员的判断进行编制，以保证企业总体目标的实现。

（2）协调各部门的日常工作。每个责任中心的管理者都参加到预算的编制过程中。每个责任中心既影响着其他责任中心的工作，同时也受其他责任中心的工作的影响。例如，生产部门的计划和销售部门的计划可能在数量或品种上不一致，在生产部门内部，期末产成品的计划可能和材料供应计划不一致，生产部门预计后勤服务部门提供的服务量可能和后勤部门的计划量不一致。通过预算，可以帮助协调这些独立的业务，使企业中的每一个部分都和其他部分保持相对平衡，从而使人们能密切配合，协调发展，进而在企业范围内形成一个为共同完成企业总体目标而努力

① 这里指生产数量的预算。

的有机整体。

（3）控制企业的经营活动。预算中的数量标准，就是各个责任中心进行控制的标准。在实施过程中，各责任中心应对经济活动的实际状态进行计量，并将实际状态和预算的标准进行对比，确定存在的差异，找出差异的原因，并及时采取措施调整经济活动，保证顺利完成制定的目标。可见，预算既是企业的奋斗目标，又是控制日常经营活动的主要依据。

（4）评估经营业绩的基础。预算代表着各个责任中心管理者向其上级所做出的完成工作的承诺，同时也是评价企业经营业绩的基础。管理者可以通过将实际结果和预算标准进行对比，以了解其是否实现了原定的目标。此外，奖励和升迁还可以根据管理者完成特定预算的情况来决定。

预算也存在问题，主要包括：不确定性、行为偏差和成本。

（1）不确定性。预算过程需要大量的预测，这必然带来不确定性。不确定性影响财务业绩，而以其对收入的影响为甚。销售预算是基于一系列假设做出的，例如，经济发展速度、政府财政政策、货币政策、竞争对手、供应商和固定的可能行动等等。成本是基于销售预算导出的，所以管理者要不断地监督和分析经济环境变化的影响。无法准确预测削弱了预算的有用性。

（2）行为偏差。以预算为控制手段时，可能涉及大量的行为冲突，即预算必须为各个管理层所接受。预算应能反映有效经营环境下最可能出现的结果，如果要使预算成为有效的计划和监督工具，就应该鼓励高效率的业绩。但是，预算又必须是公平和可实现的。当管理者认为预算不公平时，预算带来的就不是激励作用而是恐吓作用了。获得管理者认可的办法是参与性预算而不是强制性预算，这需要预算领导者的协调。另一种减少行为偏差的方式是在以预算评价业绩时，承认变动和依存关系的存在。承认变动是承认存在人为因素以外的系统原因的影响，而承认依存关系则认识到组织的不同部分都是系统的一部分，彼此影响。承认这种影响可以避免各个部分优化自己的业绩而不是优化组织整体的业绩，利用弹性预算可以减少行为偏差。

（3）成本。预算费时费力，成本较高，许多企业持续编制12个月的预算。大型企业这样做很有价值，但是小型企业这么做可能不值得。

8.2.3　预算的组织管理

全面预算的编制工作量大、涉及面广、操作复杂。为了确保预算编制工作有条不紊地进行，必须加强对预算编制过程的组织管理。

1）预算委员会的成立

通常大中型企业应当设立一个独立的预算委员会，具体负责预算的编制和执行。该委员会的成员由总经理任命，应包括总经理、分管销售、生产和财务等方面工作的来自最高管理层的高级管理人员。其主要任务是确保预算编制切合实际，并有效协调，具体包括：选择和企业目标协调一致的预算政策，审查各部门所编制的预算。对各部门在预算编制过程中出现的各种矛盾进行协调和解决。汇总编制总预算，并最后审议通过预算，颁布实施。监督、检查、分析全面预算的执行情况及其结果，督促各部门协调一致地完成预算所规定的目标和任务，并对预算执行中存在的问题进行收集、整理，为编制下一期预算核定资料。

预算委员会应有一个负责人，通常是总会计师。他不仅要负责对各个部门、各个单位的预算编制工作进行业务技术上的帮助和指导，还要负责收集生产、销售和采购等部门提供的各种数据，将其协调汇编成统一的全面预算，并形成统一的财务报表。

2）预算的编制程序

会计人员应提供预算编制手册。详细说明预算编制的目的和程序，以作为各个负责编制预算的管理者的参考。此外，预算应提供编制预算的具体步骤和完成时间表。

预算的基本程序包括：

（1）和预算编制人员沟通预算政策和编制预算的指南。战略规划是年度预算编制的起点。最高管理当局应当将战略规划的政策影响传递给负责编制年度预算的人员。战略的影响可能包括产品品种组合的改变、特定活动的扩张或收缩。此外，还应当向预算制定人员提供关于工资增长、价格的变动、生产力的变化、行业需求和产出的变化等信息。所有预算编制人员应当了解最高管理当局制定战略规划的政策，才能使预算期的计划和企业的目标及战略保持一致。

（2）确定制约产出量的因素。在许多企业里，有些因素制约着特定期间的业绩。这种因素通常是需求量。不过，如果需求量超过了企业的生产能力，则生产能力就会成为制约因素。在编制预算之前，最高管理层必须确定制约其业绩的因素，因为这种因素决定了企业年度预算的起点。

（3）编制销售预算。对于多数企业而言，需求量是制约产出量的主要因素，销售量和产品组合决定着企业的经营。所以，销售预算是年度预算的最重要的部分，也是最难编制的部分。因为总销售收入取决于顾客的行动，而且可能受国家经济状况或者竞争对手行动的影响。

（4）初步编制各种预算。各责任中心的管理者应编制其所负责的部门的预算。预算一般应采取自下而上的方式编制，即数字应当取自最低级别的管理者，并向上逐渐完善和协调。这样可以使基层管理者参加到预算的编制过程，并增强其接受预算的可能性。编制预算没有一定之规，过去的数据可以作为参考，但是未来状况的变化也很重要。有的时候也可以利用最高管理层所提供的指南。

（5）与上级就预算进行协商。基层管理层编制好的预算应当提交上级审核通过，上级将基层提交的预算及该上级自己所负责的预算进行综合，再向上提交。后者审核后，再与自己所负责的预算综合，再向上呈报，依此类推。每一次的审核阶段，都是预算编制者和直接上级之间进行协商，并取得一致意见。这种过程在预算获得最终批准前可能需要经历多次反复。预算的数字必须是上下级协商后同意的结果，以确保参与性，从而激励基层实现预算目标。协商对预算非常重要，决定预算能否成功地发挥管理手段的作用。

（6）协调和审核预算。当预算逐级向上汇总的时候，必须检查彼此的关系，以便发现各预算之间是否相互协调。如果出现不平衡的问题，必须及时修订。各预算之间的不一致应当由上一级的管理人员处理，并要求相应的预算制定者进行修改。某一预算的调整，可能引起其他预算的变动，并需要重新开始自下而上的编制协商过程，直到所有预算相互协调，并得到所有参与者的同意。在协调过程中，应编制出预计利润表、预计资产负债表和预计现金流量表，以确保最终的结果是可接受的。如果结果尚不能被接受，则需要再次协调。

（7）最终接受预算。当所有预算彼此协调之后，就可以编制全面预算了，并最终形成预计利润表、预计资产负债表和预计现金流量表。全面预算通过之后，就可以传递给企业里各个层级的责任中心，授权各责任中心的管理者在预算范围内执行计划。

（8）预算的持续复核。预算的通过并不是预算的结束，预算是一种持续和动态的过程。应当定期将实际结果和预算相比较。通常应当每月进行一次比较，并将预算差异分析报告送达相关的管理者。这能促使管理者发现未能按计划执行的情况，并调查差异发生的原因。如果差异处于管理者可以控制的范围之内，管理者就应当采取纠正措施，以避免类似的问题再次发生。如果差异产生的原因在于预算编制不符合实际，则剩余的预算将失效。在对预算进行定期评估时，如果实际情况发生了和制定预算时不一致的变化，就应当对预算进行修订，以作为预算剩余时间的修订后的计划。

全面预算的编制需要大量的数据，在最终确定预算之前可能需要多次调整和修改，因此是一项非常费时费力的工作。由于计算机具有处理大规模数据的能力，其数据处理速度和准确度都是人工系统所不能比拟的，所以可以利用计算机系统帮助编制预算。建立计算机预算模型，可以减少烦琐的数字处理工作，从而使管理者将注意力集中在计划过程本身。

8.2.4　预算的编制期

编制全面预算的期间，通常是一年或一个营业周期。为了便于将预算和执行结果进行对比、分析和考核，预算年度应与会计年度一致。年度预算还应进一步分为季度预算。其中，第一季度的预算应当有分月的数字。当第二季度即将来临的时候，又要将第二季度的预算进一步分解为月度预算，以此类推。由于近期的数据比较容易取得，因此，将季度预算细分为月度预算，会使预算结果更为准确。

在预算编制的具体时间上，全面预算一般至少要在下一年度来到之前的3个月前就着手编制，按规定的进程由各个层级的人员组织编报，到年底形成最终完整的预算并颁布。

【实务应用8-2】

华润6S管理体系的创新

华润（集团）有限公司（以下简称“华润集团”）是我国最早开展对外贸易的

窗口，经过大规模的并购扩张，目前华润集团的业务范围涉及房地产、啤酒、能源、纺织等诸多领域。华润集团有9大行业，25个利润中心。多元化扩张造成华润集团旗下业务地域上分布广、产业跨度大、业务关联度低、集团公司管理复杂化的困难局面。为此，华润集团于1999年引入6S集团公司管理体系，加强对子公司的财务管控。6S管理体系具体是指利润中心的编码体系、管理报告体系、预算体系、评价体系、审计体系和经理人考核体系等。

6S管理体系的系统化构想是：以专业化管理为基本出发点，突破财务会计上的股权架构，首先把集团及属下所有业务及资产按行业划分为多个利润中心及利润点，并逐一编制号码，同时进行动态组合调整；在利润中心推行全面预算管理，将发展战略细化为年度经营目标，并层层分解，落实到每个责任单元的日常经营上；每个利润中心按规定格式和内容编制管理会计报告，并汇总成为集团总体管理报告，作为决策的依据；对利润中心经营、预算及战略执行情况进行审计，保证管理信息的真实性；根据利润中心不同的业务性质和经营状况，建立战略导向的业绩评价体系，按评价结果确定奖惩；最后对利润中心负责人进行每年一次的考核，并兑现奖惩，拉开薪酬档次，同时通过实行利润中心负责人考核，逐步建立起任免经理人的科学程序。

6S管理体系保证了集团全面预算管理的运行，是华润集团目前运用得最为成功的管理系统。2009年年底，华润集团业绩再创新高，总资产达到4 169亿港元，营业额达到1 607亿港元。这些成绩的取得都与华润集团不断推进专业化和加强竞争力的努力分不开。其中，6S管理体系为华润管理优势的逐步形成发挥了重要作用。

资料来源　蒋伟，魏斌. 从预算管理到战略管理——华润6S管理体系的创新［J］. 国有资产管理，2004（1）.

8.3　预算控制

编制预算后，将实际结果与预算相比，分析两者之间差异的原因，并采取适当的措施以改善不利业绩，这就是预算控制。预算控制的手段，可以按照不同的标准分类。有的分类，侧重从目标制定的角度考虑，有的分类则侧重从业绩分析的角度考虑。

8.3.1　固定预算与弹性预算

1）固定预算

作为计划的预算，按其是否可按业务量调整，分为固定预算和弹性预算。固定预算，又称静态预算，是指根据预算期内正常的可实现的某业务量水平编制的预算，其主要特点是：预算内容以某一特定业务量水平为基础而定，一般不考虑业务量水平的可能变动；将实际业绩与该特定业务量水平的预算数对比分析来进行业绩评价和考核。这种预算用来考核非营利组织或业务量水平相对稳定的企业是比较合适的。因为固定预算不对管理者的责任中的作业量控制和成本控制内容进行区分。

作业量控制的责任，要求管理者确保实现销售和生产目标，而成本控制责任则要求管理者确保产出和销售的实现是以最低成本进行的。当实际业务量水平与预计业务量水平不一样时，固定预算能反映作业量控制的完成情况，却无法说明成本控制的完成情况。

【例8-1】

利达公司正在编制其20×5年的预算，预计销售量为12 500件，不过实际销售量为10 000件。其以固定预算所确定的利润业绩见表8-1。

表8-1 **利达公司20×5年固定预算业绩报告表** 金额单位：元

项目	实际数	预算数	差异
销售量（件）	10 000	12 500	2 500（U）
销售收入	500 000	625 000	125 000（U）
减：变动成本			
直接材料	153 000	162 500	9 500（F）
直接人工	57 000	75 000	18 000（F）
变动制造费用	36 000	50 000	14 000（F）
销售和管理费用	10 000	12 500	2 500（F）
变动成本合计	256 000	300 000	44 000（F）
贡献毛益	244 000	325 000	81 000（U）
减：固定费用			
制造费用	156 000	150 000	6 000（U）
销售和管理费用	75 000	75 000	0
固定费用合计	231 000	225 000	6 000（U）
净收益	13 000	100 000	87 000（U）

注：U表示不利差异，F表示有利差异。

表8-1的第一行反映了销售量的情况。可以看出，实际的销售量为10 000件，比预计销售量少了2 500件，因此未能实现作业量控制的目标。第一行以下的部分说明的是成本控制的情况。从【例8-1】中可以发现，变动成本都出现了有利的差异，但这种结果说明不了什么。由于预算的成本水平是按照12 500件的销售量水平编制的，而实际的成本却是在10 000件的水平上发生的。将两种作业量基础的成本相对比，无法说明成本控制的业绩。为了编制有意义的业绩报告，就需要编制弹性预算。

2）弹性预算

弹性预算又称变动预算，它是根据预算期内可预见的各种业务量水平而编制的不同预算。其主要特点是：预算是按预算期内某一相关范围的可预见的多种业务量水平编制的，也可按实际业务量的水平调整其预算额。当实际业务发生后，将实际业绩与实际业务量对应的预算额进行对比，从而使对预算执行情况的对比与考核建立在更加客观可比的基础上，更好地发挥预算的控制作用。

【例 8-2】

沿用【例 8-1】中的资料，假设相关范围在 8 000～15 000 件，经过成本性态分析，可以发现该企业的单位变动成本资料见表 8-2。

表 8-2 **单位变动成本资料表** 单位：元/件

成本项目	单位变动成本
直接材料	13
直接人工	6
变动制造费用	4
销售和管理费用	1

根据这些资料，可编制利达公司的弹性预算，见表 8-3。

表 8-3 **弹性预算表** 金额单位：元

项目	单位成本（元/件）	销售量范围			
		8 000 件	10 000 件	12 500 件	15 000 件
销售收入	50	400 000	500 000	625 000	750 000
减：变动成本					
直接材料	13	104 000	130 000	162 500	195 000
直接人工	6	48 000	60 000	75 000	90 000
变动制造费用	4	32 000	40 000	50 000	60 000
销售和管理费用	1	8 000	10 000	12 500	15 000
变动成本合计	24	192 000	240 000	300 000	360 000
贡献毛益		208 000	260 000	325 000	390 000
减：固定费用					
制造费用		150 000	150 000	150 000	150 000
销售和管理费用		75 000	75 000	75 000	75 000
固定费用合计		225 000	225 000	225 000	225 000
净收益		-17 000	35 000	100 000	165 000

当实际销量为 10 000 件时，可以编制弹性业绩报告见表 8-4。

表 8-4　　利达公司 20×5 年弹性业绩报告表　　金额单位：元

项目	实际数	预算数*	差异
销售量（件）	10 000	10 000	—
销售收入	500 000	500 000	—
减：变动成本			
直接材料	153 000	130 000	23 000（U）
直接人工	57 000	60 000	3 000（F）
变动制造费用	36 000	40 000	4 000（F）
销售和管理费用	10 000	10 000	—
变动成本合计	256 000	240 000	16 000（U）
贡献毛益	244 000	260 000	16 000（U）
减：固定费用			
制造费用	156 000	150 000	6 000（U）
销售和管理费用	75 000	75 000	0
固定费用合计	231 000	225 000	6 000（U）
净收益	13 000	35 000	22 000（U）

注：*数据取自表 8-3。

表 8-4 的弹性业绩报告，与表 8-1 有了很大的不同。通过比较实际产量下的预计成本和实际成本，可以发现，变动成本控制不利，实际成本高于预计成本（而不是像固定预算所显示的有利差异），而其中主要的问题在于直接材料的支出过高。管理当局可以据此进一步分析材料超支的原因，并采取相应的措施来防止以后出现类似情况。

弹性预算的编制是建立在成本性态分析的基础上的，将成本区分为变动成本和固定成本，并根据不同成本随作业量变化而变化的特性来估算不同作业量水平下的预算数。在对作业量进行计量时，必须考虑几个因素：该业务量应当是引起企业特定成本变化的因素，业务量的计算单位应当是独立的变化因素，如直接人工工时，而不是直接人工工资，并且，业务量的基础应当是简单、容易理解的。

8.3.2　增量预算与零基预算

预算按其编制是否以基期水平为基础，可分为增量预算和零基预算。

1）增量预算

增量预算的编制，是以基期的执行情况为基础，结合预算期可能发生的各种变化（如产品组合、销量、通货膨胀率等），加以适当调整而形成来年的预算。这种预算关注的是未来期间可能发生的成本和收入的增量，所以称为增量预算，其基础指导思想是：现有的经营状况和为当前经营所确定的预算水平是合理的，并且在未来还将继续存在。由于未来的许多支出是与基期的作业量水平相联系的，其数额将保持不变。这意味着当前经营活动中的无效和浪费将继续保持下去。在这种预算编制方法下，责任单位的管理者常常在年底突击消费，以用完当年的预算指标，从而使来年维持预算的现有水平，并能得以增加预算。所以，这种预算模式可能助长低效和浪费。

2）零基预算

（1）零基预算的含义。

为了克服增量预算的不足，1970年美国德州仪器公司的彼得·派尔（P.A. Phyrr）首先提出了零基预算法。零基预算是为每一个成本中心以零为基础编制的预算。该方法按作业或方案编制，而不是传统预算法中职能部门的各个成本项目，并且要求在为各个作业分配资源之前必须进行成本效益分析，以确定该作业的合理性和先后顺序，其指导思想是，在为现有方案预计支出时，应从零开始，就好像所有方案都是新的一样。对所有的成本项目都持怀疑态度，以分析该作业是否必需，是否有利于企业，当前的作业量水平是否适当，有无其他替代方法，该作业的成本是多少，与获得的利益相比，支出是否值得等。

零基预算最适用于酌量性成本和对辅助作业的成本预算，如营销部门、财务部门、质量控制部门等。这些作业的投入和产出之间不存在最优关系，也无法通过一些合同事先确定，更多的具有主观随意的特点。另外，零基预算也大量应用于服务业和非营利组织，如地方政府等，因为这类机构的许多费用也是属于酌量性的。零基预算还可以用于其提供的业务可以由其他业务替代且每种业务可以单独进行确认和分析的组织。

（2）零基预算的实施步骤。

编制零基预算的基本步骤是：

①辨别和定义决策包中的各项作业。

决策包是指企业内部导致成本（或收入）发生的活动。决策包有两种类型，互斥决策包和增量决策包。互斥决策包中包含了完成同样工作的不同方法，例如包装工作可以由公司内部员工完成，也可以选择外包，这就是两个互斥的决策包。管理者必须对互斥决策包的成本和效益进行比较，并做出最好的选择（有关决策方法已在前面章节论述过）。增量决策包则将某一活动分解成不同层次的工作，反映某项特定工作上可以付出的不同的努力。一般是先列出基础决策包，即完成某项作业所必需的最小作业量。高于基础水平的作业量则在增量决策包中体现。例如，某成本中心的管理者在编制包装成本预算时，先考虑了自制（决策包A）和外包（决策包

B）这两个互斥的决策包，经过分析后决定优先选择自制的决策包，由企业内部维持一支每班两个人，每天两班的包装人员队伍。接着，必须通过预算分析来反映进行这种选择后的增量变化。

基础决策包：反映了包装工作的最低需要。每天两班，每班两人，支付固定报酬，成本为30 000元。

增量决策包1：每天两班，每班两人，支付底薪25 000元，如果能节约生产时间或提高机器使用效率，另外加付30 000元。

增量决策包2：白班3人，夜班1人，支付固定报酬，成本为40 000元。

②对决策包进行评估和排序。

企业应对每一个决策包按照其贡献进行评估和排序。这种排序能使企业在分配稀缺资源时做到有据可依。最低工作需要量是应当给予优先安排的，可以作为第一层次。对于和方案相关的增量费用，则应逐一进行成本效益分析，并对每项费用支出方案进行评价，按照各项费用的重要性分成第二、第三层次等顺序。在此过程中，责任中心的管理者首先要对本责任中心的决策包进行排序，然后交上一层管理者，由其参考各个责任中心的排序，形成责任中心组的排序清单，而后再往上传，最终形成较高级别的排序清单。

③按先后顺序分配资源。

根据排序列的结果，结合可动用的资金来源进行资源分配，属于第一层次的费用项目金额优先给予保证，余下的资金按成本效益为权数并考虑其重要性进行合理分配。

（3）零基预算评价。

相对于增量预算，零基预算的主要优点是：①克服了传统预算的不足，根据需求或效益来分配资源，从而使资源得到更有效的分配；②向现有的积习挑战，引导企业关注现有支出水平和替代方案之间的差异，有可能找出低效或过时的经营方式；③为管理者之间的协调行动及对企业经营活动的深层次评估创造了条件。

零基预算的主要缺点在于，一切支出均从零开始进行分析，需要大量的时间和资源，并且排序工作可能十分困难，具有一定程度的主观性，容易引起部门之间的矛盾。因此，一种折中的办法是每隔若干年编制一次零基预算，以后几年则作适当调整。也可以在企业内部有选择地轮流对不同的部门编制零基预算，如今年在财务部，明年在人事部，经过一段时间，就可以查清企业所有活动的情况。

8.3.3 强制性预算与参与性预算

预算的作用之一是进行业绩评价，并将根据管理者完成预算目标的情况来决定奖金、工资调整和提职。由于管理者的职业生涯受预算的影响，因此，预算将对管理者的行为产生影响。当管理者个人目标和企业的目标一致，管理者得到激励实现这些目标时，就可能引发正面行为。而当管理者个人目标与企业目标发生冲突时，就可能引发负面行为。要使预算激发管理者的正面行为，必须经常就业绩进行反馈、采取多种业绩计量指标、制定切实可行的预算标准和实施参与性预算。这些内容将在本书第10章进行阐述，这里主要介绍参与性预算。

一般来说，预算主要有两种编制模式：强制性预算和参与性预算。

1）强制性预算

这种预算是按照自上而下的方式编制的，即预算由最高管理当局完成，较少或根本不听取下级管理者或基层员工的意见，而后强制员工执行预算。这种预算编制方式的优点是：增强了企业战略目标与计划活动融合的可能性，强化企业内部不同部门或分部预算之间的协调，由于只需要有限的协调，因此可以迅速完成。但是，其缺点是员工可能会把预算当作惩罚工具，可能产生抵触情绪，导致士气低落，不利于培养团队精神，甚至抹杀下级管理者的创造性。

强制性预算主要适用于新成立的企业或非常小的企业，在经济困难时期或者下级管理者缺乏预算编制能力，企业内部部门之间需要精确协调时也可以采用。

2）参与性预算

这种预算是按照自下而上的方式编制的，预算首先由下级管理者提出，然后将其预算向上汇总，经过讨论后被批准。这种预算是以下级管理者对前景的判断及对资源的需求为基础的。

参与性预算的优点是：预算更加切合实际，可操作性强；下级管理者参与到预算编制中，有利于使预算目标和其个人目标达成一致；员工的士气和激励效果可以得到改善；增强下级管理者的责任感和创造性，从而有助于提高业绩；分布在不同层次的管理者的知识可以集中起来等。但是，其不足在于：比起强制性预算将耗费更多的时间；下级管理者在预算时可能更多考虑本部门的利益，较少考虑其他部门的协调，甚至可能出现下级本位主义；有可能导致预算松弛，从而造成浪费，还可能出现伪参与。

（1）预算松弛。预算差异的产生，不外乎两个原因：预算执行结果的好坏和预算目标制定的高低。当下层管理者参与到预算目标制定中时，为了能在将来比较容易实现较好的业绩，管理者可能有意识地低估收入或高估费用，从而造成预算松弛。因此，参与性预算的要点是最高管理者应当认真审核下级所报告的预算，适当调整有些内容，为管理者制定较高但又可以实现的预算目标。

（2）伪参与。下层管理者只是在形式上参与到预算编制中，但实际上却不能对预算的制定发表意见，或者其意见无法被接受。其结果只是下层管理者认可了预算目标，但参与性预算在激励方面的优点却无法发挥出来。此时，应注意预算编制过程中的必要沟通，即使下层管理者的意见不正确，也应注意通过协商的方式来使下层接受，而不是强制性通过预算。

参与性预算主要适用组织管理体制健全、组织规模大的企业，在下级管理者预算编制能力强且内部各部门之间独立性强的情况下也可以采用。

3）协商性预算

在实践中还存在着介于强制性预算和参与性预算之间的第三种预算编制模式：协商性预算。在这种预算的编制中，不同层级的管理者通过协商来达成对预算的共识。在强制性预算模式下，下级管理者和最高管理者之间协商，以减少他们认为不切实际或不合理的预算目标。同样，在参与性预算模式下，最高管理者也会和下层管理者协商调整预算。最终的预算是经过上下级管理者充分协商之后认为合理可行的预算。预算编制过程实际上是一个协商的过程。

8.3.4　作业基础预算

1）作业基础预算的含义与流程

前述各种预算，以传统的产品成本计算系统为基础，假设成本和产量之间存在依存关系而编制，这种预算称为以产量为基础的预算。但是，如果这种依存关系并不存在，则据此编制的预算在业绩报告、成本管理方面所能起到的作用是有限的，因为产量基础预算不能反映浪费和低效的作业，不能提示消除浪费和低效的方法，充其量只能揭示实际业绩和预算值之间是否存在差异而已。由于许多企业已建立起作业成本计算系统，此时，预算也可以作业量为基础编制，这种预算称为作业基础预算。

作业基础预算是对企业预期的作业进行计划和控制，以编制出满足预计的作业量和战略目标的预算。这种预算模式不仅反映完成战略目标所需进行的各项工作及相应的各种财务和非财务资源需求，而且反映为提高业绩所做的各种改进。作业基础预算的目的在于向责任单位授权，为其提供完成预算产量或销售量必须执行的作业所需要的资源。作业成本计算法将资源成本分配给作业，再根据成本对象消耗的成本动因数量，将作业成本分配到成本对象上。作业基础预算与作业成本计算法刚好相反，以成本对象为出发点，根据预计的产量（销量）预计必须执行的作业和作业量，然后再预计各个作业所必须消耗的资源。该方法使用一种闭环模型（如图 8-2 所示），以作业为基础，将经营计划和财务预算联系起来，先实现经营平衡，再考虑财务平衡。模型明确说明了组织的战略、资源和能力是如何影响经营和财务业绩预测的，其主要目标在于减少预算会计中详细估计各个项目的预算所耗费的时间，将重点放在更积极和有弹性的计划与分析流程上。

作业基础预算流程包含两个阶段，经营循环和财务循环。预算始于战略，企业首先审核其战略，以此出发，进入第一阶段：经营循环。将战略转化为可行的经营计划。根据战略和下一经营期间的预计需求量，以及确定的作业消耗比率，即每单位产品或劳务消耗的作业数量，预测出下一经营期间可以满足成本标的消耗需求的作业量，再根据确定的资源消耗比率，即每单位作业消耗的资源数量，预测出下一经营期间可以满足作业消耗需求的资源量。接下来，必须寻求资源的经营平衡，即资源的需求量必须与目前资源供应量一致。如果未能达到经营平衡，企业可以调整

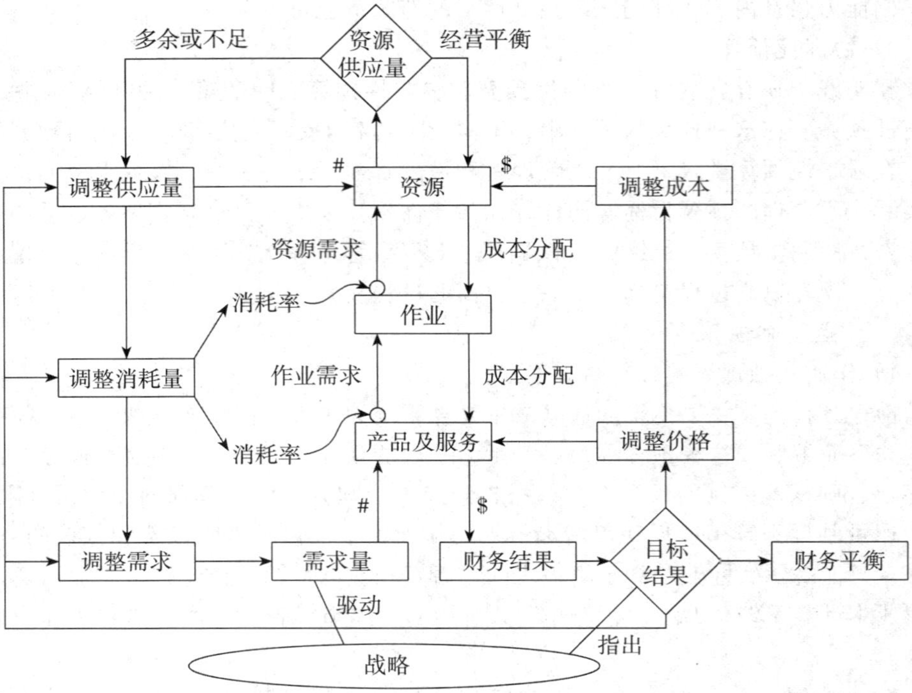

图 8-2 作业基础预算的流程

资源的供应量、资源消耗率、作业消耗率或完成目标的数量。经营循环的重点是：完全以非财务指标的形式来表达。

第二阶段：财务循环，即根据经营计划编制财务计划，并最终实现财务平衡，即以经营计划中确定的数量和消耗率来形成希望的财务结果，如销售利润率、利润等，其原理简单明了。企业一旦能确定需求、作业和资源量，就能确定资源成本，将成本追踪到作业成本并最终确定产品成本，从而确定预计财务结果。如果初始财务计划无法达到预期的目标，可以调整以下五项以实现预算目标：产品需求量、作业和资源消耗率、资源供应量、资源成本及产品或服务的价格。一旦两个平衡都达成，企业就可以形成特定时期的预算。

如果作业基础预算只按某一特定的作业量水平来编制，则构成固定作业基础预算，而如果作业基础预算是按照特定的作业量变动范围编制的，则构成弹性作业基础预算。作业基础预算必须分别为不同的成本库编制弹性预算。

【例 8-3】

沿用【例 8-2】的资料，利达公司的制造费用可分为四个成本库，其成本动因分别是产量、机器工时、设备调整次数和订货次数。以成本动因为基础进行成本性态分析，并确定不同成本动因的成本公式，然后编制作业基础弹性预算，见表 8-5。

表8-5　**作业基础弹性预算表**　金额单位：元

成本库1	成本动因：产量			
	成本公式		作业量水平（件）	
	固定成本	单位变动成本（元/件）	10 000	12 500
直接材料	0	13	130 000	162 500
直接人工	0	6	60 000	75 000
小计			190 000	237 500
成本库2	成本动因：机器工时			
	成本公式		作业量水平（件）	
	固定成本	单位变动成本（元/件）	8 000	16 000
动力费	72 000	1	80 000	88 000
维修人工	19 200	0.1	20 000	20 800
小计			100 000	108 800
成本库3	成本动因：设备调整次数			
	成本公式		作业量水平（件）	
	固定成本	单位变动成本（元/件）	18	22
机器调整	36 400	200	40 000	40 800
材料搬运	9 100	50	10 000	10 200
小计			50 000	51 000
成本库4	成本动因：订货次数			
	成本公式		作业量水平（件）	
	固定成本	单位变动成本（元/件）	1 200	1 400
仓储费用	10 000	0	10 000	10 000
订货费用	28 800	1	30 000	30 200
小计			40 000	40 200
总计			380 000	437 500

可以看出，在传统的弹性预算表（见表8-3）中，利达公司在销售量为10 000件时，其制造成本总额为380 000元（直接材料130 000+直接人工60 000+变动制造费用40 000+固定制造费用150 000），当销售量为12 500件时，其制造成本总额为

437 500元（直接材料162 500+直接人工75 000+变动制造费用50 000+固定制造费用150 000）。而按作业成本计算法，这些成本分解成4个成本库，按成本动因重新进行了成本性态分析，因此，其成本公式就有了很大的不同。

2）作业基础预算的评价与适用条件

与传统预算源于产品或市场，关注责任中心或部门不同的是，作业基础预算是按照企业的作业模型来编制预算的，从而将作业管理的思想引入了预算中，其主要优点是：

（1）作业预算将预算编制分为两个阶段，避免了对那些经营上不可行的计划进行不必要的财务计算。更重要的是有力地支持了产品、流程和作业的计算，并向决策和资源分配提供了更优的信息。

（2）作业基础预算中复杂的经营平衡计算模式为平衡企业生产能力提供了一系列工具。采用作业预算可以在一个更大的范围进行预算调整，并更快地实现经营和财务平衡。

（3）作业层次的信息对基层经理和员工来说更与资源之间的关系来改进业绩。相对于财务数据而言，作业层次的信息更直观、更形象。同时多渠道调整预算平衡的方法增强了企业经理应对突发状况的能力。

（4）与传统预算强调的垂直式、职能化的组织不同，作业基础预算强调扁平式、流程化的组织结构，能够实现与其他创新的管理会计工具和业绩评价系统较好的融合。

（5）采用可追踪因果关系的模型，避免了讨价还价的空间，也减少了预算平衡调整的次数和消耗的时间。

作业基础预算强调作业之间的协调，强调内外部之间的联系，了解顾客和供应商的需求，找出问题的根源。其目的在于揭示成本发生的原因，通过作业基础预算，找出企业存在的浪费，并促使管理者去考虑完成作业的最有效和最经济的方法，从而帮助企业实现持续改进和流程管理。作业基础预算比较适用于加工过程复杂、质量问题非常重要的高科技企业，也特别适用于生产过程的支持性职能，如产品设计、订单处理、质量控制、顾客服务等，还适用于管理职能，如人力资源管理和设备管理等。一般适用于存在因果关系的部门，不明确的不适用，可在部分部门采用，其他部门仍按传统预算。

8.3.5 超越预算

1）传统预算存在的问题

预算控制，有紧控制和松控制两种模式。传统的预算，采取紧控制模式，其理念是，为员工确定具体的短期（通常是1年）目标，使之工作得更有效率。控制时，管理者的业绩主要根据报告期预算目标的完成程度来评估。此时，预算既是员工的奋斗目标，又是考核其业绩的主要依据，同时兼备计划和激励的双重作用。它有以下一些特点：①高层管理者重视，强调预算目标的实现；②预算期内一般不对预算进行修正；③关注预算具体项目的细节；④不允许偏离预算目标；⑤高层管理者重视与预算相关事项的交流。预算紧控制是较为传统的预算控制模式，它源于成本管理的标准成本法，以控制“偏差”为基础，即监测实际作业的产出与事先确定的目标之间的差异，然后进行控制行动以消除或减少偏差数额，它是标准成本控制思想从成本领域向其他作业领域的延伸。

预算紧控制意味着管理人员甚至包括一般员工的工资、奖金、可利用资源以及职业前景等高度依赖其完成预算的能力，如果没有完成预算，不仅会失去奖金，严重的甚至会失去工作。因此在这种环境下，管理者为了保护自己会寻求一些降低风险的方法，而这些方法往往会引起功能失灵问题。此外，预算紧控制还意味着预算被同时用于财务预测与计划和目标管理。结果可能带来组织两方面的矛盾或失调，一是预算系统本身的目标失调，二是组织内部责任单位的职能失调。

预算系统本身的目标失调包括两个方面：

（1）预算的计划功能与控制功能的矛盾。虽然理论上预算有计划和控制两种功能，但实际上二者是矛盾的。例如，要实施预算控制，预算应该是有激励性的，即预算计划或目标的设置应当高于已经实现的要求，但是一个难以达到的目标又可能挫伤管理者实现目标的积极性。研究表明，“紧的但又可通过努力实现的目标”能够带来最好的绩效。这样，如果预算被用作激励手段，就应该是“紧的但又可通过努力实现的”目标。目前很多企业用标杆法（benchmarking）进行目标设定，即根据与本企业生产的产品或提供的服务类似的企业中最成功企业的业绩设定本企业目标，激励员工。但是，毕竟理想与现实还存在距离，理想的目标往往难以实现。用来进行资源规划配置的预算要求其准确性，应当是现实的、最有可能实现的预算，这样才能避免资源配置的失误和浪费，但是最现实的预算又会失去对员工的激励作用。预算实践中的预算就成了双重职能无法兼顾的矛盾体。

（2）预算计划绩效和执行业绩的矛盾。预算紧控制的一个重要环节就是预算考评，即将预算执行的实际数与预算的目标值进行对比，然后根据二者的差异来判断业绩的优劣。但在实际操作中面临的一个问题就是如何确定判断的标准？因为预算的差异可能是两方面原因造成的，一是预算执行结果的好坏，二是预算目标制定的高低。何种业绩为好业绩？是不利的差异越小越好，还是有利的差异越大越好？一般认为超额完成预算越多，说明执行绩效越好，但又同时表明预算编制不够准确，与现实偏离太多，资源配置的效率低，其中一个可能的原因是该部门在预算编制中留下了较大的“预算宽余”。因此鼓励超额完成预算的一个负面影响是刺激“预算宽余”行为。然而如果以预算接近程度来评价业绩，会明显地抑制业绩的持续改进，责任单位有可能担心出现过大的预算差异而满足于只完成预算目标，放弃进一步的努力。因此预算的紧控制使预算评价标准的选择成为两难的选择，尤其对预测和计划水平不高的企业更为突出。

组织内部责任单位的职能失调包括三个方面：

（1）产生预算松弛。如果过分强调以预算作为经营业绩的评价标准来激励员工，那么掌握着专门知识和信息的人员可能将不再公正客观地对未来事件进行预测和披露，他们会倾向于报告保守性的、能使将来的经营业绩看起来更佳的预算数据，即“预算松弛”。这种状况对企业有两方面的负面影响：第一个负面影响是预算的协调功能被破坏；第二个负面影响也是更为深远的影响是企业诚信文化被破坏。

（2）操纵预算执行结果。以预算评价为依据进行奖惩引发的另一个严重问题就是在事后操纵预算执行结果，当然这种行为主要发生在高级管理层。管理者为了使自己的奖金最大化，常采用盈余操纵来达到自己的目的。如果净收益低于奖金方案的下限，管理者就会有进一步降低净收益的动机，这就是所谓的“洗大澡”。这样，下一年得到奖金的可能性就会增加。如果净收益高于奖金方案的上限，管理者也会有采用会计政策和程序以减少净收益的动机，因为净收益超过上限的部分得不到奖金。只有当净收益在奖金方案的上限和下限之间时，管理者才会有采用会计政策和程序的手段以增加会计净收益的动机。操纵预算结果的另一种方式则是做假账，使会计信息失真。企业的会计信息失真问题固然有种种原因，但长期以来以单纯财务指标和预算目标来评价企业经营业绩的系统起了一定的推波助澜作用，因为评价的一个重要功能就是导向作用。

（3）阻碍了绩效的持续改进。随着竞争的日趋激烈，要想在竞争中获胜，组织的持续改进能力变得越来越重要，而预算紧控制的思想约束着企业对环境的适当反应和灵活性，限制了业绩的持续改进。预算紧控制使人们仅仅关注如何完成预算而且不是怎样最大程度挖掘潜力（在很多预算中过于出色地完成预算的一个结果就是下期将面临更为严格的预算目标，因此人们都会留有余地），或怎样更好适应环境的变化，预先设定的目标使预算实际上不仅设定了增长的上限，而且设定了成本降低的底线。

2）预算松控制模式的产生

预算松控制是近年来在国外企业逐渐兴起的一种预算控制模式。在预算松控制的原理下，预算主要被用做沟通和计划的工具，管理人员同样也要编制、复查、修订、批准预算，每年或每季会将实际业绩与预算比较，分析和解释差异，但是预算并不被视为是对预算执行者约束和评价的标准。随着经营环境和预测前提条件的改变，初始的预测和预算可以修改，预算目标没有达到并不意味着业绩不佳，即预算主要作为财务预测和计划之用，而业绩评价则通过平衡计分卡、标杆制度、关键业绩指标（KPIs）等其他综合业绩评价系统来完成，最终以相对标准为基础设计激励机制，来矫正员工的行为，以促进企业目标的实现。预算松控制源于人本主义的管理思想，其主要控制对象由紧控制中的内部组织单位和人员转向组织外部的环境变量。其典型代表就是在欧洲一些大公司实施的超越预算模式。这种模式主张只将预算的作用、内容和范围局限在了对现金流量的预测和计划上，而传统预算的控制与激励作用则由其他的绩效管理制度替代。

超越预算将组织的管理控制系统分为三个部分，第一部分是财务预测和计划，主要是通过预算预测组织未来的短期财务业绩，并设置财务业绩目标；第二部分是以综合指标为基础的业绩管理与评价系统，如平衡计分卡或关键绩效指标系统，与传统预算评价不同的是，综合业绩评价系统要求部门和个人更全面、深入了解组织的特点和任务性质，明确关键成功因素并设置紧的但可以实现的目标，综合业绩评价系统可以抑制人们在预算控制中操纵短期财务报告数据或预算数据的行为；第三部分是以相对标准为基础设计激励机制，主要是指运用标杆法对相对业绩水平进行奖励，而不像在传统预算中以既定的预算目标为依据，这样同样可以避免预算中的讨价还价问题。

3）超越预算模式与传统预算模式的对比

超越预算是一项基于两套不同原则的管理工具构成的预算，即：适应性管理流程和高度分权流程。

适应性管理流程在以下六个方面与传统预算不同：①以绩效最大化为目标，传统预算根据年度预算设立目标，超越预算根据滚动的中期标杆设立目标。②评估和奖励业绩方法，传统预算根据事先确定的固定业绩合同进行奖惩，而超越预算根据相对进步程度进行奖惩，并于事后进行。③在计划和沟通行动以充分利用市场机会方面，传统预算的行动方案基于年度目标进行，是限制性流程，而超越预算制订覆盖面广、持续不断的行动计划。④在管理资本和经营资源分配以使价值最大化上，传统预算根据年度预算分配资源，超越预算按需配给资源，并要求事后负责。⑤在协调跨公司的责任方面，传统预算根据事先确定的预算的相互联系进行沟通，而超越预算则鼓励基于消费者需求导向的流行趋势，采取跨公司合作行动。⑥在计量和控制业绩方面，传统预算采取定期将实际业绩与年度预算对比的方式进行控制，而超越预算则通过有效管理和一系列的相对指标，对绩效进行持续评估控制。

高度分权流程也与传统预算在六个方面存在不同：①为了实现股东所要求的业绩，传统预算组织根据承诺的目标建立高的业绩氛围，而超越预算则通过在组织的各个层面基于相对成功的概念，营造竞争性的追求高效业绩的工作氛围。②在认识到人才有限，需要自由、挑战和责任的方面，传统预算根据使命、计划和详细预算提供治理框架，而超越预算则根据明确的原则、清晰的边界提供治理框架。③由于产品与战略的寿命周期存在缩短趋势，企业在竞争中必须不断推陈出新，传统预算组织按严格的计划和预算授权，而超越预算在不违背管理原则和组织目标的前提下，给予部门或员工独立决断的自由，使其不根据具体计划，但要保持与战略一致的方式进行决策。④全球化竞争驱动成本下降和质量水平的提高，传统预算根据职能部门授权管理，而超越预算通过赋予员工资源使用能力而授权行动。⑤“顾客就是上帝”，企业必须关注顾客需求，对其变化的需求做出快速反应。传统预算要求员工为实现销售目标和满足顾客需求负责，而超越预算则要求员工为满足盈利性的需求负责。⑥投资者与监管部门要求提供高质量的报告，传统预算提供封闭和限制性的信息系统，而超越预算则支持开放的、透明的信息系统，在组织内部传递“同一个真相”。超越预算模式与传统预算模式的对比如图8-3所示。

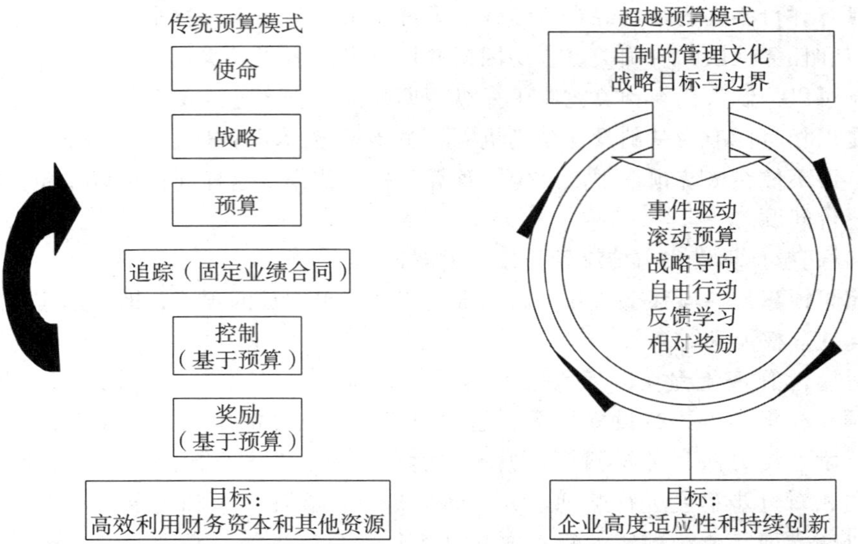

图 8-3　超越预算模式与传统预算模式的对比

4）超越预算模式的评价

（1）超越预算模式的主要优点。

①快速反应。由于去除了管理流程中的各项复杂因素，运用该模型的公司，运作更加快捷、简单。特别是在充分授权的情况下，该优点更加突出。而灵活性的组织网络则使管理人员能够及时重新配置流程，快速回应顾客需求。

②创新战略。通过运用超越预算模型，在公司内部，员工们自觉营造出一种开放的、自省的环境，这种工作氛围建立了员工之间的互信，对于知识分享和经验交流非常有益。

③成本低廉。整个业务流程变得极为简单，管理人员在考虑质量和成本改进时，只要考虑“供应商—消费者”这一相对简单的关系链，就能寻求可持续的成本降低之法。

④顾客忠诚。运用超越预算模型的公司视顾客价值为战略中心，流程设计以满足顾客需求为导向，有助于提高顾客忠诚度。

⑤实现战略管理工具的融合。在超越预算模式下，充分的授权和适应性流程，使得诸如平衡计分卡、作业基础管理、顾客关系管理、企业信息系统等诸多管理工具能在统一的框架中充分发挥其作用。

（2）超越预算模式的缺点。

①转换成本可能比较高。超越预算模式代表着组织管理控制的发展趋势，能够为组织带来更多的造就性和增值性。但是就目前而言，并不是所有的企业都适合运用这一模式，超越预算模式意味着放弃传统的业绩管理框架，意味着对诸多管理控制方法的有效整合，在这一过程中会出现转化或整合成本。

②短期内，很难说由于某一管理方法的变革（即便其后能够看到明显收益）直

接导致了可计量的利润提高。

因此在决定是否运用这一先进管理控制模式时，需考虑两大影响因素：第一，也是最为重要的影响因素就是组织目前预算程序的运行状况，低效和耗时的预算生成程序是采用超越预算的最大障碍，因为超越预算模式的核心部分是频繁的滚动预测，通常由过去的预算计划程序来实施，因此，预算编制过程低效则不能为超越预算提供一个良好基础；第二，则是组织的经营特征影响因素，一般而言超越预算模式适合于经营环境变化快，产品经营范围广阔或增长迅速，同时无形资产对经营极为重要的企业，如高科技产业，而经营的可预测性较强，经营产品范围相对稳定的企业运用改进后的预算控制模式更好。最重要的是不能毫不改变，固守传统预算控制模式。

【相关链接8-1】

预算管理的发展历程

预算最早是在政府部门中运用的，现代意义上的政府预算是在英国和美国发展形成的。19世纪末美国企业首先将预算应用在广告费分配上，目的是限制支出。预算编制的初衷是“发展一套能够根据自己预测得出的需求量来规定和调整其产品流量的方法”。

20世纪20年代，预算管理开始在美国通用电气公司、杜邦公司、通用汽车公司等大型公司使用，并在随后的几十年中，因受到会计理论及其他管理思想发展的影响，预算管理在管理方法、管理理论上都得到了一定的发展。比如引进盈亏平衡点分析、弹性预算法和差额分析法等以帮助管理当局进行预测、决策、组织和控制生产经营活动，从而提高企业的竞争能力。因此，这一时期的预算比“初始阶段”更加科学、合理。

20世纪40年代末期，企业的经营管理者逐渐认识到强化管理对企业的重要性，西方各种新的管理思想和学科应运而生，其中对预算管理理论影响较大的是行为科学。此时，人们开始认识到不良的业绩不是因为管得不严，更多的是因为组织中的员工没有明确的目标或者是企业缺乏对员工实现目标的行为进行奖励。因此，这一时期的预算管理开始强调预算在沟通、协调、激励以及评价与奖惩等方面的作用和影响。

20世纪70年代，零基预算在西方国家兴起，它的产生使预算在理论和方法上又有了新的发展。零基预算是以零为基础编制预算的方法，它承袭了预算的计划特性，吸收60年代美国国防部创造的“规划—计划编制—预算制度”（planning, programming and budgeting system，PPBS）的优点，更注重长期与整体的观念，其本质在于认识到预算程序是一个包含着关键决策事项和推动决策事项的管理过程。

20世纪80年代中期以后，整个社会经济开始不同程度地从工业经济时代向知识经济时代转变。企业经营环境的不确定性和竞争性大大增强，特别是90年代中期内部组织结构呈现出模块化组织（modular organization）和模块化簇群（modular cluster）的特征，这种变化动摇了传统预算管理得以运行的基础和前提，导致预算缺乏适应性、各职能之间不能很好地协调等诸多缺陷更为突出，传统预算管理进入了一个与组织内外部环境相冲突的阶段。对传统预算的改进和超越预算的兴起是这一时期的主要特点。

在改进预算这一方面，人们采取了各种努力来消除预算控制中计划不准的不足，主要代表是作业基础预算（Activity-based Budgeting，ABB）。在放弃预算这一方面，人们另寻业绩评价的方式，主要代表是超越预算（Beyond Budgeting，BB）。

资料来源 ①JOHSON，THOMAS H，KAPLAN. Relevance lost，the rise and fall of management accounting [M]. Boston：Harvard Business School Press，1987.

②DAVID OTLEY.Performance management，a framework for management control systems research [J]. Management Accounting Research，1999（10）：363-382.

8.4 预算控制类型的选择

预算控制模式对企业绩效的影响受到多种具体因素（如企业的经营特点、环境的不确定状况、控制机制的有效性以及企业文化、管理者的管理风格等）的影响，即预算控制绩效是依据企业变量而权变的。不同的预算控制模式，有不同的适应条件。

8.4.1 环境的不确定性与预算控制模式选择

环境的不确定性是影响预算有效性的主要变量。随着不确定性程度的加大，预算的职能和功能失调问题加大，预算的有效性下降。Khandwalla（1997）将环境不确定性分为动荡性（turbulence）、敌对性（hostility）、多样性（diversity）和复杂性（complexity）四个类型。出于授权管理和应对环境不确定性的需要，组织从20世纪20年代开始引入预算（传统预算）。而从90年代以后开始寻求改进预算（ABB）甚至超越预算（BB）。

20世纪20年代末到30年代初为经济危机时期，环境的不确定性主要来自动荡性和敌对性，表现为企业外部环境剧烈波动，未来几乎无法可靠预测，企业面临市场规模严重萎缩，利润率急剧下滑对企业产生巨大的生存压力。推行多元化战略的西方大企业普遍遭遇组织协调与控制问题，高层管理人员面对日趋多元化的业务、不断延长的价值链和较少的管理层级，判断形势和推行政策变得异常困难。为此，企业试图通过严格的预算来控制外部环境中的各种不确定性因素，以优化其内部业务流程，稳定生产经营，将环境不确定性因素的不利影响控制在最低程度。在这一时期，预算的准确度并不重要，预算的决策职能让位于控制职能，处于相对次要地位，职能冲突的经济后果并不突出。

在此后的几十年中，环境不确定性问题持续演变，能够更加有效应对环境不确定性的新型预算技术也在不断涌现，如零基预算、滚动预算等。预算在这多元化的组织创新中发挥了两个作用：一是作为授权工具，将资源配置的决策权利和决策责任下放给分部经理，让其自主决定如何更加有效地使用资源，提高了决策效率。二是作为控制工具，使总部能够根据统一的业绩标准，在各分部之间分配资源并对分部经理进行业绩考核，这些标准鼓励分部经理在授权经营的同时服从公司的整体战略，从而更好地应对大型企业内部复杂的协调与控制问题。到了20世纪50年代，预算被普遍视为将管理人员从传统的层级结构中“解放”出来的有效途径。

20世纪90年代后，环境的动荡性和敌对性趋于缓和，而多样性和复杂性的特征开始凸现。复杂性体现组织的规模、业务（不同生产流程的数量）及伴生变量（如市场和顾客）的多元性程度，动荡性则反映复杂性要素的变动频率（市场的动荡程度、创新程度）及其相互联系。动荡性来自企业内外。这两个变量影响着人们对企业内部协调机制的选择。传统预算模式下单一的财务信息已经不能满足前瞻性引导和过程性控制的管理新要求，迫切需要更为广泛、及时的信息类型来支持战略选择和经营决策。这些新的环境不确定性因素加剧了预算决策职能与控制职能之间的矛盾和冲突，预算的满意度下降，促使企业寻求改进预算甚至超越预算。

作业基础预算模式主张渐进式改革，也称为改进预算。一方面，保留预算的控制职能，依然把预算作为业绩评价和薪酬激励的主要依据；另一方面，在现行预算体系中引入滚动预测、作业成本法、平衡计分卡等新型管理工具，改善预算的决策职能，更好地适应多变环境下企业管理的新要求。就沟通而言，传统预算与改进预算一样，通过预算、计划来实现协调功能。其差别只是计划和预算的范围与详细程度。传统预算包含企业的全部业务，而作业基础预算则要求关注组织的重要与敏感部门，并显著减少了详尽程度，从而使计划的复杂程度降低。在这种情况下，基于市场和未来对计划的经常性调整才成为可能。这两种模式长于应对复杂性，但对于动荡性的适应性不足。

作业基础预算应对动荡性的程度高于传统预算，但在高度动荡环境中，团队协调仍是短板。此时，就需要超越预算了。超越预算通过市场力量，团队协商实现沟通，灵活性大，但在面对复杂性问题上则有所不足。实际上，沟通或是以人为导向（市场力量），或是依靠计划与程序，哪一种合适必须在复杂性和动荡性之间加以取舍。由此，不同复杂性和动荡性环境下的预算模式组合如图 8-4 所示。

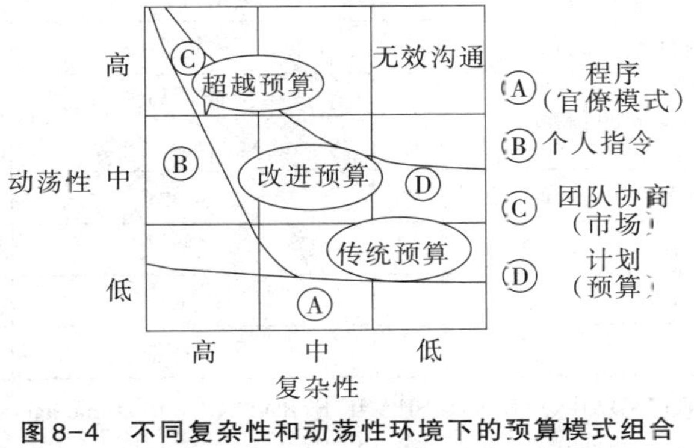

图 8-4　不同复杂性和动荡性环境下的预算模式组合

如上，除了四种沟通形式以外，还有一个无沟通的区域。在高度动荡和高度复杂环境下，上述任何一种机制都无能为力。一般企业应避免进入该陷阱。例如通过关注核心能力，剥离或将非核心业务外包以减少复杂性。此外，高管也可以通过减少重组活动而将动荡性控制在一定程度内，也可以使企业避开高度动荡的市场来控制动荡性。

8.4.2 企业的战略与预算控制模式选择

预算控制模式的设计与选择，要与企业的战略相适应。经营单位的战略，分别与企业的使命和竞争战略有关。企业的使命有三种：开拓、维持和收割。而竞争战略则有低成本战略和差异化战略两种。使命影响经营者所面临的不确定性，以及长短期目标之间的权衡。采取开发战略的经营单位，比采取收割战略的经营单位要面对更大的不确定性，因为：

（1）开发战略在产品成长期采纳，而收割战略在产品成熟期采纳。制造流程、产品技术、市场需求、与顾客及供应商的关系、销售渠道、竞争对手的数量，以及竞争结构等因素是非常多变的。

（2）开发期的主要目标是增加市场份额。与竞争对手冲突增大，以及竞争对手的不可预期性，增加了不确定性。

（3）开发期在投入和产出方面，经理更多地依赖外部个人和组织。依赖性越大，不确定性越大。这种不确定性还因增量资本需求、能力扩张、产量扩张等因素而增大。

（4）处于开发期的，往往是新的产业，管理者经验较少。

不同战略使命下预算控制类型的差异见表8-6。

表8-6 **不同战略使命下的预算控制差异**

战略使命	开发	收割
预算的作用	短期计划工具	控制工具
经理对年度预算编制的影响	相对大	相对小
年度内对预算的修订	相对容易	相对难
标准成本在业绩评价中的作用	相对小	相对大
在制造成本控制中弹性预算的重要性	相对小	相对大
与上级非正式报告和合同的频率	政策层面比较频繁，经营层面不频繁	频繁沟通经营层面问题
上级对实际业绩和预算目标差异的反馈频率	不常	常常
定期评估时的控制限制	灵活性大	灵活性小
实现预算目标的重要性	小	大
产出/行为控制	行为控制	产出控制

资料来源 V GOVINDARAJAN，JK SHANK STRATEGIC. Cost management：tailoring controls to strategies［J］. Journal of Cost Management，1992（1）：6.

对于处于开发战略的经营单位，预算主要是起短期计划工具的作用。经理对于编制年度预算的影响大，年度内比较容易对预算展开修订，比较不重视标准成本在业绩评价中的作用。此外，弹性预算的重要性不大。管理层与上级之间的非正式报告和合同，主要集中在政策层面，而在经营层面则不频繁。上级对实际业绩和预算目标差异的反馈频率不高。也就是说，实现预算目标的重要性不大。此时的控制，侧重于采用行为控制，而对于履行收割使命的企业，预算则主要发挥激励作用。

经营单位展开竞争有两种基本战略：总成本领先战略和产品差异化战略。

采用产品差异化战略的企业，相比于采用总成本领先战略的企业，也具有较大的不确定性。因为，产品差异化战略强调产品的创新，追求独特的产品。采用总成本领先战略的企业，生产线类型少，以减少存货储备成本，取得规模经济；采用产品差异化竞争战略的企业则生产线类型多，从而存在更多的复杂性和不确定性，其产品价值源于顾客对其产品独特性的认识，难以把握。

采用产品差异化战略的企业，其预算控制模式与履行开发使命的企业相似。而采用总成本领先战略的企业，其预算控制模式则与前述履行收割使命的企业类似。

总结与结论

本章介绍了战略规划和预算这两种计划工具。战略规划，是指一个组织决定其未来若干年内将采取的方案，以及为每一个方案应配备的资源的大致数额的过程。其主要内容包括对拟议的新方案和正在进行的方案的分析。战略规划可以提供制定年度预算的框架，可以发展管理人员的技能，促使管理者按战略眼光进行思考，并使管理者就企业的战略达成共识。

预算是以货币形式表现企业未来特定时期（通常是一年）的计划，显示了企业为了获得预期利润而期望其责任中心从事的活动，表明了该年的预期收入和费用情况，所以，又称利润计划。预算可以明确企业的目标，协调各部门的日常工作，控制企业的经营活动，并作为评估经营业绩的基础。为了确保预算编制工作有条不紊地进行，必须加强对预算编制过程的组织管理，并遵循一定的编制程序。

预算控制包含固定预算、弹性预算、增量预算、零基预算、参与性预算、强制性预算、作业基础预算和超越预算等控制模式，企业应根据具体情况加以选择。

预算控制模式的选择，受多种因素影响。环境不确定性不同，预算控制模式就有不同。在动荡和敌对性环境下，传统预算控制模式主要发挥控制职能。在多样性和复杂性增加的情况下，预算的计划和控制职能的矛盾显现。作业基础预算起到了改进作用。但是，随着动荡性的增加，就需要依赖超越预算。此外，企业战略不同，控制手段就不同。履行开发使命的企业，不确定性大，其预算控制主要采用行为控制，将预算控制作为计划工具。履行收割使命的企业，不确定性小，其预算控制主要采用结果控制，将预算控制作为激励工具。就竞争战略而言，采用差异化战略的企业，其预算控制模式与履行开发使命的企业相似。而总成本领先战略的经营单位的预算控制模式，则与前述收割使命的企业类似。

练习题

思考题

1.什么是战略规划？其主要作用是什么？

2.如何理解预算？预算与战略规划有什么区别？

3.预算的作用是什么？如何加以组织管理？

4.预算有哪些主要分类？各有什么优缺点？在什么条件下适用？

5.如何根据企业的不同战略选择预算控制的形式？

习题

1.选择一家上市公司，分析其近几年的经营状况，比较同行业的情况，考虑该公司的竞争优势，为其提交一份战略规划。

2.在习惯了多年的增量预算之后，某银行的计财部主任接触到零基预算的知识，决定在其银行中实施，以提高经济效益。请向其编制一份报告，说明：

（1）零基预算的含义及适用条件。

（2）零基预算对比传统预算的优点。

（3）如何在银行中引入零基预算。

3.传统预算以增量预算为主，并且关注成本的控制，而作业基础预算则将战略规划与企业的整体业绩计量相结合，请解释增量预算的不足和作业基础预算的主要特征及其优点。

4.小林是某服装公司成衣部的经理，公司根据其预算完成情况计发奖金。如果预算完成率为100%～110%，将获得一笔奖励，超过110%的部分按110%计算。如果未能完成预算，则不发放奖金。在编制预算时，小林倾向于多报费用，少报收入，以便较好地完成预算。2018年，由于受到服装市场总体不景气的影响，该部门已无力完成当年预算。于是小林示意会计部门将一些当年的收入拖到2019年入账，同时冲销了账上多年的应收账款。结果，到2019年，虽然销售并不理想，但成衣部顺利地完成了预算。

要求：

（1）对小林的做法进行评价。

（2）作为公司的主计长，如何改善预算管理体制以克服部门操纵盈余的现象？

5.请查找一家公司，了解其预算编制的流程，包括预算编制的开始期、进度表、预算编制的内容、预测数额的取得，以及总预算的最终形成过程。

6.使用本教材网络资源（见前言说明），进行预算沙盘练习。

讨论题

1.阅读【实务应用8-2】，试分析：

（1）华润6S管理体系有哪些优点？

（2）华润6S管理体系是如何将全面预算与战略相结合的？

（3）如何确保华润6S管理体系得到有效执行？

2.2008年，突然而至的金融危机扰乱了很多企业的阵脚，有的企业更是在面对消费低迷，原材料价格上升的巨大压力时倒闭。面对同样的危机，珠江啤酒却有"不一样"的应对办法。其中之一就是全面开展以零基预算（ZBB）和工厂最优化管理（VPO）为核心的"精细管理年"活动，通过两者的结合，珠江啤酒实现全年节省资金1.5亿元。试分析：

（1）零基预算的含义及适用条件。

（2）零基预算对比传统预算的优点。

（3）如何在啤酒企业中引入零基预算？

案例题

大亚湾核电站作为我国第一座大型商用核电站，从开工建设以来就一直非常重视预算管理的运用。核电站于基建期设立投资预算管理机构进行专门预算管理，1994年进入商业运营期以后在电站推行预算管理，从1997年开始在全公司推行全面预算管理，至今已建立起了一整套行之有效的以成本为中心的全面预算管理体制。推行预算管理在电站的管理工作中取得了巨大的经济效益，据统计，从1997年至2002年年平均节省资金9 232万元人民币。但随着电价上网改革的实行以及西电东送工程的加快，三峡电力机组的投产，燃油、燃气发电机组的强势竞争，要保持核电的长远发展，体现核电的相对竞争优势，必须加大成本控制力度，优化现有核电成本，降低发电成本。而随着近十年的强势成本控制以及大力宣传，利用一般意义上的成本控制方法已经很难在成本控制方面有所突破，为此需要引进新的管理理念与方法。

通过研究、比较国内外电站的预算管理模式，公司决定引入作业预算（ABB）的预算管理方法，即将预算着眼于业务活动上，通过对活动链的控制、分析来加强公司成本控制，实现作业预算管理（ABBM），为公司最终实现作业管理（ABM）奠定基础。

要求：

（1）作业基础预算的主要特征、优缺点及其适用条件是什么？

（2）如何在核电站企业中推行作业基础预算？

建议阅读材料及相关网站

[1] BRIMSON，JAMES A，JOHN J ANTOS. Driving value using activity-based budgeting [M]. New York：John Wiley &Sons，1999.

[2] HOPE J，FRASER R.Beyond budgeting：How Managers Can Break Free from the annual performance trap [M]. Boston：Harvard Business School Press，2003.

［3］STEPHEN C H，DAVID T，OTLEY A. Practice developments in budgeting: an overview and research perspective［J］. Journal of Management Accounting Research, Sarasota：2003（15）：95.

［4］史习民. 全面预算管理［M］. 上海：立信会计出版社，2003.

［5］肯普，丹巴. 经理人员的财务预算［M］. 刘晓静，李覃，等，译. 北京：电子工业出版社，2003.

［6］潘飞. 管理会计应用与发展的典型案例研究：预算管理与绩效评估案例［M］. 北京：中国财政经济出版社，2002.

［7］卫尔许. 预算：利润规划与控制［M］. 丁文拯，译. 台北：协志出版社，1981.

［8］那国毅. 战略规划的是与非［J］. IT经理世界，2001（10）.

［9］明茨伯格. 公司战略计划［M］. 张艳，译. 昆明：云南大学出版社，2002.

［10］http：//www.cam-i.org/docs/Methods_and_Applications.pdf.

［11］https：//bbrt.org/.

［12］财政部. 管理会计应用指引第100号——战略管理［S］. 财会〔2017〕24号.

［13］财政部. 管理会计应用指引第200号——预算管理［S］. 财会〔2017〕24号.

［14］财政部. 管理会计应用指引第201号——滚动预算［S］. 财会〔2017〕24号.

［15］财政部. 管理会计应用指引第202号——零基预算［S］. 财会〔2017〕24号.

［16］财政部. 管理会计应用指引第203号——弹性预算［S］. 财会〔2017〕24号.

第9章

责任会计系统

学习目标

通过本章学习，你应该掌握几种责任会计系统的主要区别和适用条件；理解和掌握责任中心的分类与特点；掌握转移定价决策的方法；了解激励机制设计的规律与类型。

● 9.1 责任会计系统与责任中心

9.1.1 责任会计系统的分类

1）责任会计系统的含义

在分权制企业中，管理会计的作用在于利用会计信息对各个分权部门的业绩进行计量、评价与考核，建立以责任中心为主体，责、权、利相统一的控制系统，即责任会计系统。分权单位可以按不同的标准设计分权部门。有的部门是按照其所提供的产品或劳务的不同来设置的，例如，餐馆可以设置中餐部和西餐部等。有的部门是按照所处地理位置的不同来区分的，例如华北分部、华东分部、西南分部等。还有一种区分方式是根据部门管理者的权限来区分的，例如成本中心、收入中心、利润中心、投资中心等。但不论采取什么方式区分部门，责任会计都必须考虑四个要素：分配责任、设计业绩指标和制定业绩标准、评价业绩和进行奖励。其目的在于通过奖惩制度来影响基层管理者和员工的行为，使其个人目标和企业的目标达成一致。

2）责任会计系统的类型

管理会计存在三种类型的责任会计系统：以职能为基础的责任会计系统、以作业为基础的责任会计系统和以战略为基础的责任会计系统。

企业所处的经营环境不同，其控制的手段也各异。在企业的产品和流程设计相对稳定且竞争不激烈的时候，一般倾向于专业化以提高效率。这种企业主要考虑维持现有的市场份额、保持稳定的增长并实现有效生产。此时企业所采取的责任会计系统通常是以职能为基础的，这种责任会计系统以财务指标来分配责任中心的责任并进行业绩计量，强调的是财务维度。而当企业面临的是快速多变的环境，产品寿命周期很短，产品和流程不断改善创新，竞争来自全球的时候，企业必须不断地生产出多样化、小批量的产品，以适应顾客多变的需求。适应变革成为这类企业成功的关键，它们必须关注持续的改进。此时，企业通常采用的是以作业为基础的责任会计系统或是战略基础的责任会计系统。以作业为基础的责任会计系统将责任分配给流程而不是部门，并利用财务和非财务指标进行业绩计量，强调的是财务维度和流程维度。以战略为基础的责任会计系统则是在作业责任会计系统的基础上增加了顾客和学习与成长维度，将公司的战略和使命转化为存在因果关系的四个维度，以引导企业努力向着自身的战略目标前进。以下分别阐述这三种类型的责任会计系统在四个基本要素方面的主要特点。

（1）以职能为基础的责任会计系统（如图9-1所示）。在以职能为基础的责任会计系统中，责任中心是按照组织结构中的职能设计来建立的，可以是部门、工厂、车间或者是生产线，然后将责任分配给责任中心中的个人。责任按照财务的形式进行分配，例如，表现为成本、利润或收入。业绩指标的设计和标准的制定是通过预算制度和标准成本制度来实现的。主要业绩指标为财务指标、客观指标，成本标准相对稳定，而业绩标准则是建立在当前可实现的水平之上的。业绩评价是通过将实际业绩与预算业绩相对比来进行的。责任人只对其可控制的部分负责，特别强调的是成本业绩。在奖励制度设计中，鼓励员工实现预算标准，并允许员工分享利润，以实现企业整体财务业绩。

（2）以作业为基础的责任会计系统（如图9-2所示）。在以作业为基础的责任会计系统中，责任中心是按照流程和团队来设计的，并且关注这些流程在价值链上的关系。流程是指行为的方式，例如采购流程、产品开发设计流程、生产流程、顾客服务流程等。在持续变革的环境中，企业成功的关键在于为顾客和股东创造价值。而流程则是这些价值的源泉，是实现财务成功的关键，所以责任中心从职能部门转向了流程。另外，流程跨越了职能部门的界限，使企业能关注价值链上的作业。而实施流程管理，必然要求团队的协作，以提高工作质量，增强员工归属感。虽然财务维度仍然很重要，但是分解成增加收入、削减成本和改进资产利用效率等因素，可以实现持续增长，提高为顾客、为股东创造价值的能力。业绩指标以流程为导向，关注流程时间、质量和效率等特性。业绩标准的设计是动态的，以反映新环境、新目标的要求，并维持已取得的成就。业绩标准追求的是最优标准，并反映个别作业和流程为价值增值所做的贡献。业绩评价关注的不仅仅是财务业绩，还关注在时间、质量和效率等方面所取得的进步，关注的是变化的趋势，例如成本的削减额、成本的变化趋势、削减的时间、改进的质量等。追求的是按时提供低成本、高质量的产品或服务。在奖励制度设计中，个人要同时为其本人和团队的业绩负责。因为流程业绩的改进必须依靠团队力量，而不能只靠个人。奖励制度建立在多

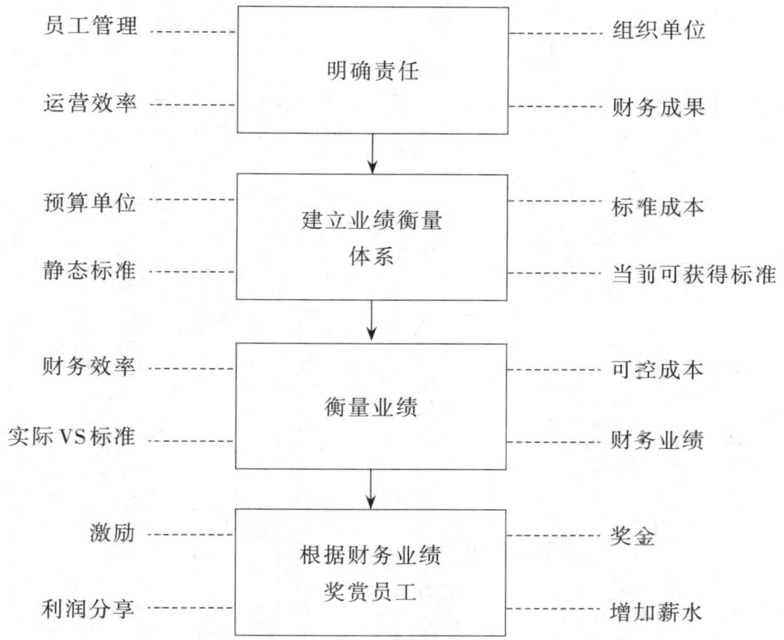

图9-1 以职能为基础的责任会计系统

种标准基础上，如存货周转率、按时交货率、单位成本等。只有所有业绩指标都能保持在一定水平之上，并在特定业绩指标上取得了进步，才能获得奖励。鼓励员工分享利益，而不是分享利润，即员工可能从特定改进项目的好处中分得利益。

（3）以战略为基础的责任会计系统（如图9-3所示）。以作业为基础的责任会计系统，是对以职能为基础的责任会计系统的重大变革，使其从以成本控制为核心的一维控制系统，转向二维控制系统，从关心成本控制转向关心持续的改进和学习，从控制系统转向成本管理系统。但是，由于缺乏定位体系，持续改进往往缺乏明确的方向，从而削弱了效果。而以战略为基础的责任会计系统则在以作业为基础的责任会计系统上加入了企业的使命和战略，以为持续改进确定方向。该系统将责任中心分解为财务、顾客、内部流程和学习与成长四个维度。这四个维度对于形成竞争优势和解释企业的战略与使命具有亘大作用。业绩指标是根据不同的维度来设计的，延续了作业基础责任会计系统的优点，但又做了完善。业绩指标的设计反映了公司的战略，指标之间彼此存在因果关系，并实现财务指标和非财务指标、前瞻性指标和滞后性指标、结果指标和过程指标的平衡。业绩评价扩大到流程以外，增加了顾客（流程的结果）、基础设施（为改进流程提供条件）和实施流程的最终目的——财务结果。奖励制度的设计仍然建立在多标准的基础上，利用分配权重的方式来确定业绩并进行奖励，或者是在某一业绩未达到最低标准时不发放奖励。

9.1.2 责任中心的分类与特点

企业分权管理始于责任中心的设立。责任中心，是指在组织内部，其管理者享

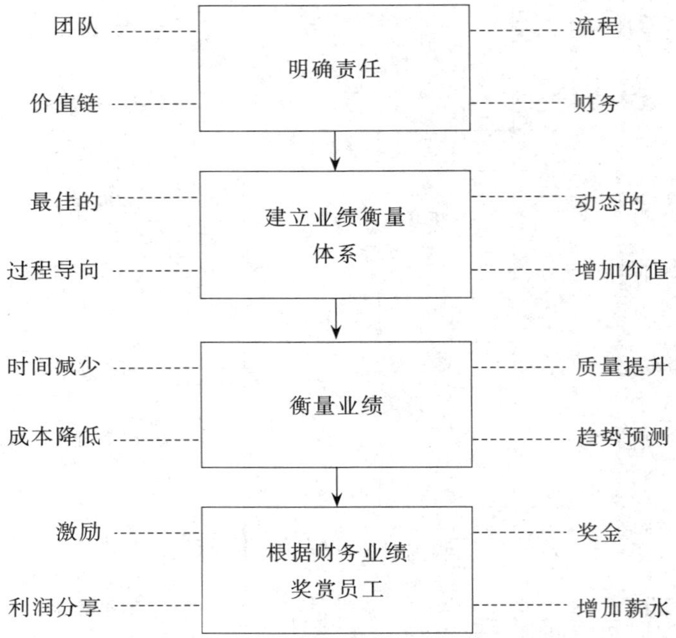

图 9-2 以作业为基础的责任会计系统

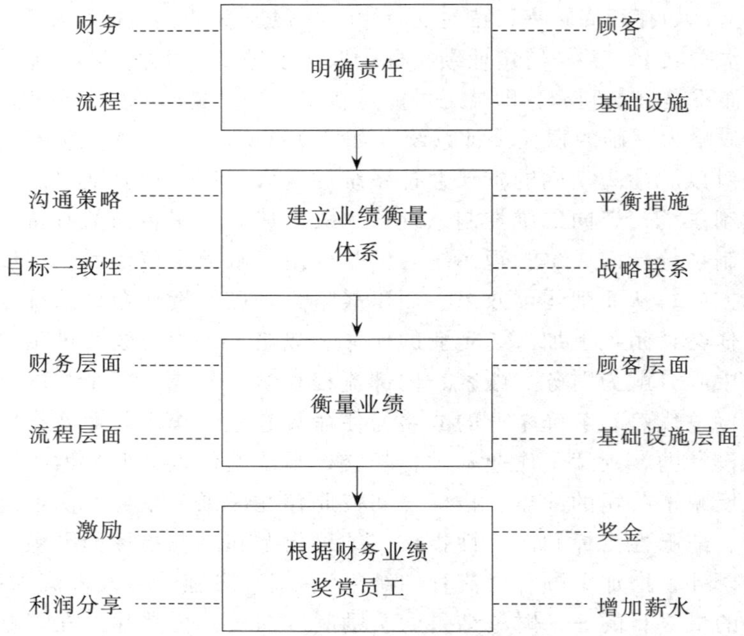

图 9-3 以战略为基础的责任会计系统

有一定的权利，并承担一定责任的单位，其可以是一个部门、一个车间、一项作业，也可以是一个经营单位。每个责任中心都有自己的目标，组织的各种责任中心的不同目标，最终都要为实现公司的战略服务。每个责任中心都消耗一定的资源，如材料、人工等，完成特定的职能，并将投入转化为各种有形或无形的产出（产品或服务）。责任中心的产出可以成为其他责任中心的投入，也可能直接提供给外部市场，从而成为组织整体的产出。这些最终产生形成了组织的收入。责任中心的管理者必须确保投入产出之间存在着最优的关系。以最小的投入，在要求的时间内，生产出符合既定规格、质量标准和数量的产出。按照不同部门管理者的权限，责任中心可以分为成本或费用中心、收入中心、利润中心和投资中心。

1）成本或费用中心

成本或费用中心的经理只对其所能控制的成本或费用负责。这类责任中心的投入可以用货币来计量（表现为成本或费用），而产出却无法以货币计量。一般可进一步分为两种：标准成本中心和酌量费用中心。标准成本中心的主要特点是投入和产出之间存在着既定的最优关系。典型的标准成本中心为制造业的生产部门，人们可以确定每种产品的投入量（如直接材料、直接人工等），而管理者则对投入和产出之间存在明确关系的业务成本负责。不过，在一些服务行业中，只要能计量产出的数量，并能确定投入和产出之间明确的比例关系，就可以建立标准成本中心。例如，银行的支票处理业务、商品批发部门的发货业务等。

对标准成本中心的经理的控制通常是通过将实际成本与标准成本（生产产出所需要的投入成本）进行对比，并进行成本差异分析来归咎责任。标准成本中心的管理者不需要对收入负责，但是如果提交的产出质量不符合标准，或者未能按计划生产，则会对组织内其他责任中心的经营活动产生影响，并最终影响企业的收入。所以，标准成本中心还有必要建立质量和时间的标准，并要求管理人员遵守。

在酌量费用中心，产出无法以货币计量，且在投入（所消耗的资源）和产出（所取得的结果）之间不存在明确可辨认的关系。典型的酌量费用中心包括会计部门、研究和开发部门、管理部门等。在酌量费用中心中，实际费用低于预算水平不一定都是好事，因为这可能意味着计划的工作没有完成。例如，销售部的广告费预算可能出现了节余，但这可能表明广告投入不足，或投放的时间不对（如未取得黄金时段的广告机会），或者针对的顾客群体不当。所以，对酌量费用中心的控制应考虑各类费用的实际值是否与预算值保持一致，以及分配给各个中心的工作是否已经完成。

当然，随着作业成本计算法和作业基础预算的应用，投入和产出之间的关系将变得明确，一些被当作酌量费用中心的职能部门，将可能转为标准成本中心。

2）收入中心

在收入中心，产出以货币计量（即收入），但不需要确定投入和产出之间的关系。典型的收入中心为销售部门，其管理者不需要为所销售的产品的成本负责，因为这些产品是制造部门转移过来的。控制是通过将实际的销售收入和预算相对比进行的。如果该中心没有定价权，则只对销售量差异和销售的品种结构差异负责。而如果有定价权，则也要对价格差异负责。有时管理者还必须为本中心直接发生的费用，如销售人员工资、佣金等负责，但主要的计量指标为收入。收入中心和利润中心的最大不同在于，收入中心只为一小部分销售费用负责，而利润中心则要为大部分成本（包括制造和销售成本）负责。

3）利润中心

上述两种责任中心的决策权是有限的，成本中心的管理者只能为其中心的投入负责，而与产出有关的决策则由其他部门制定，收入中心的经理只能决定销售，却不能决定生产。如果进一步扩大责任中心的管理者的权力，使其自主决策生产何种产品、如何进行生产、自主定价、自主选择供应商，则该中心就能同时为销售收入和成本负责，这样就形成了利润中心。

利润中心有两种：天然利润中心和人为利润中心。前者可以向企业内部其他单位提供产品或劳务，也可以像独立经营的企业一样对外销售。如果经营单位的管理人员能够自主做出供、产、销三方面的决策，那么就形成了天然利润中心。但是，在企业里，权力过度下放可能影响规模经济和整体效应的形成。所以，许多利润中心并不拥有独立经营企业的所有权，而是存在一定限制，例如，在筹资、投资决策方面。此外，这类经营单位往往还受到必须遵守公司会计和管理控制系统要求的限制。根据管理者对利润影响力的大小，也可以把企业的其他职能部门设计成人为的利润中心，如按标准成本计量销售部门所接受的产品的成本，可以使该部门的管理者为销售毛利负责，则该部门就可作为人为利润中心。将销售部门设计成利润中心，可以克服只顾销售无视盈利能力的不足。制造部门和服务部门通常是作为标准成本中心或费用中心设计的，但是如果对其所提供的产品或劳务能够按转移价格来定价，则可以确定这些部门的销售收入，而接受其产品或服务的部门则可以决定是否从内部购买产品或劳务，由于竞争机制的引入，制造部门将在收入和成本之间进行决策，从而也可将其设计为利润中心。这样做，可以克服制造部门作为成本中心只关注成本控制而忽视质量、时间等标准的不足。

在确定如何计量经营单位的利润之前必须明确，计量的对象是管理人员的业绩，还是经营部门的经济业绩。如果计量的是管理人员的业绩，则应只考虑那些能为管理人员所直接控制的项目，通过分配计入部门的间接成本，如总部的管理和服务成本等，则应剔除在外。但是，部门经济业绩，对于总部的决策也可能很重要。例如，在考虑是否扩张、停产、转让部门之时，管理人员的业绩则不能全面反映部门的经济业绩，必须把以部门作为一个独立的经济实体时应当承担的利息、管理和服务成本甚至税收等因素考虑进来。表9-1列出了一份部门利润报告，从中可以看出，可以用多种指标来计量部门的利润，包括：贡献毛益、可控毛益、部门毛利、部门税前利润和部门税后利润。

（1）贡献毛益。贡献毛益反映销售收入和变动成本之间的差额。有人认为，固定成本是不可控的，所以应以该指标来计量利润中心经理的业绩。但实际上，如第3章所述，有些固定成本（如酌量性固定成本）是经理人员能够控制的，只考虑贡献毛益可能导致管理人员忽视对这些成本的控制。所以，该指标对业绩评价没有太大的作用。

表9-1　**部门利润报告**　单位：元

项目	金额
收入	1 200
减：变动成本	400
(1) 贡献毛益	800
减：管理人员可控的固定成本	200
(2) 可控毛益	600
减：管理人员不可控的固定成本	300
(3) 部门毛利	300
减：分摊的公司总部费用	100
(4) 部门税前利润	200
减：所得税	60
(5) 部门税后利润	140

(2) 可控毛益。可控毛益从部门的总收入中扣除了部门经理能控制的所有成本，从而将那些非变动性的人工、设备租用成本等考虑进来。这些成本从短期看，是固定成本，但管理人员可以通过调整经营规模，改变流程的复杂程度、销售渠道等方式进行调整。对于利润中心而言，折旧费为不可控成本，但是对于投资中心而言，折旧费则应视为可控成本加以扣除。该指标是计量部门管理人员业绩的最好指标，反映了管理人员管理其所能控制的资源的能力。但一般不宜单独使用，而是要结合预算的业绩来评价的。该指标应用的难点在于区分可控和不可控的成本。一般可根据部门的授权情况来考虑，如果管理人员拥有较大的自主权，可以决定所接受的产品或服务的价格和数量，而不一定非得优先考虑公司内部部门的供应，那么该产品或服务的成本就属于可控成本。如果管理人员只能决定所接受的产品或服务数量，而不能决定其价格，则可以借助转移定价系统，以标准成本为基础来确定所接受的产品或服务的价格，从而使该费用的差异只反映利润中心在使用量上的差异，而不反映价格的差异。如果管理人员对所接受的产品或服务完全没有决定权，则该成本只能当作不可控成本处理，不计入管理人员的业绩。

(3) 部门毛利。可控毛益无法反映出那些应归属于部门，但管理人员却无法控制的成本（如工厂的折旧费、为该部门提供服务的总部会计和法律人员的费用等），因此，不能反映部门的经济业绩。如果关闭该部门，这些费用将是不可避免的成本，所以在计算部门毛利时应将这些成本扣除。该指标可以反映部门对公司利润的整体贡献，但不应用来计量管理人员的业绩。

(4) 部门税前利润。除了可以直接归属到部门的费用以外，公司总部还可能发生其他费用，如管理人员的工资、办公费用等，这些成本，往往按一定的标准分配到各个部门，从而计算出部门的税前利润。从理论上说，该指标不能反映部门的经济业绩，因为公司总部的这些费用不是部门所能控制的，人为的分配方式不一定能准确反映部门作业对费用的消耗。但是，公司总部往往认为，如果不分配这些费用，将无助于部门经理对这些服务的消耗量的控制。而且，部门毛利所反映的部门业绩将无法和同行业的可比企业的业绩进行比较。再者，如果将这些费用分配到部门，可以激励部门经理更努力地为公司的长期和整体利益工作。不过，为了避免将公司总部经营无效的后果转嫁给部门，这部分分配额一般是按照预算数来确定的。部门的业绩报告将不出现这部分分配的总部费用的差异，因为该差异应由总部负责。

（5）部门税后利润。一般地说，部门经济业绩应当用税前利润来计量，因为所得税的高低受到公司整体税收政策的影响，与部门业绩不一定存在直接的联系。但有的时候，也可能需要计算部门税后利润，作为计量经济业绩的指标。例如，对于在国外的子公司而言，其实际的所得税税率与公司总部可能存在较大的差异，东道国的部门经理可以通过采购、购置设备、会计政策选择等来影响所得税费用的高低。此时，可以采用税后利润作为部门业绩的计量指标，以鼓励经理人员尽量降低税收费用，同时反映部门的盈利能力。

4）投资中心

投资中心的管理者既能对收入和成本负责，同时又能做出与营运资本和资本投资有关的决策。投资中心所拥有的自主权最大，一般包括公司整体、子公司、经营单位或部门。投资中心一般既要考核利润，又要考核为赚取利润而占用的资本。例如投资回报率、剩余收益和经济增加值（相关指标的介绍见第 11 章）。

不同的责任中心及其财务控制手段汇总，见表9-2。

表9-2　**不同的责任中心及其财务控制手段汇总**

责任中心	责任	传统的财务控制手段
成本或费用中心	负责生产或服务的职能或部门	成本差异，包括采购和生产成本差异
收入中心	管理者对市场行为负责，只对与收入相关的少量成本负责	收入：收入差异包括销售价格差异和销售数量差异
利润中心	同时具有营销、生产和服务功能。例如生产车间或生产线	毛利或贡献毛益、经营利润和净利润、收入和成本差异分析
投资中心	拥有利润中心上述功能，同时管理者控制生产什么和如何生产，比利润中心经理的自主权大，通常是大型公司的分部	ROI=销售利润率×资产周转率=净收益÷总资产，剩余收益（RI），以及经济增加值（EVA）

9.2 转移定价

9.2.1 转移定价的含义和作用

企业内部的各个责任中心在生产经营活动中既相互联系，又彼此独立地展开活动。它们之间经常相互提供产品或劳务，如基本生产部门之间转移中间产品、辅助生产部门为基本生产部门提供劳务、行政管理部门为生产部门提供服务等。为了正确地评价企业内部各责任中心的经营业绩，明确区分各自的经济责任，使各责任中心的业绩考核建立在客观而可比的基础上，必须根据企业和各责任中心的特点，正确制定企业内部的转移价格。转移价格是企业内部各个责任中心之间提供产品或劳务的价格。它对于产品或劳务的提供方而言是收入，而对于接受方而言则是成本。转移价格如何制定，将影响各个责任中心，特别是利润中心的业绩，从而影响各个责任中心的投入产出决策，进而影响企业整体的利润。制定转移价格的过程，即转移定价，实际上是企业内部分配收入的一种机制。有效转移定价机制应能起到以下作用：

（1）提供相关信息，激励责任中心的管理者做出科学的经济决策，并实现目标的一致性。

（2）为计量责任中心业绩提供合理的评价基础。

9.2.2 转移定价的方法与决策

转移定价存在着许多方法：以成本为基础的定价模式、以市价为基础的定价模式、协商转移定价模式和双重转移定价模式。以下分别进行介绍：

1）以成本为基础的定价模式

卖方部门的成本为生产中间产品而消耗资源的成本。以此为基础是制定转移价格最简单的方法，代表买方部门应给予卖方部门的最低补偿额。不过，作为定价基础的成本应当是标准成本，而不是实际成本。否则就会将卖方部门的任何差异或低效率全部转嫁给买方部门，从而影响各个部门的合理业绩评价。当然，标准成本的制定应当比较严格，并根据实际情况的变化进行修订。

作为定价基础的成本，可以是完全成本，也可以是变动成本。

采用完全成本法为基础时，管理者将转移中间产品的决策视为长期决策，因此要求补偿全部的成本。其优点在于，这些成本信息可以从公司的账簿中找到，可以使卖方部门获得超过变动成本的贡献毛益，而且卖方部门与中间产品有关的开发、设计、售后服务成本等都可以得到补偿，从而鼓励卖方部门转移产品或劳务。但是，在集中程度比较高的企业，如果卖方部门的生产能力不足而买方部门生产能力有剩余，以完全成本法为基础制定转移价格，将有可能使卖方部门拒绝有利的产品转移决策而选择对外销售，从而可能影响公司整体利益的最大化。

在卖方部门存在剩余生产能力时，以变动成本法为基础制定转移价格，可以鼓励买方部门从内部采购中间产品，从而充分利用卖方部门的剩余生产能力，实现公司利益的最大化。

但是，如果只以成本作为转移价格的基础，那么卖方部门就无利润可言，无法将其作为利润中心进行业绩计量。所以，可以在成本的基础上进行加成，以作为转移价格。这就需要确定一个加成百分比。一般可以以投资额为基础，按照一定的投资报酬率来计算应加成的利润。

以下通过一个例子来说明以成本为基础的转移定价的应用。

【例 9-1】

光大公司拥有多个生产部门，生产多种产品。其中的继电器生产部门所生产的产品，广泛地用于各种电器的生产中。生产该产品的单位变动成本为12元/个，如果对外销售，单位收入为20元/个。继电器生产部门的年固定生产成本为100 000元，年设计生产能力为50 000个，该部门的投资额为1 000 000元，公司在同类投资上所要求的投资报酬率为10%。另外，公司还有一个发动机生产部门，在生产中需要用到继电器，可以从公司内部购买，也可以按市场价格20元/个从外部供应商处取得。此外，在发动机生产中还需要追加发生的单位变动成本为25元/台。发动机的年产销量为50 000台，市价为60元/台。需要用到50 000个继电器。如何制定继电器的转移价格，才能使公司的利益最大化，同时又能合理评价各部门的业绩？

公司可以选择按变动成本作为转移价格，即12元/个，也可以选择按完全成本作为转移价格，此时，继电器的转移价格为：

继电器的转移价格=单位变动成本+单位固定成本

=12+100 000÷50 000

=14（元/个）

此外，公司也可以完全成本法为基础，按要求达到的最低投资报酬率，加成一定的利润。此时，继电器的转移价格为：

继电器的转移价格=单位变动成本+单位固定成本+单位利润

=12+100 000÷50 000+（1 000 000×10%）÷50 000

=16（元/个）

以成本为基础进行转移定价，继电器生产部门可以选择对外销售，也可以向内部转移。两种方案下的部门贡献毛益和公司整体的贡献毛益见表9-3。

表 9-3 **贡献毛益表** 单位：元

方案一：对外销售	继电器生产部门	发动机生产部门	公司合计
收入	20×50 000=1 000 000	60×50 000=3 000 000	4 000 000
变动成本	12×50 000= 600 000	（25+20）×50 000=2 250 000	2 850 000
贡献毛益	8×50 000=400 000	15×50 000=750 000	1 150 000

续表

方案二：对内销售	继电器生产部门	发动机生产部门	公司合计
收入（12元/个）	12×50 000=600 000	60×50 000=3 000 000	3 000 000
变动成本	12×50 000= 600 000	25×50 000=1 250 000	1 850 000
转移成本		12×50 000=600 000	—
贡献毛益	0×50 000=0	23×50 000=1 150 000	1 150 000
收入（14元/个）	14×50 000=700 000	60×50 000=3 000 000	3 000 000
变动成本	12×50 000= 600 000	25×50 000=1 250 000	1 850 000
转移成本		14×50 000=700 000	—
贡献毛益	2×50 000=100 000	21×50 000=1 050 000	1 150 000
收入（16元/个）	16×50 000=800 000	60×50 000=3 000 000	3 000 000
变动成本	12×50 000= 600 000	25×50 000=1 250 000	1 850 000
转移成本		16×50 000=800 000	—
贡献毛益	4×50 000=200 000	19×50 000=950 000	1 150 000

从表9-3中可以看出，按照方案二，不论如何确定转移价格，公司的贡献毛益都是不变的，均为1 150 000元，转移定价的不同，只是将这部分总的毛益，在不同的部门之间进行分配。当转移价格比较低的时候，则继电器部门的利润就比较低，如果以变动成本为基础，则该部门毫无利润，而如果以完全成本为基础，则该部门可以获得贡献毛益，但无长期利润。而如果按完全成本加成，则该部门可以获得一定的长期利润。但是，由于转移价格低于市场价格，所以比起对外销售的方案，继电器部门的业绩将因内部转移而下降，因此，该部门可能拒绝进行转移，而选择对外销售。而不论是对外销售还是在内部进行转移，公司整体的贡献毛益都是一样的，因此，如果此时存在着充分的外部市场，那么买卖部门都可以按市价和外部市场进行交易。

【例9-2】

沿用【例9-1】的资料，但假设继电器的单位变动成本中包括了2元/个的包装成本，在公司内部转移时，这部分成本可以节省下来。

此时，假设继电器生产部门仍按完全成本加成法确定转移价格，由于变动成本可以节省2元/个，所以，转移定价应为14元（10+2+2）。

如果继电器生产部门选择对外销售，各个部门的贡献毛益和公司整体的贡献毛益仍和表9-3中方案一的结果一样，但是选择对内销售时却出现了不同的结果，见表9-4。

表9-4 **贡献毛益表** 单位：元

方案二：对内销售	继电器生产部门	发动机生产部门	公司合计
收入（14元/个）	14×50 000=700 000	60×50 000=3 000 000	3 000 000
变动成本	10×50 000= 500 000	25×50 000=1 250 000	1 750 000
转移成本		14×50 000=700 000	—
贡献毛益	4×50 000=200 000	21×50 000=1 050 000	1 250 000

此时，由于内部转移节约了变动包装成本，从而使公司整体的利润增加，因此，从目标一致性的角度出发，继电器生产部门应选择内部转移。但是，部门业绩报告却提示继电器生产部门经理应当选择对外销售。这是以成本为基础进行转移定价的一个主要缺陷：无法说明转移的方案对于公司整体是否有利，因此可能不能实现转移定价的第一个目标。

解决这一问题可以有两种办法：两步骤定价法和利润分享法。

（1）两步骤定价法。

该方法分两步进行。首先，将买方部门的成本区分为变动成本和固定成本。对变动成本而言，按各期的实际转移量乘以标准单位变动成本计算。其次，按期收取标准固定成本。另外，可以再加上一定的利润加成。

这样一来，对于买方部门而言，部门的实际成本构成（变动成本和固定成本）将和站在公司整体的角度观察到的一致，有利于其做出符合目标一致性的决策，同时也有利于促进内部转移量的增加。而对于卖方部门而言，转移量不论多寡，固定成本和利润都能从转移定价中收回，业绩将不受发动机生产部门经营能力的影响。这种定价法对于卖方部门没有外部市场，只能由买方部门决定根据销售量来决定转移量的情况比较适用。当然，定期收取的固定成本和利润应经过买卖双方协定，并根据为买方部门保留的生产能力而定。

（2）利润分享法。

如果不采用两步骤定价法，也可以采取利润分享法。在产品转移时，先按标准单位变动成本计算转移产品的成本，产品实现对外销售之后，将销售收入减变动生产成本和销售费用后的贡献毛益在买卖双方之间进行分配。这种方法在对产品需求不稳定的时候比较适用，并使买方部门的利益和公司利益保持一致。但是，两个部门之间可能对如何分配利润存在争议，可能需要高级管理层的介入，另外，人为地分配利润也无法为正确决策提供相关信息。而且，此时卖方部门的利润将受到买方部门销售能力的影响，可能会认为此方案不公平。

2）以市价为基础的定价模式

这种模式的转移价格是根据同样或类似的中间产品的报价，或是卖方部门将中间产品出售给外部顾客的价格，或是竞争对手提供的价格来确定，但一般可以打个折扣，以反映内部转移时所节省的销售费用。在完全竞争的市场条件下，以竞争性市场价格为基础制定转移价格，对于决策和业绩评价都是最有利的。完全竞争市场，是指存在同质产品，买卖双方无法影响市价，而只能接受由市场确定的价格的情况。当以市场价格为转移价格时，部门业绩可以近似地反映部门对公司利润的实际贡献，即如果中间产品或劳务不在部门之间进行转移，买方部门将按市价从外部购买中间产品，而卖方部门将按市价销售中间产品。部门业绩将和独立经营的主体一样得到反映。在【例9-1】中，如果转移价格按市价20元/个制定，产品在内部转移时各个部门的业绩，和从外部市场购销的结果是一样的。

当买卖双方的管理者都拥有自主采购和销售的权力时，只要买方部门有需求，并且其边际成本低于市价，卖方部门就会继续生产和提供中间产品。但如果卖方部门的供应超过了买方部门的需求，则可以将其出售给外部顾客。如果买方部门按当前市价从内部采购中间产品不能获得长期利润，那么无论对于部门还是对于公司整体，最有利的决策应是停止从内部购买中间产品，而卖方部门将向外部出售产品。这和公司作为一个整体进行立即出售或进一步加工决策的考虑原则是一样的，从而可以使各个部门所做的采购或购买决策同时也符合公司的整体利益。

然而，在现实生活中，并不存在完全竞争市场，这主要表现在：在集中度高的行业中，中间产品的市场相当有限，如果企业不依靠自己的力量生产中间产品，在临时需要时，很难从外部市场获得同类的中间产品。此外，对于实施差异化生产战略的企业而言，可能根本不存在中间产品的外部市场。再者，当企业在基础设施上进行了大量投资时，除非外部市价接近企业的变动成本，否则为了充分利用企业的生产能力，企业将只在内部转移产品，而不允许从外部采购产品或向外部销售产品。即便如此，仍可以近似地用市价来作为转移定价的基础，并进行适当调整，只要以此为基础的决策对利润影响不大。因为，至少这种方法能满足合理进行业绩评价的目标，并保持责任中心的自主权。在不存在完全竞争市价时，也可以边际成本为基础制定转移价格，以激励买卖部门做出有利于公司最大利益的决策。

具体地说，制定转移价格的基本公式是：

转移价格=转移产品的增量成本+内部转移的机会成本

当存在完美市场时，按上式计算的转移价格实际上就是市价。

转移价格=变动成本+（市场价格-变动成本）=市场价格

市价基础的转移定价法主要适用高度分权的企业。部门经理拥有充分的决策自主权，从而可以被视为独立经营单位。利用市价进行控制转移价格，可以模拟市场竞争条件。只要转移价格能反映真实的市场条件，以市价为基础的转移定价也能为部门业绩做出合理评价。但是，为了保证此方法的有效实施，还必须遵守以下转移定价规则：

（1）只要卖方部门的价格与外部价格一致，并且愿意在内部转移产品，买方部门就必须从内部采购。

（2）只有当买方部门的价格无法与外部价格抗争时，卖方部门才能从外部采购。

（3）卖方部门有权根据自己的意愿拒绝内部转移而选择对外销售。

（4）当部门之间就转移定价存在争议时，应设立中立机构进行调解。

3）协商转移定价模式

有时，市价不太容易取得，例如市价变化太大，或者存在多个市价，或不存在中间产品的市场，或者由于在内部转移时可以节省部分管理和销售成本，如果只按市价确定转移价格，由此而形成的节约将全部转为卖方部门的业绩，从而引起买方部门的不满。此时，可以由买卖双方进行协商，确定一个双方都可以接受的价格，这就是协商转移价格。协商转移定价模式一般在中间产品的外部市场不完全的情况下适用，该定价模式可以使部门管理者向独立公司的经理那样进行讨价还价，从而保持了决策的自主权。不过，协商确定的转移价格也许取决于经理的协商能力。如果买方部门存在着多个供应渠道，而卖方部门的销售渠道有限，则双方的讨价还价能力实际上是不均等的。所以，协商的结果不一定能实现最优，部门经理的业绩将取决于其协商的能力，可能耗费管理者较多的时间，甚至可能导致部门之间的冲突。

4）双重转移定价模式

当外部市场不完全时，采用市场价格定价，虽然可以促进部门做出有利于企业利益最大化的决策，但是不利于激励卖方部门转移产品。而如果采用成本基础定价，则不利于买方部门接受产品。如卖方部门不太愿意接受低于成本加成的价格，而买方部门则不太愿意接受高于市价的价格，即难以同时达成转移定价的两个目标。此时，可以考虑双重转移定价法。根据这一方法，可以对买卖双方部门采取不同的转移价格。对于卖方部门，可以采取成本加成定价，或者是较高的市价。而对于买方部门，则可以采取较低的市价或是买方部门的边际成本。这种区别定价的模式，可以更好地满足买卖双方的不同需求，同时也可激励双方在生产经营方面的主动性和积极性的发挥。不过，由于买卖双方定价不一致，由此而产生的差额应作为公司的费用，从公司业绩中扣除，否则会导致利润的虚增。

不过，应用双重转移定价法也存在着一些不足，主要表现在：当多个部门之间相互转移产品时，该模式可能相当复杂，而且由于部门利润之和将大于公司的实际利润，因此部门业绩报告有可能掩盖公司整体亏损或业绩的真相（特别是在买卖双方的价格差异较大的时候）。而且，这种体制可能不利于激励买方部门从外部寻求更有利的机会，因为只要转移，就能保证利润。

【实务应用9-1】

瑞丰银行的转移定价

瑞丰银行成立于2011年1月18日，其前身是绍兴县农村合作银行。注册资本9.9亿元，截至2012年7月末，全行总资产550.64亿元，综合实力位居浙江省农村信用社系统前列。为进一步加强资金资源配置引导和集聚，实现全行资金资源配置的整体效益最大化，2012年年初，瑞丰银行出台内部资金转移定价管理办法，对该行存贷款资金全面实行内部资金转移定价体系（简称FTP体系）。

FTP体系是指总行作为一级法人，建立虚拟资金池，各支行（部）作为业务经营单位，与总行虚拟资金池之间按照一定规则全额有偿转移资金，从而达到核算业务资金成本或收益目的的一种内部经营管理模式。各支行（部）作为业务经营单位，其每笔负债业务所筹集的资金，均以FTP上拆利率全额转移给总行资金池，并获取FTP利息收入；每笔资产业务所需要的资金，均以FTP拆借利率全额向总行资金池购买，同时支付FTP利息。内部资金转移定价的模拟计价利息收入或支出按月计算，按季纳入支行利润指标进行考核。

在转移价格的制定上，瑞丰银行对内部资金区分存量资金和增量资金，以增量资金管理为主。其中，存量资金的转移价格以有息资金成本加总平均值为基础，按年确定；对增量资金转移价格，则以外部资金市场的利率为参照（如SHIBOR），根据业务引导重点按月变动，每月初公布，并在价格上充分体现对存贷款业务的引导方向。如在存款较紧时期，银行将通过上调FTP上拆利率提高转移价格体现激励作用，反之，则适当降低FTP上拆利率；在贷款营销阶段，银行将通过下调FTP拆借利率降低支行贷款资金成本促进贷款有效投放，反之，则适当上调FTP拆借利率。

这种转移定价模式，对于增量资金，实际上以市场价格为基础，参考资金供求关系而定。这是该行不断提升管理会计运用的又一创新工具。该体系的运用，在强化支行成本效益观念、促进存贷款业务发展的同时，为提升业务引导能力和业务评价能力提供了重要支持。

资料来源　佚名. 我行建立FTP内部资金转移定价体系［EB/OL］.［2012-03-19］. http://www.borf.cn/gywx/tzzgx/xnxw/2012/03/10453.shtml.

9.2.3 转移定价的管理

以上介绍的是进行转移定价的不同方法，各种方法都存在着各自的优点和缺点，也有一定的适用条件。一般来说，当中间产品存在着完全竞争市场的时候，可以考虑采用以市价为基础的转移定价，而且为了保证目标一致性的实现，当卖方部门存在剩余生产能力时，应要求买方部门按不高于市价的价格向卖方部门购买产品。如果中间产品不存在外部市场，则应当考虑采用以成本为基础的转移定价。当然，成本应当采用的是标准成本，实际应用时，可以考虑两步骤定价法或利润共享法。而如果中间产品的市场不完全，则应当考虑采取协商转移定价法，协商的依据可以根据转移的机会成本来确定。

转移定价决策通常是由各个部门制定的，而不是依靠最高管理层制定的。因为，部门经理最了解本部门产品或劳务的成本和价格信息，因此最有可能达成合理的定价。此外，如果价格由最高管理层来制定，实际上就削弱了部门经理自主定价和自主决定采购的决策权，不仅影响其工作的积极性，而且在业绩评价时，可能导致部门经理为其所不能控制的因素负责。但是，由部门经理自主确定转移价格的前提是：其拥有相应的能力、充分的信息和良好的工作氛围。最高管理层应制定部门之间转移定价的相关规则，以确保实际程序是公平合理的，有助于公司利益的最大化。同时，还要建立一套解决冲突的机制。一旦买卖双方不能就转移价格达成一致，而公司利益最大化又要求实现产品内部转移，就需要有仲裁机制。例如，可以将问题提交至财务经理或主计长，由财务经理或主计长在了解情况后做出裁定。也可以成立一个仲裁委员会，以便解决转移定价冲突，评估可能的采购渠道和在适当时候调整转移定价规则。但不管采取什么形式，此时最高管理层或其代表的介入都是必要的，因为相关的决策将对公司整体利益产生影响。不过，不论仲裁结果如何，都是耗时耗力的，而且不一定能够让买卖双方同时满意。所以一般部门并不愿采取这种方式。但是，如果部门之间经常为转移定价产生争议并要求仲裁，那么可能意味着公司的转移定价规则需要修订了。

9.3 激励机制

责任会计的最终目标是提高企业的经济效益，通过评价部门业绩，促使行为人改变行为，实现企业目标。而这需要通过建立有效的激励机制来实现。一个设计良好并有效运作的激励机制，是任何责任中心业绩计量系统的重要组成部分。通过建立有效的激励机制，可以将部门经理的个人目标和收入与责任中心及企业的整体目标相互协调，进而影响经理人员的行为，促使其有效地执行公司的战略规划，实现企业整体利益最大化。

9.3.1 激励机制概述

1）委托代理理论与激励机制

委托代理理论是制度经济学契约理论的主要内容之一，主要研究的委托代理关系是指一个或多个行为主体根据一种明示或隐含的契约，指定、雇佣另一些行为主体为其服务，同时授予后者一定的决策权利，并根据后者提供的服务数量和质量对其支付相应的报酬。授权者就是委托人，被授权者就是代理人。现代公司两权分离，所有权和经营权分离，委托人位于公司之外，不参与经营管理。而经营权被授予公司经理。公司经理分布于企业的各个层级，上一级经理对于下一级经理而言为委托人，下一级经理对上一级经理而言则为代理人。

在理想的状况下，委托人和代理人目标一致。而实际情况下，由于信息不对称，出现了两个基本代理人问题：逆向选择和道德风险。西方解决代理问题的方式主要有：（1）建立分权的组织结构，将决策权交由信息拥有者。（2）建立激励机制，刺激代理人利用他的私人信息，为自己也为委托人谋取最大的利益。（3）设计有效的信息系统，包括为订立的合同提供置前信息，对合同的执行过程监督，对合同的执行结果评价。委托代理理论的中心任务是研究在利益相冲突和信息不对称的环境下，委托人如何设计最优契约激励代理人。

公司委托人与代理人之间的雇佣合同存在两个特性：不确定性和不可观察性。

不确定性：每个管理者都在其不可控制因素的环境中经营，管理者对这些因素缺乏控制能力，其行为结果存在不确定性，它独立于管理者投入其工作的努力程度和能力。

不可观察性：对于高层管理者，业务单元管理者的努力程度和所制定的决策是不可观察的。同样，业务单位通常拥有高层管理者所不具有的信息。高层管理者所观察到的，往往是基层管理者工作的结果（产出），而不是导致这些结果的努力。

由于这两个因素，委托人和代理人之间的合同必须考虑以下几点：

（1）合同应该认识到企业内外非管理者的努力和能力因素可能影响产出，应该区分管理者行为带来的产出以及管理者的努力程度和决策技巧，即区分管理者的业绩和经济业绩。

（2）合同必须只考虑管理者的可控因素。

（3）风险厌恶的管理者会倾向于避免收益不确定的决策项目，而委托人则希望实施风险相对较高的项目。

委托代理模型如图 9-4 所示。

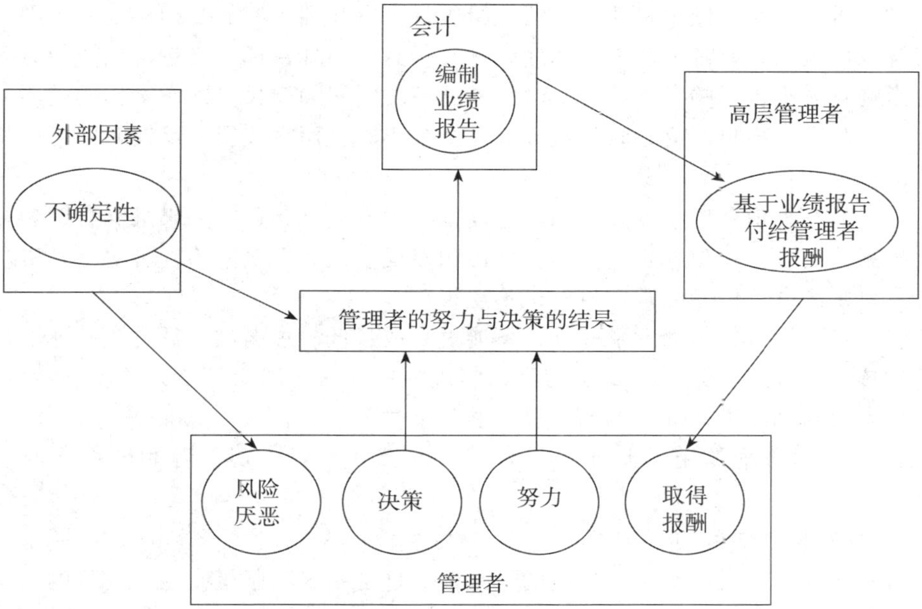

图 9-4　委托代理模型

资料来源：布洛克，孔陈，托马斯. 战略成本管理［M］. 王斌，等，译. 2 版. 北京：人民邮电出版社，2005.

该模型中，高层管理者（委托人）给不确定性环境下经营的管理者提供报酬，管理者在决策和努力的同时，呈现出一定的风险厌恶。其努力和产出，表现为财务业绩和非财务业绩，通过会计报告来呈现。高层管理者基于业绩报告给予报酬。

2）激励机制的基本规律

激励，就是要使人们在满足自己个人需求的同时，尽最大努力去实现组织的目标。由于个人需求的多样化，激励机制也是多样化的。激励机制的作用在于调动责任者的积极性，如使责任者和企业总体的目标一致，鼓励责任者对工作投入更多的时间、承担风险、做出决策等，本节主要阐述的是奖金制度的设计。不过，首先我们要了解激励机制的一些规律。

（1）与负面激励相比，正面激励更加有效。个人的行为受到正面和负面因素的影响，正面的激励，即奖励可以增加需求的满足程度；负面的激励，即惩罚则会降低需求的满足程度。企业的激励机制应当给予个人在企业之外无法获得的满足其需求的奖励。一般地，奖励比惩罚更具有激励作用。因此，管理控制系统的设计应当更多地考虑正面激励。

（2）除了金钱激励外，可以适当考虑非货币性激励。奖励的多少是相对的，金钱的增加，可以增加需求的满足程度。但是，当达到一定程度后，金钱的激励作用未必比得上非货币奖励。此时，地位的提升，授权范围的扩大，可能有更大的激励作用。

（3）对个人业绩做出定期的反馈或报告，可以起到较好的激励作用。否则，人们将没有成就感，或者无法知道如何改进其行为以实现目标。当然，反馈的时间长短也影响着激励作用的发挥。行为时间和反馈时间间隔越长，则激励作用越弱。在企业的最基层，理想的反馈时间也许只是几个小时，而在高层，反馈时间可能长达一年甚至更久。

（4）最高管理层对于激励机制的态度本身也有激励作用。如果最高管理者重视激励机制，则经营单位的管理者也会做出积极反应；如果最高管理者对激励机制并不看重，则经营单位的经理们自然也不重视。

（5）应当设计适当的激励标准，不能过高或过低。过高或过低的激励标准都无助于发挥激励作用。经过一定努力可以实现的标准，才能满足个人的需求。另外，当代理人参与到激励标准（如预算等）的制定过程，并且认为标准公平合理时，也能发挥较大的激励作用。此外，公开宣布的标准，对于责任者的激励作用也比较大。

3）激励机制的作用

（1）增强经理人员和企业目标的一致性。这是制定激励机制的首要目的。激励机制的设计应当支持、鼓励并奖励与企业目标一致的行为，从而使责任者的个人利益和企业整体利益及所有利益关系人的利益达成一致。

（2）帮助沟通和传递信息。激励机制应体现公司的价值观，强调公司所关注的关键成功因素，并使管理者能做出更有见地的决策。

（3）吸引并留住高素质的人员。激励机制是招聘和保留人才的一个重要工具。企业的竞争力在很大程度上来自于其人力资源。企业的激励机制应当具有竞争性，同时应当公平地划分管理者因其努力和能力及其决策有效性而应获得的报酬，以吸引并留住高素质的人才。

4）激励机制的设计原则

为了能发挥这些作用，激励机制的设计应当注意以下几个方面：

（1）简明易懂。激励机制的设计应当简便且易于理解，以便于传递和沟通。

（2）公平客观。激励机制应当公平，应与特定的业绩相联系，业绩指标应尽量客观、可计量并保持与企业目标的一致。

（3）关系明确。由业绩指标所计量的业绩和奖励之间的关系应当明确。

（4）考虑文化因素。在设计激励机制时，还应当同时考虑公司文化和管理风格等因素的影响。

9.3.2 激励机制的基本类型

激励机制通常通过薪酬计划来体现，薪酬计划主要包括工资、福利和奖金三部分。其中，工资和福利旨在满足员工的基本生活需求，一般没有激励作用，而奖金则跟业绩密切相关。由于企业的战略不同，薪酬计划也应适应其不同而改变。在产品导入期，市场不成熟，风险较大，在奖励计划中工资比例较高，而奖金的比例可能较低，以使管理者安心开拓市场。成熟阶段，市场竞争最为激烈，企业要保持已有的市场份额和盈利性，必须提供有竞争力的工资、奖金和福利，而在市场增长阶段，发明创造能力和领导力是很重要的，在奖励计划中奖金的比例较大，以有效激励管理者。

对于部门经理人员的奖励可大致分为两类：一类是与公司或分部的盈利相关联的，另一类是与普通股的市价相关联的。前者称为奖金分配计划（bonus plans），奖金是按某一期间与一定期间（通常为1年）的盈利额的公式计算的，目的自然在于通过与业绩的挂钩进行激励。业绩可以是整个公司的盈利，也可以是分部的盈利。后者的主要目的是促使管理人员为企业的长期发展效力。

1）以公司盈利为基础的奖金分配

有些管理人员的奖金必然是与全公司的盈利有关的，如公司总经理。

最简单的奖金计算公式莫过于奖金的某个基数的一定百分比。但这样处理有两点不足之处：①只要企业有利润，即使在业绩不好的年份依然有奖金，这对责任者的激励作用不明显；②忽视投资因素，因为只要增加投资，利润和奖金都可能增加，却不一定意味着业绩的改善。因此，可以考虑将扣除一定量的投资报酬后的余额作为计算奖金的基础。例如，以利润扣除某一事先决定的每股盈利额后的余额为计算基础。

假定，胜华公司的利润为2 500万元，董事会认为与该利润额相适应的奖金额为50万元，公司发行在外的股份为50万股。根据公司的政策规定，分发奖金前公司的每股盈利额不得低于2.5元。因此，奖金公式即为利润扣减每股2.5元后的4%，即：

奖金额=（25 000 000−500 000×2.5）×4%=950 000（元）

以后，考虑到运用留存盈利再投资的因素，对此，董事会可以增加最低要求的每股盈利额。假定最低要求的投资报酬率为6%，所得税税率为50%。第2年最低要求的每股盈利额为（假定本年每股股利为3元）：

最低要求的盈利额=25 000 000−475 000（税后的实发奖金）−15 000 000（股利）

=9 525 000（元）

最低要求的每股盈利额可增加1.143元/股（9 525 000×6%÷500 000）。

调整后的每股盈利额为3.643元/股（2.5+1.143），并以此作为第2年的最低要求的每股盈利额。

此外，也可以有其他的计算奖金的做法。例如，以去年增加的利润为基础，或以过去年份的移动加权平均为基础，以目标的完成情况为基础等。但上述奖金的计算都是以利润为基础的，容易带来利润操纵的问题，且经常不考虑股东的财富增加。所以，有些企业以经济增加值为基础计算奖金总额，其表现形式包括：

（1）以经济增加值的一定比例计算。

（2）按经济增加值的一定比例和增量经济增加值的一定比例之和计算。以增量经济增加值为基础提供了强有力的激励作用。

（3）以目标红利和超额经济增加值增量为基础计算。目标红利在取得预期经济增加值后获得，而超额经济增加值则为增量经济增加值与预期经济增加值增量之间的差额，可以是正数，也可以是负数，没有上下限。

在奖金的分配方法上，最简单的办法就是管理人员年薪的某个百分比。稍微复杂点的办法是对不同的薪金级别应用不同的百分率，或者按对各项任务规定的奖金分制（bonus point system）。按奖金分制度分配奖金显得灵活些，因为对于企业的盈利能力比较有影响的岗位可以规定较多的奖金分，从而可使直接影响企业利润的相关人员比职能管理人员得到更多的奖金分。

在奖金支付方式上，通常有以下几种方式可供公司选择：

（1）全部现金奖金。它是指当年兑现现金奖励，它只与当年公司整体的获利能力相关。但是，它意味着甚至当获利能力很低时也要支付红利奖金，而且它不能反映增量投资，因此，许多公司并不喜欢采用。同时，它更容易导致管理人员操纵利润的短期行为。

（2）移后留用额。它并不支付全部现金奖金，而是把由奖金方案决定的总额的一部分结转到下一年。每年由董事会中的一个委员会来确定移后留用额的增加额，或者在红利额过低的情境下，决定利用多少累积移后留用额。它使奖金的支付更具有弹性，并且它可以降低全部现金奖金的方式下每年奖金支付数额的过大变动，但它的奖金不与当年业绩直接相关。

（3）递延报酬。在这种方式下，现金奖金额虽为按年计算，但是支付的时间会跨越几个年度，通常是5年。经理人员只收到赚取奖金当年奖金总额的1/5，其余的4/5在随后的4年里平均支付。它使经理人员能够合理估计来年的现金收入，而且，由于利润的周期性波动在现金支付中得以平均化，递延支付使经理人员的现金收入变得平滑。此外，它还鼓励了决策的长远性。但是，它的缺点在于由于奖金与当年的业绩不完全相关，有可能起不到应有的激励作用。

【实务应用9-2】

东风汽车的EVA薪酬改革

东风汽车股份有限公司（股票代码：600006，以下简称“东风汽车”）从

2001年开始推广经济增加值概念，从下属东风模具厂开始进行薪酬改革。该模具厂原来准备学习长春一汽的岗位效益工资体系：拉开不同岗位的工资差距，然后竞争上岗。但在实施一段时间后，东风汽车意识到这一体系不能有效激励各个分公司创造更多的利润和经济增加值。因此，2001年5月，东风汽车宣布要实行以经济增加值为基础的岗效工资。新的薪酬由四部分组成，占总额30%的基础工资（相当于当地最低生活保障金）、60%的绩效工资、10%的年功工资（大约相当于工龄工资），另外一部分就是经济增加值超额奖励工资。不过，到2002年1月，实际超额奖励工资尚未拿到。和模具厂同属东风装备公司旗下的另五家专业厂进展更慢一些，主要阻力来自一线工人，因为和干部差距较大。而较之装备公司，东风汽车能源、仪表等分公司的经济增加值改革困难更大，因为这些分公司在经济增加值薪酬改革同时伴随的是人事制度改革。到2002年12月，有些分公司宣布暂缓实施经济增加值薪酬制度改革。

给经济增加值岗效工资实施带来阵痛的部分原因是重新定岗等人事制度的变革使事情变得复杂，另一个原因是公平问题影响，而更深层的因素是东风汽车自主测算的一系列经济增加值数值是否真实有效的问题。思腾思特公司的一位顾问表示，如果没有强大的数据库和相关行业的一些关键性数据，很难在内部交易情况复杂的公司中测算出相对精确的经济增加值系数，比如宝钢，为得到较准确的经济增加值系数，在实施经济增加值薪酬改革前参考了国内外30多家同行企业的经济增加值系数。而当他听说东风汽车实施全面经济增加值薪酬改制时，这位顾问更表示惊异，因为一般来说，采用经济增加值激励机制都采取自上而下的方式，先在公司管理层进行，再逐步推行到员工，实施经济增加值最主要的目的也是激励公司管理层为股东创造更多的利润，而东风汽车一开始就在全体员工中力推经济增加值的方式相当罕见。

资料来源　改编自：熊川．12万员工薪酬改革急刹车［N］．21世纪经济报道，2003-02-13.

2）以部门盈利为基础的奖金

在设有利润中心的企业里，管理层必须考虑奖金的分配基础是整个企业的盈利还是分部的盈利，或者是两者的某种程度的结合。认为应以分部为分配基础的人认为，以分部的盈利为分配基础最有可能激励管理人员。因为当奖金建立在有难度的短期目标上，而奖励是联系于目标的完成程度时，奖金显得最为有效。但是，是否以分部的盈利为分配基础往往与企业的行业特点、企业的情况以及管理人员的分配制度有关。

一般来说，越是多样化经营、分部之间的联系越少的企业，其运用以分部的盈利为基础的奖金制度就越可行。但有的企业，运用以分部的盈利作为奖金分配基础的制度则显得有不少问题。

（1）奖金量的问题。有时分部的盈利额可能与特定职务的难度，或者与特定管理人员的任务完成程度没有直接联系。相反地，最困难的管理工作倒可能是在利润不高的部分。因此，绝对数往往不仅导致不公平的奖励，而且可能造成最优秀的管理人员不愿意接受扭转有问题的分部的挑战。如果奖金建立在预算目标利润的完成程度上，利润预算往往包含对某些管理行动的承诺，以对预期经营状况的预测为基础。企业希望的是对管理人员的管理业绩进行奖励，而不是对预测经济状况和竞争环境的能力进行奖励。因此，年度的预算利润只是分部业绩评价与考核的基础。

（2）目标不一致。由于分部经理有可能通过某些违背公司利益的行为以达到提高分部利润的目的。这样，尽管从理论上说公司希望分部经理按企业的最大利润行动，即使这将使分部利润受到不利影响。但在分部管理人员的奖金受到不利影响的情况下，指望他们按企业的最大利益行动就可能不太现实。

（3）短期行为。分部的成果并不能完全反映在期间的损益中，例如，产品和人才的开发往往要经历数年才会对盈利产生有利影响。因此，有可能分部经理长期的努力不能反映在他们的奖金中。相反，奖金的分配结果单纯地以分部的盈利为基础，对于短期行为倒是有很大的推动。

当然，尽管存在一些问题，仍然会有许多企业决定将奖金的分配建立在分部盈利的基础之上。

3）股票奖励机制

无论是以全公司盈利为基础的奖励制度，还是以部门盈利为基础的奖励制度，都是以短期的指标作为奖励的基础，因而无法产生长期的激励作用。为了起到长期激励的作用，需要将奖金库的总量和公司普通股的价值变化相联系，进而形成股票奖励机制，主要有以下几种形式：

（1）股票期权。股票期权是指一种在未来某个时期，以特定的执行价格购买公司一定数量股票的权利。使用股票期权的目的，在于激励经理人员为企业的长期成长努力，从而达到使企业的股票市价上涨的目的。例如：杜邦公司在1991年开始推行股票期权计划。它规定，员工在行使期权之前，至少要持有一年的时间；期权在10年后才到期失效；股票期权并不是每年都提供。杜邦公司向员工解释了其中的风险：如果公司迅速发展，该期权总额占公司流通股的总额的比率会变小，会很快被稀释，公司可以再提供期权，但是公司在业绩不佳时并不一定会再提供期权，而如果公司不发展，股价不上涨，员工则不会行使期权。这样，如果存在股价跌破期权执行价的可能，员工们就会认识到这个计划是着眼于长期的。杜邦公司正是通过股票期权在员工与股东之间建立了一种联系，使雇佣双方有了一个共同目标。①

股票期权的优点是：可以促使经理人员关注公司的长期业绩。该计划使经理人员不必承受股票价值下降的风险，但拥有参与分享股票增值的机会，从而避免经理人员的风险厌恶行为。此外，不需要公司支出现金，实际上是企业请客，市场埋单。其缺点是：股票价格的变化不完全由经理人员控制，而且，近年来，由于过分追求股票价值的增加，出现了许多财务舞弊行为，因此这种奖励制度的效用，开始受到人们的指责。此外，如果经理人员到期执行期权，将冲淡股东权益。

---

① 威尔逊．薪酬框架：美国39家一流企业的薪酬驱动战略和秘密体系［M］．陈红斌，刘震，尹宏，译．北京：华夏出版社，2001.

（2）影子股票。影子股票是指奖励经理人员一个账面股票，在一个特定的时期后，他们依照股票价值的变化得到报酬，这个报酬可能是现金、股票或二者都有。这种方式与期权的特性基本相同，不同之处在于不涉及不利的风险和筹资费用的问题。由于经营者的收益取决于未来公司股价的高低，因此他着眼于对管理人员的长期激励。

影子股票的优点在于不会导致股东的权益被稀释。而且，当公司的股票不易获得时（如：股价太高或在国外发行而限制本国投资者持有），影子股票就很有用处。其缺点在于它实际上属于一种费用支出，企业在未来会有一个现金流出；并且，经理人员不容易从中获得税收上的好处。

（3）业绩股。业绩股是指当管理人员完成了特定的长期目标后，给予奖励一定数量的股份。至于"目标"，可以是公司的目标、分部的目标，也可以是个人的工作成果，例如在未来5年内实现EPS的增长。这种目标也可能相当复杂，反映公司的长期或战略目标，例如由平衡计分卡设定的目标。与认股权或影子股票相比，业绩股的优点在于奖励是建立在管理人员可控，或者至少是部分可控的目标完成基础上的（相对于股票价格而言）。

9.3.3 对不同管理人员奖励的决策问题

在确定了奖金的总额后，接下来要考虑的是如何将奖金分配给不同的个人（包括管理人员）。按照代理关系的不同，对管理人员的奖励主要包括两种：对CEO的奖励计划和对部门管理人员的奖励计划。

1）对CEO的奖励计划

CEO的报酬通常是由董事会中的薪酬委员会决定的。通常，薪酬委员会可能给予CEO和部门经理同等比率的奖励。有时，为了表示对CEO的特殊评价，也可能用高一些或低一些的比率。

对CEO的奖励形式是多种多样的，现金、期权、奢侈的福利等。例如：澳大利亚私营大型企业CEO的工资收入包括年薪、一定的股权或期权待遇、各种名目的非货币补贴，如提供免费小轿车、笔记本电脑、移动电话、住房补贴或贷款、娱乐会员卡和增加养老金比例等项目。[①]总体而言，对CEO的奖励形式通常由三个部分组成：基本工资加基本福利、效益奖金和与企业长期盈利能力挂钩的长期激励安排。据资料显示，在1999年美国上市公司CEO的薪酬结构中，基本工资占38%，效益奖金占26%，股票期权占36%。[②]由于股东期望通过制订合理的奖励计划，使CEO能为实现股东价值最大化工作，他们通常首选用发放股票期权或其他与股价相关的奖励来激励CEO。例如：美国Oracle公司称，依照该公司CEO奖励计划，公司CEO在2003年度得不到任何工资和奖金，其工资以股票期权的形式发放。他将以每股12.35美元的低价获得价值90万美元的公司股票期权。所以，Oracle公司的CEO拉里·艾利森自2000年以来3年内没有收到任何薪水和奖金，却获得了公

① http://www.southcn.com.
② 汪家常，魏立江．业绩管理［M］．大连：东北财经大学出版社，2001.

司董事局价值4 000万美元的股票期权。[①]

【实务应用9-3】

CEO薪酬计划

每年，美国《财富》杂志都会披露各大跨国公司CEO的薪酬数字。CEO的薪酬制度吸引着大家的眼球。据国际管理顾问公司太平国际公布的2001—2002年全球全面薪酬研究表明，美国CEO的薪酬金额位居全球第一，阿根廷、墨西哥及加拿大紧随其后，中国香港则排名全球第五，中国上海排名垫底（第二十六名）。在CEO的薪酬中，固定工资比重并不高，而按表现及业绩发放分红及非固定奖金、长期服务金及股权计划等，才令薪酬组合的金额达到了惊人的数字。以股票和业绩为主，是当今全球CEO薪酬制度的主流。

2003年9月，美国纽约证券交易所CEO格拉索的天价薪酬计划曝光，超过了公众对贪婪的CEO的容忍程度，格拉索被迫辞职。纽约证券交易所的薪酬体系包括：

（1）针对所有员工的工资（资深副总裁级别以上员工的工资由薪酬委员会决定）；

（2）除销售和客服人员之外的激励项目（Incentive Compensation Plan，ICP，格拉索等高管的此项收入也由这一委员会确定）；

（3）贴现式的长期激励项目（Long Term Incentive Plan，LTIP，针对资深副总裁级别以上人员，根据绩效目标完成情况而定）；

（4）针对特定高管的资本累计项目（Capital Accumulation Plan，CAP）；

（5）退休金、储蓄金、管理人员补充退休金项目（SERP）、管理人员补充储蓄金项目（SESP）、递延薪酬计划（针对资深副总裁以上级别）等。

格拉索的收入集中在前三项，但在后两项也积累了相当数额的可在未来变现的收入。

根据该计划，到2007年格拉索退休之际，他将获得1.88亿美元左右的收入，而这还不包括未来4年他每年140万美元的工资和最低100万美元的奖金，以及退休福利金、有待变现的CAP和额外奖金（2000年的500万美元）及其累计利息，后三者累计为4 800万美元。格拉索的总薪酬超过了纽约证券交易所过去3年的盈利总和，从而成为历史上第一个不是因为干得不好，而是因为拿得太多而被赶下台的CEO。颇具讽刺意味的是，其后临时接任的CEO，对自己薪酬的要价仅为1美元。

1美元薪酬俱乐部里，谷歌的埃里克·施密特和苹果公司的史蒂夫·乔布斯都是典型的代表。他们每年只象征性地从公司领取1美元的工资，但同时拥有大量的股票。

2015年8月7日，京东集团发布财报，宣布董事会批准了针对公司董事长兼CEO刘强东的一项为期10年的薪酬计划：每年只拿1元人民币的工资；0元奖金；授予26 000 000股A类普通股购买权，每股执行价为16.70美元，10年内不再向刘强东授予额外股权。消息一出，许多媒体将其解释为刘强东提前预支了自己10年

---

① http://www.southcn.com.

的薪水和奖金，市值26.5亿元人民币。而实际上，所谓价值，不过是这些期权对应的股票市值罢了，股票期权计划要经历授予、到期、行权与变现才可能“落袋为安”，并不是已经到手的股票。1元的象征性薪酬及大比例的股权，将CEO的自身利益与公司的未来股价更紧密地绑在一起了。

资料来源 改编自：①佚名．格拉索高薪丑闻引发NYSE完美风暴［EB/OL］．［2003-10-08］．http：//money.163.com/editor/031008/031008_161692.html.

②佚名．京东2015年财报：净收入280亿美元 同比增长58%［EB/OL］．［2006-03-01］．http：//www.donews.com/net/201603/2918816.shtm.

一般来说，股东期望通过制订合理的奖励计划使CEO能为实现股东价值最大化而工作，发放股票期权或其他与股价相关的奖励成为首选。但是，这种奖励也有其不利的一面。第一，它带来了风险厌恶问题，高薪CEO个人的福利和公司的福利是紧密联系的，一旦公司业绩不佳，其个人的管理声誉将受到影响，职业市场上的机会减少，将使他们个人的财产也受到不良影响。这将使他们在决策中不太愿意采用风险较高的项目。而股东由于存在多样化投资机会，其风险态度比较中立。第二，股价的变化可能受到不可控因素的影响，因此，它并不能真实地反映CEO的业绩。第三，它可能促成CEO操纵股价等争取个人私利的利己行为。所以，近年来人们对期权或管理人员持股的奖励方案质疑颇多。《财富》杂志每年都公布CEO薪酬榜，并与其所负责的公司的业绩进行对照。由于CEO在过去五十多年里获得了不菲的收益，也有人将CEO的薪酬制度称为“在高速公路上的抢劫”。

2）对部门管理人员的奖励计划

对部门管理人员的奖励通常由CEO决定。制订的奖励计划可以有许多种选择，对部门经理的奖励计划，见表9-5。

对部门管理人员进行奖励计划决策时，应注意考虑到内部转移定价的问题和不可控因素的影响。

首先，由于分散经营的组织单位相互提供产品或劳务时，需要制定一个转移价格。转移价格对于提供产品或劳务的生产部门而言，表示收入，而对于使用这些产品或劳务的购买部门而言，则表示成本。转移价格的制定是否合理，直接关系到因成本转移而导致的部门间责任转嫁，进而影响部门业绩评价。在对部门管理人员进行奖励决策时，应考虑转移价格的影响，才能有效激励管理人员。

其次，应以管理人员的可控业绩作为对他们进行奖励的基础，才能真正促成管理人员与企业目标的一致性。根据《CMA第18号管理会计指引》，在考量部门业绩时，应考虑以下因素是否是管理人员可控的部分：

（1）税收因素。由于部门管理人员无法对税率等因素进行直接控制。因此，进行部门业绩评价时不应考虑税收的影响。

（2）折旧费。不同的责任中心，所需承担的折旧费是不同的，利润中心所承担的折旧费用就少于投资中心。因此，对部门管理人员的业绩评价，只能与他所能控制的资产的折旧费有关。

表9-5　**对部门经理的奖励计划**

1.奖励类型

A.财务奖励

a.提高工资

b.奖金

c.福利

d.额外补贴

B.心理与社会奖励

a.提升的可能性

b.更多的责任

c.更高的自主权

d.派驻地理位置更好的地方

e.认知

2.与工资相关的奖金规模

A.上限

B.下限

3.奖金计算基础

A.部门利润

B.公司利润

C.两者的结合

4.业绩标准

A.财务标准

a.毛利

b.部门直接利润

c.部门可控利润

d.税前利润

e.净利润

f.投资报酬率

g.经济增加值

B.时间间隔

a.年度财务业绩

b.多年财务业绩

C.非财务标准

a.销售增长率

b.市场份额

c.顾客满意度

d.质量

e.新产品开发

f.个人发展

g.公共责任

D.分配给财务标准与非财务标准的权重

E.比较标杆

a.利润预算

b.过去的业绩

c.竞争者的业绩

5.奖金确定方法

A.根据公式计算

B.主观判断

C.两者的结合

6.奖金支付形式

A.现金

B.股票

C.股票期权

D.影子股票

E.业绩股

资料来源　ROBERT N A，VIJAY GOVINDARAJAN. Management control systems［M］. 10th New York：McGraw-Hill Higher Education，2012：514.

（3）总部管理费。分配给部门或分部的总部管理费也不应纳入部门业绩评价，因为它属于部门管理人员的不可控因素。

（4）与其他责任中心的联产品收入。这部分的收入应以一个合理的基础（如：

共同成本或共同资产）进行分配。

总结与结论

在分权制企业中，管理会计的作用在于利用会计信息对各个分权部门的业绩进行计量、评价与考核，建立以责任中心为主体，以责、权、利相统一的控制系统，即责任会计系统。管理会计中存在三种类型的责任会计系统：以职能为基础的责任会计系统、以作业为基础的责任会计系统和以战略为基础的责任会计系统。不同的责任会计系统的责任分配和业绩计量各有侧重，其适用条件也不同。在以职能为基础的责任会计系统中，按照不同部门管理者的权限，责任中心可以分为成本或费用中心、收入中心、利润中心和投资中心。

为了正确地评价企业内部各责任中心的经营业绩，明确区分各自的经济责任，使各责任中心的业绩考核建立在客观、可比的基础上，必须根据企业和各责任中心的特点，正确制定企业内部的转移价格。转移定价存在着许多方法：以成本为基础的定价模式、以市价为基础的定价模式、协商转移定价模式和双重转移定价模式。根据具体条件的不同，可以采用不同的转移定价方法。

不同责任中心具有不同的责任，财务控制手段也不同。可以选择的利润指标有贡献毛益、可控毛益、部门毛利、部门税前利润和部门税后利润。可以选择的投资中心业绩指标有投资报酬率指标、剩余收益指标和经济增加值指标。

激励机制将部门经理的个人目标和收入与责任中心及企业的整体目标相互协调，进而影响经理人员的行为，促使其有效执行公司的战略规划，实现企业整体利益最大化。其设计必须遵循一定的原则，并根据实际情况采用相应的方式或类型。

练习题

思考题

1.什么是责任会计系统？责任会计系统有哪些基本类型？各有什么特点？

2.在以职能为基础的责任会计系统中有哪些主要的责任中心？

3.什么是转移定价？转移定价的基本作用是什么？

4.转移定价的确定方式有哪些？其主要优缺点是什么？在什么情况下适用？

5.激励机制有什么作用？有哪些设计原则？其目标是什么？

6.如何设计奖金计划，以激励管理人员？

习题

1.通达纺织公司下设三个部门，纺织部、染整部和成衣部。纺织所需要的原料由公司统一采购，然后交给纺织部，由纺织部将其加工成布匹，对外出售或转移给染整部，经染整部加工后，对外出售，少量转移给成衣部加工。成衣部直接对外接受订单，并对外销售。对从公司接收的布匹，按公司内部价格定价。目前公司有意将下属三个部门均建成责任中心，并进行业绩考核。

请问：

（1）三个部门应当设立成什么样的责任中心为宜，为什么？

（2）各个部门应当授予什么样的权利？采购和销售是应当分给部门，还是应当由公司统一管理？

（3）部门之间转移产品应当如何定价？

2.某硅橡胶按键生产企业专门生产电话、计算器、电脑等设备的按键。生产过程主要包括备料、油压、印刷、加硫、检查五项作业。该企业希望设置以作业为基础的责任会计系统，请为其提交一份方案。

讨论题

1.有效的成本控制系统应当如何设计，应考虑哪些原则？企业内部引入成本控制系统可能面临哪些困难？

2.预算控制可以实现计划、激励和评价等作用。请解释这些作用是如何通过预算手段来实现的？在什么情况下这些作用可能存在冲突？管理会计人员通常采用什么方法来解决这些冲突？

3.阅读【实务应用9-1】，结合本章学习内容，分析不同转移价格的优缺点及其适用条件，进而对瑞丰银行的FTP体系提出改进意见。

4.阅读【实务应用9-2】，东风汽车的经济增加值薪酬制度改革，其中有什么经验和教训？

案例

（1）盛华公司制造厂刚刚经历了一个黑色的6月份，首先是制造厂的两台机器出现了故障，导致部分工人（全部是带薪的）停工了一段日子。其次是生产用的原材料价格上涨了不少，与此同时，制造厂的保险费也上升了，导致成本比去年同期增长了很多。因此，制造厂的厂长希望市场部经理上调产品的价格，但是这超出了市场部经理的权限。

（2）李佳文很高兴看到他所负责的分部的ROI在过去的3年中一直在上升。他相信这一切都是因为他采用了降低成本、更有效地使用机器（最近几年他卖掉了一些旧机器）等措施，并希望在年终业绩评估中这些改进能归功于他。

（3）华发公司为了改进其南方分公司的业绩，制订了一套为期3年的计划。该计划的核心是购买新的机器设备，进行员工培训，以消除浪费。

（4）胜点公司的一位部门经理为了扭转营业利润减少的趋势，采取了削减机器设备的维护费用和解雇一名产品工程师的方式以减少成本费用。

问题：指出上述各个独立情景案例的责任中心类型，并指出对上述责任中心的业绩评价可能依据的会计数据。

建议阅读材料及相关网站

[1] 特洛，阿特金森. 国际转移定价［M］. 孙晓，和广，译. 北京：电子工业出版社，2002.

[2] 陈双人. 责任会计系统［M］. 沈阳：辽宁人民出版社，1992.

[3] 蔡柏林，等. 责任会计制度设计［M］. 北京：北京经济学院出版社，1992.

[4] 那国毅. 职能制和团队结构［J］. IT经理世界，2002（21）—2002（22）.

[5] https：//maaw.info/.

第 10 章

战略成本管理

学习目标

通过本章学习，你应该了解价值链分析的基本含义和价值链分析的方法，掌握利润池分析的原理；了解和掌握作业基础管理的方法；了解寿命周期成本计算的几种主要分析方法；掌握质量成本的含义和计量与控制方法；理解环境成本管理的重要性及主要的管理方法。

10.1 战略成本管理与价值链分析

战略成本管理，是指对企业价值链上各个作业之间的成本关系进行分析，以实施符合企业利益的管理过程，该过程是与企业的价值链分析和成本分析相结合而实现的，实际上是在成本管理中导入战略管理思想，关注成本管理的战略环境，战略规划、战略实施和战略业绩。通过将成本管理会计信息贯穿战略管理循环，将成本分析、成本信息与影响战略的相关要素结合在一起，从战略高度对企业成本结构和成本行为进行全面了解、控制与改善，寻求长久的竞争优势。价值链分析、战略定位分析、成本动因分析构成了战略成本管理的基本框架。

10.1.1 价值创造、价值链与竞争优势

在竞争市场上，获得成功的企业必须是善于为顾客创造价值的企业。价值通过企业的作业链和价值链创造，是顾客从产品或服务中所获得的好处。企业的生产经营可以看作是为最终满足顾客需要而设定的“一系列作业”（a series of activities）的集合体，形成一个由此及彼、由内到外的“作业链”（activity chain）。作业的进行要占用并消耗一定的资源，而作业的产出（activities's output）又包含了该作业所创造的一定价值，转移到下一个作业，按此逐步推移，直至最终把产品（或服务）提供给企业外部的顾客，以满足他们的需要。最终产品作为企业内部一系列作业的综合体现，它凝聚了在各有关作业上创造的价值。因此，“作业链”同时表现为“价值

链”(value chain)。作业的推移，同时表现为价值在企业内部逐步积累与转移，形成一个企业内部的“价值传递系统”(value delivery system)。最后，通过将产品转移给企业外部的顾客，企业凝聚在产品上的价值则转化为顾客的认知价值，可简称为“顾客价值”(customer value)，具体表现为顾客对所取得的产品愿意支付的代价，由此而形成企业的收入。收入补偿企业为完成各有关作业占用和消耗的资源的代价之和后的余额，正数为企业从“顾客价值”中获得的利润，负数为发生的亏损。企业的相对竞争地位可从这一最终结果同企业的竞争对手相对比综合地反映出来。企业必须通过比竞争对手创造更多的价值或更有效地创造价值，或以更低的成本创造价值才能提高企业的竞争优势。此即前述波特竞争战略中的差异化或低成本战略。

创造价值要从优化价值链入手，由于价值链是作业链的价值表现，因此，优化价值链要从优化作业链开始。从作业链同顾客价值的关系看，企业生产经营中并不是所有作业的实施都能最终导致“顾客价值”的增加。据此，可将作业区分为两大类：一类是可增加顾客价值的作业，简称“增值作业”(value added activities)，如产品的设计、加工制造、包装以及营销方面的作业等；另一类是“不增值作业”(nonvalue added activities)，如与各种形式的存货有关的作业（存货的存储、维护、分类、整理等）和原材料、在产品、半成品、产成品等因质量不符合要求需进行加工、改造等而形成的追加作业等。它们之所以被视为不增值作业，是因为它们的存在并不会对产品最终满足顾客需要产生任何积极影响。要优化价值链，应尽可能消除所有不增值作业，同时提高增值作业的运作效率，减少其资源的占用和消耗，借以最大限度地优化价值链，使企业能通过最经济、有效的方式满足顾客需要，从而促进顾客价值的提高。

可见，价值链在竞争优势的取得和保持、确定企业战略方面具有重要作用。为此，要对企业价值链上各个作业之间的成本关系进行分析，从而制定可以服务于企业的竞争战略。该过程是与企业的价值链分析和成本分析相结合而实现的，实际上是在成本管理中导入战略管理思想，关注成本管理的战略环境、战略规划、战略实施和战略业绩。通过将成本管理会计信息贯穿战略管理循环，将成本分析、成本信息与影响战略的相关要素结合在一起，从战略高度对企业成本结构和成本行为进行全面了解、控制与改善，寻求长久的竞争优势。而管理会计必须提供信息帮助管理者识别价值链中各种作业的相互关系，了解提高价值链创造价值的机会，这需要借助价值链分析来进行。

10.1.2 价值链分析模型

价值链分析的任务就是要确定企业的价值链，明确各价值活动之间的联系，提高企业创造价值的效率，增加企业降低成本的可能性，为企业取得成本优势和竞争优势提供条件。价值链分析是有效管理成本，同时提高顾客价值的一种战略手段，其包括三个步骤：其一是识别企业价值链与价值链成本计算；其二是分析每一价值链的成本动因；其三是比竞争对手更好地控制成本动因或重构价值链，即创造可持续的竞争优势。

1）识别价值链与价值链成本计算

（1）识别价值链。

价值链概念最早由波特提出，是指企业设计、生产、营销、交货和对产品提供支持的内部流程或一系列作业的集合。企业的价值链体现了企业的历史、战略、实现战略的方法和实施作业的经济性。企业的价值链包括了两大类作业：基本作业和辅助作业。

基本作业与将投入转为产出，交货和提供售后服务直接相关，一般也由企业的生产部门执行。这类作业又可细分为：

①内部后勤：材料接收与仓储。

②生产经营：将投入转化为最终产品。

③外部后勤：订单处理和配送。

④营销：沟通、定价和渠道管理。

⑤服务：安装、维修和零部件供应。

辅助作业则为基本作业和其他辅助作业提供支持，一般由企业的职能部门执行。这类作业又可细分为：

①采购：是指采购原料、物料用品和其他资产等。

②技术开发：所有价值活动都涉及技术成分，如新产品研制、技术改造和技术投入等。

③人力资源管理：包括员工的招聘、提升、安置、评价、奖励、开发等。

④企业基础设施：既包括厂房设施、机器设备等硬件，又包括总体管理、计划、财务、法律、质量管理、公共关系等大量软件。它通过整个价值链而不是单位作业起作用。

每一种基本和辅助作业，都可以再分为三种对竞争优势起不同作用的活动（作业）：

①直接活动：直接为买方创造价值的活动，如加工、销售、产品设计等。

②间接活动：使直接活动的持续进行成为可能的各种活动，如维护、进度安排、设施管理、销售管理等。

③质量保证：确保其他活动质量的各种活动，如监督、检测、核对、调整等。

在此基础上，John Shank和V.Govindarajan将价值链的内涵扩大为：从企业向零配件供应商采购原材料开始，直到将产品或服务提供给最终顾客为止的一系列增值作业的集合，实际上指的是产业价值链。任何一家企业，都不过是产业价值链中的一环。产业价值链与企业价值链之间的关系如图10-1所示。

（2）价值链成本计算。

价值链分析关注的是能否在价值链上实现降低成本或增加顾客价值。为此，必须进行价值链成本计算，将传统的成本分析手段，从只注重企业内容的成本，扩展到关注价值链之间的联系，以发现改进的机会，并为自制或外购决策以及向前或向后的资源整合提供决策依据。

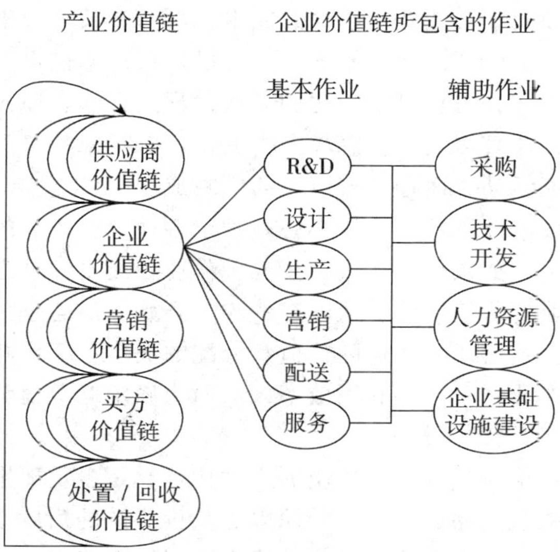

图10-1　产业价值链与企业价值链关系图

从成本管理的角度而言，企业的价值作业即成本行为。每一种价值作业都有自己的成本结构，其成本行为可能受到价值作业之间的联系的影响。价值链成本计算始于确定企业的价值链，并把营业成本和资产（包括固定资产和运转资本）分配到价值作业上。不过，由于传统的成本会计系统并不是按作业来归集成本的，所以，此时可能需要依赖一些估计，此外，也可以利用企业的利润表、成本报告和预算报告等数据。如果是计算行业价值链的成本，则难度要更大一些，需要收集主要竞争对手的财务报告资料。

企业各项价值作业通常需要发生以下成本或使用以下资产：

①外购经营投入成本，是指为生产而投入的原材料、储备物资、低值易耗品。

②人力资源成本，是指企业为获得或重置人力资源而发生的支出，如人力资源取得成本、人力资源发展成本、人力资源保持成本和人力资源离职成本。

③资产，是指受益期在1年或超过1年的一个营业周期以上的外购投入，不立即计入营业成本，而是通过计提折旧或摊销的方式分期转入成本，如固定资产、无形资产和递延资产等。

企业必须将以上成本分摊到价值链的各项价值作业中去，以形成一个反映成本分布的价值链，比较各价值作业的成本分布，以找出改善成本的突破口。营业成本应分摊到它们发生的活动中去，资产则分摊到使用、控制它们或者对其使用影响较大的活动中去。资产账户可能需要重新组合，以保持和作业、流程的一致。资产的分摊可以按其账面价值或重置价值来确定，也可以将其转化为营业成本。以上成本分摊期限应能代表企业的业绩，一般为一个会计年度或者经营年度，但也要考虑影响成本的季节性因素或周期性因素。此外，这种成本分摊的数据主要是供战略决策参考，故精确度要求可根据成本效益原则调整，适可而止。

成本管理过去倾向于关注直接活动的成本，而通过成本归集和分摊，确定直接活动、间接活动和质量保证活动的成本后，可以发现：未被重视的间接活动成本和质量保证活动成本之和，占总成本的比例，远远超过管理者原先的估计。而且随着自动化系统的投入，非直接成本在总成本中的占比有越来越高的趋势。这预示着在间接活动和质量保证活动方面存在着巨大的削减成本的机会。

在进行价值链成本计算后，企业还必须确定各种价值作业的价值。顾客购买企业的产品要付出价格，如果价格超过企业各种作业的成本，就形成利润。企业必须确定顾客对各个作业的价值评价。从顾客的收入开始，沿着价值链向前推移，以确定各个作业的价值。然后，将作业的价值和分配的成本、资产相对比，以确定作业是否创造价值以及作业对资产的利用效率，从而为确定竞争优势创造条件。

2）价值链成本动因的分析

成本是企业创造价值过程中所付出的一种代价，是多重成本动因共同作用的结果。成本动因是指引起产品成本发生的原因。从价值链的角度看，每一个创造价值的活动都有一组独特的成本动因，各相关成本动因结合起来可以决定一种创造价值活动的成本。成本动因或多或少能够置于企业控制之下，控制成本不是控制成本本身，而是控制引起成本发生和变化的原因。识别和分析成本动因有助于认识企业相对成本地位及其形成和变化的原因，为强化成本管理提供有效途径。战略成本管理所强调的成本动因可以分为结构性成本动因和执行性成本动因两大类。

结构性成本动因是指决定组织基础经济结构的成本驱动因素，这种动因体现了企业的长期决策，以及其在行业和市场中的定位，主要包括：

（1）规模，是指对研究开发、制造、营销等活动投资的规模。

（2）范围，是指企业价值链的纵向长度和横向宽度，前者与业务范围相关，后者与经济规模有关。

（3）经验，是指熟练程度的积累，即企业是否有生产该种产品的经验，或者生产过多长时间。

（4）技术，是指企业在每一个价值链活动中所采取的技术处理方式。

（5）多样性，是指提供给客户的产品或劳务的种类有多少。

执行性成本动因是指与企业执行作业程序相关的成本驱动因素。体现企业在如何利用资源以实现其目标的经营决策。这种成本动因是由管理政策、风格和文化所决定的，主要包括：

（1）员工参与性，是指员工在业绩改进和决策中的参与程度。

（2）全面质量管理，是指员工和管理者对流程和产品的全面质量管理的认知与贡献程度。

（3）生产能力运用，是指在既定企业建设规模下，生产能力运用的程度。

（4）工厂设计效率，是指工厂当前设计的效率。

（5）产品结果，是指产品研究设计是否有效率，是否符合市场需求。

（6）联结关系，是指是否充分利用与上游供应商和下游顾客间价值链的联结关系。

在结构性成本动因与执行性成本动因中，很多是非量化的动因，但其对产品成本的影响更大、更持久，因而也更应予以重视。在企业基础经济结构既定的条件下，通过执行性成本动因分析，可以提高产生各种执行性成本动因的能动性，并优化它们之间的组合，从而使价值链活动达到最佳效果；而对于结构性成本动因，未必总是越多越好，如单纯扩大企业规模或运用高新技术，对于管理水平有限的企业而言，就不一定是好事了。

3）创造可持续竞争优势

（1）竞争优势的来源。

企业要生存下去，就必须向顾客提供他们所需要的产品或服务，同时顶住竞争压力，这就要求企业必须拥有竞争优势。这来源于企业能否以同样的成本创造较多的顾客价值，或是以较低的成本创造同样的顾客价值。按照波特的理论，企业获取竞争优势的基本战略有成本领先战略和差异化战略。

成本领先战略的核心是企业决定在所属行业中成为低成本生产的企业。应用一切可能的方式和手段，如规模经济、专用技术、原料优惠供应等，使其成本低于竞争对手，并以此取得超过其他厂家的竞争优势。如果企业能够创造和维持全面的成本领先地位，那它只要将价格控制在产业平均或接近平均的水平，就能获取优于平均水平的经营业绩，或者在与对手相当或相对较低的价位上，扩大市场份额，或者保持当前的盈利能力。

差异化战略的核心是企业提供具有独特性的产品，从而和竞争对手区分开来，其特点是突出产品为客户所看重的某一方面的特定功能，力求在为客户所重视的产品性能的某一方面独树一帜，以便增强企业产品的竞争力。差异化通过及时送货、高质量产品或更多的产品和服务选择等可以提供独特的顾客价值的方式来取得，但企业需要为此而增加成本，判断差异化战略成败的标志之一是实现差异化所增加的溢价收入是否超过了为此而追加的成本。一旦形成了买方所希望或乐意接受的差异化优势，企业就可以得到价格溢价的报酬，并保持市场份额，或者可以在一定的价格下出售更多的产品，或在周期性、季节性市场萎缩期间获得诸如买方忠诚度等相应的利益，从而扩大市场份额。实施差异化战略的企业并不排斥成本战略的重要性。它们必须通过降低不影响产品性能的成本，力图保持与竞争对手相近的成本，使企业能够以较低的成本维持产品的差异性。

不论企业采取何种战略，在企业战略制定、选择和实施过程中需要考虑的重点问题都是成本问题。而且，不同的战略，将导致成本管理方式的不同。对于成熟的行业里采取成本领先战略的企业而言，采用先进的成本标准是控制的主要手段。而对于在快速多变的行业里采取差异化战略的企业而言，这种标准并不适用，它们更需要反映变革效果的手段。

企业要降低成本，可以有两种方式：一是在既定的经济规模、技术条件、质量标准条件下，通过降低消耗、提高劳动生产率等措施降低成本。这种方式的成本降低以现有条件为前提，是日常成本管理的重点内容，主要通过建立责任成本制度等方式进行控制。二是改变成本发生的基础条件。在既定条件下，成本改善将存在极限，要进一步降低成本，必须依赖新的技术和新的观念，改变成本发生的基础条件，这是成本持续降低的潜力所在，也是战略成本管理中的重点。

（2）实现竞争优势。

企业要取得战略成本优势，应从以下两个方面入手：一是控制成本动因，成本地位源于价值作业的成本行为，而成本行为源于成本动因。企业只有控制其主要价值链活动的成本动因，才能真正控制成本。二是重构价值链，拥有成本优势的企业，其价值链往往与竞争对手的价值链存在显著差异。重构价值链，能从根本上改变企业的成本结构，为进一步的成本降低提供新的基础。

①控制成本动因。

企业通过比竞争对手更好地控制成本动因，可以降低成本。不同的成本动因有不同的控制方式。要控制规模，应通过兼并、扩展产品种类、扩大市场营销活动等方式来增加规模，以降低成本。在企业选择价值链范围时，要考虑地理位置因素。该因素在企业生产空间组织、原料和产品运输分配方面对成本产生影响。选择时应考虑：靠近原料产地，能源供应充足，水源有保证，气候适宜，运输成本相对低，人力资源分布广，接近消费市场，社会文化习俗影响，教学科研机构的分布等。在经验方面，可以利用学习曲线效应。企业应结合竞争战略制定学习战略目标，比较学习的速度，并突破地理和内部竞争的阻碍形成共享学习的机制。保持学习的专有性，并同时向竞争对手学习。在技术方面，可以加强技术投资，开发低成本工艺、推动自动化，或进行低成本的产品设计，以降低成本。在联结关系方面，企业应当充分识别联系和恰当整合价值链内部的成本因素，以改变成本状况，如增加质量检验和预防成本，则损失成本会降低。加强和供应商、销售渠道的合作，利用纵向联系，使各自的价值链得以优化并共享收益。

②重构价值链。

企业也可以通过采用和竞争对手有显著差异的价值链来降低成本。其原因在于：其一，重构和零星的改进不同，经常从根本上改变成本结构，产生更高的效率；其二，重构根据企业的情况改变了重要的成本动因，从而改变了其竞争基础。重构价值链的原因有很多，比如：采用不同的工艺，利用自动化差异，变间接销售为直接销售，采用新的分销渠道，前向（朝原料）或后向（朝产品）整合等。

企业在以下几个方面存在着重构价值链的机会：

第一，进行行业价值链重构。企业通过对现有的行业价值链进行分析，将有可能发现满足顾客需求的新方式，并同时增强企业的竞争力或形成新的能力。例如，处于一个竞争激烈和多变行业的戴尔计算机公司，准确地将顾客价值和成本结构进行了对比，从而得出库存、分销和零售成本对顾客增值甚少而成本甚多的结论，并采取了与传统电脑产业不同的价值链模式，采取直销和顾客定制的方式，进而取得了引人注目的业绩增长和财务回报。

企业通过控制成本动因，消除不增值作业，实施精益生产、加强快速反应，以削减作业成本，或增加作业价值，从而强化企业当前价值链的地位。

企业可以通过重新评估其在行业价值链中的不同水平的投资密度，削减资产的占用，提高资产使用效率。加大在增值作业上的投资，对不增值作业实行分包，从而改进竞争优势。

第二，通过强化买方价值链来扩大差异化优势。差异化战略是通过企业对买方价值链施加影响，而在为买方创造价值的过程中创造出来的。当企业降低买方成本或增加买方效益的时候，就能创造价值。企业通过降低发货、按照筹资成本、提供特殊或定制的产品来降低买方成本或增加买方效益，从而强化买方价值链，并扩大差异化优势。

10.1.3　价值链成本分析的应用

价值链并不是独立活动的集合，而是相互依存的活动构成的一个系统。价值链分析研究从原材料供应商起直至最终产品消费者的相关活动的整合，通过改变价值链作业之间的联系而改变成本，进而影响企业的成本地位和竞争优势，是从战略角度进行的成本控制。其目的是确定企业的价值链，明确各价值活动之间的联系，提高企业创造价值的效率，增加企业降低成本的可能性，为企业取得成本优势和竞争优势提供条件。按分析的角度，价值链分析可分为：企业内部价值链分析、行业价值链分析、竞争对手价值链分析。

1）企业内部价值链分析

一个企业可以看作是为满足最终顾客需要而设定的一条价值链，从向供应商采购资源，到将投入转化为产出，并转移给顾客创造价值。而构成企业价值链的各种价值活动又可以细分成许多价值链。前面的价值活动是后面的价值活动的供应商，而后面的价值活动则是前面的价值活动的顾客。材料的存储为生产服务，而生产经营又为营销提供服务。不仅基本作业之间存在着供应商和顾客的关系，辅助作业和基本作业之间也存在着类似的关系。开发设计影响着产品的生产流程，实际采购也会影响生产经营。每个价值作业既消耗资源，又创造价值。进行企业价值链分析，可以确定价值链上的成本与效益，并根据企业的战略目标进行价值作业之间的权衡、取舍，调整各价值链之间的关系，以便考虑：是否可通过重构价值链作为相对成本降低的战略？在企业内部价值链上是否存在不增值的联系？如何消除不增值的联系？

2）行业价值链分析

价值链的起点和终点并不是某个企业，供应商与顾客的联系也不仅存在于企业内部，而且存在于企业价值链和供应商及顾客的价值链之间，甚至还延伸到供应商的供应商，以及顾客的顾客。要取得并保持竞争优势，企业不仅要了解自身的价值链，而且要对企业所在行业的价值链进行分析。因为，最终顾客所支付的价值包含了整个价值链的利润。将企业价值链分析扩大到行业价值链，可以站在战略的高度上，考虑是否可以利用上、下游价值链进一步降低成本或调整企业在行业价值链中的位置及范围，以取得成本优势。

3）竞争对手价值链分析

在行业中往往存在生产同类产品的竞争对手。竞争对手的价值链和本企业价值链在行业价值链中处于平行位置。通过对竞争对手价值链的分析，可测算出竞争对手的成本并与之进行比较，根据企业的不同战略，确定扬长避短的策略，争取成本优势。

【实务应用10-1】

兴业银行战略转型与价值链重构

兴业银行成立于1988年，总部设在福州，是一家地方性小银行；1996年实行跨区域经营；2003年更名改制、引入恒生银行等境外战略投资者；2004年开始转变业务发展与盈利模式，建设全国性现代商业银行；2007年成功上市，一步步实现了战略转型。随着其战略转型，兴业银行适时突破银行传统的价值链框架模式，通过价值链组成要素的重构与创新，有机组合各经营活动的要素，从而使得银行更加适应发展环境，逐步增强市场竞争力。

商业银行价值链的辅助作业包括组织架构、人力资源与企业文化、基础设施和信息技术、新产品开发等方面，而基本作业则包括资金筹措环节、资金运用环节、市场营销环节、风险管理环节。兴业银行的价值链重构可归纳为若干关键要素的有机组合。

（一）基础作业

1.资金筹措环节

依照传统的银行价值链模式，银行发展需要的资金主要来源于存款。但兴业银行发展早期仅为福建地方性银行，难以获得大量存款资金。由此兴业银行开辟了不同渠道的资金补充机制：一是形成多元化的资金补充机制；二是拓宽营运资金来源渠道，吸收大量同业资金，逐步实现跨越式发展。

2.资金运用环节

兴业银行根据其差异化业务发展策略形成了独特的资金运用模式。

（1）零售业务。以资产业务拉动零售业务。2004年，兴业银行决定发展零售业务，实行战略转型。与招商银行、民生银行等以负债业务拉升零售业务的策略不同，兴业银行主要以资产业务即零售信贷业务，特别是按揭贷款为切入点，逐步带动零售业务的全面发展，进而实现负债与中间业务的全线发展。

（2）同业业务。以中小金融机构银行服务专业提供商为战略。随着中国银行业发展环境的变化，以及对德国中央合作银行的考察，兴业银行提出了成为“中小金融机构银行服务专业提供商”的战略设想。这一“银银平台”开辟了传统银行业自设分支机构、战略并购之外的第三条服务网络扩张路径，并形成了独特的盈利模式，可拉动中间业务收入的增长。

（3）新业务。发展投资业务和资金营运业务。投资业务是兴业银行的主要支柱业务，业务结构呈现出明显的多元化趋势。同时资金营运业务规模大幅增长，全行资产结构日益多元化。

3.市场营销环节

新设机构与参股并购同步进行，是兴业银行实现银行网络和业务规模扩张的主要途径。

4.风险管理环节

为了加强对操作风险和合规风险管理，兴业银行采取以下措施：一是实行风险和信审人员派驻制；二是设立直属总行的区域审批中心；三是根据不同地区的房价走势实行不同的区域政策，使贷款的区域结构更趋合理。

（二）辅助作业

兴业银行在辅助作业方面的创新重构，主要体现在组织架构、人力资源及企业文化等方面。

1.组织架构

（1）零售事业部制改革。2005年兴业银行按照事业部制方向组建总行零售业务管理总部，在辖属8家分行进行了改革试点。在条件成熟后，将总行零售业务管理体系与分行零售业务营销服务体系进行对接，实行事业部垂直经营管理，实现真正意义上的独立经营、统一管理。

（2）对分支行的充分授权。兴业银行把银行整体目标分解为各产品线和各业务系统，分总行、分行、支行三级控制风险，分行甚至支行被赋予了较大的权限，使得处理效率大大提高，从而有力地支撑了兴业银行在全国的布局与快速发展。

（3）地域资源优化策略。兴业银行依据不同的业务所需的外部环境条件，将各总行经营性机构，分别设立于上海、北京等地，借助当地的地域优势，推动投行、资金等业务快速发展。

2.人力资源及企业文化

在人员配置方面充分考虑经营模式的可移植性，即从总行部门或者开业几年以上的分行中，挑选出新开分行的一把手，从而实现在高速发展中依然能够保持兴业银行传统的企业文化。

（三）价值链延伸

2003年，兴业银行引入恒生银行作为外资战略投资者，快速与恒生银行在零售银行业务方面建立战略同盟关系。兴业银行将自身的价值链向外充分延伸，挖掘价值链系统的潜力，借助恒生银行在零售领域的强大资源优势，以增强自身在国内零售业务市场的竞争优势。

资料来源　陈晞．商业银行战略转型与价值链重构：兴业银行个案［J］．福建金融，2010（5）．

【相关链接10-1】

价值链分析与传统管理会计的对比

传统的成本管理只重视企业内部的生产过程，忽视了价值链上的其他联系，只重视降低成本、增加利润，而不考虑企业的战略目标，只重视成本发生的结果而忽视成本发生的原因，从而无法适应战略管理的需要。为了克服其不足，人们将战略管理思想与成本管理结合起来，形成了战略成本管理的新思维。在波特研究的基础上，美国学者于1993年出版了《战略成本管理》(J.K.Shank 等）专著，将战略成本管理研究推向深入。

战略成本管理认为：要实现利润创造价值，企业必须满足顾客的需求，所以必须提供产品或服务。而这需要借助一定的流程，将投入（原料）转化成产出（产品)。而流程必须消耗企业内部或从外部供应商购入的资源。成本管理可以针对上述任一方面展开，从而形成产品成本管理、流程成本管理和资源成本管理三个方面。传统的产品成本管理只关注制造阶段的成本，而在此阶段削减成本的潜力是有限的，因为多数产品特性早在制造之前的设计阶段就已经确定了。所以，战略产品成本管理强调加强早期的成本规划和设计，引入目标成本管理、标准成本管理、产品寿命周期成本管理。而从流程成本管理的角度看，要重视作业基础管理、业务流程再造，持续改进，实施适时生产系统、质量成本管理、环境成本管理、价值链的整合等。资源成本管理则主要通过供应链物流管理和人力资源管理来实现。通过上述手段，可以根本性地改变企业的成本结构，从而改变其竞争优势。

以价值链分析为主体的战略成本管理和传统的成本管理相比存在许多不同（见表 10-1)。

表 10-1 **战略成本管理与传统成本管理比较表**

项目	传统成本管理	战略成本管理
关注点	企业内部	企业外部
层次	增加值	从供应商到顾客的一系列符合联系的作业的集合
成本动因概念	单一的成本动因，把成本看成产量的函数，对企业总体进行成本动因分析（如本量利分析）	多重成本动因； 结构性成本动因（如规模、范围、经营、技术和多样性）； 执行性成本动因（如参与性、全面质量管理和工厂设计等）； 每个价值作业都存在一整套成本动因
成本控制思想	平均地削减成本	把成本控制看作对影响不同价值作业的成本动因的控制； 利用与供应商和顾客的关系，利用企业内部联系，通过必要支出达成节约
对战略决策的意义	有限	识别各个作业的成本动因，通过以优于竞争对手的方式控制成本动因，或者重构价值链来形成成本或差异化优势； 对每个价值作业，能回答与自制或外购、向前或向后整合有关的问题； 对供应商和买方的能力进行定量分析和评价，并利用与供应商和顾客的联系

资料来源 SHANK J K，GOVINDARAJAR. Strategic cost management [M]. New York：Free Press，1993.

10.1.4 利润池分析法

1）利润池分析法的提出

对于价值链分析方法，目前大部分的研究仅限于定性研究，要进行深入的量化研究还十分困难，在具体运用时往往因为模型及数据的缺乏而显得可操作性不强。另一种基于定量分析视角的价值链分析法——利润池分析法出现了。美国贝恩管理咨询公司（Bain & Company）的两位咨询人员，奥里特·加迪什（Orit Gadiesh）和詹姆斯·吉尔伯特（James L. Gilbert）于1998年发表了一篇名为《利润池：战略新视角》（Profit Pools：A Fresh Look at Strategy）的文章，为利润池做了如下定义：在行业价值链上，行业在各个环节所赚取的利润总和。那些视角独特的公司，最容易掘取到行业内的高额利润。公司经理们应聚焦利润增长而非营业收入增长的战略模型。例如，汽车行业的价值链可以细分成许多作业：汽车制造，新车和旧车的销售，加油站，汽车保险，售后服务，租赁融资。就收入而言，汽车制造和销售占行业总收入的60%，汽车租赁的收入仅占行业总收入的0.8%，而就利润而言，前者贡献不到5%，汽车租赁与融资才是最赚钱的，贡献了20%的利润池份额。透过对价值链各节点利润池分布的分析，美国三大汽车制造商纷纷跨越其自身所处的节点，为顾客提供汽车金融产品（包括汽车保险、担保、租赁等）。

利润池分析法的管理思想是，制定公司战略时，很多管理者只关注营业收入的增长，认为利润会随之而来。但这种制定战略的方法是极其危险的，今天深深的收入池完全有可能变为明日的枯池。为了制定出带来高利润的战略，管理者必须透过收入视角，深入了解本行业利润池的真正形态。运用利润池分析法的目的是研究行业总利润在价值链各节点的分布情况，并为企业的战略决策提供依据。企业不论处于行业价值链的某一链节，还是跨越若干链节，均应从利润池的分布情况出发，并结合自身在行业价值链中所处的位置及拥有的利润池份额，研究行业价值链中其他有利可图的价值活动，寻找发展的机会，做出放弃或开发其他链节的决策。企业可以通过分析和预测行业利润池的变迁，确定企业未来的发展战略。在考虑外部客观经济环境变化而可能导致行业利润池发生变动的情况下，以较小的市场份额占有相对较大的利润池份额，以较快的行动为控制即将由于行业变迁而产生的新的利润池做准备。

2）利润池分析法的作用

利润池的形态可以反映一个行业的竞争动态。正是由于公司自己的商业活动以及与客户之间的互动，利润才聚集起来。利润聚集处往往都有一些屏障将竞争拦在外面，要不就像附加业务一样，是一些被竞争对手完全忽视的地方。同时，随着行业中各个参与者的实力发生变化，例如竞争者本身、它们的供应商以及客户的变化，利润池的结构也会迅速发生巨大变化。利用利润池分析可以帮助企业了解在哪里赚钱和如何赚钱，因此它可以帮助公司在低利润行业里识别新的利润来源，并使公司思考其在传统价值链上的位置和角色，从而将重心重新转到传统的利润源，并得以制定一系列高明的产品、定价和经营决策。

3）利润池分析法与价值链分析法的不同

利润池分析基于价值链分析，又不同于一般的价值链分析，主要表现在：

（1）价值链分析法不重视战略性长期目标，只考虑成本控制，可能导致长期利润难以实现。利润池分析则从战略观点出发，研究如何创造更多未来利润。利润池观点认为更多地拥有利润池份额才是企业长期发展的根本，因此企业应从利润的分布来看待行业价值链中其他有利可图的价值活动，通过重新审视行业及市场特点来决定自身的发展战略。

（2）价值链分析因注重价值创造而寻求怎样增创收入和扩展在行业中的市场份额，却忽视了总收入增长和市场占有率增长并不意味着利润也必然增长。利润池观点则认为企业要得到的是利润份额而非市场份额，从而给企业带来利润增长的更大可能。利润池分析行业利润在价值链作业的分布情况，努力拓展利润份额比例较高的业务，不断调整业务定位以适应新价值创造的需要。

（3）价值链分析因过分注重核心能力，只对企业所涉入部分价值链进行分析，忽视了从整个行业价值链的角度看待自己在行业价值链中的位置，分析自己在行业利润池中的份额。利润池分析则使企业按整体目标运行，了解所处行业的情况，决定最佳资源投放。

（4）传统价值链分析因注重纵向一体化而寻求价值链中简单联系的差异化，以纵向转移成本取得竞争优势，却忽视了行业价值链的复杂性和动态性，忽略了不确定性的影响。利润池分析则考虑了行业价值链由于技术、管理、顾客群、产品种类、市场位置和分销渠道的变化而发生的变化，使得行业价值链更复杂但更具效用。

10.2 作业管理

10.2.1 作业管理概述

前面的章节介绍了作业成本计算法。作业成本计算法是为了改进传统成本计算的不足而提出的。但是，其所提供的信息，很快就被用于进行成本管理，从而形成了利用作业成本信息深入作业层次进行成本管理的作业基础管理（简称作业管理）。例如，可以借助作业成本信息编制作业基础预算，对作业流程进行持续改进等。

作业基础管理是以作业为核心的企业管理思想，应用作业成本计算所提供的明细、动态的信息优化企业价值链，以增加顾客的价值，并从为顾客提供的价值中获得更多利润。作业成本计算是作业基础管理的主要信息来源。作业基础管理是一种符合战略管理思想要求的现代成本计算和管理模型，它既是精确的成本计算系统，又是改进业绩的工具。作业基础管理包括两个层次的含义：成本观和流程观。就流程观而言，作业基础管理可用来为各个作业中心设计产出的业绩指标，包括财务指标和非财务指标。作业基础管理以单一的信息系统，同时满足成本计算和业绩管理的需要，并支持满足预算、业绩评价和资源分配的决策。

和传统的成本管理相比，作业基础管理关注对作业的控制，而不是对成本的管理。因为，作业消耗了资源，所以，控制了作业，也就控制了成本。由于企业是由一系列作业集合而成的业务流程，因此作业基础管理同时也关心企业的各个流程，而不是对职能部门进行计划与控制。作业基础管理的流程观关注的是确认作业成本的根源（解释成本发生的原因）、评价已经完成的工作（识别作业），以及评价工作的业绩和已实现的结果。由于作业跨越了职能部门的界限，因此，作业基础管理强调的是优化系统整体的业绩而不是个别的业绩。例如，顾客订单处理作业可能需要若干部门完成。财务部门审核顾客的信用，生产部门安排顾客订单的生产、销售部门则进行配送。传统的成本管理根据部门编制预算，其成本构成则按费用的类别来细分。结果，各个部门为特定顾客所耗费的成本，可能超过了实际分配给该顾客的成本，各个部门在追求自身业绩最大化的时候，可能损害了其他部门或者公司整体业绩。而采用作业基础管理，成本报告将按作业来提供，从而提供了关于作业的成本，提醒管理者关注重复和不增值的作业。

10.2.2 作业基础管理模型

作业基础管理模型包括：作业动因分析、作业分析和业绩分析。

1）作业动因分析

作业动因分析用来找出导致作业成本发生的根源。这是分析和改进作业成本效益，并实施成本管理所必需的一步。任何作业都存在着一定的投入和产出。投入是作业为生产产出而消耗的资源，产出则是作业的成果。产出的计量指标反映对作业的需求，同时也是作业动因。以处理订单作业为例，其投入为员工、办公消耗品等，而产出则是完成的订单。可以将完成的订单量作为产出的计量指标，但是，这只代表完成作业的结果，却不一定代表其原因。如果经过成本动因分析，发现顾客特别关心订单处理速度，那么可以以单位时间的订单处理量作为产出指标。而进一步分析可能表明，员工培训时间的长短是影响顾客订单处理速度的根本原因，则可以将培训时间不足当作低效率的原因。因此管理当局可以通过加强员工培训来加快顾客订单处理速度。培训后节约了顾客订单处理时间，如果将节约的时间转到其他增值作业上，就可以实现成本的节约。不过，还需要将顾客订单处理时间缩短所带来的各种有形和无形的效益，与进行培训的有形和无形成本进行比较，才能确定是否应采取这种决策。

2）作业分析

作业分析是对企业里的作业进行确认、描述和评价，这是作业基础管理的核心。其目标在于确定部门里执行了哪些作业，有多少人执行了这些作业，执行这些作业耗费了多少时间、执行这些作业需要消耗多少资源、哪些经营数据最能反映作业以及该作业对企业的价值是多少，并提出相应地保留哪些作业的建议。作业分析可以通过采访、问卷调查、观察等方式来进行。通过作业分析，在确认作业的时候，还可以确定作业成本库，为进行作业成本计算打下基础。此外，作业分析也有助于找出增值作业和不增值作业，通过削减浪费实现削减成本。

3）业绩分析

业绩分析是指根据各个作业中心的目标确定适当的指标，并报告其业绩。其目的在于找到对于企业最为重要的业绩指标并加以计量，以促进持续改进。例如，当作业中心的目标在于为顾客提供及时的服务时，业绩指标可以采用单位时间的顾客订单处理数。作业业绩的计量指标可以是财务指标，也可以是非财务指标；可以用来反映作业结果的好坏，也可以揭示是否实现了持续的改进。一般可以从效率、质量和时间三个方面反映作业的业绩。效率关心的是作业投入和产出的对比，一般可以通过增值成本和非增值成本报告，作业成本趋势报告等报告来反映。质量关心的是首次就做好作业，如果首次未能做好，则可能导致重复的资源消耗。时间关心的是完成作业所需要的时间，时间太长，意味着资源消耗的增加。

10.2.3 作业基础管理的应用

作业成本计算和作业基础管理所提供的作业信息，可以帮助企业进行长期战略决策和短期经营决策。例如，可以计算不同的产品、供应商、顾客或投资项目的成本，确定其盈利性，做出不同的决策，如顾客订单的选择、成本管理方案、投资项目的取舍等。作业基础管理主要可以用于削减成本、顾客盈利性分析等方面。

1）削减不增值作业与不增值成本

（1）增值作业和增值成本。

作业分析是作业管理的核心，而评价作业价值则是作业分析的核心，其目的在于将作业区分为增值作业和不增值作业。增值作业，就是顾客认为可以增加其所购买的产品或服务的有用性的作业，这是经营中必须保留的作业。这些作业有些是属于法律强制要求的，例如对外财务报告，有些则是根据企业情况自主决定的。通常，这些作业应当同时满足以下条件：①作业能带来某种变化；②这种变化是该作业之前发生的其他作业所无法实现的；③该作业使其他作业的发生成为可能。例如，在印刷厂的最后装订工序里，要先裁边，再装订。裁边作业使所有纸张保持整齐划一，从而改变了原来的状态，这种状态之前的印刷或其他作业都不能实现该目的。而只有裁切后，才能进行装订，以达到顾客要求。该作业同时符合上述条件，所以属于增值作业。一般性的管理活动，可以是为管理增值作业而发生的，即使作业有效按时完成。而且，管理作业使经营作业的状态发生改变，使其从不协调到达成协调一致，从而也可以归为增值作业。一旦确定了增值作业，为高效完成增值作业而发生的成本为增值成本。

（2）不增值作业和非增值成本。

不增值作业，则是即便削除也不会影响产品对顾客的服务潜能的作业，因此属于一种不必要的作业。如果某作业不能同时满足增值作业的上述三个条件，则可以视为不增值作业。例如检验作业，只能说明产品是否符合既定标准，而不能改变其状态，所以不符合第一个条件。再如次品返工作业，目的在于将不符合标准的产品修正为符合标准的产品，但该作业属于重复作业，在其之前的加工作业本就应提供符合标准的产品，所以，也属于不增值作业。不增值作业实质上是顾客不打算为其付费的作业。非增值成本为不增值作业发生的成本，或是由于增值作业的低效率造成的成本。管理成本可以提高作业的效率，但是要削减成本，更主要的是要找出不增值作业。因为，如果属于不增值作业，不论其效率多高，都是一种浪费，必须消除。在制造业企业里，不增值的作业主要有五大类：

①制订生产计划。确定何时投产产品、生产多少数量的产品的消耗时间和资源的作业。

②搬运。从不同的部门、车间之间搬运材料，在产品和产成品的消耗时间和资源的作业。

③等待。在产品或原料等待进入下一工序的作业，材料和在产品占用了时间和资源。

④检验。为确保产品符合品种规格要求而发生的消耗时间和资源的作业。

⑤存储。产品或原料存储于库，从而消耗了时间和资源的作业。

以上作业不会增加顾客价值，因此企业应找出不依赖这些作业而提供顾客需要的产品或服务的方式。

实施作业基础管理，其目的在于找出并消除所有不增值的作业，同时提高增值作业的效率，从而削减不增值的成本。

2）顾客盈利能力分析

在激烈的竞争环境下，企业不仅要在产品上推陈出新，以满足顾客多样化的需求，而且要在营销上做大量的工作以吸引顾客、保留顾客。企业的许多作业是由顾客的需求驱动的，如促销、配送、订单处理等，由于特定顾客对订货量，定制的产品规格、要求的折扣、付款的方式、订货提前期、交货时间、地理位置、对售后服务和技术保障的要求等存在着差异，从而造成与特定顾客需求相关的费用的差异。即便企业提供的是同样的产品，不同顾客的盈利性也往往存在不同。然而，传统的成本管理只重视产品盈利能力的分析，忽视了顾客盈利能力的分析，结果往往出现高盈利性的顾客对盈利性差的顾客进行补贴的现象，从而影响了企业相关决策的制定和整体价值的提高。

利用作业管理所提供的作业和作业成本信息，可以实施顾客盈利能力分析，对顾客进行分类，并根据不同类别顾客盈利性的差异，采取相应的措施。

顾客盈利性是由产品或服务的收入减去相关成本决定的。收入主要取决于市场价格和企业的战略，存在高低差异。而成本则除了产品成本以外，还包括由顾客特殊服务要求所驱动的销售、管理和财务费用。提出特殊订货要求、小批量、一次性和特殊的送货要求，要求手工操作、必须提供存货储备和结算期长的顾客，其服务成本往往比较高，而进行正常订货、大批量和长期订货，采用自动化生产、适时供应和结算期短或现金交易的顾客，其服务成本则较低。不同的收入和服务成本，构成了四种组合（如图10-2所示）。

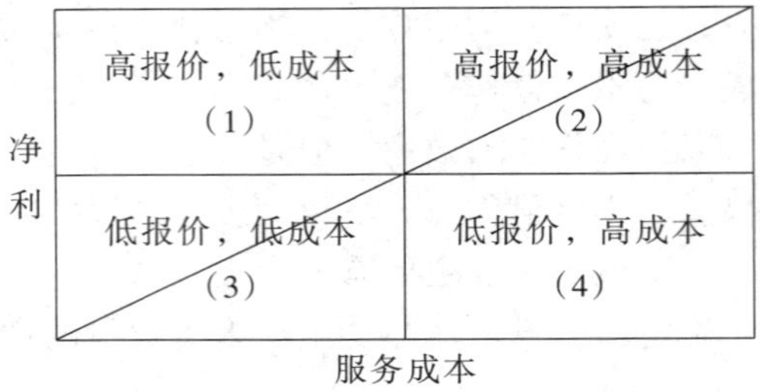

图10-2　顾客盈利性分布图

只有当顾客支付的报酬高于其特定的服务成本时（即图中斜线之上），该顾客才是有盈利性的顾客，而不满足此条件的顾客，则是亏损的顾客。企业应根据不同顾客群的盈利能力，采取不同的策略。图中的（1）类顾客，报价高，成本低，属于高盈利性的顾客。这是企业主要的利润提供者，但同时也是竞争对手争夺的对象。企业必须善待此类顾客，为其提供优质服务，并可考虑给予适当的折扣或是提供特别服务，以提高其对企业的忠诚度，将其发展成企业的固定客户。(2）类顾客属于存在潜力的顾客，高报价、高成本符合市场竞争的规律。只要这类顾客为企业带来的收入足以弥补企业的服务成本，就应当努力争取以确保市场份额。如果收入不足以弥补服务成本，则可以考虑实施作业管理，识别并削减不增值成本，或通过降低折扣或对专门服务增收附加费的方式来增加收入。(3）类顾客属于问题顾客，其报价低，但服务成本也比较低。这类顾客通常对价格变动比较敏感，企业应讲求信誉、稳定价格、保证服务，以建立和维持其忠诚度，同时，除了继续削减不增值成本以外，还可以通过加强与供应商的联系，采取就近选择供应商、减少运输成本、减少物料的存储、处理成本等方式降低供应环节的成本。(4）类顾客属于亏损顾客。表面上看无利可图，但也可以从企业内外同时入手，寻求机会。除了在内部加强流程价值分析，发现并削减不增值成本以外，还可以加强和顾客的联系，将识别出来的导致高成本的原因告之顾客，以通过双方的努力改变一些不必要的要求（如变临时订货为有规律订货、减少订货次数等），从而降低成本。如果顾客不能或不愿做出配合，则可以考虑提高定价或降低折扣，以增加收入。如果上述手段都不成功，企业可能就要考虑放弃亏损的顾客。但是，如果该顾客属于新顾客，企业也可能把这种亏损看作是暂时性的，或是当作对新顾客的投资（促销成本）或学习成本，以求得在将来或其他方面获得回报。例如银行可能通过免费发放银行卡的方式来获取储户的存款，电信部门采取免费试用培育顾客群，在以后开始收费等。

10.3　寿命周期成本管理

传统成本管理将成本控制重心放在制造阶段，被批评为开始得太晚，结束得太早。战略成本管理认为，企业的价值链是由一系列作业构成的，产品或服务经由价值链的各个作业，由研究开发开始，经工程设计、制造并最终提供给顾客。顾客或将产品消费或在使用后将其放弃处置。只有顾客价值超过企业为完成各有关作业占用和消耗资源的代价之和，企业才能实现利润。成本管理应对产品流经价值链的各个阶段，包括产品设计开发、制造、营销、配送、维护、服务和处置等阶段进行管理，即实施寿命周期成本管理，因此，又称“从摇篮到坟墓”的成本管理。

10.3.1　寿命周期的含义

寿命周期可以从不同角度加以理解。从市场视角看，产品寿命周期是指产品从进入市场到退出市场的循环过程，具体包括导入期、成长期、成熟期和衰退期。本书第 9 章中提到的寿命周期定价策略，就是从市场角度来看的。而从生产者的视角来看寿命周期，它包括从产品策划、开发、设计、制造、物流配送到销售这一系列过程。从成本管理的需要看，一般将其简化为研究开发与工程阶段、制造阶段、售后服务及废弃处置三个阶段。

研究开发与设计阶段：该阶段包含市场研究、产品设计和产品开发。产品在整个寿命周期的成本通常有 80% ~ 85% 为该阶段的决策所决定（如图 10-3 所示）。该阶段存在着削减成本的各种机会。在该阶段增加投入，将大量节约制造和售后服务及废弃处置阶段的成本。通过设计可以降低制造成本、物流成本和售后服务成本（如减少顾客在维护、维修和处置方面的成本）。

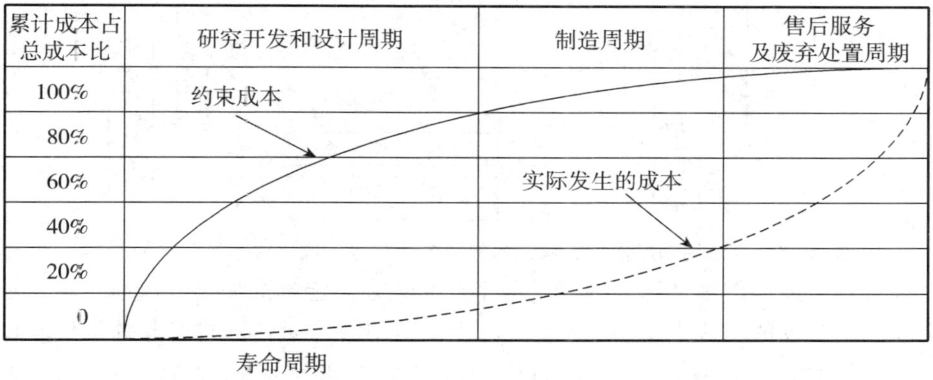

图 10-3　不同寿命周期的约束成本和实际发生的成本

制造阶段：实际成本的发生集中于该阶段。不过，一旦投产，通过调整设计来影响产品成本的可能性就很小了。传统的成本计算关注该阶段的成本，而现代管理模式采用诸如适时生产系统等经营管理手段来降低制造阶段的成本。作业成本管理也有助于识别和发现该阶段的不增值作业。

售后服务及废弃处置阶段：是指从顾客购入产品到产品报废的整个过程，将经历产品销售、销售高峰、服务高峰、废弃处置高峰。在卖方市场的历史条件下，生产厂商通常不会考虑消费者成本。但在买方市场条件下，为争夺顾客从而保证市场份额，生产厂商不得不将原本由用户负担的消费者成本纳入其考虑范围，而且已成为市场营销战略的重要组成部分。

与产品寿命周期相对应，存在三种成本管理工具：寿命周期成本计算法、目标成本计算法和改进成本计算法。前两者主要在研究开发与工程设计阶段应用，而改进成本计算法主要应用于制造阶段。三种方法的联系如图10-4所示。

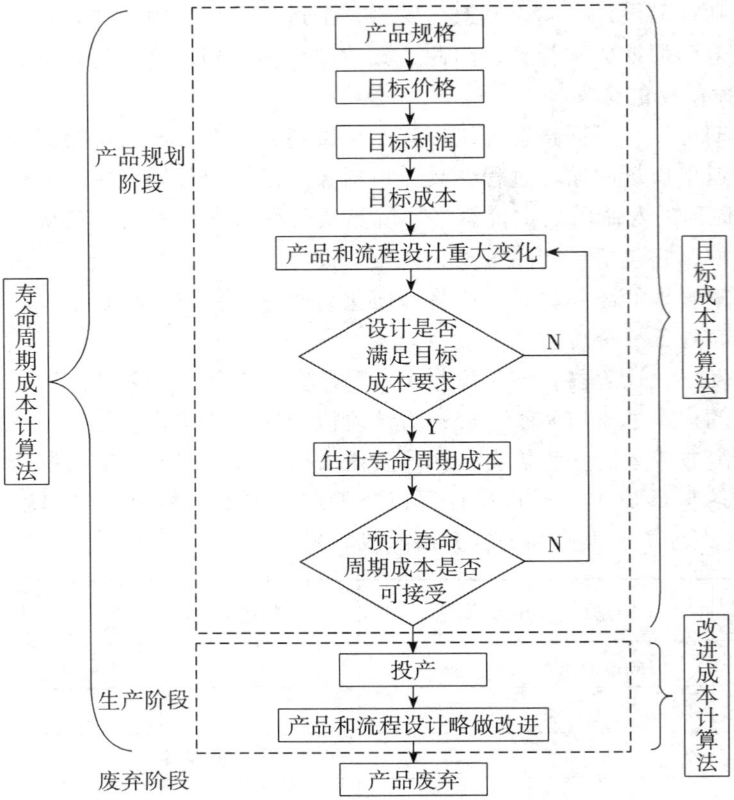

图10-4 寿命周期成本计算法、目标成本计算法、改进成本计算法的关系

进行寿命周期成本计算，通常是为了产品策划和定价的需要。风靡日本乃至影响全球成本管理的“成本企划”模式，也就是在开发设计阶段进行超前的成本计算的实例，这种成本计算对于应推向市场何种产品以及制定适宜的市场价格至关重要。生产者视角的寿命周期成本注重站在生产者的角度统观寿命周期全过程的成本，以期加以先导的、前馈的控制，特别是对设计后阶段的制造成本和用户使用成本的控制。

10.3.2 寿命周期成本计算法

寿命周期成本计算法是在研究开发和工程设计阶段对产品寿命周期成本进行管理的工具。产品寿命周期成本有狭义与广义两种。狭义的产品寿命周期成本是指在企业内部及其相关联方发生的由生产者负担的成本，具体是指产品策划、开发、设计、制造、营销与物流等过程中的成本。广义的产品寿命周期成本不仅包括生产方发生的成本，而且要把消费者购入产品后发生的使用成本、废弃处置成本等也包括在内。企业为了取得竞争优势，要满足用户在质量、价格、交货期等方面的要求，必须力求用户的使用、废弃处置成本达到最低，因此，必须重视整个寿命周期的成本。

寿命周期成本因寿命周期分为生产与消费两个阶段而相应地区分为生产者成本与消费者成本两个部分。生产成本包括了狭义寿命周期成本的含义，而消费者成本包括产品的使用成本（如汽车的耗油量和由车型决定的应缴牌照税，冰箱的耗电量，高级电子产品必须经常更换的附属配件成本）、维护保养成本（由产品的故障率和维修的难易程度决定）、废弃处置成本（由产品的体积、物理或化学分解的难易度等决定）。

寿命周期成本法提供了一个长期的视角。它考虑了产品或服务整个寿命周期的成本，因而提供了对产品成本和产品盈利性的更为全面的透视。例如，一个被快速而草率地设计出来的产品，尽管其设计成本方面的投资比较少，但寿命周期中后面部分可能需要非常高的营销成本和服务成本。经理人员需要对整个寿命周期的总成本进行分析，而不仅仅对制造成本进行分析。由此可见，产品寿命周期成本既受企业新产品开发战略的影响（R&D成本），又受企业营销战略的影响（营销成本与分销成本）；既受企业经营战略的影响（设计成本与顾客服务成本），又受产品市场寿命周期的影响。

在产品设计阶段应用寿命周期成本计算，有助于企业在早期控制成本，发现成本削减的机会，通过早期规划与设计，可能降低生产成本，降低后勤支持成本，或降低顾客使用成本。为此，需要编制寿命周期成本预算，即对产品寿命周期的收入和成本进行规划。

通过寿命周期成本计算法，可以在产品大规模开发和生产之前评估产品的盈利能力，在产品生产之前就放弃没有市场前景的产品，利用各种方法降低寿命周期的成本，在投产前确定产品定价策略，关注削减研究和开发阶段的成本，以尽快将产品推向市场，从而使企业获得较多的利润。

10.3.3　目标成本计算法

1）目标成本计算法的含义与本质

在激烈的市场竞争中，企业面临着降低价格的压力，但是又必须保持一定的利润率才能保证自身的长期发展。所以，企业必须不断削减成本，为此，企业采取了持续改进的观念：不断地消除浪费、缩短反应时间、简化产品和流程的设计，同时改进质量和顾客服务，即企业必须不断地追求完美，而完美是永远无法实现的，因此，企业必须持续地改进。为了实现持续改进首先可以采用目标成本计算法。

目标成本计算法是致力于产品寿命周期总成本下降的综合性成本管理工具。这里所说的成本降低，是指在保证产品功能符合顾客需求的条件下全面性的成本降低，即包括在产品的规划、设计、制造和营销、用户使用及产品废弃处置各阶段的总成本的下降。这是一种在开发阶段对产品和流程进行设计，以确保其将来按市场驱动的价格出售时能保证实现一定利润的成本计划、成本管理和成本削减方法。从产品的设计阶段开始，通过作业成本计算所提供的信息，对产品寿命周期内的相关作业进行价值分析，找出不增值的作业，并修改设计方法，消除对这类作业的需求，或是对生产的工艺过程进行调整，以减少不增值的作业。目标成本计算法采取与传统不同的方式来考察价格与成本的关系。其基本关系式为：成本=价格-利润。价格完全由市场竞争力决定，利润使企业能够盈利，而允许的成本则为二者的差额。目标成本计算法的目的很明确，就是使企业在高度竞争的市场中盈利，这是一种积极主动的成本计划，在产品的设计和开发的早期就开始进行成本计划和管理，而不是等到生产阶段。

目标成本计算法的好处，除了早期成本计划和管理以外，还包括：①根据市场、顾客需求和竞争因素决定产品的特征、质量、交货时间和价格。②通过跨部门组织的协作，鼓励团队合作和理解。③团队合作和相应工具的应用，加快了将产品开发设计推向市场的速度。

2）目标成本计算法的基本原则

目标成本计算法的六个基本原则：

（1）价格驱动成本。利用目标市价来确定目标成本，即目标成本=目标市价-预计利润。

（2）关注顾客。在产品和流程设计决策中同时考虑顾客对质量、成本和时间的需求并指导成本分析过程。产品的一切特征和功能对顾客的价值必须大于提供这些特征和功能所耗费的成本。

（3）关注设计。在产品和流程的设计阶段就开始强调成本控制。工程设计修改在生产开始之前进行，以降低成本并减少新产品推向市场的时间。

（4）跨部门组织。由跨部门的产品和流程团队负责产品从最初规划设计到生产的全过程。

（5）全价值链的参与。价值链的各个成员包括供应商、分销商、服务商。上述成员均参与目标成本计算过程。

（6）寿命周期导向。使全寿命周期成本最小，即考虑生产者和消费者的成本。

3）管理会计师在推广目标成本计算法中的作用

目标成本计算法的应用必须依赖高级管理层和来自市场、产品开发采购、流程设计、制造等部门的专家的支持。管理会计师也在其成功实施的过程中发挥着重要作用，以保证所确定的成本可靠，所做出的决策在主要的功能和质量要求及价格方面进行了合理的权衡。其主要工作有：

确保目标成本的活动是根据战略标准做出的，能支持企业的目标，在优化和评估产品或服务的特征时提供专业经验，提供财务和业绩指标，以对目标成本的推行效果进行事前、事中、事后的控制。为成本估计提供支持，确认当前成本与允许成本之间的差距，并对其加以评估，以确保内外部信息的可靠。目标成本计算法为产品开发设计与改进目标保持一致的产品成本计算系统。评估目标价格和利润，以确保其客观可靠准确。

为了发挥上述作用，管理会计师同时还使用了各种成本方法取得的信息，例如，利用寿命周期成本计算法，确定产品整个生命周期的成本。利用价值链成本计算法，将供应商、顾客等的成本综合起来，以确定价值链上各方对实现目标成本和战略所做的贡献。利用功能成本计算法，将成本削减目标分解到各个产品和功能。利用作业成本计算法，确定营销和支持成本的动因，关注产品设计对不同资源作业消耗量的影响，从而确定对成本的影响。当和其他成本管理方法密切结合时，可以帮助企业避免未来成本。

10.3.4 改进成本计算法

在激烈竞争的环境下，企业必须不断地以最低的成本按时提交顾客所需要的产品。为实现此目标，企业必须不断地改进成本。目标成本计算法适用于新产品和模型的开发设计阶段，对产品生产流程进行设计。一旦产品进入市场，还可以进一步削减成本。在现有产品生产阶段进行的削减现有产品或流程的成本的努力，称为改进成本计算（Kaizen Costing）。在此过程中，需要同时考虑产品的设计、材料规格以及生产流程。很多改进的建议往往都来自企业在一线工作的人员。

改进成本计算法，是日本企业用于支持制造阶段成本的持续下降的手段，其定义为：通过系统化的努力以实现在既定的成本水平上促进成本水平的进一步下降。“改进成本计算”中的“改进”，是改善的意思，即通过小小的措施实现改进。通过改进作业而制定成本削减目标并实现该目标称为持续改进。改进成本计算，通过持续不断的努力，致力于现有产品在制造阶段逐步降低成本。这是一种预算和计划控制制度，目的在于将实际成本控制在标准成本之下（而不是像标准成本制度所要求达到的标准）。标准成本计算法与改进成本计算法的对比见表10-2。

表10-2　　标准成本计算法与改进成本计算法的对比

标准成本计算法	改进成本计算法
成本控制系统的概念，假设当前生产条件满足成本业绩标准	成本削减系统概念，假设制造阶段持续改进，实现削减成本目标
标准成本方法	改进成本方法
标准按年或半年制定 标准成本和实际成本（成本差异分析） 未实现标准时展开调查并做出反应	按月制定成本削减目标 实施持续改进，以实现目标利润或减少目标利润和预计利润的差异 差异分析侧重于目标改进成本和实际的成本削减额 当目标改进成本未实现时，调查其原因

推行改进成本计算时，企业首先要确定生产配送和销售计划，将销售收入减预计变动成本（标准成本）得到预算的贡献毛益，接着通过预计零配件和原料成本，确定变动成本的变化额，并据此调整预算的贡献毛益。改进的关键在于削减变动成本，上一年的实际生产成本为计算当期成本的基础，成本目标削减额占上一期实际成本的百分比为目标削减率。

本期目标改进成本=上期产品的实际单位成本×本期产品实际产量×目标削减率

这部分改进成本再根据各个工厂能直接控制的成本占总的可控成本的比重分配到各个工厂中，然后进一步分解到各个生产线甚至工人。改进成本计算法认为员工直接与流程接触，因此最了解如何降低成本。改进的目标分解到员工，企业同时要为员工持续不断提供详细的成本资料，以便使其及时掌握各种成本的增减变动状况，随时了解成本变动的因果关系，促进成本不断降低。

10.4 质量成本管理

影响企业的关键成功因素包括时间、质量和成本。而在这三者中，质量是最重要的。质量提高，可以满足顾客的需求，同时，减少废品和次品的产生，从而降低成本。在激烈的竞争环境下，需求的增加和质量的提高，直接关系到企业竞争优势的取得和保持。所以，越来越多的企业开始投入到质量管理活动中，从而对管理会计人员提出了报告质量业绩、提供质量成本变化趋势信息的要求。

10.4.1 全面质量管理与质量成本管理

1）质量的含义

对质量这个概念的理解，可以是狭义的，也可以是广义的。狭义的质量只包括产品质量，而广义的质量除了产品质量以外，还包括工作质量。产品质量是指产品对顾客的适用性，即“产品在使用时能够成功地符合用户需求的程度。”[①]而顾客需求可以用诸如性能、可靠性、使用寿命、安全性、可销售性、经济性和耐用性等质量特征来描述。

工作质量是指与产品质量有关的工作对产品质量的保证程度。在企业里，除了生产部门以外，设计、材料采购、后勤服务等各部门的工作也会对产品质量产生影响。工作质量的范围广泛，无污染、低成本和短的交货期等因素皆在考虑之列。工作质量是产品质量的保证，而产品质量是各方面工作质量的综合。

2）全面质量管理

质量管理是指为了满足顾客的需求而进行的管理，包括制订质量计划，并努力实现此计划的所有活动。

全面质量管理是指为了达到使消费者完全满意，而能在最经济的水平上进行生产、提供服务的目的，相应地使企业各部门在质量开发，质量保持及质量改善上所做的努力形成的卓有成效的体系。它包括了关注顾客的满意程度、员工的参与度和持续的质量改进。通过其实施，将质量控制扩展到产品寿命循环的全过程，强调全体员工都参与质量控制。

全面质量管理认为，1%的次品对消费者而言就是100%的瑕疵，特别是在推行适时生产系统的企业里，废品、次品的出现将造成生产秩序的混乱，并引起其他

① 朱兰J. 质量控制手册（上册）[M]. 3版. 上海：上海科学技术文献出版社，1979.

环节的连锁反应，所造成的损失是无法估量的。因此，全面质量管理提出零缺陷的目标，并通过持续的质量改进来实现。另外，全面质量管理还认为，质量是在设计和工程制造过程中制造出来的，而不是检验出来的。质量问题重在预防，应从设计阶段开始，结合价值分析，消除产生质量问题的系统因素，各个阶段依靠作业人员进行连续性的自我监控，一旦发现问题，立即纠正，不允许缺陷存在和转移，从而保证零缺陷。

全面质量管理的广泛开展，对管理会计提出了新的要求。管理会计人员要能够提供与质量改进、质量管理活动有关的成本信息。要收集财务和非财务信息来反映质量水平和质量成本的变化，要广泛依靠广大员工收集信息、反馈信息，并以顾客对经营结果的满意度为依据进行奖惩，这就需要进行质量成本管理。

【相关链接10-2】

全面质量管理与ISO 9000质量标准

一、全面质量管理

全面质量管理是20世纪60年代产生的，这是一种从消费者完全满意的角度出发，企业各部门综合进行开发，保持、改进质量的努力，以便最经济地进行生产和服务的有效体系。其基本特点是：全员参加、全过程、全面运用一切有效方法、全面控制质量因素、力求全面提高经济效益的质量管理模式。全员参加意味着质量控制由少数质量管理人员扩展到企业的所有人员，全过程意味着将质量控制从质量检验和质量统计控制扩展到整个产品寿命周期。全面运用一切方法意味着不仅依赖数理统计方法，还包括一切可能的方法。全面控制质量因素，意味着控制一切影响质量的人、机器设备、材料、工艺、检测手段、环境等因素。由于产品的质量与制造成本的关系很大，为了保证产品质量并降低生产成本，因此，要取得全面经济效益，就必须进行全面质量管理。

二、ISO 9000质量标准

为了贯彻全面质量管理的思想，就必须有一套行之有效的组织管理机构和全面严格的规章制度，ISO 9000国际质量认证标准为实现全面质量管理提供了十分有效的手段。质量认证标准包括质量保证标准和质量管理标准，是国际标准化组织在总结欧洲等国质量管理实践和质量管理与保证标准的基础上制定的。该系列标准是质量管理和质量保证标准中的主体标准，共包括“标准选用、质量保证和质量管理”三类五项标准。其目的是最终导致质量管理和质量保证的国际化，使供方能够以最低造价确保长期、稳定地生产出质量好的产品，使需方建立起对供方的信任。根据ISO 9000标准，企业必须建立一套全面的、完整的、详尽的、严格的有关质量管理和质量保障的规章制度和质量保障文件。

从组织机构、人员管理和培训，到产品寿命周期质量控制活动都必须适应质量管理的需要。ISO 9000系列标准已被世界上大多数国家（包括我国）转化为本国标准，被千万个企业贯彻实施。

三、全面质量管理与ISO 9000质量管理标准的对比

全面质量管理与ISO 9000质量管理标准之间存在一定的联系，也存在不同。

二者的共同点表现在：都是希望通过对影响产品质量的各个要素进行控制，以提供满意的产品和良好的售后服务；都遵循类似的管理原则，强调质量管理的循环，全面质量管理采用的是PDCA循环，即“计划、实施、检查、处理”；ISO 9000标准采用PCAL循环，即“计划、控制、保持、改进”。实质上都是强调持续不断地改进质量。

二者的不同点主要表现在：

(1) 起源不同。全面质量管理源于美国，并在日本得到发展和完善，成为全公司的质量管理。而ISO 9000标准主要是以英国、德国等西欧国家的质量管理思想为基础制定的。

(2) 侧重点不同。全面质量管理比较注重人的因素，而ISO 9000主要侧重于完善组织、落实职责、确定程序、编写文件等技术问题，把人仅作为资源的一部分，仅强调上岗培训和激励人员。

(3) 适用范围不同。全面质量管理主要的工作就是围绕对产品生产的质量控制、交货期、售后服务等方面开展质量管理活动，ISO 9000标准不仅适用于通常所说的“硬件”产品，也可以满足软件、流程性材料、服务等有形产品和无形产品的质量体系要求。

10.4.2 质量成本管理

在许多企业里，质量成本所占比重极高，成为削减成本的一个重要源泉。

1) 质量成本的含义与分类

质量成本是指企业为了保证和提高产品质量而发生的一切费用以及因没有达到质量标准而产生的一切损失之和。全面质量管理推行之后，朱兰（约瑟夫·M.朱兰，1904—2008年）首先提出了质量成本的概念，并将其分为预防成本、评估成本、内部缺陷成本和外部缺陷成本。前两者又称符合性成本，是指为预防或检测可能发生的质量缺陷而执行的作业带来的成本；后两者又称非符合性成本（或缺陷成本），是指由于确实存在质量缺陷而产生的一系列作业所带来的成本。

(1) 预防成本，是指为了防止劣质产品的出现而发生的成本，包括质量工程、质量培训方案、质量计划、质量报告、供应商评估和选择新产品测试等成本。这是为提高产品质量所必需的一些投资。

(2) 评估成本，是指为了了解产品质量是否符合特定标准或顾客的需求而发生的成本，包括来料检验、包装检验、设备精度的校验、产品和流程测试等费用。

(3) 内部缺陷成本，是指在产品交付顾客之前由于产品或服务不符合既定的标准或顾客需求而发生的成本，包括废品损失、停工损失、产量损失、复试费用、处理费用。

(4) 外部缺陷成本，是指产品交付顾客之后由于质量问题而发生的费用，包括申诉受理费用、退货损失、保修费用、折让费用、产品质量不佳导致的市场份额的

丧失、顾客满意度的下降等。

2）质量成本的计量

从计量的角度看，质量成本可以分为显性质量成本和隐性质量成本两种。显性质量成本主要由预防成本、评估成本和内部缺陷成本组成，也包括一部分外部缺陷成本，可以从会计数据中获得数据，但必须借助合理的成本计算方法以便确认并合理分配到各个类别中去。而隐性质量成本则是由不良质量造成的机会成本，属于外部缺陷成本的一部分，如由于不良质量而造成市场份额的丧失、顾客忠诚度的下降等，这类成本的数额相当大，但是在传统的会计记录中无法直接获得，必须通过一定的方法加以估计。这些方法主要有：乘数法、市场研究法和田口质量损失函数法。

（1）乘数法。

乘数法假定外部缺陷成本总和是已计量的外部缺陷成本的若干倍。以公式表示为：

外部缺陷成本总和=K·已计量的外部缺陷成本

式中，K为乘数效应，可根据经验确定。

例如，某公司的K值为2～3，假设已计量的外部缺陷成本为100万元，则实际的外部缺陷成本总和是200万～300万元。在评估外部缺陷成本时加入隐性成本，可以帮助管理层更准确地确定用于防止和评估质量水平的作业的投入，有助于做出增加符合成本要求的投资决策。

（2）市场研究法。

市场研究法用来判断不良的质量水平对销售和市场份额的影响。通过对顾客的调查和与公司销售人员的面谈，有助于了解公司隐性成本的大小。市场研究的结果可用于预计未来不良质量所带来的利润损失。

（3）田口质量损失函数法。

传统的质量观认为，产品、零部件等存在可接受与否之分。只要其实际规格等指标落在指定规格的上下限范围之内，就是可接受的，而超过上下限范围的则为缺陷品，是不可接受的，应该进行返工。以此为基础，凡是属于可接受范围的产品，不论其是规格比较接近指定规格，还是比较接近上下限的边界（即不论其变异性如何），其质量水平都是一样的，其损失成本都是零。而在可接受范围之外的产品，其损失成本为100%。这种观点将损失成本划分为正常损失成本和非正常损失成本，市场关注的是非正常损失成本，因为其在短期内是可控的。而正常损失则是由系统因素，如既定的生产设计或流程造成的损失，无法在短期内加以控制，这种观点难以帮助管理者实现战略目标。而日本质量管理专家田口玄一博士在20世纪70年代提出田口质量理论，它包括离线质量工程学（主要利用三次设计技术对产品和流程设计进行试验）和在线质量工程学（在线工况，检测和反馈控制，以减少流程的变动性）。按照其理论，勉强达到上下限标准的产品交付给顾客，不能给企业增加价值。因为这类产品在顾客手中出现故障的可能性极大，因此可能的顾客损失也很大，应尽量使产品的质量达到目标值，而不是允许落在上下限范围内。田口质量损失函数可以用公式表示为：

$$L(y)=K(y-T)^2$$

式中，K为外部缺陷成本的比例常数；L为质量损失；T为质量特征的目标值；y为质量特征的实际值。田口质量损失函数图如图10-5所示。

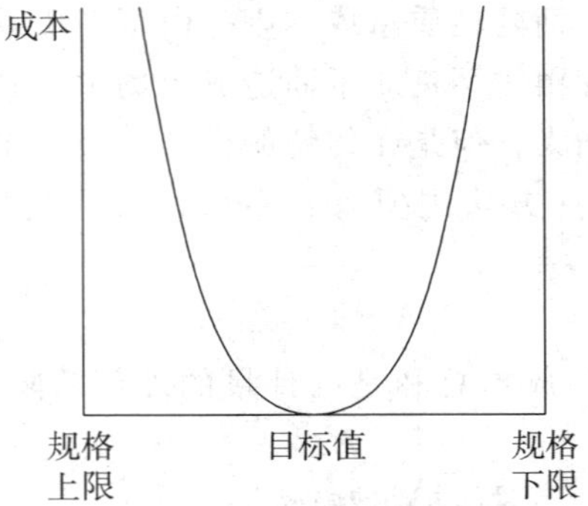

图10-5　田口质量损失函数

按照上述公式，质量损失成本（即外部缺陷成本）是产品重要特征的实际值距离目标值的偏差的平方数。随着偏差的增加，损失将按二次幂的倍数增加。例如，当偏差为两个标准差时，外部缺陷成本将是某一常数的四倍，而全部的缺陷成本则是内部缺陷成本和质量损失成本之和。

3）质量成本与质量水平的关系

质量成本与质量水平之间存在着一定的关系，基于对这种关系的不同认识，从而产生了不同的质量成本模型。

（1）传统的质量成本模型。

传统的质量成本模型认为，增加符合性成本的投入，可以提高质量水平，而随着质量水平的提高，非符合性成本将下降。相反，如果减少供应、生产和分销等环节的符合性成本投入，则质量水平下降，非符合性成本上升，即符合性成本和非符合性成本随着质量水平的变化呈相反方向的变动。只有当非符合性成本的减少额超过了对应的符合性成本的增加额，才应当努力去寻求提高质量水平。这样一来，最终将形成一个点，在这一点上边际符合性成本等于边际非符合性成本，而质量成本总额最低，此即传统质量成本模型，如图10-6所示。

从图10-6可以看出，当质量水平上升到一定程度之后，符合性成本和非符合性成本的变化率都很大，提高符合性成本将上升到无穷大，而损失成本则可迅速递减为零。在边际符合性成本上升的同时，边际缺陷成本下降，结果缺陷成本的节约不足以补充符合性成本的投入。所以根据传统的质量成本观，最优的质量水平不是在100%的合格品率处，而是允许一定缺陷率的存在。由于这种观点与全面质量管理的零缺陷观点相悖，所以朱兰对其进行了修订。修订后的质量成本模型，如图10-7所示。

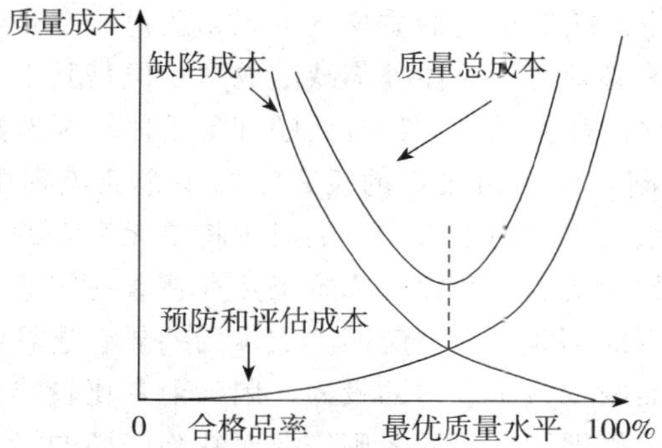

图10-6 传统质量成本模型

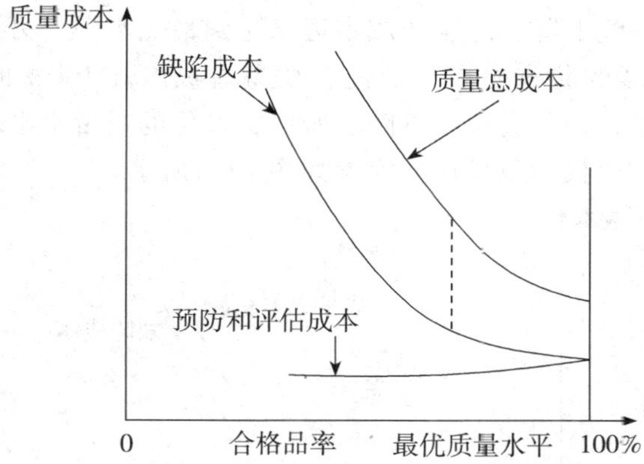

图10-7 朱兰修订后的质量成本模型

从图10-7可以看出，符合性成本相对比较固定，它并不是从零开始增加的，即使是在质量水平较低的情况下，也需要一定的投入，此后也不是随着质量水平的提高无限增加。这是因为，随着技术的进步，越来越多的企业开始增强在线评估和计量的投入。新的计量体系可以以更为可靠的方式、更快速地检验产品，而其投入是比较固定的。此外，高质量不是高检验取得的，而是要依赖一线员工的自我控制，从而消除了对技术检验员的需求。这样一旦流程确定下来以后，边际评估成本是很小的。而缺陷成本中的内部缺陷成本比较好计量，随着企业增加预防成本的投入，内部缺陷成本将下降。但是，外部缺陷成本有些可以在企业账面上找到（如退货费用），有些则不能（如市场份额损失成本），企业往往忽视或低估了这一部分成本。由于激烈的市场竞争的存在，当质量未达到100%合格品率时，缺陷成本将是很大的。符合性成本和非符合性成本的这种特性，导致两条曲线的交点在接近100%的合格率时取得，此时质量总成本最低。

（2）现代的质量成本模型。

到了20世纪80年代，质量成本模型开始转向健全质量成本模型。朱兰的缺陷质量成本模型，是建立在传统的质量观念基础上的，允许偏离目标值的产品存在。而田口的质量理论则表明，这将给企业带来很大的损失成本。这一理论促成了新的动态质量成本观的产生。按照现代的质量成本观，质量成本是由于偏离理想状态的差异性造成的，因此，必须特别关注外部缺陷成本，但是其中的隐性成本往往难以计量。田口的质量损失函数提供了一种有效的计量手段。要改进质量，控制质量成本，实际上就是要不断加强预防成本的投入，减少企业流程中的各个阶段的差异性。如果不愿意增加预防成本的投入，缺陷成本将是无穷大的。新的质量成本观认识到，符合性成本中的预防成本和评估成本仍然存在着一定的差异，传统质量成本模型将二者加总分析可能不能全面理解两类成本的差异。这导致许多企业选择愿意增加评估成本的投入而减少预防成本的投入，因为前者比较容易做到，只需要增加检验设备、工具、人员等即可。而后者则需要对缺陷问题的根源进行分析，并找出创新方法解决这些问题。而且许多企业的实践表明，在不断增加预防成本投入的同时，质量总成本在持续下降，即预防成本远未达到最优水平。另外，评估成本本身也处于一种持续削减的状态之中。因此，质量总成本在100%的合格品率处实现后，并非不再下降了，而是会继续下降。所以，最优的质量水平和最低的质量总成本的目标是动态的。现代的质量成本模型如图10-8所示。

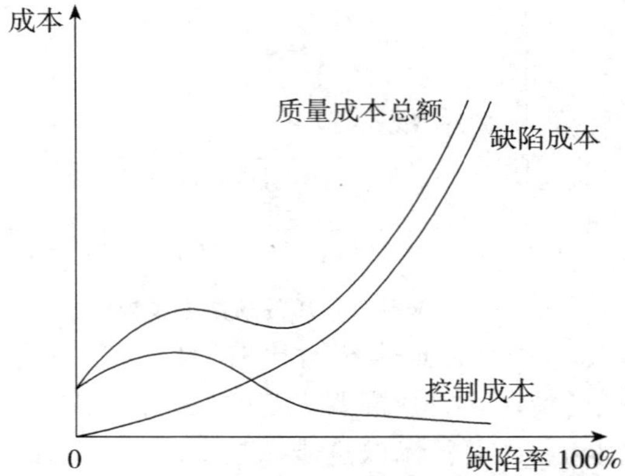

图10-8 现代的质量成本模型

4）质量成本信息的应用

质量成本信息可以帮助管理者进行计划控制和决策。例如，根据对质量成本和质量水平关系的认识，企业可以调整其质量控制的手段，增加预防作业和预防成本的投入，从而持续改进质量水平，降低质量总成本。再如，在对供应商进行选择以提高来料质量的时候，可以先对当前的质量成本水平进行逐项和分类的评估，并对方案预计的节约额进行评估。而后再进行资本预算，以确定方案的成本效益。如果方案可行，则必须通过业绩报告对其实际执行情况加以监控。此外，在战略定价和新产品盈利性分析中，也可以利用质量成本信息。例如，企业经常面临降价的压力，为了保持竞争优势，就必须不断削减成本，而实施质量管理，降低质量成本是一种可能的途径。通过质量成本分析，比较质量成本下降的效益和降价的损失，可以使管理者做出比较合理的决策。

10.4.3 质量成本控制

为了帮助企业实现质量成本目标，必须提供质量业绩的报告。质量业绩包括了财务业绩和非财务业绩。

财务业绩以质量成本信息为主。企业应当提供各类质量成本的报告，以揭示改进的机会，同时反映质量成本和质量水平的变化趋势。这种报告可以采取多种形式，例如报表式，列表报告不同类别的质量成本的目标值和实际值。报告还可以是图表式，以反映不同期间的质量成本占销售收入百分比的变化趋势；也可以采用陈述式，反映各类成本项目的当前情况。根据质量成本报告所提供的资料，企业可以发现低质量的代价，可以用来对不同的成本改进方法进行比较，可以对质量水平做出综合评价。再结合有关的经济信息，可以对质量成本的执行情况进行评价，例如借助帕累托分析法、指标分析法或趋势分析法等手段，了解质量成本管理的成果，并寻找改进作业业绩，改善质量成本的机会。

非财务业绩则主要反映顾客满意度和内部流程方面的业绩。由于质量包括了设计质量和符合性质量两个方面。如果只考虑符合性质量而忽视设计质量，产品不能满足顾客需求，其质量水平仍然不高。顾客是质量管理的核心，所以，可以通过顾客满意度的指标，如发货废品率、送货及时性、顾客反应时间、顾客投诉次数等指标来计量质量业绩，而符合性质量往往与内部流程设计有关。这方面可以用各个生产线的废品数、合格品率、生产周期、员工流动率等指标来反映。这些非财务指标可以提示管理者一些变化的趋势，容易计量，便于理解，可以使管理者直接注意到相关的问题，即时反馈。不过，会计人员应当对其数值加以检查，以确保其计量准确，前后一致。

●10.5　环境成本管理

10.5.1 企业经营目标的转变与环境成本管理

企业的经营活动既影响其他个体，同时也受其他个体影响。这些可能受企业影响并对企业产生影响的个人和实体，就是利益关系人（stakeholder），包括投资者、供应商、客户、员工、政府、社区、自然环境等。每一个主体在追求自身利益最大化的过程中都围绕经济权利的界定和实施，形成特定的企业行为、关系网络和利益摩擦。企业只有处理好利益关系人与企业的矛盾，才能实现可持续成长[①]。

从20世纪70年代起，严峻的环境问题开始影响着各国政府和个体：例如，政府的环境管制措施、消费者对绿色产品的偏好、投资者对履行环境责任的企业的选择、员工和社区对企业的态度都受到了影响，并影响着企业的经营。而反过来，企业的生产经营活动又对环境资源产生影响。由此，形成了企业和环境之间相互影响的关系。在这样的形势下，企业作为市场的主体，可以说是到了不得不关注环境的

① 李占祥．矛盾管理学——企业可持续成长之路［M］．北京：经济管理出版社，2000.

地步了。这是因为：

（1）现代的企业管理，不能只从企业内部讲求效率入手，而要从企业与外部的联系入手，使决策与企业外部的政治、经济、文化环境相适应。在全球加大环保力度的形势下，各国政府通过经济手段保护环境，这将使企业在环保方面的支出增加，成为其成本的重要组成部分。而更为重要的是，一些环保措施、法规的实施，将有可能决定性地改变企业在竞争者中的地位。如果企业在战略决策中考虑了环境影响因素，无疑就掌握了先机，获得了差别优势，为战胜对手，获得可持续发展创造了条件。

（2）随着国家环保政策力度的加强，企业经营中的环境成本增加，同时也带来了环境效益。企业的决策只有全面考虑包含环境因素的成本、效益，才能做出有利于长远发展的决策，实现企业的低投入、低消耗、高产出的可持续发展。同时在商战中，创企业品牌，树企业形象，是企业使自身产品和对手产品存在差别优势的重要政策。尽管ISO 14000的环境管理标准仅是自愿性的，但是作为有远见的企业，推行环境管理，主动承担社会责任，对提高公众形象，取得整体优势具有不可忽视的作用。

环境因素，已成为企业在产品设计、营销和财务管理中必须充分考虑的一个因素。环境业绩的好坏，直接影响企业的财务业绩。与此同时，环境技术的进步，使一些企业得以通过加强环境保护，解决环境问题，降低成本，或者是实现差异化，从而获得竞争优势。

企业经营，从传统的只考虑财务业绩，开始向考虑环境业绩和财务业绩的综合转变。这一目标，具体表现为世界可持续发展工商理事会（WBCSD）在1992年的联合国环境与发展大会上所提出的生态经济效率指标（economic environment efficiency，eco-efficiency）：提供旨在满足人类需求和提高生活质量的竞争性定价的产品和服务，同时在整个寿命周期内不断减少对环境的不良影响和对资源的利用程度，即以较少的影响创造较大的价值。根据这一目标，生态业绩和经济业绩可以互补，改进环境业绩可以提高企业效率，这不仅是一种慈善活动或是提高企业声誉的活动，而且直接与企业价值创造和竞争优势的取得相关。追求生态经济效率的企业，不仅可以满足顾客对于绿色产品和服务的追求，而且可以为员工创造良好的工作环境，以较低的代价获得资本或其他服务，促使管理者发现新的机会，同时造福于人类社会。而要实现这一目标，了解环境成本，掌握环境成本变化与环境业绩、经济业绩的关系，管理好环境成本，是必不可少的。

【实务应用10-2】

欧盟征收航空碳税实例

2008年11月19日，欧盟通过法案决定将国际航空领域纳入欧盟碳排放交易体系（ETS）并于2012年1月1日起实施。从2012年1月1日起，欧盟正式征收航空业碳排放税，几乎所有起飞或降落在欧盟境内的国际空运活动都需要纳入欧洲碳排放交易体系。

航空碳税是指航空燃油燃烧排放二氧化碳所征收的税。它以环境保护为目的，希望通过削减二氧化碳排放来减缓全球变暖。

国际航空运输协会（IATA）当年预计，2012年全球航空业的利润将下降29%，至49亿美元。IATA预测，欧盟碳排放税将使全球航空业在2012年增加12亿欧元（约合16亿美元）的成本，并警告称，在疲软的旅游市场，航空公司可能会将这些成本转嫁给乘客。

国航2012年欧盟航线二氧化碳排放量的需求缺口为74万吨，按当时欧洲气候交易所碳排放交易价格每吨二氧化碳当量9.93欧元来测算，2012年需上缴欧盟碳税738万欧元，约合人民币6 476万元，这会使得国航2012年EPS减少人民币0.004元。虽然南航班线和班次均较国航少，但由于其单位油耗较国航多，其二氧化碳排放量比国航更高，所以南航的负担并不比国航轻。航空公司短期内很可能将此费用转嫁到消费者身上。例如国航，2013年上缴的碳税折合欧盟航线旅客人头费为40元人民币。

初期航空公司有免费二氧化碳配额可用，碳税对公司的整体盈利状况影响较小。但随着每年免费排放配额的减少，公司在未来10年有可能面临较大的费用支出。数据显示，到2020年，国航需缴付的碳排放费将达3 264万欧元，是2012年的4倍之多。同时，欧盟碳税对整个航空业的影响不容忽视。

据中国航空运输协会估计，欧盟碳排放税的征收使中国民航业在2012年增加8亿元人民币（约合1.23亿美元）的开支，到2020年将增加两倍以上。如果航空公司将成本全部转嫁给消费者，预计2012年飞欧洲的国际航线机票价格将平均上涨16～17美元（约合101～107元人民币）。

澳洲航空公司此前已表示，计划针对欧盟碳排放交易体系采取法律行动。香港国泰航空有限公司及其他一些亚洲航空公司的管理者表示，他们可能向乘客征收附加费或提高票价，以抵消欧盟碳排放税的影响。

资料来源 佚名. 航空业成本增12亿欧元［EB/OL］.［2012-2-27］. http://56products.com/News/2012-2-27/8DC19GC37GFC76J1732.html.

佚名. 欧盟征收国际航空碳排放税［EB/OL］.［2011-12-20］. http://money.163.com/special/hkts.

10.5.2 企业环境成本管理的主要方法

环境成本信息可以用于以下几个方面：产品设计、过程设计、产品选择、投资决策、风险管理、环境符合性战略、成本控制、成本分配、产品定价、业绩评价等。在这些决策与控制的过程中，需要用到各种环境成本计算法，如用于流程成本管理的环境作业成本计算法，用于外部成本计量的完全成本计算法，用于寿命周期成本管理的寿命周期成本计算法与用于材料和能源流量管理的流量成本计算法等。

1）环境作业成本计算法

作业成本计算法（ABC）是管理会计中采用的按作业对成本进行归集并将成本

按成本动因分配到有关的产品或流程上的方法，产生于20世纪80年代。与传统成本会计比较，该方法较为复杂。但是，迫于企业经营环境的改变，竞争压力的增加，组织结构和业务流程复杂化，高新技术的应用带来的间接成本的急剧增加，以及信息技术的发达使会计系统的信息处理成本下降等原因，该方法正越来越多地为企业所采用。在传统的会计领域里，环境成本通常是归集在制造费用中，并采用某种武断的分配标准，如直接人工、机器工时等将其分配到不同的产品或过程中去。由于成本的发生与费用分配标准之间缺乏直接的因果关系，结果往往导致成本信息的扭曲。通常污染型产品（流程）比清洁型产品（流程）会产生更大的环境影响，占用更多的资源。但是采用传统方法所分配的成本，两种产品成本的差别不大，实质上使污染型产品获得了补贴，而清洁型产品却遭受惩罚，并进而导致企业采取错误的行动。如果采用作业成本法对环境成本进行分配，能更好地使环境成本与产生这些成本的作业相联系，有助于企业采取减少环境影响和预防污染的决策。这在环境意识高涨，环境法规日益严格的形势下尤为重要。

作业基础管理（ABM）利用作业成本系统来改进企业的经营。其目的在于改进顾客价值，从而增加提供此价值的企业的利润。其核心之处在于区分出增值作业和非增值作业，必须有效实施增值作业，而非增值作业及非增值成本则应在不改变顾客价格的条件下给予削减。在环境会计中采用作业基础管理方法，可以将环境作业分为增值作业和非增值作业，并分析其对环境的影响。根据企业的生态经济效率目标，不能带来经济增值并且对环境造成不利影响的作业如产生废弃物这一作业要尽快加以消除，能带来经济增值并且对环境产生有利影响的作业要加以保持或扩展。

2）完全成本计算法

完全成本计算法是指“将与企业的经营、产品或劳务对环境产生的影响有关的内部成本（包括所有的内部环境成本）和外部成本综合起来的方法”。换言之，从环境及其利益关系人的角度看，与某一主体的经营、产品或劳务有联系的所有成本包括所有的内部环境成本（包括已分配到产品上和未分配而作为费用处理的部分）及由企业的活动而产生的但是由其他主体承担的外部成本。外部成本在当前可能不必加以确认、计量甚至无法准确地归属到某个企业，但是应用完全成本法时，只要可能，就要对外部成本用货币指标进行量化，不然也要提供定性的信息。完全成本计算法的目的在于使产品的价格反映真实的环境成本，为有效实施环境管理创造条件。由于在环境管理上政府提倡“污染者付费”的原则，通过税收、罚款等方式将外部环境成本内部化，由产生环境影响的个体来承担，因此，外部成本早晚将转变为企业的内部成本。如果企业在长期计划或投资中能预先考虑这些成本，就可以采取相应的措施，有效避免环境风险。

完全成本计算法可以使不同层次、不同职能部门的管理者了解内部环境成本的成因，获得这些成本与特定产品、服务、过程和投入之间的关系，从而更好地做出包括定价、资本投资等在内的决策，制定出更好的环境策略。而对于致力于可持续发展原则的主体来说，完全成本计算法可以使它们了解自身所带来的外部影响及其后果，以及由外部主体所承担的成本，从而更好地评价可替代的策略和方法，推动可持续发展目标的实现。对于外部使用者（如政府部门、投资团体）来说，完全成本计算法有助于他们评价企业的环境业绩，或是评价企业的环境影响及其后果。内外部利益关系团体的需求促使完全成本计算法产生。

应用完全成本计算法首先要解决的问题是外部环境成本的计量，完成这种计量存在两种方法：控制成本法和损害函数法。

控制成本概念源于环境经济学，是指由于控制活动而放弃的选择方案的价值，即企业在实行或不实行污染控制措施时，今后若干年生产成本的现值的差异。控制成本法通过计算比较容易估计的将污染控制在既定标准下环境控制技术的安装、运行和维护成本来替代难以计量的环境损害成本。其依据是这样计算出来的成本反映了社会为避免环境负担，从而避免对人体健康、土地、农作物、建筑物产生影响的成本，而愿意支付的数额。控制成本取决于污染控制标准和控制技术，一般地说，控制标准越高，控制成本越大，而不同技术条件下所能达到的控制标准和控制成本也是不同的。所以在应用中必须考虑合适的控制标准和控制技术，这可以从有关的协会、行业[①]中获得数据。

损害函数法的应用如以计算机为基础建立的排放物扩散模型，可以估计既定污染物在其源头的不同方向不同距离的浓度，从而计算出空气质量水平，并以此为依据预计对受体的影响，然后估计在受影响地区受体的物理反应，如呼吸系统疾病，建筑物老化等。接下来利用统计和经济计价方法来计算不同环境影响的货币价值，例如用市场价格来计算农作物的损失，用医疗系统的成本来计算人体健康损失等。损害函数在概念上很简单，但实际应用较复杂，并且费时甚多。对于另两类环境影响的外部成本计算，方法不太多。对产品使用和丢弃的影响成本，可以采用寿命周期成本计算法；对自然资源和能源损耗的影响成本，有些科学家和经济学家正试图通过自然资源会计方法寻求突破。

完全成本计算会计的设计与实施，将使企业内部的决策得到有用的信息，并最终实现向外部使用者的报告，但是其发展和广泛应用却是一个漫长而困难的历程。在发展中，完全成本计算法存在着许多变形。一种变形是只对企业打算内部化的外部成本进行货币化计量，其他的外部成本则在可能的时候加以量化，不具备条件时则进行定性分析。不过，在战略和经营决策中都要考虑所有的外部性。另一种变形是将环境成本分成三类，明显属于外部成本的、明显属于内部成本的和无法确定是外部成本或内部成本的。计量和货币化的重点放在第三类。对这类成本的管理实施得好，可以给企业带来长期的经济和环境效益，忽视这些成本可能出现因法律的新要求使外部成本内部化时企业无法应变。

---

① 例如国际经济合作组织、国际原生铝合学会等都出版过不同行业的污染控制成本报告。

3）环境寿命周期成本计算法

一个产品（过程或作业），在其预计的使用年限内，需要经过资源的开采、产品的生产、产品的包装、使用和回收与处置这几个阶段。虽然有些阶段并不由生产者控制，例如资源的开采和产品的处置，但是，产品对环境的影响很大程度上是由产品的设计所决定的。近年来，为了促使生产者采取有利于环境的设计，许多国家都通过了相关的法规，如日本的《绿色采购法》《容器包装循环法》《家用再生利用法》等，德国通过了《循环经济与废物管理法》，强制性要求进行资源的循环利用，迫使生产者考虑产品寿命周期的环境影响，将供应商、生产者和消费者联系在一起，评估产品或流程的环境影响，并对产品和流程的设计进行调整。传统的成本计算只考虑制造成本，而将制造前的开发设计成本，销售后的废弃处置成本等当作期间成本，不作为成本控制的重点。寿命周期成本计算法则对产品（过程或作业）在整个寿命周期里的所有成本进行确认和计算。该方法既考虑产品的购买价格，又考虑顾客购买后的使用、维修和处置成本，可以评价和分配生产者在不同寿命阶段所引起的成本，从而使其能够对不同的设计进行对比选优。由于计算了寿命周期的全部成本，因此，便于管理者理解开发、设计和生产产品的成本之间的相互联系，并找出最为有效的成本控制领域，即产品的开发和设计阶段的成本。由于寿命周期跨越若干年度，因此，寿命周期成本报告也是跨越若干年度的。

在环境管理中，寿命周期成本计算法常和寿命周期评价法联系在一起。寿命周期评价法是对产品（过程或作业）在整个寿命周期的环境影响进行辨认并确定实现环境改进机会的方法。它本身更关注的是整个价值链对环境的影响（以实物量表示），而不是环境成本。寿命周期评价法主要包括：①设定目标，确定特定的产品或过程在其寿命周期的各个阶段的主要问题；②寿命周期清单分析，即对寿命周期内的所有能源、材料投入和排放到环境的废水、废物等产出进行分析；③影响分析，对上述清单中污染物对环境、人体健康造成的影响以及造成的经济成本和效益进行分析；④改进分析，对寿命周期内的各个阶段的可能改进机会，如产品设计，原料的投入，生产流程等进行分析。考虑产品或过程中的环境弱点与优势。

对寿命周期成本进行管理，实质上是综合考虑产品寿命周期内在产品设计、开发、生产和售后服务等各个阶段的全部成本，包括直接和间接成本，可以使企业关注价值链的作业，以实现长期的竞争优势。企业必须对寿命周期终了的处置成本进行确定、分配并计算，以保证产品在使用期满后得到适当的处置。寿命周期成本计算将成本计量的会计主体和会计期间都扩大了，这对于实现整体的竞争优势具有重要作用。但是，其所需资料有时难以取得，或者难以保证资料的质量。因为涉及了企业以外的价值链的其他方面，如供应商及供应商的供应商等。不过，在利用寿命周期成本计算进行成本控制时，也可以不对整个公司进行分析，而只是截取其中的某一环节进行寿命周期成本计算，待时机成熟后再扩大应用范围。

4）环境质量成本计算法

高新技术生产条件下的全面质量管理模型，以顾客需求为核心，追求零缺陷。

全球环境管理促进会（GEMI）采纳了全面质量管理的思想，将其应用于环境管理中，试图提供持续改进环境业绩的系统的方法。这就是全面环境质量管理的思想：将对环境的污染和损害都视为缺陷，持续改进环境业绩，就是要减少或消除这些缺陷，以不断地满足顾客的需要。在全面环境质量管理模型中，追求的是对环境的零损害，这种损害包括直接损害和间接损害两种。直接损害表现为向环境排放固态、液态或气态的排放物，从而污染水、空气等。而间接损害则表现为浪费材料和能源导致环境的损耗。为了实现零损害目标，必须建立环境质量成本模型。该模型通过计算不同的环境成本，分析其增长与环境质量之间的关系，为推行全面质量环境管理提供相关信息。

参照质量成本的分类，可以将环境质量成本分为两大类：符合性成本，即符合严格的环境业绩标准的成本；非符合性成本，即违反这些标准的成本。符合性成本又分为两种：环境预防成本和环境监测成本。环境预防成本是为了防止产生污染物或废物导致环境损害而发生的成本，包括：评价和选择供应商的成本、预防污染的设备的评价和选择成本、为减少或消除污染物而对产品或流程进行设计的成本、员工培训成本、环境影响研究成本、环境风险评估成本、环境管理系统的设计成本、产品的回收成本和ISO 14001认证的成本等。环境监测成本是监督企业的产品、流程或其他活动是否符合相应的环境标准要求而进行的活动的成本。这些成本包括：环境审计成本、污染物测试成本、环境业绩指标的设计成本、供应商环境业绩的监测成本等。

当预防机制失效时为纠正环境问题而产生的成本是非符合性成本，包括环境内部损失成本和环境外部损失成本。环境内部损失成本是在污染物或废物产生之后，排放到环境之前而发生的活动成本。这些活动的目的在于消除或者减少污染物或废物，以便使其不排放到环境中，或者使其排放符合一定的标准。这种成本包括：污染控制设备的运行成本、有毒物质的处理和处置成本、废弃物的回收成本、获得排放许可证的成本等。环境外部损失成本是在污染物或废物排放到环境之后发生的成本，又包括已实现的成本和未实现的成本。已实现的成本是由企业造成并且由企业自行负担的成本。例如，清理受污染的湖、清理石油泄漏的残余、能源和材料的无效使用、由于环境污染而对其他主体的赔偿、将土地恢复到原始状态的支出、由于破坏环境影响声誉导致销售的损失等。而未实现的成本是由企业造成但由企业以外的主体负担的成本（外部成本或者社会成本）。这种成本可能导致环境质量的下降或者使其他主体的财产或福利受到不利影响。因为空气污染致病而发生的治疗费用、由于污染而使湖泊无法供人娱乐或生产而造成的损失、由于废弃物的排放导致生态系统所受到的损失等。在这四大类成本中，以环境外部损失成本造成的影响最大。

进行环境质量成本计算时，首先要对理想环境标准下的符合性（预防和鉴定）成本和非符合性（外部和内部损失）成本进行确认和计量。而后为各类成本的各个成本项目设定一个目标。在对发生环境成本的活动进行分析时，随着非增值作业的消除和减少，内外部损失成本将减少。对符合性成本则要另做分析。在开始推行环境质量管理时，符合性成本可能增加，例如增加环保设施的开支，但是随着环境质量水平的提高以及内外部损失成本的减少，企业的这类成本将下降。例如清洁生产技术已成为行业的普遍惯例，则这部分开支就不再是增量的环境成本了，当接近零排放时，所需要的符合性成本也就下降了。

【实务应用10-3】

德国大众“排放门”事件及其影响

2015年9月18日，美国国家环境保护局（U. S. Environment Protection Agency，USEPA）与加州空气资源委员会（California Air Resource Board，CARB）发布公告，指控大众汽车蓄意造假，其所售部分柴油车安装了专门应对尾气排放检测的软件，以规避美国严格的尾气排放标准。而平时行驶时，这些汽车却大量排放污染物，最大可达美国法定标准的40倍。9月23日，大众汽车承认多年来蓄意欺骗美国政府的空气污染检测，软件作弊涉及车辆达1 100万辆。根据美国《清洁空气法》每辆违规排放汽车面临至多3.75万美元罚款的规定，这意味着大众在美国涉及的48.2万辆汽车可能面临180亿美元的罚款。这甚至比2014财年大众集团在全球范围内的利润总额126.97亿欧元（约合143.30亿美元）还要多。

丑闻曝光之后，大众股价已大跌逾30%，连创历史新低。同时其影响迅速向全球蔓延。全球许多国家宣布开始对大众进行调查。甚至连德国汽车零部件制造商，博世集团（Bosch）也没能躲过调查。

除了高额罚款外，大众还需要承担缺陷汽车召回的成本。预计有100万车辆面临召回维修。召回成本预计超过60亿欧元。如果要进行尾气系统重装，预计耗资人民币464亿元。大众新任首席执行官穆勒证实，大众集团已为此划拨65亿欧元（约合464.52亿元人民币），但这笔费用仍不足以偿付罚款以及潜在的法定损失。“本次事件给大众集团带来的伤害要比意料中大得多。”穆勒表示。研发主管停职、首席执行官（CEO）换人，而大众集团信誉严重受损，对自身、对德国车企、对“德国制造”乃至对全球汽车业的影响却难以估量。

根据伯恩斯坦分析师的预估，该制造商仅在美国市场所面临的罚款至少74亿美元。而在全球范围内，用于赔偿及修复车辆的花销可能高达400亿欧元（约合2 858.60亿元人民币）。而关于大众应对这一事件和诉讼等支出，瑞银分析师认为将可能达到350亿欧元（约合2 506亿元人民币）。

2017年3月，大众的法律顾问代表大众在底特律的美国联邦地方法院的听证会上认罪，就“排放门”事件，承认合谋诈骗，妨碍司法公正和造假三项罪名。同意就这三项指控，支付共计43亿美元刑事与民事罚款。此前，大众已经同意在美国范围内花费最多250亿美元用于满足涉事车主、环保监管者、州政府和经销商的索赔要求以及回购大约50万辆涉事车辆。其中，100亿美元用于回购超标排放的车辆，除此之外涉事车主还将另外获得每人至少1 500美元的赔偿。

2018年6月13日，针对大众汽车引发的“尾气门”事件，德国布伦瑞克检方

13日对大众公司做出了10亿欧元的罚款令，大众汽车集团当天表示认罚，并承担相应的责任。

机动车排放是大中城市大气污染的主要来源。为了保护环境，各国均采取措施严格控制汽车尾气排放。当前，尾气排放在国际上共有三大标准体系：欧洲体系、美国体系、日本体系，以美国体系的标准最为严格。汽车要进入美国市场，必须符合美国标准。然而标准越严，则汽车的相关成本越高，从而可能影响其销售价格。汽车行业莫不加紧研究清洁汽车，包括安装先进的排放控制系统。被检测的大众柴油车都只安装了一种尾气清洁系统，帕萨特为SCR系统，需经常填充尿素用于废气中和；捷达为LNT系统，其中的过滤器必须定期清洗。无论填充尿素还是清洗过滤器都会带来额外的成本，例如安装过滤器，厂家的生产成本会增加100欧元至200欧元。为节约成本，大众采用操控软件，尾气清洁系统只有在接受尾气检测时才会完全激活。大众汽车公司先前一直宣传其品牌汽车的环保性能，突出其在美国严苛环保法规下仍能保持燃油经济和高效等特点。而此丑闻的爆发，其承担巨额损失以外，将影响未来研发的投入，甚至影响新车型的推出，其声誉受到重创，对整个未来发展的影响难以估量。

资料来源 大众就“排放门”事件在美认罪 央视财经频道经济信息联播［EB/OL］.［2017-07-11］. http：//tv.cctv.com/2017/03/11/VIDEGVwVz36YniVFPCS3eKnM170311.shtml.

佚名. 大众汽车因“尾气门”向德国检方认罚10亿欧元［EB/OL］.［2018-06-14］. https：//news.sina.com.cn/o/2018-06-14/doc-ihcwpcmq6315465.shtml.

王芳冉. 一篇文章梳理大众“排放门”的来龙去脉［EB/OL］.［2015-10-24］. http：//m.sohu.com/a/37690718.

沈忠浩，饶博. 大众“排放门”影响几何？质疑声中能否走出信任危机？［EB/OL］.［2015-09-27］. http：//china.zjol.com.cn/system/2015/09/28/020852797.shtml.

5）流量成本计算法（flow costing）

流量成本计算法是适应新兴的流量管理法的需要而产生的成本计算法，且其范畴超越了对环境成本的评估。其目的是将企业的生产以材料和信息流量的形式进行点对点的管理，使其以有效和有针对目标的方式来组织，其中的材料也包括能源。该方法的应用不仅要分析企业的材料和能源，也要对组织的构成如组织结构及其不同的信息系统，包括材料管理、生产计划和控制、财务会计、成本会计与控制进行重新设计和整合。

流量管理认为，企业实质上是由一系列材料流量构成的（如图10-9所示）。其中包括了价值链上传统的材料流动，即接收材料，加工形成产品，配送给顾客，也包括在物流链的各个阶段发生的材料损失，如退货、废品、过期产品销毁或损坏的货物等，这些损失即使造成了财务损失，也都是生产环境中所不需要的残留物。企业的材料流量总是保持平衡，可以根据不同的生产步骤或成本中心来建立。

流量成本计算法通过对材料流量系统中的各个要素进行量化，改进企业内部信息流量，揭示材料流量在系统内的分离点，以供经济和生态分析，从而服务于流量

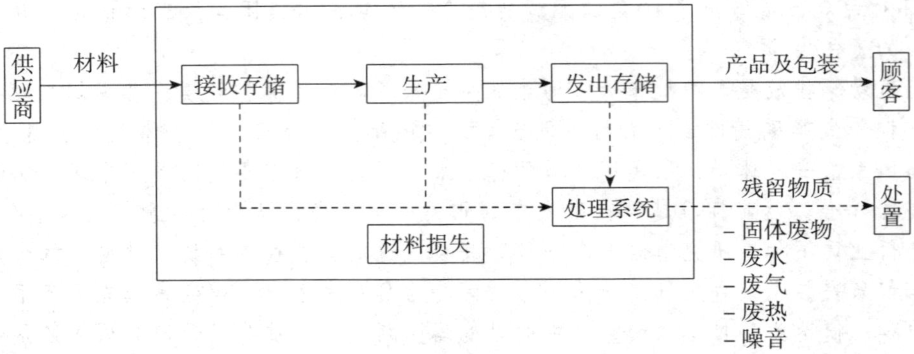

图10-9　被视为材料流量系统的企业

管理。在对材料流量进行量化时，企业获得了包括数量（实物计量）、价值（实物单位×投入的价格）和材料流量（如材料成本、存货价值和废弃物数量等）的成本，以及为了维持材料流量系统而发生的其他费用（如工资、折旧等）等数据在内的数据库。材料流量会计的目的不在于提供环境成本数据，而在于关注材料流量以评估企业的总体生产成本。因此，该方法从经济和生态两方面改进了现有的会计方法：第一，流量成本会计关注材料成本，该成本占据企业成本的大部分。但是，传统成本会计未能提供详细的信息。企业难以了解内部材料的消耗及其在企业内部的流转情况。而流量成本会计则追踪材料流量并提供定量的实物单位和货币单位数据。从而使企业从材料进入企业的那一刻起就得以掌握其踪迹，以便了解哪些材料转化为产品增加价值，而哪些材料则离开企业成为废弃物。企业通过改进设计，将可以减少材料的投入和废弃物的产生，从而提供整体效率。第二，从生态角度看，材料流量会计关注成本削减，将可以减少材料和能源的消耗量，产生积极的生态效果（避免了废弃物的产生），因此有助于实施环境管理，从而实现生态经济效率。

流量成本计算法在德国许多企业实施，并获得了成功。其主要优点在于：通过改进材料使用效率获得成本节约和生态效益（减少废弃物和单位产品的材料消耗），促进开发新产品、新技术和新程序，提高了信息系统的质量，促进了组织结构和程序的改进，加强了部门之间的联系，从而提高了材料使用率。流量成本计算法主要适用于消耗大量材料、辅助材料的企业，如石油加工、纺织、酿酒等。

总结与结论

成本管理的基本目标在于为管理者提供成本信息，并帮助管理者利用成本信息进行各种各样的决策。本章介绍了价值链分析、利润池分析、作业成本管理、寿命周期成本管理、质量成本管理、环境成本管理等战略成本管理手段。

价值链分析的任务就是要确定企业的价值链，明确各价值活动之间的联系，提高企业创造价值的效率，增加企业降低成本的可能性，为企业取得成本优势和竞争优势提供条件。

利润池分析法研究行业总利润在价值链各节点的分布情况，并为企业的战略决策提供依据。利润池，即在行业价值链上，行业在各个环节所赚取的利润总和，而不是收入。

作业成本管理是以作业为核心的企业管理思想，应用作业成本计算所提供的明细、动态的信息优化企业价值链，以增加顾客的价值，并从为顾客提供的价值中获得更多利润。其基本模型包括作业动因分析、作业分析和业绩分析。作业基础管理可以应用于削减不增值作业与非增值成本、顾客盈利性分析等方面。

寿命周期成本管理对产品流经价值链的各个阶段（产品设计开发、制造、营销、配送、维护、服务和处置等阶段）进行管理，包括目标成本计算、改进成本计算的方法。

质量成本主要包括预防成本、评估成本、外部缺陷成本和内部缺陷成本。各类成本与质量水平之间存在着一定联系，可以利用各种质量成本模型加以解释，并实施控制。

在经济可持续发展战略的影响下，企业必须加强环境成本管理，主要的方法有环境作业成本计算法、完全成本计算法、环境寿命周期分析法、环境质量成本计算法和流量成本计算法等。这些方法具有不同的特点，也有不同的适用条件。

练习题

思考题

1. 什么是企业的价值链？如何利用价值链成本分析进行成本管理？

2. 企业有哪些竞争战略？不同战略对企业成本管理有什么影响？

3. 什么是利润池分析法？该方法的管理思想是什么？

4. 什么是作业基础管理？如何应用？

5. 什么是寿命周期成本管理？有哪些方法？

6. 什么是质量成本？如何计量？各类质量成本与质量水平之间存在什么样的关系？

7. 企业环境成本管理有哪些主要方法？各有什么特点？

习题

1. 长寿公司医疗器械生产部门生产各种类型的电子医疗设备，其主要产品是一种可以测试并绘出心率和呼吸系统情况的电子仪器。该部门一贯是以技术工程人员为导向的。设计师一般是从零开始设计新产品，而不依靠对现有设计的修改。从技术角度看，这种做法往往可以形成很好的设计，但结果往往是需要用到不同于企业其他产品中所使用的全新的零配件。该部门的管理者的策略是把其部门当作产品差别竞争者和价格领先者，而不是当作低成本的生产者，即该部门通常开发出性能优于竞争对手的新产品来引导市场，且其定价高于成本。其竞争者则将仿效其产品，以更低的成本进行生产，而后按低于长寿公司的售价销售。不过，到那时，长寿公司又将开发出新的性能更好的产品。这一策略一直都运行得很好。但是，在日本竞争者大举进入市场后这一策略就不灵了。长寿公司的竞争者可以将产品价格定得比长寿公司低25%，而其产品性能与长寿公司的产品接近。为了保持竞争力，长寿公司不得不将价格定得低于其报告成本，结果该部门出现了巨额亏损。

为了扭转局面，医疗器械部门筹划了深入的、持续的改进方案。将生产和存货管理系统转为适时生产系统，采取全面质量管理，建立强大的人员队伍。这些措施迅速见效，但是和行业的整体水平相比较，公司的生产成本仍相对较高，生产周期也比较长。管理层的普遍看法是，为了能长久保持竞争力，该部门必须降低生产成本，缩短生产周期。管理层分析高成本问题时，发现主要问题是该部门零配件的多样化。由于该部门以工程师为核心不断地推出新产品，因此，储备的各类零配件的数量也不断增加。有些管理人员认为如果能解决这个问题，那么，该部门的高成本将可能得到解决。

在管理层考虑该部门的成本降低目标时，主计长正考虑引入新的成本会计系统。打算在医疗器械部门实施作业成本会计和作业成本管理。

要求：

（1）分析长寿公司的竞争战略，为什么在市场竞争加剧的时候，企业出现了亏损？

（2）为什么采用适时生产系统和全面质量管理系统可以降低生产成本？

（3）为了配合成本管理的需要，应如何改进成本计算系统，以减少零件的多样化，缩短生产周期？

2.宏利公司2009年的销售收入为1 000万元，到2014年，收入增加到1 500万元。公司从2009年起开始推行质量管理，并通过了ISO 9000质量管理认证。在这几年间，公司不断地设立质量改进目标，提升质量管理水平。表10-3列出的是公司从2009年刚开始实施质量管理，到实施5年后的质量成本。假设所有的质量成本的变化都是由于质量水平的改进带来的。

表10-3 **质量成本变化表** 单位：元

项目	2009年	2014年
内部缺陷成本	8 000 000	400 000
外部缺陷成本	11 000 000	350 000
评估成本	5 200 000	1 300 000
预防成本	3 500 000	1 800 000
合计	27 700 000	3 850 000

要求：

（1）计算各年质量成本与销售收入的百分比。

（2）分析2009年各类质量成本占总质量成本的百分比。这种分布呈现出什么样的规律？当企业的质量水平向零缺陷推进的时候，质量成本分布又将呈现什么样的变化？

（3）计算2014年各类质量成本占总质量成本的百分比。公司是否仍存在进一步削减质量成本的潜力？

讨论题

1. 阅读【实务应用10-1】，讨论哪些分析方法可以用于兴业银行的价值链重构活动？

2. 阅读【实务应用10-2】，讨论外部政策变化如何影响企业的成本和竞争优势？

3. 阅读【实务应用10-3】，讨论对于大众汽车，环境符合性成本有哪些？非符合性成本有哪些？环境符合性对企业的好处和不足各是什么？

建议阅读材料及相关网站

[1] PORTER，MICHAEL E.Competitive strategy [M]. New York：Free Press，1980.

[2] PORTER，MICHAEL E.Competitive advantage [M]. New York：Free Press，1985.

（国内翻译版见：波特. 竞争优势 [M]. 夏忠华，等，译. 北京：中国财政经济出版社，1988.）

[3] SHANK J K，GOVINDARAJAN V. Strategic cost management [M]. New York：Free Press，1993.

[4] SHANK J K，GOVINDARAJAN V，Strategic cost management and the value chain [J]. Journal of Cost Management，1992（5）：5-21.

[5] SHANK J K，GOVINDARAJAN V.Strategic cost management：the value chain perspective [J]. Journal of Cost Management，1992（6）：179-197.

[6] BARRY J B.Emerging practices in cost management [M]. New York：Warren Gorham Lamont，1993：2.

[7] YASUHIRO MONDEN，KAZUKI HAMADA.Target costing and kaizen costing in japanese automobile companies [J]. Journal of Management Accounting Research，1993（3）：18.

[8] FISHER J. Implementing target costing [J]. Journal of Cost Management，1995（2）：50-59.

[9] AMERICAN SOCIETY FOR QUALITY CONTROL. Accounting for quality cost

[M]. Milwaukee: ASQC, 1991.

[10] SMAC. Value chain analysis for assessing competitive advantage [J]. Society of Management Accounting, 1996.

[11] 郭晓梅. 环境管理会计研究——将环境因素纳入管理决策中 [M]. 厦门: 厦门大学出版社, 2002.

[12] 汪丁丁. 从价值链到价值网——评《价值网》[J]. IT经理世界, 2001 (20).

[13] http: //www.manufacturing.net.

第 11 章

战略业绩评价

学习目标

通过本章学习，你应该了解业绩评价的含义、目的及业绩评价系统的组成；了解传统的财务业绩评价体系；掌握传统业绩评价的不足和改进方法；了解战略业绩评价体系的几种主要类型；掌握平衡计分卡的基本特征及其应用；了解标杆管理的基本特征和分类。

11.1 业绩评价体系

11.1.1 业绩评价体系概述

业绩评价是组织的管理控制系统的一个重要组成部分。业绩评价将组织的战略、资源和流程联系起来。管理人员用业绩评价的信息来奖励和鼓励员工，发展战略，制定和修订实施的决定，并且当企业未达到既定的目标时，可据以采取纠正行动。这是一个持续改进的过程，业绩评价使组织中的每个人了解组织的目标，并知道如何实现该目标。在企业的业绩评价方面，管理会计师起到以下作用：①帮助进行业绩评价系统的设计和实施；②帮助确定企业的管理人员奖励计划，使管理人员目标与责任中心和企业整体的目标保持一致；③监督业绩的实现情况，并评价业绩评价体系和奖励计划的有效性。

1）业绩评价的含义、目的

在企业中，采用什么方式评价顾客满意程度、股东价值、产品质量、产品成本及员工的表现，对制定决策及管理各级别的员工而言，非常重要。成功的管理人员所选择运用的业绩指标，可以激励员工在做出使他们自己和企业整体都受益的决定并采取相应的行动。因此，业绩评价对管理人员的决策影响重大。

业绩评价是对个人、组织是否达到它们既定目标的评价。它的内容是某人或某事的业绩，包括组织活动的过程与结果，是为完成组织的任务而付出的努力的实现。计量形式可以是质量的评定，也可以是数字的量化。业绩评价的目的在于：

（1）支持战略。每个组织都有各自的战略，不同的战略限定了不同的决策范围，管理人员不能在公司的战略之外进行决策。因此，在既定的战略下，管理人员需要用业绩指标来确定两个问题：

第一，该战略对企业的成长与机会是否合适。

第二，员工们是否正在有效率地完成这一战略。

（2）资源配置。业绩指标作为一个信号，向员工们传达了管理人员认为哪些环节是最重要的，哪些环节是最值得注意的这类信息。管理人员用业绩指标来指引员工们工作时，如果能使员工、管理人员及其他利益相关者之间的目标一致，就能有效进行资源配置。

（3）经营监督。由于每个企业都有不同的业务流程，需要能反馈出业务运行好坏的系统，因此，在日常运作中，经常要用业绩指标进行经营监督。

（4）决策支持。管理人员用业绩评价作为制定决策的信息来源，在制定决策的过程中，业绩评价最普遍的用处在于决定投资于何种项目，包括资本性投资及改良性投资。业绩指标能够识别持续生产出低质量的产品、急需改良的流程，过度的浪费及污染环境的流程。它还可以显示出哪种业务能收回投资，可以用来投放剩余资金。

（5）决策评价。业绩指标还有一个虽不常用，但很重要的作用，就是对过去的决策是否科学有效进行评价。一个真实的“学习型组织”将计量过去的各类投资决策的业绩，以确定所采纳的决策流程是否给组织带来正的产出。在这种情况下，最合适的业绩指标是那些能揭示公司是否实现了期望投资收益的指标。对决策制定过程进行业绩评价与反馈，可以使公司与管理人员从中发现并评价其决策质量。此外，如果管理人员预先知道他们的决定要经历这一过程，他们在制定决策时就会更加谨慎，做出更切合实际的假设。

（6）员工评价。业绩指标对员工过去的表现进行计量与反馈，以作为对员工加薪晋级的参考依据。员工通常认为如果他的业绩指标得分越高，对他的评价就越高，晋级加薪的可能性就越大。

2）业绩评价系统的框架

一个业绩评价系统应包括以下内容：

（1）目标与战略。业绩评价是管理人员影响组织中其他成员，并推行组织战略的一个过程。作为决策支持系统的一个子系统，业绩评价系统的总目标是为实现企业目标服务。当企业的目标和战略反映到业绩评价系统中，成为一系列指标和标准后，业绩评价系统形成两个具体目标：第一，将这些指标和标准在企业内部交流、沟通，形成企业内部员工都能理解的共同语言，从而对他们的行为起到事前的诱导作用；第二，事后对员工进行评价，激励他们产生与企业目标一致的行为，从而促进企业目标的实现。

（2）信息。如果没有及时有用的信息，就无法进行业绩评价，因而，设计业绩评价系统时，应注意使它能提供真实的、富含信息量的报告。

（3）责任中心的选择。在业绩评价系统中，责任中心是一个主要工具。责任中心是为完成一个或更多的目标而设置的组织单位。对责任中心的计量包括对投入及产出的计量，责任中心可以按职能部门设计，如成本中心、收入中心、利润中心及投资中心四类，也可以按作业流程，以跨职能部门的团队为责任中心。关于责任中心类型的选择和确定见本书第9章。

（4）转移定价。由于转移定价在销售环节影响销售收入，在购货环节影响存货成本，它们会对相关单位的业绩评价产生显著影响。

（5）业绩指标的选择。这是业绩评价系统的关键环节。业绩指标应与组织经营环境一致，应考虑战略管理等方面因素。

Ferreira和Otley（2009）用业绩管理系统来反映管理和控制组织业绩的综合性。他们提出了一个包含12个问题的业绩管理框架。

该模型描述了业绩管理体系的主要特征，包括：

①组织的使命和愿景是什么？组织的目的和目标如何传递给管理者和员工？

②组织的关键成功因素是什么？如何将这些成功因素传递给管理者和员工？

③组织结构是怎样的？它如何影响业绩管理系统的设计？它与战略管理流程是如何联系的？

④组织的计划和战略是什么？为保证成功，需要哪些流程和作业？该信息如何在组织中传递？

⑤组织的关键业绩指标是什么？如何传递？如何与业绩评价相联系？

⑥各个关键业绩指标的业绩水平如何？这些目标挑战程度如何？其目标值是如何设定的？

⑦如何评价个人、团队和组织的业绩，采用的是客观、主观还是综合的评价方法？该方法与正式和非正式的控制过程如何联系？

⑧管理者和员工完成（或未完成）业绩目标值时是如何进行奖励（或惩罚）的？

⑨支持业绩管理系统的信息流或反馈和反应系统有哪些？

⑩组织如何使用其控制机制？其控制机制与文献中的控制机制有什么不同？在组织内不同级别的控制系统有什么不同？

⑪组织的业绩管理系统如何根据组织的动态及环境的变化而变化？该变化是主动的还是被动的？

⑫业绩管理系统的各个要素之间是否存在较强的逻辑性？它们是如何被使用的？

除了上述12个问题以外，还需要考虑企业外部背景因素和组织文化。外部背景因素包括外部环境，技术和所有权结构，组织文化则贯穿整个控制系统，是影响控制系统有效性的权变因素，如图11-1所示。

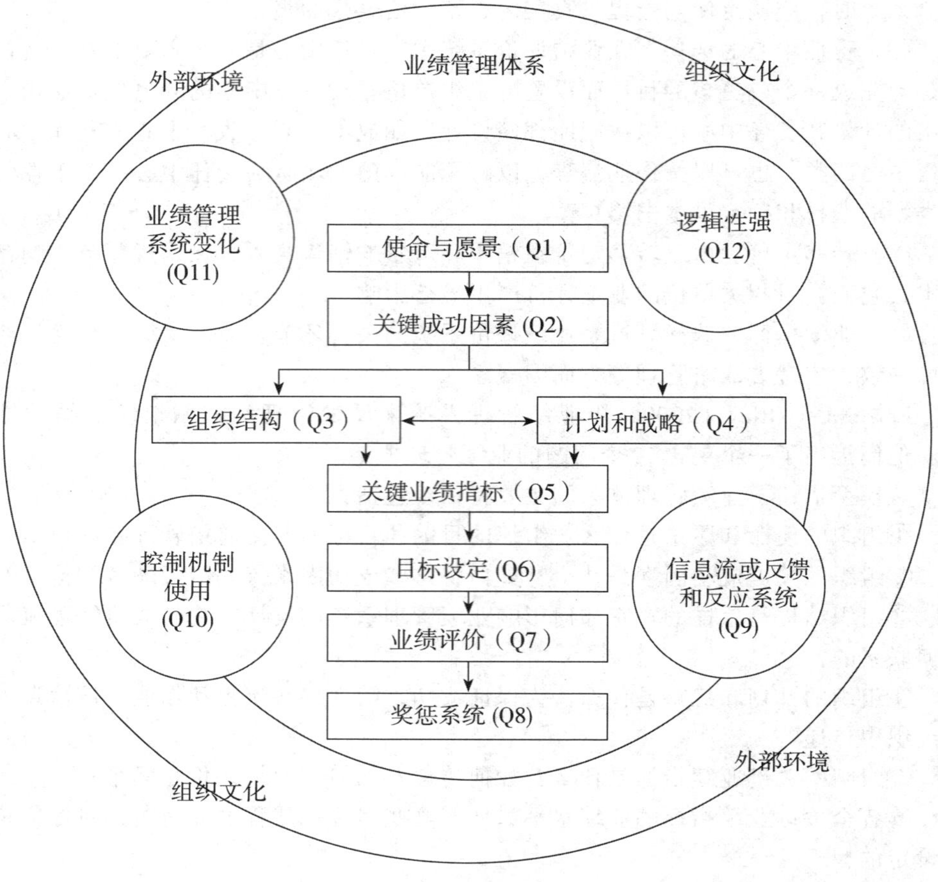

图 11-1　外部背景因素和组织文化关系图

资料来源　FERREIRA A，D OTLEY. The design and use of performance management systems: an extended framework for analysis［J］. Management Accounting Research，2009（12）：263-282.

3）业绩评价系统的实施

业绩评价系统的实施一般包括以下步骤：确定公司的战略、确定反映战略的业绩指标、将业绩指标融入管理控制系统和定期评价指标和结果。以下简要说明：

（1）确定公司的战略。业绩评价体系的首要目标是保证战略的实施。所以，其实施始于确定公司的战略。公司战略目标必须明确，战略可能和公司的环境、市场和顾客、生产线、技术、经营、财务、组织与管理等有关。企业应试图了解：其战略中应包含哪些环境因素？面对什么样的市场和顾客？他们的需求和期望是什么？主要的竞争对手是谁？企业的竞争优势和不足之处是什么？

（2）确定反映战略的业绩指标。一旦确定了企业的战略之后，接着应找出能反映该战略的几个关键成功因素。关键成功因素是公司为实现其战略目标而必须表现出卓越业绩的一项业务流程（如：新产品开发或订单系统）或经营结果（如：市场份额）。常见的关键成功因素主要包括：时间、成本、质量和创新等。这些关键成功因素可以进一步用一些业绩指标来计量，如：

①生产能力指标：用来反映一个企业使用其财务资源、固定资产及劳动力等效率指标，常用的反映生产能力的财务指标有：EVA、ROI、机器设备的生产能力指标、个人生产能力指标等。EVA指标，用来量化一个企业用其所占用的资本创造价值的能力。ROI指标，对过去已完成的业绩的评价，看一个方案已达到其既定目标的程度如何。机器设备的生产能力指标，反映特定时间的产量。个人生产能力指标，用来评价每位员工所创造的产出数量。

②顾客服务指标：通常有顾客满意度、按时交货率及与顾客的关系来评价顾客服务。其中，顾客满意度是一个质量指标，表明顾客对企业满足他们需要的满意程度的总体评价。它通常通过对客户的调查及客户的回头率水平来反映。按时交货率表明公司在交货日按时交货的百分比。此外，顾客现已被包含在新产品与服务的开发过程中，对这些环节中的顾客关系也应进行评价，如顾客回头率等。

③质量指标：用来反映企业的产品是否符合设计要求，以及产品在多大程度上满足使用者需求的指标。可分为符合性质量（与原设计要求一致）指标与设计质量指标（一个产品在多大程度上满足使用者的需求）。它包括过程能力指标、差错间隔时间均值、废料率、返工率、保修费用、客户投诉率等。值得注意的一点是，公司在收到客户的投诉时，应区分这一投诉是由于质量不符标准，还是由于设计的失败引起的。

④周期指标：反映某流程从开始到结束所占用的时间的指标。它通常包括：生产周期，评价从原材料投入生产到形成产成品所耗用的时间。产品开发周期，评价从一个新产品的想法确立后，到该产品被推向市场所耗用的时间。订单周期，评价当顾客下订单后到产品送交顾客之间所耗用的时间。

⑤内部人事指标：用来评价员工的工作态度与工作技能的指标，包括主观与客观指标。主观指标针对员工的态度，如：道德品行、精神面貌。客观指标用来直接评价员工的技能，这类指标必须与每份工作的技能要求进行结合。标准化的考试可以评估员工的读、写、算术技能。但是，公司通常会选择一些非直接的指标，如：培训所用时间，或胜任工作的员工的百分比。

（3）将业绩指标融入业绩评价体系。在确定关键成功因素之后，企业应同时考虑企业的组织结构、文化、人力资源政策等因素的可能影响，并将其融入业绩评价体系。同时，还要为上述业绩指标确定一个目标值。它可以根据预算、既往业绩、行业标杆、最佳业绩表现等来确定。所确立的业绩目标值应具备两个重要特征：

①明晰性。业绩目标要尽可能清晰，尽可能采用定量的形式，如按时送货率为98%等。

②易获取。在设立目标时，管理人员要考虑目标的挑战性。太容易达到的目标

不能激励员工努力工作，因为员工们知道他们只需要付出些许努力即可达到目标。但是，如果目标太难达到，产生的激励作用就太小，因为员工们认为他们达到目标的可能性很小，所以他们不会为达到目标而努力工作。适度的挑战性可以发挥有效激励的作用。

（4）定期评价指标和结果。将业绩指标的目标值与实际值之间进行比较，分析差异，找出产生差异的原因。出现差异可能的原因是：

①业绩确实比原来预计的好或坏。在这种情况下，企业需要与员工一起分析非正常业绩产生的原因，然后再以合适的方式改正它们。

②业绩标准可能是在企业目标设置不准确的情况下设定的：可能太低或太高。在这种情况下，企业需要与设置业绩标准的员工一起改进他们对业务系统能力的理解。

③影响业绩的环境因素在计划与实际评估这段时间之间已发生了显著变化。在这种情况下，应在剔除环境变化的因素后，再对员工或生产过程进行评估，并应采取行动减少这种情况再次出现的可能性。

总体而言，企业应根据差异分析的结果，采取相应的措施以确保战略的实现：如改变员工的技能或态度、改变业务流程、将期望调整到一个合适的水平或采取措施减少环境的不确定性。如果发现是业绩评价体系设计的问题，则需要改进计量体系。

4）业绩评价的主要原则

业绩评价要反映部门经理人员的努力程度，并以此影响其决策和行为。为实现此目的，在设计业绩指标时，管理人员必须考虑三个原则：

（1）目标一致性原则。目标一致性是指在确定了管理人员的职责和公平的业绩设计指标后，管理人员为追求其个人目标而采取的行动，和企业的最优利益达成一致。但是，这个目标并不容易达到。由于管理人员一般关注的是可能使控制系统对其加以计量的业绩发生变化的方面，而不考虑该变化是否对企业目标有利。因此，在设计计量指标时，最理想的是能够让反映管理人员业绩的指标和反映企业整体目标的业绩一致。这样，管理人员在优化其个人业绩的时候，同时也实现企业的最优业绩。但是，这种完美的业绩指标往往难以找到。所以，业绩指标应尽量反映企业目标的期望结果。

（2）公平原则。公平是指管理人员对业绩评价体现的心理感受。设计的业绩指标应让管理人员感到，这种计量适当地反映了其业绩，即对其业绩所做的种种评价是前后一致的，而且包括了所有他能够控制的因素，而剔除了所有他不能控制的因素。业绩评价的计算模式应能使管理人员的正确决策在业绩中得到体现。

（3）可控性原则。可控性是指直接受管理人员控制的事件与区域。由于企业所面临的管理环境复杂多变，管理人员只能对可控事件与可控成本负责。在业绩评价中区分可控与不可控，是出于限定管理人员责任范围的需要。由于可控与不可控是一组相对的概念，二者的界限难以区分，因此，在进行业绩评价时，首先，应保证组织内的可控界限明确合理，这是责任者的管理业绩可以被合理计量的有效前提。其次，应剔除由于外部市场环境变动所导致的不可控因素对业绩产生的不利影响。

11.2　财务业绩评价体系

20世纪初期，在当时的杜邦、通用电气等大公司的推动下，适应分权制需要的业绩评价体系逐步形成。该体系用来激励和评价分权单位的业绩，并实现企业整体的战略。这种业绩评价体系，以财务业绩为主，称为财务业绩评价体系。

11.2.1　杜邦财务分析体系

从20世纪20年代起，杜邦公司、通用汽车公司开始设计并建立事业部制组织结构，将主要的营销和生产职能下放给经营单位来完成，形成了多个利润中心和投资中心，从而使各个经营单位的管理人员拥有较大的自主权，为了避免他们所追求的目标与公司整体目标发生冲突，企业通过实施责任会计，赋予经营单位的管理人员以相应的责任，并通过业绩计量的方式，来控制管理人员的行为，激励其实现目标的一致性，即追求责、权、利的统一。

以投资报酬率为核心的杜邦分析体系，成为在企业盛行多年的财务业绩评价体系。

1）投资报酬率指标（ROI）

（1）投资报酬率指标的计算。

投资报酬率是净收益与所占用资产（通常等于：资产-流动负债）之比，反映部门利润占该部门所占用资产的百分比，用公式表示为：

$$\text{ROI}=\frac{\text{经营收益}}{\text{经营资产}}\times 100\%$$

这里的资产，可以是部门的总资产、部门经理可控的资产，或者是净资产。ROI是投资中心最常用的业绩指标。

【例11-1】

元大公司下属的电子配件经营部为投资中心，该部门20×8年和20×9年的有关资料见表11-1，根据这些资料，可计算出该部门的投资报酬率。

表11-1　**投资报酬率计算表**　金额单位：元

项目	20×8年	20×9年
销售收入（1）	15 000 000	20 000 000
经营收益（2）	900 000	1 000 000
经营资产（3）	4 800 000	5 000 000
投资报酬率（4）=（2）÷（3）×100%	18.75%	20%

（2）投资报酬率的主要优点。

①它是一个财务比率，它可以使投资规模不同的经营单位具有一个标准化的业绩比较标准，也便于和外部竞争对手进行比较。例如在企业中，经营部20×7年和20×8年两年的投资规模是不一样的，直接比较两个年份的利润绝对值无法真实反映其业绩，此时可通过将利润与经营资产进行对比，使两年的业绩具有可比性。

②它是一个综合指标，利润表上的主要项目都可以在该指标中得到反映。它可以促使经理人员关注销售收入、费用及投资之间的关系，关注成本效率，关注营业资产的使用效率。

投资报酬率指标可以进一步分解为销售利润率和资产周转率的指标，如下式：

$$\text{ROI}=\frac{\text{经营收益}}{\text{销售额}}\times\frac{\text{销售额}}{\text{经营资产}}\times 100\%$$

$$=\text{销售利润率}\times\text{资产周转率}$$

这便是杜邦财务分析体系的一个组成部分（如图11-2所示）。

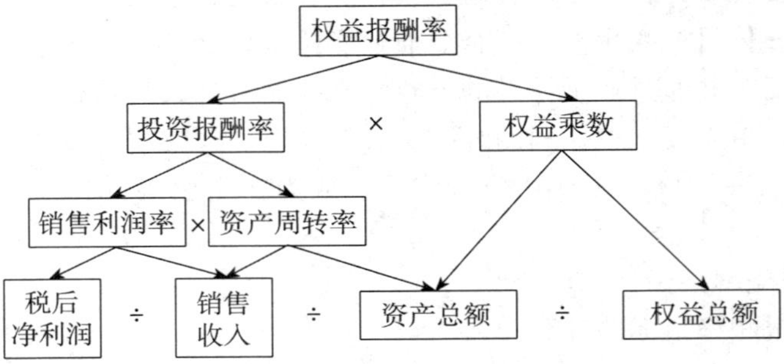

图11-2　杜邦财务分析体系

将投资报酬率分解之后，可以向管理人员提供更有价值的信息。使他们理解投资报酬率发生变化的原因，并可以采取相应的措施，如提高销售额、降低成本，或是增加资产周转率等。

【例11-2】

沿用【例11-1】的资料，可以将电子配件经营部20×8年和20×9年两年的投资报酬率做进一步分解，见表11-2。

表11-2　**ROI分解表**

项目	20×8年	20×9年
销售利润率（1）	900 000÷15 000 000×100%=6%	1 000 000÷20 000 000×100%=5%
资产周转率（2）	15 000 000÷4 800 000=3.125	20 000 000÷5 000 000=4
投资报酬率 （3）=（1）×（2）	6%×3.125=18.75%	5%×4=20%

可以看出，电子配件经营部的投资报酬率从20×8年的18.75%增加到20×9年的20%。进一步分析可以发现，销售利润率实际上是下降了，其原因可能是成本或费

用的增长，可能是竞争压力的增加。但是，该部门通过改善资产的管理，使资产周转次数由3.125次增加到4次，提高资产利用效率而弥补了销售利润率下降的不利影响，从而使投资报酬率能呈现较好的结果。至于资产周转率是如何加快的，可以通过现金周转率、应收账款周转率和存货周转率等指标进一步了解。

【相关链接11-1】

杜邦分析体系的来源

杜邦公司是一家创办于1802年的生产的炸药公司，在成立之初，它只是一家从事单一活动的制造企业。在20世纪初，美国掀起了一场巨大的企业合并浪潮，在这次浪潮中，杜邦公司也买下了大量企业，成为一家综合性的企业组织。为了对该企业实施有效控制，杜邦公司实施了分权制，建立起生产、销售、财务和采购等独立部门，使各个部门的经理能利用专业知识，追求使企业和其部门业绩最大的战略。为了激励和评价部门业绩并引导企业战略的实施，杜邦公司觉得需要有一个统一的财务计量尺度，以将企业各个不同部门的业绩同整个企业的业绩进行比较。当时，在多活动企业里的各个部门中都采用了由单一活动企业所运用的会计计量方法，如销售利润率，但是这些方法在不同部门的效率不同，不可能都直接与公司的利润有关。因此，杜邦公司采用了投资报酬率指标，作为评价各个部门效率和公司整体财务业绩的指标。投资报酬率指标也用来对投资项目进行评估，并有效地在企业内部的各种活动间分配资本。

1912年杜邦公司的投资报酬率方法得到了扩展。其财务人员F.唐纳德桑·布朗将投资报酬率指标分解成销售利润率和资产周转率两个指标，并对这两个指标进一步进行分解，从而使各个部门知道其业绩是如何通过影响销售利润率和资产周转率来对公司整体的投资报酬率产生影响的。另外，分解投资报酬率指标也能使管理人员了解实际业绩和计划业绩存在差异的原因。这就是现代大企业仍然使用的杜邦分析体系。它成为控制垂直式综合公司经营的一种理想工具，其财务计划与控制的观念，对杜邦公司及后来的通用汽车公司都产生了深刻影响。

资料来源　ROBERT S K. The evolution of management accounting［J］. The Accounting Review, 1984（3）：390-418.

（3）投资报酬率的主要缺点。

①由于强调优化投资报酬率，可能导致经理人员不愿意增加投资，以免增加指标的分母造成投资报酬率下降，结果使公司整体丧失有利的投资机会，即可能导致目标冲突。更糟的是，部门经理可能通过变卖盈利能力低于部门平均水平（但高于公司平均资本成本）的资产，来促使部门投资报酬率的改善，而这同样有损于公司的整体利益。

②可能促使经理人员关注短期利益而忽视长期利益。当经理人员任期较短的时候，他们可能通过一些短期行为来操纵投资报酬率指标，例如解聘高技能高报酬的员工、推迟大修理、削减广告费、采购低价低质材料等来实现投资报酬率指标的短期好转，而这些行为对于公司的长期盈利能力可能产生严重影响。

【例 11-3】

大力公司采用投资报酬率指标对其部门经理进行业绩评价。电机部已经连年亏损，累计亏损额达到50万元，投资报酬率为-5%。20×8年，公司任命了一位新经理老林来负责该部门的工作，并许诺只要电机部的投资报酬率每年都能保持一定的增长势头，且在5年后最终达到14%，公司将给他本人20万元的奖励。老林上任后采取了一系列措施，使部门业绩发生了显著变化。20×8年和20×9年电机部的收益及投资报酬率的相关情况见表11-3。

表 11-3 **大力公司电机部收益及投资报酬率表** 金额单位：元

项目	20×8年	20×9年
销售收入	1 100 000	1 400 000
变动成本	880 000	900 000
贡献毛益总额	220 000	500 000
部门的固定成本	240 000	200 000
部门经理的可控收益	-20 000	300 000
投资报酬率（ROI）	-0.3%	5.00%

但是，20×8年年底，公司总部改变了主意，要求电机部在20×9年就实现14%的投资报酬率，否则不兑现奖金。但是老林预计，受国际竞争、国家严格限制经济过热等外部环境的影响，20×9年的销售收入将不会超过180万元。按照目前的贡献毛益率和固定成本水平，显然无法将投资报酬率提高到14%。为了实现新目标，老林采取了以下措施：

（1）以很低的价格购进低质量的原材料，同时解聘了一些熟练的本地高薪工人，改用工资很低的农村打工人员。该措施使当年贡献毛益率提高到45%。

（2）将1名设备操作员调到生产线上，从而节约了2万元的工资支出，但设备操作人员的工休时间大大减少，而且基本上没有时间从事设备维护的工作。

（3）转让一项账面价值为100万元的土地使用权，获得7万元的利润。该土地原准备用于将来扩建厂房。

采取这些措施后，20×9年预计投资报酬率将为：

可控收益=180×45%-（20-2）+7=70（万元）

经营资产=30÷5%-100=500（万元）

投资报酬率=70÷500×100%=14%

老林的业绩目标实现了，奖金保住了，但是部门和公司的未来盈利能力却遭受了破坏。低廉的材料和不熟练的工人虽然降低了成本，却可能使产品的质量大打折扣，从而影响顾客满意度，未来销售额可能下降。而员工工时的延长，将影响到员工的满意度，影响其积极性和创造性的发挥。设备未得到有效维护，同样也将对产品质量产生影响，并可能导致停工。而转让土地使用权，获得了短期利润，降低了经营资产的总额，但却丧失了未来扩大生产的能力，那时公司可能要以更大的代价，才能获得这块土地的使用权。

③对同一部门的各种资产，不论其来源和类型，全部要求赚取同样的报酬率，这与公司实际的资本成本不一致。

（4）计算投资报酬率指标的一些考虑因素。

①经营收益的选择。计算投资报酬率时，其分子采用的是经营收益，原则上指的是付息纳税前的收益，但在该指标的具体构成上，企业可以根据实际情况进行调整，可以参照部门利润指标的设计原则进行。

②经营资产的选择。在经营资产的确认方面，也有因素需要考虑。如果业绩计量目的在于评价经理人员业绩，作为分母的经营资产就应当只包括经理人员可控的部门资产，而不应当包括由总部人员所负责的资产。例如，当现金和应收账款是由总部统一管理时，就不应计入经营资产。如果这些活动是由部门经理负责的，则应当将其包括在经营资产中，否则部门经理就可能盲目放宽信用条件，而无视坏账的增加。此外，部门经理可控的负债也应当扣除，即经营资产是可控资产减可控负债后的净额，只考虑可控经营净资产的目的在于准确计量经理人员业绩，并激励其采取有利于公司目标实现的业绩。但是，在计算部门经济业绩时，则应当将公司总部为部门提供的各种资产，如场地、现金和应收账款等包含在内。因为，没有这些资产的支持，部门的业绩是无法实现的。在进行与部门相关的决策或是将部门业绩与其他企业相对比时，经营资产应包含分配的总部资产。

当经营资产中包括固定资产时，应当使用其原值还是账面净值也是一个值得注意的因素。使用以历史成本计量的账面净值似乎是最简单、直接的方法。但是，采用这种方法，在经营收益保持不变的情况下，由于投资基数随着折旧的计提而逐年减少，业绩将出现逐年稳步增加的假象。结果，经理人员将尽量不增加新投资，而使用旧设备，以利用其低价值对投资报酬率指标的有利影响。为了解决这个问题，有人建议采用固定资产原值计算经营资产额。但是，如果采用原值计算，则在经营收益不变的情况下，各年的投资报酬率将不变。但实际上，随着固定资产使用年限的增加，其盈利能力将逐渐下降，这种计算基础也掩盖了经济现实。造成这种矛盾的根源在于财务会计的折旧方法使资产在使用初期表现出较低的盈利能力。解决该问题的方法多种多样，有人建议改变折旧计算方法（如按年金法计算折旧），有人建议计算资产的经济成本（即未来现金净流入的现值），但这些方法难以操作。也有人建议用该资产的重置成本来取代历史成本，也有的企业索性将固定资产排除在经营资产的计算之外，只考虑固定资产之外的可控资产，这是经理人员在日常管理中必须严加控制的项目，例如存货管理、信用管理等。对于固定资产控制，则通过资产预算流程，借助项目完工后审计加以控制。

11.2.2 经济增加值管理体系

1）经济增加值的提出

为了克服投资报酬率指标在业绩计量方面的局限性，20世纪50年代，通用电气公司提出了剩余收益（residual income，RI）指标，即将投资中心的经营收益扣减经营资产按规定的资本成本率计算的资本成本[①]后的余额，其公式为：

剩余收益=经营收益-资本成本
=经营收益-（资本成本率×经营资产）
=经营资产×（ROI-资本成本率）

20世纪90年代后，美国思腾思特咨询公司对剩余收益指标进行了改造，于1982年提出并实施了一套以经济增加值（economic value added，EVA）理念为基础的财务管理系统、决策机制及激励报酬制度、新的财务业绩评价指标，称为经济增加值（EVA），并注册为商标。经济增加值指标对剩余收益的改造主要表现在对按公认会计准则计算的部门经营收益进行了大量的调整，以使其尽可能和部门的经济收益一致。根据思腾思特咨询公司的解释，经济增加值是指企业经营收益与资本成本之间的差额。更具体地说，经济增加值是指企业税后营业净利润与全部投入资本（借入资本和自有资本之和）成本之间的差额。如果这一差额是正数，说明企业创造了价值；反之，则表示企业发生了价值损失。如果差额为零，说明企业的利润仅能满足债权人和投资者预期获得的收益。经济增加值以公式表示为：

经济增加值=税后净经营利润（NOPAT）±会计调整-资本成本率×使用的全部资金（TC）

式中，会计调整的目的在于用经济利润和资产的经济价值，来替代历史成本会计模式的种种不足。思腾思特咨询公司宣称做了160多项调整，不过企业常用的调整也只有十几项。

【例 11-4】

宏发公司20×5—20×9年的有关资料和经济增加值的计算过程见表11-4。

表11-4　　**EVA计算表**　　单位：万元

项目	20×5年	20×6年	20×7年	20×8年	20×9年
税前经营利润（1）	600	650	700	750	800
税收（2）	60	65	70	75	80
税后经营利润（3）=（1）-（2）	540	585	630	675	720
会计调整（4）	10	20	-10	20	5
资本成本（5）	250	230	210	190	170
EVA（6）=（3）+（4）-（5）	300	375	410	505	555

经济增加值试图解决迈克尔·詹森（Michael C.Jensen）在《自由现金流的代理成本：公司财务和接管》（《美国经济评论》，70卷第2号，1986年5月）[②]一文中

① 资本成本（cost of capital），可以有两种计量指标来计量：绝对值和相对值。这里作为绝对值表述，为了区分，相对值使用资本成本率表述。

② JENSEN，M C. Agency costs of free cash flow：corporate finance and takeovers [J]. American Economic Review，1986：323-329.

所阐述的代理问题。在这篇文章中，迈克尔·詹森指出“成熟”的公司往往能产生显著的现金流，但多趋向于持有，或是以过度投资或业务多元化的方式浪费掉。运用经济增加值，由于要“补偿”资本成本，因此可以在一定程度减少公司固有的对任何业务、项目和收购进行投资的冲动，尽管它们可能会有盈余，但不足以偿付其资本成本。

因此，经济增加值是一种用来激励管理层增加股东财富，而不是追求短期利润的指标。它也被称为附加股东价值（additional shareholder value，ASV）。思腾思特咨询公司认为无论是会计收益还是经营现金流量指标都具有明显缺陷，应该坚决抛弃；会计收益未考虑企业权益资本的机会成本，难以正确反映企业真实的经营业绩，而经营现金流量虽然能正确反映企业的长期业绩，但却不是衡量企业年度经营业绩的有效指标。相反，经济增加值能够将这两方面有效地结合起来，因此是一种可以广泛用于企业内部和外部的业绩评价指标。

【实务应用 11-1】

EVA的计算过程

根据可口可乐公司（纽约证券交易所上市，KO）2018 年 12 月 31 日的年报，其经济增加值的计算如下：①

EVA=NOPAT−资本成本率×投入资本

=6 686−6.92%×68 598=1 939（千万美元）

其中，NOPAT 的计算过程见表 11-5：

表 11-5　**NOPAT计算表**　单位：千万美元

项目	2018 年
可归属于公司股东净收益	6 434
递延所得税费用（利益）	−450
坏账准备的增加（减少）	12
权益等值得增加（减少）	−438
利息费用	919
经营租赁负债下利息	10
调整后利息费用合计	929
利息的税收影响	−195
调整后税后利息费用	734
流通性证券的损益	255

① https://www.stock-analysis-on.net/NYSE/Company/Coca-Cola-Co/Performance-Measure/Economic-Value-Added?from=singlemessage.（详细计算过程都能以 EXCEL 格式下载）

续表

项目	2018年
利息收益	−682
税前投资收益	−427
投资收益所得税费（收入）	90
税后投资收益	−337
终止经营的净损失（收益）	251
少数股东净收益（损失）	42
税后净经营利润	6 686

投入资本的计算过程见表11−6：

表11−6 **投入资本计算表** 单位：千万美元

项目	2018年12月31日
应付债券和贷款	13 194
一年内到期长期负债	4 997
长期负债（除一年内到期得）	25 364
经营性租赁应付款现值	467
报告负债与租赁款	44 022
应归属公司的权益	16 981
递延所得税负债（资产）	−734
坏账准备	489
权益等值	−245
累计其他综合收益（税后）	12 814
归属少数股东权益	2 077
调整后应归属于公司的权益	31 627
在建工程	—
可流通证券	−7 051
投入资本	68 598

资本成本率的计算过程见表 11-7：

表 11-7　　**资本成本率计算表**　　金额单位：千万美元

	公允价值	权重	资本成本率
权益	196 067	196 067 ÷ 240 166 = 0.82	0.82×8.07% = 6.62%
负债	43 632	43 632 ÷ 240 166 = 0.18	0.18×2.11%×（1-21.00%）= 0.30%
经营性租赁应付款现值	467	467 ÷ 240 166 ≈ 0	0×2.11%×（1-21.00%）= 0
合计	240 166		6.92%

权益资本成本采用资本资产定价模型确定。

经济利润占投入资本比率为：1 939÷68 598×100%=2.83%。

2）经济增加值的 4M 管理体系

思腾思特咨询公司提出的了 4M 的概念来阐释 EVA 体系，即评价指标（Measurement）、管理体系（Management）、激励制度（Motivation）以及理念体系（Mindset）。

（1）评价指标（Measurement）。

经济增加值是计量业绩的最佳尺度。对无论处于何种时间段的公司业绩，它都可以做出最准确、恰当的评价。在计算 EVA 的过程中，我们首先对传统收入的概念进行一系列调整，从而消除会计运作产生的异常状况，并使其尽量与真实的经济状况相吻合。考核结果与激励机制衔接，可以进一步实现对经营过程和经营结果的正确引导，确保战略目标的实现，以及经营管理的健康运行。以经济增加值为核心的业绩考核可以实现企业的长期价值创造。

（2）管理体系（Management）。

EVA 是衡量企业所有决策的单一指标，公司可以把 EVA 作为全面财务管理体系的基础，这套体系涵盖了所有指导营运、制定战略的政策方针、方法，以及衡量指标。在 EVA 体系下，管理决策的所有方面全都囊括在内，包括战略企划、资本分配、并购或撤资的估价、制订年度计划，甚至包括每天的运作计划。总之，增加 EVA 是超越其他一切的、公司最重要的目标。通过经济增加值，可以引导企业谨慎使用资本，为股东利益做出正确决策。

企业要增加价值只有三条基本途径：①可以通过更有效地经营现有的业务和资本，提高经营收入；②投资期望回报率超出公司资本成本的项目；③可以通过出售对别人更有价值的资产或通过提高资本运用效率，比如加快流动资金的运转，加速资本回流，达到把资本沉淀从现存营运中解放出来的目的。

（3）激励制度（Motivation）。

以经济增加值为核心的业绩体系和激励机制联系，使经理人为企业所有者着想，使他们从股东角度长远看待问题，并得到像企业所有者一样的回报。它避免了传统激励机制只关注短期行为，业绩好时奖励不足，业绩差时惩罚不足的弊端。同时，它是一种以长期价值创造为核心的激励机制，既体现了经营者的价值，又保障了股东的利益。因为使企业EVA的增加最大化，就是使股东价值最大化。在EVA奖励制度之下，管理人员为自身谋取更多利益的唯一途径就是为股东创造更多的财富。这种奖励没有上限，管理人员创造的EVA越多，得到的奖励越多。事实上，在EVA制度下，管理人员得到的奖励越多，股东所得的财富就越多。

（4）理念体系（Mindset）。

如果EVA制度得到全面贯彻实施，有助于促进公司治理机制的完善，它是企业文化的一种变革。在EVA制度下，所有财务营运功能都从同一基础出发，为公司各部门员工提供了一条相互交流的渠道。EVA制度为各分支部门的交流合作提供了有利条件，为决策部门和营运部门建立了联系通道，并且根除了部门之间互有成见，互不信任的情况，特别是运营部门与财务部门之间的互不信任。

3）经济增加值指标的评价

经济增加值是在一批以股东价值为中心的业绩计量指标中影响最大、应用最广泛的一项指标。其核心是计量价值，即公司的经营过程是在创造财富还是在毁灭财富。它考虑了为企业带来利润的所有资本成本，其基本理念是资本获得的收益至少要能补偿投资者承担的风险，也就是说，股东必须赚取至少等于资本市场上类似风险投资回报的收益率。经济增加值源于剩余收益指标，具有剩余收益的优点，此外，它还具有以下特点：

（1）考虑了权益资本成本。这是经济增加值最大的特点，也是最显著的优点。只有考虑了权益资本成本的经营业绩指标才能反映企业的真实盈利能力。经济增加值与公司的市场价值存在密切联系。由于股东是企业的主要利益关系人，股东价值最大化是企业的目标之一。以经济增加值为业绩指标，有助于促进部门经理创造和增加经济增加值，从而实现股东价值的增加。

（2）尽量剔除会计失真的影响。由于在计算经济增加值时，要对营业利润和投资资本进行调整，能够更有效地纠正因会计惯例所造成的失真，因而能够更全面和准确地反映企业的盈利能力。这有助于正确评价一个企业的经营业绩，而且可以有效考核企业资本的保值增值。

（3）提供了一个计量长期业绩的工具。

（4）注重企业的可持续发展。经济增加值不鼓励以牺牲长期业绩为代价来夸大短期效果，也就是不鼓励诸如削减研究和开发费用的行为，而是着眼于企业的长远发展，鼓励企业的经营者进行能给企业带来长远利益的投资决策，例如新产品的研究和开发、人力资源的培养等。这样就能够杜绝企业经营者自身短期行为的发生。因此，应用经济增加值符合企业的长期发展利益。

（5）与公司的市场价值存在密切联系。股东是企业的主要利益关系人，股东价值最大化是企业目标之一。以经济增加值为部门业绩指标，有助于促进部门经理创造和增加经济增加值，从而实现股东价值的增加。该指标在目标一致性方面具有较大的优越性。

经济增加值的缺点主要表现在：

（1）适用范围的局限性。由于金融机构有着特殊资本充足率的要求，而且如果把贷款总额作为使用资产将高估资本成本，导致结果扭曲，因此它不适用于经济增加值。此外，还有研究表明，经济增加值不适用于金融机构、周期性企业、风险投资公司、新成立的公司等企业。

（2）资本成本波动。公司可以通过改变资本结构、业务选择来改变资本成本，但它只能由高层管理者决定。可是在不同时期，资本成本常是经济增加值等式中最不稳定、最易变的变量，常易受市场收益率等因素变动的影响。

（3）仍是历史指标。经济增加值的计算始于传统会计利润，虽然进行了调整，但仍以历史成本为基础而不是以未来现金流量为基础。所以，它在本质上仍属于会计基础的指标，也受会计指标缺陷的影响。

企业的主要目标之一是增加股东价值，所以，部门业绩应能反映各个部门为增加价值所做的贡献。在理想状态下，这种价值的增加应通过经济收益来反映，即计算未来现金流量的现值，并以期末期初的经济收益的差异来反映经济收益的增加。但是，这样的指标难以直接取得，所以人们用各种各样的替代指标试图使部门业绩评价能与企业目标达成一致。从投资报酬率到剩余收益到经济增加值的变化，反映了为了实现上述目标而做的种种尝试。但是，由于这些指标在本质上是以会计利润为基础的，因此不可避免地具有激励短期行为的不足。一种办法是延长业绩评价期，期限越长会计利润就越可能和经济收益取得一致。但是，由于奖励是和业绩挂钩的，如果评价期是在决策过去很长时间才做出的，其激励经理人员的作用则可能降低。另一种解决办法则是在财务指标之外引入影响企业长期成功和利润的非财务指标，如反映竞争能力、质量、创新能力的指标，如果经理人员采取短期行为获得了财务上的成功，在非财务业绩上将出现不利的结果，从而迫使经理人员决策时对长短期目标进行平衡，以促进企业的长远发展。

【相关链接11-2】

经济增加值的产生与应用

一、经济增加值的产生

经济增加值是由Joe M.Stern等人于1964年创立的，旨在克服当时流行的会计准则和会计收益、EPS等指标在衡量公司市场价值方面的严重缺陷。1982年Joe M.Stern与G.Bennett Stewart合伙成立Stern Stewart&Co.财务咨询公司，专门从事经济增加值（EVA）应用咨询，并将EVA注册为商标。1988年，Joe M.Stern创办Journal of Applied Corporate Finance季刊，介绍并推广EVA。现在，该财务咨询公司每年都会计算全美1 000家上市公司的经济增加值（EVA）和市场增加值（MVA），并刊登在《财富》杂志上。

二、经济增加值的应用

经过Stern Stewart &Co.财务咨询公司20多年不遗余力地推广，EVA已成为美国资本市场和企业富有竞争力的资本运作绩效评价指标。自1982年成立以来，有近300家大公司采用EVA体系作为下属业务单元业绩评估和经营者奖励的依据。其中包括，Coca-Cola、AT&T、Quaker Oats、Briggs &Stratton以及CSX等巨型跨国集团。许多公司声称采用EVA后价值迅速增长。EVA还受到高盛、CS第一波士顿等投资银行的分析家和基金经理的欢迎，认为用未来预期EVA解释公司股票价格比每股收益或净资产收益率好，希望根据EVA投资来赚取超额收益。

2001年，Stern Stewart &Co.财务咨询公司进入中国，希望在中国推行这一管理工具。其勃勃雄心来自于中国股市的现实：在中国1 000多家上市公司中大约有44%EVA为负，这表明，盈利不足以弥补资源投入的经济成本，这些公司没有创造财富，恰恰相反，它们是在毁灭财富，按照管理专家的说法，即使不考虑财务数据的真实与否，在过去七八年间，中国上市公司作为整体成为财富的毁灭者，它们的净资产收益率平均在8.5%~9.5%，低于同期GDP增长率和储蓄利率之和。面对如此众多企业所存在的价值本位的缺失，采用EVA管理体系将极大地改变中国企业治理结构，特别是在当下风起云涌的大规模国企改革中，以EVA为核心的管理体系将使它们受益匪浅。

但是，现实并没有像Stern Stewart & Co.财务咨询公司期望的那样发展，昂贵的费用和并不出众的操作能力使许多中国企业望而却步。两年后的2003年8月，该财务公司退出中国。

不过，其思想却在实务中得到了应用。国务院国有资产监督管理委员会于2010年开始在下属央企全面实行EVA考核，以建立股东价值的导向和理念。2013年1月起开始施行的《中央企业负责人经营业绩考核暂行办法》规定，基本指标包括利润总额和经济增加值。经济增加值的权重最大。其基本分，根据行业的不同而有所不同。军工、储备和科研企业经济增加值指标的基本分为30分；电力、石油石化企业经济增加值指标的基本分为40分；其他企业经济增加值指标的基本分为50分。2016年颁布并施行的《中央企业负责人经营业绩考核办法》(国资委令第33号)，突出经济增加值考核，重点是在分类和差异化上下功夫，针对不同功能、资本结构和风险程度的中央企业，提出差异化资本回报要求。通过考核经济增加值，着力引导企业资本投向更加合理，资本结构更加优化，资本纪律更加严格，资本效率进一步提高。2019年施行的《中央企业负责人经营业绩考核办法》(国资委令第40号）根据国有资本的战略定位和发展目标，结合企业实际，对不同功能和类别的企业，突出不同考核重点，合理设置经营业绩考核指标及权重，确定差异化考核标准，实施分类考核。对主业处于关系国家安全、国民经济命脉的重要行业和关键领域、主要承担重大专项任务的商业类企业，适度降低经济效益指标和国有资本保值增值率指标考核权重，合理确定经济增加值指标的资本成本。对公益类企业，根据不同企业特点，有区别地将经济增加值和国有资本保值增值率指标纳入年度和任期考核体系，适当降低考核权重和回报要求。

资料来源 ①LUCEY BRIAN，LOUISE TURNER. Out with the old and in with the new [J]. Accountancy (Ireland)，1999 (12) 14-15.

②熊川. 思腾思特洋咨询败走中国 [N]. 财经时报，2003-09-13.

11.2.3 传统财务业绩评价体系的不足

财务业绩评价体系的基本流程是：首先编制一份以财务指标为主的详细的预算，而后定期将实际业绩与预算进行对比，找出差异并分析差异原因，以改进行为。在这一体系中，预算是整个评价体系的核心，是计量和实施奖惩的主要工具。全面预算可分解到不同的部门、生产线，乃至个别产品。其结果是形成未来时期的详细财务指标。在这种体系中，特别重视实际业绩和预算的差异，必须花费大量的时间解释差异，即便这种差异是由于环境变化导致预算不适用造成的。在企业所面临的经营环境比较稳定，产品技术流程变化不断、寿命周期较长，基本采用大批大量标准化生产的环境下，这种业绩评价体系曾经取得了巨大的成功。

但是，进入20世纪70年代以后，在电子技术革命的基础上形成了生产的电脑化和自动化趋势。许多企业开始引入弹性制造系统、电脑辅助生产和电脑辅助设计系统，这种技术上的变革为进行顾客化单件小批生产提供了可能。进入信息时代以后，顾客化、竞争化和变化成为企业经营环境的主要特点。在这样的环境中要保持成功，企业必须在质量、弹性、多样性、价值等方面优于竞争对手。企业必须关注顾客、关注流程，强调跨职能的合作，并关注持续的改进。此时，企业发现传统的业绩评价体系无法满足他们的管理需求。其主要表现为：

（1）以内部流程为主，以财务业绩为主。传统的业绩评价体系关心的是以财务指标所表示的内部流程的信息，如投资报酬率指标、利润率指标等。这种忽视外部环境的体系在激烈竞争的环境下表现得极不适应。企业必须将目光转向顾客和利益关系人，转向外部环境的需求和期望。财务指标反映的是过去的经营业绩，以此来引导经营就像是驾驶员在高速公路上根据后视镜的观察结果来驾驶汽车一样，偏离轨道是在所难免的。企业必须知道业绩从何而来，如何实现成功。为此，和驾车时需要了解路况、油耗、天气情况、速度等信息一样，在复杂多变的环境中要保证战略的实施，企业需要的是一个能反映出外部商业环境及其对市场、顾客、竞争者等方面不断改变的要求，并能反映出内部非财务指标以及更多的关键性财务指标的体系。所以必须关注内外部的非财务信息，如市场占有率、顾客满意度、速度、按时送货率等指标。

（2）财务指标容易被操纵。传统的业绩评价体系建立在会计信息基础之上，由于许多企业对高级管理人员采取了期权或其他与企业股票价值挂钩的奖励机制，管理人员不再像20世纪初期那样关心业绩评价体系如何帮助其了解业务流程、做出合理决策和激励员工，而是关心如何推动公司在股票市场的业绩。一些经理人员将注意力转移到如何通过财务活动，如并购、金融创新、债务重组、杠杆收购等创造短期利润，或对企业进行盈余管理，从而操纵会计利润。而这些活动，不一定能给企业带来长期利益。管理人员的投机风气盛行，甚至为了取得短期财务业绩而不惜牺牲质量、减少研究和开发的投入、减少人员培训、忽视顾客关系的维持等。无法实现短期和长期利益的平衡，成为财务业绩评价的致命之伤。

（3）忽视无形资产和智力资产的作用。在信息时代里，企业未来的盈利能力和价值，很大程度上取决于其对无形资产和智力资产（如员工的技能、预测顾客需求的能力、公司关系网络、专有技术、商誉、顾客忠诚度）的管理水平。财务业绩评价体系能够充分反映有形资产的价值，但是在计量无形资产和智力资产价值方面却显得捉襟见肘。结果，这些影响企业竞争地位取得的因素没有纳入业绩评价体系，也就无法为管理者所重视。

（4）不能揭示改善业绩的动因。财务业绩评价体系所用的业绩指标，属于财务指标，反映的是经营活动的综合结果，而不能揭示产生结果的根本原因，也不利于经营人员观察其行为对业绩的直接影响。例如，废品成本指标，反映的是质量水平下降带来的成本上升（财务业绩的恶化），但无法说明如何控制和改变这一结果的产生。而废品率指标却能提示控制废品数量是削减成本的关键。财务评价体系不能反映业绩动因，从而无法使企业在动态环境下迅速进行调整并做出反应。

11.3 战略业绩评价体系

11.3.1 非财务业绩评价和战略业绩评价体系的引入

财务业绩评价虽然在近百年间取得了巨大成功，但是当面临竞争激烈和多变的社会经济环境时，财务业绩评价开始表现得“力不从心”了。由于财务指标（financial measures）反映的是企业过去决策的结果，属于滞后性指标，因而难以适应多变环境的需要。此时，人们开始考虑进行变革。首先被引入的是非财务业绩评价指标，即将以部门为主体的财务业绩评价体系，转变为关注以作业和流程为主体的业绩评价指标。不再将业绩评价的重点放在差异分析之上，而是关心业绩是否得到改善，这就需要在业绩评价体系中引入影响企业成功的关键成功因素（key success indicators），对作业业绩进行评价。为此，人们引入许多非财务业绩评价指标。这些业绩指标要能支持企业可持续经营，必须具有前瞻性，必须遵循以下原则：

（1）体现因果关系，能够计量和监督导致结果发生的因素。

（2）包含财务和非财务指标，内部和外部指标的平衡结果。外部和非财务指标将导致财务影响，因此管理报告不能过于关注内部的财务指标，而应该考虑二者的平衡。

（3）相关，可靠和及时。指标必须与企业、行业和职能等相关，并能在使用者需要时提供。

（4）数据完整性。这是保证分析和建议可信的关键。必须建立一定的数据标准和保证数据质量的方法。

（5）可取得性和组织良好。能以使用户感觉友好的技术和工具取得，以反映商业模式的方式来组织数据。组织各层级使用具备一致性和分析性的数据和工具。

（6）融入管理流程。指标应当是管理流程不可分割的一部分，有人负责。

（7）驱动行为和结果。指标应当强调可强化组织期望行为的指标，这些行为包括创新、团队合作、风险承担，它们应有助于实现期望的结果。

非财务指标可以对企业未来的财务业绩做出前瞻性的反映，使管理者能够在长短期目标之间进行权衡，并使一线员工能够直接观察到其行为的影响，从而实现自我调整。为此，许多企业开始重新评估公司的战略，以找出影响其成功的关键因素。企业的可持续经营能力，通常应关注以下八个方面的问题。

（1）关注顾客和主要利益关系人。是否实现了主要利益关系人期望的可持续的结果和价值。

（2）有效的领导力和战略。在组织的职能、行业做法、机会和竞争对手等方面是否有应变的准备。能否识别组织商业模式，市场、竞争地位、法律规定和外部发展的重大变革并迅速做出反应？决策时是否考虑了其长期影响，包括决策如何影响经营、顾客、员工和组织的声誉？是否能承担对其所拥有和使用的自然资源的可持续性和环境的社会责任？

（3）综合公司治理、风险和内部控制。公司治理、风险管理和内部控制实践及政策是否与其经营和业绩相互联系？是否能保证保护创造可持续价值的战略，防范战略、经营和财务风险，保证合规性？是否遵守法律法规的明文规定及公司内部宣称的价值观的行为准则或道德准则的规定？

（4）创新和适应能力。组织是否能对其产品和服务进行创新，使其组织结构、流程和系统适应变动的环境，以满足市场需求的变化？

（5）财务管理。是否能预计未来的事项和市场的趋势，以优化收入降低成本？是否能根据预计的经济环境变化范围优化生产能力、资源能力等？

（6）人员和人才管理。是否将人员和人才作为战略职能和主要价值动因以实现可持续性成功？是否拥有恰当的技能、能力和资源能力？组织的奖励和认可系统是否有效地激励期望的行为和业绩文化？

（7）经营卓越。为顾客、供应商、员工、利益关系人和执法者所管理的商业模式是否得当？在效率和效果之间是否能实现适当的平衡？资源分配决策是否与战略导向或目标保持一致？

（8）有效和透明的沟通。是否能够利用前瞻性指标来改进内外部报告的可读性，有用性和相关性？

以下列举一些常见的非财务指标。

1）以顾客为中心的非财务指标

（1）订货量。由于订购发生在销售收入实现之前，所以该指标优于销售收入。订货量的降低预示着有必要加强营销活动，以增加销量或产量，从而提高企业的经营水平、经营规模。

（2）退货量。用来计量顾客的不满意度。

（3）市场份额。除非密切关注该指标，否则会被行业水平整体增加所带来的销售收入增加的假象所迷惑，从而忽视企业竞争地位下降的问题。

(4) 关键客户订货量。从关键客户订货量的变化可以较早发现营销战略成功与否。

(5) 顾客满意度、维持度与忠诚度。它们分别可以通过顾客调查、考察与客户关系维系时间及重复购买次数等进行考量。

2) 与企业内部流程相关的非财务指标

(1) 存货周转率和及时送货率。

(2) 质量指标。它包含每个供应商的缺陷品数量、产品中通用件和定制件的比例，一次通过率、返工率、机器停工率、退货数与退货频率、员工建议数、顾客投诉率、顾客满意度、顾客索赔数等指标。

(3) 能力利用率。这一指标对于固定成本高的企业尤为重要。

(4) 周转时间。周转时间等于加工时间、存储时间、搬运时间和检验时间之和。其中只有加工时间才能增加价值，其他时间不增加价值。利用周转时间分析可以发现不增值和应消除的作业或成本，周转时间缩短可以减少成本，可用加工时间占周转时间的比例来分析增值作业的比例。

3) 与人力资源相关的非财务指标

(1) 员工的士气。

(2) 申请/入职比率。

(3) 每位员工的培训时间。

(4) 员工胜任能力指标。

(5) 员工岗位转换灵活性指标。

(6) 员工建议数量。

(7) 员工流失率。

4) 与环境相关的非财务指标

(1) 社区服务时间。

(2) 行业服务时间。

(3) 可回收材料占比。

(4) 污染物排放量。

(5) 产品或服务造成的事故或伤害的数量。

(6) 违反环保法律的次数。

确定了关键成功因素和相应的非财务指标之后，接下来就要确定这些指标的最优业绩水平。与财务业绩评价不同的是，非财务业绩评价重视的是持续改进，特别关注对变动趋势的分析，例如可能根据学习曲线来确定标准，也可能通过选定标杆来制定长期标准，并制定改进标准以促使经营单位不断提升业绩水平。

利用非财务指标，经营单位可以直接了解其行为和企业战略之间的关系，从而使行为得到有效控制。例如，质量水平的变化可以通过缺陷率的上升而快速得到反映，从而促使一线员工立即采取行动解决问题。不过，非财务计量指标难以用货币形式反映其业绩改进所带来的效果，因此，不太容易看出其业绩变化与财务业绩（利润）之间的关系，如果企业的奖励制度没有做出相应调整，员工将无法确定改进非财务业绩的行为是否会得到鼓励，从而也可能使行为受到影响。

然而，增加的非财务指标不一定和财务指标存在必然联系，企业在实践中发现有的非财务业绩的改善，不一定预示着良好的财务结果。各种业绩改善的努力零碎不全，无法和企业的使命或战略联系起来。为此，企业需要引入一种定向的业绩评价体系，以将企业的战略目标、核心经营战略、关键成功因素和关键业绩指标联系起来，从而实现财务业绩和非财务业绩的统一、业绩评价与激励制度的统一。这样就产生了各种类型的综合业绩评价系统，以便更好地为实现战略目标服务。

这些综合的业绩评价系统包括业绩金字塔（performance pyramid）、积木法（building blocks）、业绩三棱柱（performance prism）和平衡计分卡（balanced scorecard）。本节先介绍业绩金字塔、积木法和业绩三棱柱，下一节分析平衡计分卡。

11.3.2　业绩金字塔

业绩金字塔是由林奇（Lynch）和克罗斯（Cross）于 1991 年提出的。他们认为，在动态经营环境下，要实现战略经营目标，必须在顾客满意度、生产系统弹性和生产率方面表现卓越。这些指标监督的是经营层面的质量、交货期、周期时间和废品率等指标，而企业是划分为不同的层级进行工作的，各个层级之间必须紧密配合才能保证成功。因此，不同管理层的业绩计量必须一致，才能使经营层面指标支持战略目标，从而形成如图 11-3 中的业绩金字塔，将企业的日常经营活动和整体战略联系起来。

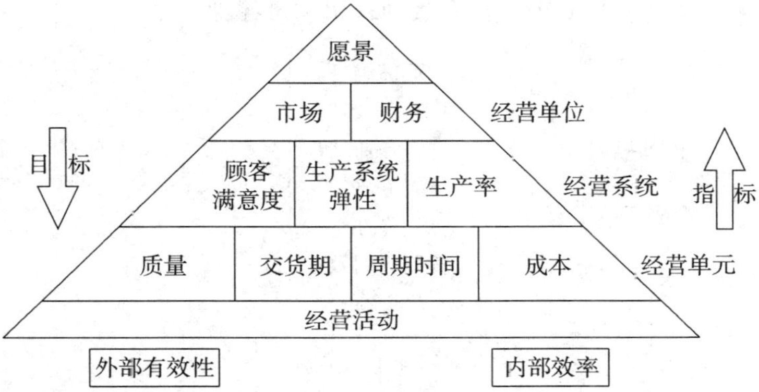

图 11-3　业绩金字塔

业绩金字塔的指标共分为四级，最高级为公司整体的愿景，然后目标转化为第二级经营单位的市场目标和财务目标，并形成实现这些目标的战略决策。接下来是第三级经营系统（如设计开发系统、生产系统、售后服务系统），将市场和财务目标更具体地分解为顾客满意度、生产系统弹性和生产率方面的指标。顾客满意度关注外部市场效益，生产系统弹性关注外部有效性和内部效率，生产率关注内部效率。最后一级是由更具体的经营指标来支持经营单元（如车间和工作站）的指标，包括质量、交货期、周期时间和成本。

业绩金字塔一分为二，将所有这些指标分为两大类：外部有效性（如图11-3的左半部所示）和内部效率指标（如图11-3的右半部所示）。经营单位的市场目标，如市场占有率等，是通过顾客满意度和生产系统弹性来实现的。而经营单位的财务指标，如盈利性和现金流量指标，是通过实现生产系统弹性和生产率来达成的。而在最基础的经营单元，其最终顾客的要求决定着该单元的质量和交货期方面的业绩，这些业绩指标同时也是其外部有效性指标。该经营单元与其邻近的其他单元形成供应商和顾客关系，并决定着前一个单元的业绩。而所有经营单元的周期时间之和，以及成本之和，构成了经营系统的时间和成本。经营单元在质量、交货期、周期时间和成本方面业绩的改进，将改进经营系统的顾客满意度、生产系统弹性和生产率。而经营系统这些业绩的改进，将实现战略经营单位的市场目标和财务目标，最终实现企业的愿景。高层的愿景层层分解成为基层的指标，而基层指标的完成又逐级推进上一层级目标的实现。

11.3.3 积木法

业绩金字塔主要是面向制造业的，而在当前世界经济中，服务业异军突起，金融、会计、法律、管理咨询、餐饮、旅游等行业不断扩张，正日益成为经济增长的中坚力量。与制造业不同的是，服务业的产出是无形的，生产和消费同步进行，服务内容无法储存，不涉及产权的转移，也不能保证每次质量都一样。为了解决服务业的业绩评价问题，费茨格雷德等于1996年提出了积木法，包括业绩维度、业绩标准和奖励三方面的内容[①]，如图11-4所示。业绩标准应当体现所有权、可实现性和权益的要求，奖励应当明确，具有激励作用和可控性。

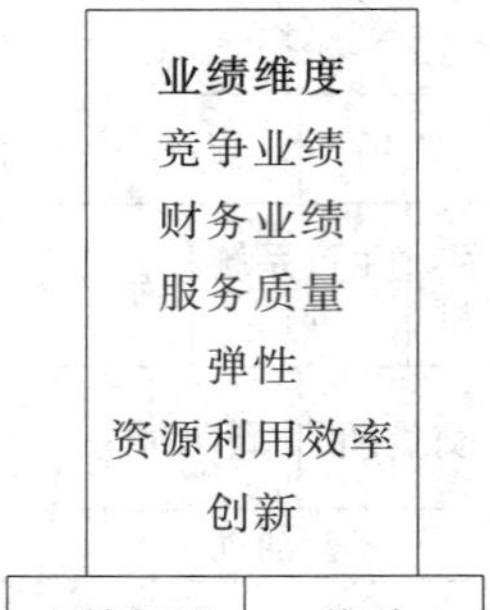

图11-4 积木法

① ACCA.Performance measurement，ACCA paper 3.3［S］. Phoenix BPP Professional Education，2004：264.

1）业绩维度

业绩维度主要分为以下六个方面的业绩：竞争业绩、财务业绩、服务质量、弹性、资源利用效率和创新。竞争业绩、财务业绩和服务质量与制造业相差无几，以下主要对弹性、资源利用效率和创新进行说明。

（1）弹性。弹性反映企业以适当的速度，按顾客要求做出反应，并对顾客需求变化进行调整的能力。按时是服务行业特别强调的，例如飞机是否准点，审计人员是否能在预定时间内到达现场并完成工作等。一般可以用等待时间、误点率、延迟天数来计量。满足顾客需求的能力，将体现在是否完全按顾客的要求提供服务，当然，这主要取决于顾客的主观判断，可以采用顾客调查表来进行评价。另外，也可以通过员工技能和培训时间加以计量。对顾客需求变化的应变能力，在公众交通行业，可以用超载率来计量；在金融机构，可以用顾客排队等待时间来计量；在专业服务部门，可以用加班时间来计量。如果持续出现超负荷，那么说明企业可能需要调整其人力资源的数量。

（2）资源利用效率。它反映资料使用的效率，一般可以用生产率来计量，如：单位时间完成的业务量，可以向顾客收费的时间等。

（3）创新。它计量创新的流程和个人创新的成功率。拥有满足顾客需求的创新能力的企业，拥有竞争优势。个人创新业绩可以从其他五个方面的业绩是否得到改善来表现。而创新流程，则可以通过设计新服务的成本、速度、流程的有效性来体现，例如，旅游公司开发新旅游线路的时间、成本、创新程度等。具体指标可以包括研究开发支出、新业务占总业务的百分比，从发现需求到向市场推出新服务的时间间隔。

2）业绩标准

一旦选定业绩维度的指标，就要建立业绩的预期标准。应考虑三个方面的因素：个人对用于评价其业绩的标准的归属感程度如何（所有权），即是否接受这些标准或认为这是强加于人的？负责这些业绩的个人是否认为标准是可实现的？标准对于所有负责经营业务的经理都是公平的吗？

3）奖励

这里的奖励是指奖励系统的结构，个人将如何根据其实现业绩目标的情况从而获得奖励。业绩评价系统的作用之一在于通过将经营业绩与战略目标联系而确保战略目标的实现，因此，必须考虑到：设立业绩目标和奖励实现这些目标的个人的系统必须清晰明了，此时实现目标的动机比较大。当成功实现业绩时可以获得奖励，则员工将被鼓励努力工作以实现业绩目标。个人只就其所能控制的财务业绩负责。

11.3.4　业绩三棱柱

平衡计分卡从四个维度评价业绩，但其实质仍是从股东的角度分析问题，而忽视了对企业有重大影响的其他利益关系人，特别是供应商和员工。为了克服其不足，英国克兰菲尔德大学商学院业绩中心的研究人员尼利、亚当斯、肯尼尔利等于

2002年在《战略业绩管理——超越平衡计分卡》中提出了业绩三棱柱的观点，从五个方面：利益关系人满意度、战略、能力、流程、利益关系人贡献来评价业绩，如图11-5所示。业绩三棱柱理论的出发点是，在今日商业环境之下，那些追逐长期成功的企业清楚地知道谁是他们的核心利益相关者，以及什么是他们的利益相关者所想要的（利益关系人满意度）。他们制定相关战略，以确保利益相关者的价值能够得以实现。战略既定，他们知道采用什么流程去执行这些战略（流程），他们同样知道贯彻战略流程所需要的能力。最成功的企业同样也明确地知道他们希望从利益关系人得到的贡献，如员工忠诚度、顾客盈利性、长期投资等（利益关系人贡献）。这五个方面长期地影响着企业的成功。

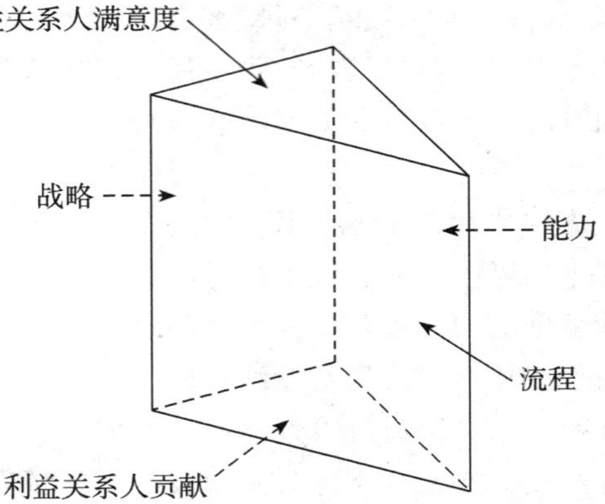

图11-5　业绩三棱柱

1）利益关系人满意度

根据业绩三棱柱的观点，过去各种业绩评价法的谬误之一是从战略考量的角度出发。业绩评价指标旨在帮助人们发现是否按既定目标前进。战略不说明目的地，而说明行动路线，即如何到达目的地。平衡计分卡始于战略目标，其假设是满足顾客和使股东价值最大化。这种方法忽视了企业的许多同样重要的利益关系人。例如，很多制造业企业大量依赖供应商，有些企业大量依赖关键员工，而有些政府和政府机构也可能成为一些公司如公用事业、水电等公司的重要利益关系人，忽视这些利益关系人的需求将对业绩实现产生不良影响。基于此，业绩评价的起点应是利益关系人的满意度，找出最有影响的利益关系人及需求。

2）战略

根据不同利益关系人的需求选择战略，并为每一个战略制定相应的业绩指标。管理者借助业绩指标监督战略是否正在实施，业绩指标将战略传递给组织上下，鼓励员工实现战略目标，并用于评估战略目标是否得以实现，若未能实现，则找出原因。

3）流程

战略要成功，流程必须与之适应。流程必须从顾客的角度进行分析，通常，顾客希望产品或服务能够快速、保质、优价并以易于组织或安排的方式提供。如果流程设计不当，顾客的这些期望将无法实现，所以，与为战略设计业绩指标一样，企业也要为流程设计业绩指标。

4）能力

此外，企业还必须拥有资源和能力以实现经营流程。能力是企业为利益关系人创造价值的人员、政策和程序、技术、基础设施的组合。再好的流程也需要有人操作，需要政策和程序指示其操作方法，有基础设施保证其发生，有技术使其能发生。流程和能力合在一起，形成竞争优势。

5）利益关系人贡献

不仅要关心利益关系人的满意度，还要知道企业期望从利益关系人处获得什么。顾客是企业的重要利益关系人，顾客盈利性是重要的业绩评价指标。忽视这一指标，企业可能发展了大量耗用其资源却不能带来利润的顾客，企业致力于提高顾客满意度，却未能获得应有的回报。企业希望顾客忠诚有盈利性，而顾客希望企业提供优价优质的产品。满意度和贡献是不同的概念，对供应商也是如此。

11.4 平衡计分卡

从20世纪80年代的早期开始，管理会计的理论研究者与实践工作者开始注意到，传统控制方法与业绩评价实践越来越无法发挥作用。不断加剧的竞争使企业越来越关注如何保持竞争力，这要求在业绩评价体系的财务评价之外，增加顾客、服务、流程、市场等方面的非财务业绩评价，以形成对企业的综合业绩评价体系。这其中比较典型的是卡普兰和诺顿所提出的平衡计分卡。

11.4.1 平衡计分卡概述

1）平衡计分卡的含义

平衡计分卡是指将企业的战略分解为财务、顾客、内部业务流程、学习与成长四个维度的业绩评价体系。财务维度反映其他三个维度所采取的行动的经济后果，顾客维度反映企业（或经营单位）必须争取的顾客群体或市场，内部业务流程维度反映向顾客或股东提供价值所必需的内部流程，而学习与成长维度则反映企业长期的成长和改进所必须拥有的能力。平衡计分卡将企业的战略目标转化为这四个维度的业绩指标（如图11-6所示），由于兼顾了战略和战术业绩、短期目标和长期目标、财务指标和非财务指标、前瞻性指标和滞后性指标、内部指标和外部指标之间的平衡，所以成为信息时代的一种战略管理工具。

实施平衡计分卡，包括四个重要步骤：首先，要阐明企业的战略和愿景，并将其转化为特定的战略目标和实现战略目标的重要驱动因素。其次，将战略目标和指标联系起来，并将信息传递给员工。再次，编制计划，制定业绩指标的目标值，并制定战略行动方案。目标值应跨越3~5年，并制定逐年的进展目标。最后，要加强反馈和学习，以使管理者能监督其战略的实施情况并进行调整。

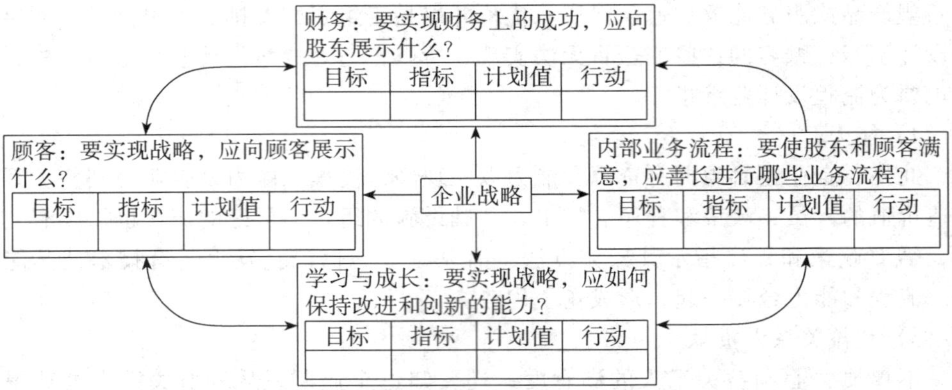

图 11-6　平衡计分卡

资料来源　KAPLAN R S，NORTON D P.The balanced scorecard：translating strategy into action [M]. Boston：Harvard Business School Press，1996：9.

2）平衡计分卡的特点

平衡计分卡的主要特点包括：

（1）将业绩指标与战略联系。仅仅将财务指标和非财务指标结合在一起，并不能算是平衡计分卡。平衡计分卡的一个主要特点是紧密围绕公司的战略和使命来设计一套彼此联系，反映公司长期战略目标以及实现这些目标的方式的业绩指标，而不是将财务和非财务指标简单组合在一起。当然，将战略分解为哪几个维度，也不是一成不变的，可以根据影响企业竞争能力的重要因素而定，例如在实施环境管理的战略中，可以增加环境维度。由于公司经常同时在不同的市场经营不同的产品，所以可能依竞争环境、经营单位能力的不同而采纳不同的战略。考虑到这一点，平衡计分卡可根据不同经营单位的实际情况而定，以使单个经营单位的业绩最大化。

（2）强调主要指标之间的因果关系。平衡计分卡与其他绩效管理系统的差别之一在于注重因果关系。设计良好的平衡计分卡应能通过一系列贯穿四个维度的互相联系的目标和指标，来描述企业是如何工作的，找出影响成功至关重要的因素。而这些指标应该从学习与成长维度的关键因素到财务维度的财务业绩改善之间形成一个因果关系链。通过识别那些评价业务单位经营是否成功的指标（这些指标通常被称为“滞后性指标”），管理人员可以确定如何影响这些指标。在此过程中，企业可以清楚地识别员工们在进行这些行为之间不经意的联系，以及从这些行为中所期望得到的结果。假设把投资报酬率作为财务维度的指标，而要实现这种结果，就必须提高顾客的满意度，而假设经过顾客分析发现，顾客对按时交货率特别重视，所以可以将按时交货率作为顾客维度的指标。而要提高按时交货率，就必须缩短经营周期，提高经营质量，所以可以把这两个指标放在业务流程维度中。组织要通过培训员工、提高其技能才能保证经营周期和经营质量的改善。所以，可以将此业绩指标放在学习与成长维度。这样，通过因果关系分析，建立贯穿平衡计分卡四个维度的指标体系。

（3）强调主要指标之间的相互平衡。平衡计分卡的平衡体现在财务指标和非财务指标、前瞻性指标和滞后性指标，内部指标和外部指标之间的平衡。财务指标是指以货币单位计量的指标，而非财务指标则是指以货币单位以外的单位计量的指标。财务指标比较综合，反映的是结果，而非财务指标则可深入经营流程，反映的是过程。滞后性指标是结果指标（如顾客盈利性指标），反映过去经营的结果，而前瞻性指标则是未来业绩的驱动因素（如培训时间）。客观指标是可定量、可验证的指标（如市场份额），而主观指标则是判断性的指标（如满意度）。内部指标与企业内部流程和能力有关，而外部指标则与顾客和股东有关。前瞻性指标的变化可以预示结果指标和财务指标的可能变化趋势，从而使企业及时采取行动，这些指标的平衡使企业的业绩和战略联系起来。

（4）向员工传播公司的战略。首先，通过解释特定的行为，以及这些行为与主要财务业绩指标之间的因果关系，平衡计分卡可以将长期的战略行动传递给经营单位，并帮助企业追踪这些业绩。其次，通过平衡计分卡可以将公司的战略传递给员工，使他们理解业绩指标，并为改善企业的业绩而做出贡献。通过解释特定的行为，以及这些行为与主要财务业绩指标之间的因果关系，平衡计分卡不仅可以将长期的战略行动传递给经营单位，而且可以帮助企业追踪这些业绩。最后，平衡计分卡将战略转化为员工可以理解和观察的指标，从而使其知道其行为的变化对于实现战略的意义。然后通过设计与平衡计分卡业绩联系的奖励机制，来影响并改变员工的行为。

【相关链接11-3】

平衡计分卡的历史

平衡计分卡的大部分理念可以追溯到在20世纪初由流程工程师们所开发出来的一种评价系统，称“tableau de bord”，这一系统可以将财务业绩评价与非财务业绩评价相联系。不过，tableau de bord系统更强调财务业绩评价，因而包含了更多的财务绩效指标，并且更关注于内部产生的评价指标，而不是外部通用的指标。

在20世纪80年代后期及90年代初期，由于财务绩效指标对现代企业组织难以发挥成效，管理会计的实践者及理论研究者们开始研究新的绩效评价方法。

其发展经历了三个阶段：

（1）计量与报告阶段（1992—1996年）：将平衡计分卡作为业绩评价体系，并在实践中广泛应用，同时开始考虑将其作为战略管理系统的一个部分，以支持企业战略。这以1992年卡普兰和诺顿在《哈佛商业评论》上合作发表了一篇题为《平衡计分卡：企业绩效的驱动》（The Balanced Scorecard：Measures that Drive Performance）的文章为起点，引起了各界的广泛关注。1996年，二人又进一步出版了专著《平衡计分卡：化战略为行动》（The Balanced Scorecard：Translating Strategy into Action），该书成了当年的商业畅销书。此时的平衡计分卡作为业绩评价体系，从四个维度（财务维度、顾客维度、内部业务流程维度和学习与成长维度）来计量企业的业绩。

（2）融合与沟通阶段（1996—2000年）：在实践中不断发展，并实现融合。卡普兰和诺顿的著作被翻译成多国语言，其成果帮助许多企业获得了突破性的发展。2000年被《哈佛商业评论》称为75年来最有影响力的管理实践。在对采用平衡计分卡的公司的业绩进行追踪的四年中，卡普兰和诺顿发现战略业绩评价系统能够解决如何沟通和实施战略的问题，成功实施平衡计分卡的公司通过协调一致和专注实现了组织转型，成为战略中心型组织。

（3）战略管理阶段：（2001年至今）卡普兰和诺顿将其进一步研究结果总结在2001年出版的专著——《战略中心型组织》（The Strategy-Focused Organization）中，提出将平衡计分卡作为企业战略管理系统的转型工具。而这一转型，是通过战略地图来实现的，并体现在其2004年出版的专著《战略地图：化无形资产为有形成果》（Strategy Maps：Converting Intangible Assets into Tangible Outcomes）之中，从而推动了平衡计分卡的发展与升华。

卡普兰和诺顿认为，战略的成功执行需要三个要素，一般可以通过如下公式表述：

突破性成果=描述战略+计量战略+管理战略

该公式的理念是：如果你不能计量（第二个要素），那么你就不能管理（第三个要素）；如果你不能描述（第一个要素），那么你就不能计量（第二个要素）。

在其发展的第一阶段，平衡计分卡作为公司业绩评价的工具，解决了计量问题，并提出了管理战略的早期观念，即如何管理战略。而针对如何管理战略，《战略中心型组织》一书提出了更全面的方法，并介绍了战略地图的早期概念。而《战略地图》一书则详细地解释了一种通用的战略描述语言，所有的组织都能用战略地图来描述它们的战略。结合平衡计分卡与战略地图，再加上战略中心型组织中管理战略的方法，则可将上述公式重新表述为：

突破性成果=战略地图+平衡计分卡+战略中心型组织

由此而构成了平衡计分卡理论的完整体系。

鉴于平衡计分卡已被社会广泛接受和有效使用，《哈佛商业评论》将其列为20世纪最有影响力的75个理念之一。

资料来源　KAPLAN，NORTON he balanced scorecard：measures that drive performance [J]. Harvard Business Review，Jan-Feb.1992：71-79.

卡普兰，诺顿. 战略地图——化无形资产为有形成果 [M]. 刘俊勇，孙薇，译. 广州：广东经济出版社，2005.

11.4.2　平衡计分卡的四个维度

1）财务维度

财务指标仍是平衡计分卡的最主要部分，财务维度的目标和指标，既是企业的战略的期望财务结果，又是其他三个维度的最终目标。它位于企业战略的最末端，平衡计分卡将财务指标逐步延伸到基层，企业组织所有员工都有机会展示自己的日常工作，对实现组织总体战略和目标的贡献，并将最终影响企业的财务回报。

财务维度包括了三种战略主题：收入增长战略、成本削减战略和资产利用战略。

收入增长战略的目标包括：增加新产品数量，为现有产品开发新用途、开发新的顾客和市场，以及设计新的定价战略。与这些目标相联系，可以选择的业绩指标包括：新产品收入占全部收入的百分比、新用途收入占全部收入的百分比、新顾客新市场收入占全部收入的百分比、顾客或产品的盈利能力等。

成本削减战略的目标包括：减少单位产品、单位顾客或单位营销渠道的成本。主要业绩指标为单位成本对象的成本。业绩评价重点在于观察是否存在削减成本的趋势，为此，必须依赖作业成本计算以便准确地分配成本、销售和管理费用。

资产利用战略的主要目标是改进资产的利用效率。主要财务指标为投资报酬率和经济增加值等。

除了考虑企业的财务战略以外，财务目标的制定还需要考虑企业或经营单位的寿命周期。一般来说，企业的成长生命周期通常可以被分为三个阶段：成长期、成熟期和衰退期。成长期的财务目标，是增加销售，体现在新产品、新顾客和新市场等。典型的财务指标包括：现有产品收入变化比率、新产品所产生的收入百分比。这一阶段的业务单位通常需要大量的投资，以便顺利成长。所以，这一阶段的常见特点是负的现金流量及低资本回报率。而成熟期的财务目标，则要考虑提高投资回报、增加收入和毛利，不太强调开发新市场或新产品。其主要财务指标为经营收入或毛利率。这一阶段的资本性支出也很显著，主要用于流程的改进及适度的成长机会，但它们在数量上远低于成长期的需求。衰退期的财务目标，以增加现金流入为主，关注收回前两个阶段的投资，主要财务指标为现金流量和营运资本指标。

2）顾客维度

与其他维度相比，将滞后性指标与前瞻性指标相融合对顾客维度显得更为重要。顾客维度是财务目标的收入来源。企业必须识别它们所竞争的市场，明确价值定位及目标顾客群。该维度包括存在因果关系的五个目标：增加市场份额、增加顾客保留度、提高顾客获得率、提高顾客满意度和提高顾客盈利率。可以采用的指标包括：市场占有率、现有顾客收入增长率、回头客比例、新顾客数量、顾客满意度、顾客利润率等。这几个指标之间的驱动关系是：市场占有率反映企业目标市场的渗透程度，说明企业所实施的战略是否在目标市场取得预期效果。而扩大市场占有率的一种方法是留住现有的顾客并增加新的顾客。提高顾客满意度则是增加顾客的必备条件。上述四个方面的指标反映提高顾客利润率的过程，但不反映结果，所以还必须考虑顾客利润率指标。因为企业不仅要使顾客满意，还要盈利，才能保证财务成功。应计算企业分部[1]顾客的盈利能力，还可能需要进行寿命周期的盈利能力分析，以便区分出亏损顾客并采取相应的措施。

此外，选择指标时还应考虑增加顾客价值的驱动因素，包括：产品或服务的特性，与顾客的关系、形象和声誉。产品或服务的特性反映其属性，包括价格和质量。而与顾客的关系则要求企业向顾客交货并提供服务，包括反应时间和送货时间，以及顾客的感受。形象和声誉则与吸引顾客的无形因素有关。这三种驱动因素可以用不同的业绩指标计量，但主要集中在时间、质量和价格这三个方面。可以选用的指标包括按时交货率、新产品开发周期、顾客提前期、次品率、退货率、顾客投诉率、顾客满意度、竞价成功率、顾客使用成本等。

3）内部业务流程维度

为了最终实现顾客目标，从而实现企业财务目标，企业必须设计相应指标来跟踪并关注那些支持顾客价值定位的关键内部业务流程。业务流程是增加顾客和股东价值的手段。为确定该流程的目标和指标，必须重新评价企业的价值链，以及对现存的经营行为做出改变。企业的内部价值链包含三个主要的经营过程：创新过程、经营过程、售后服务过程，它们的关系如图11-7所示。

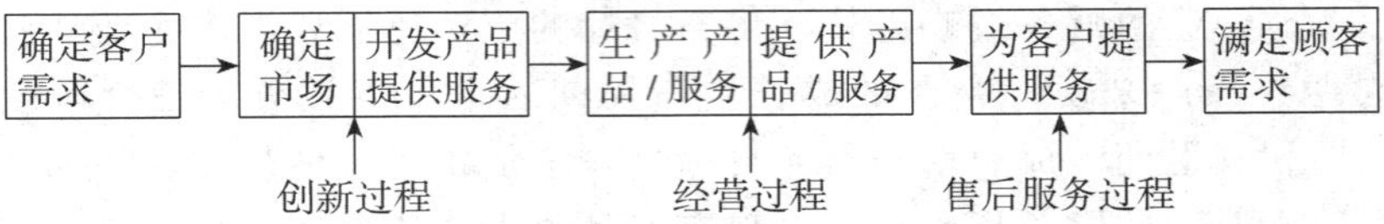

图11-7 企业的内部经营过程

资料来源：改编自：卡普兰，阿特金森. 高级管理会计［M］. 吕长江，主译. 3版. 大连：东北财经大学出版社，1999.

在创新过程中，经营单位研究客户潜在的需要，并创造出相应的产品与服务来满足这种需要。它表现出价值增长与创造的长期过程，持续地成功开发新产品和服务是企业竞争优势的来源。该过程的目标包括：增加新产品数量、增加专利产品收入的百分比和缩短开发新产品的周期。其主要指标包括：实际开发的新产品数量与计划数量（或竞争对手开发数量）之比、新产品收入占总收入的百分比，专利产品收入占总收入的百分比、新产品开发周期、盈亏平衡时间（即从新产品开始开发到推出新产品，收回开发投资的时间）。

经营过程是组织中价值创造的短期过程。始于接受顾客订单，终于将产品或服务提供给客户。该过程特别强调财务指标，如标准成本、预算和差异分析等，曾经是绝大多数组织的业绩评价系统强调的重点。但在整个价值链流程中，它并不是最关键的决定性因素，过分强调财务指标可能导致质量下降或存货积压等问题。所以，平衡计分卡还要考虑时间、质量和成本等影响顾客价值的业绩因素。这个流程的主要目标是：提高流程质量和效率，缩短流程时间。流程质量的主要指标包括：废次品率、质量成本、首次成功率、退货率、返工率等。流

① 企业可能有不同的分部，需要区分分部算盈利指标。

程的时间指标有许多的计量方式。周期指标反映从接受订单到向顾客提交产品和服务所需要的全部时间，生产周期则反映从投入生产到产出产品的时间，包括加工时间、检验时间、等待时间和搬运时间。其中只有加工时间才增加价值，其他时间从事的是非增值作业。生产周期效率（MCE）指标（加工时间占生产周期的百分比）可以反映增值作业所占的比重促进企业减少非增值作业时间，从而缩短生产周期。流程成本的指标和质量、时间指标一起，可以反映企业是否持续地改进业绩。

售后服务过程包括提供担保、修理、退换货服务以及帮助顾客结算的过程。在考虑环境因素时，这一过程还包括安全处置废弃物的工作。要向顾客提供一流的售后服务，该流程应考虑提高质量、效率和缩短时间等目标。其主要的计量指标也包括了时间、质量、成本三个方面。例如，反应周期、首次成功率、售后服务成本变动趋势等。

4）学习与成长维度

学习与成长维度是实现前面三个维度目标的基础。企业必须在资产和开发之外（体现在创新流程中）增加对人员、系统和组织程序等基础设施方面的投资，才能保证长期的发展和改进。该维度的主要目标有三个：提高员工能力，增强信息系统的能力，增加激励、授权和联合。

提高员工能力。这方面包括三个结果指标：员工满意度、员工离职率和员工生产率指标。前瞻性指标包括员工培训时间，关键岗位所需员工数量、人均收入等。

增强信息系统的能力，即提高战略信息的可取得性。其主要信息是拥有实时反馈信息的流程的百分比等。

增加激励、授权和联合。员工能力只有经过激励才能发挥出来，其主要指标包括：员工建议数，员工的建议被采纳数，反映员工的参与度和参与质量。

11.4.3 平衡计分卡的应用

以下用一个案例来说明平衡计分卡的应用。

【背景资料】A国爱米银行拥有30个分行，遍布城乡。该银行根据地理位置设立地区行。北部地区行下设16个分行，南部地区行下设14个分行。员工300名，其中50名在总部，其余250名在各个分行工作。爱米银行的管理层打算先在南部地区行实行平衡计分卡，然后推广到北部地区行。南部地区行为独立经营单位，各自具有特定的目标。爱米银行过去6年取得了较大的财务成功，银行每年都要对其战略方向进行评估。1997年，银行采取的战略是：将利润和增长相结合，以确保银行能向日益多样的顾客群体提供高质量的产品和服务。根据该战略，导出评价各分行业绩的主要财务指标。

南部地区行总经理在对一线员工进行调查后发现，他们不了解银行的战略和目标，也不知道其工作对银行的成功有什么作用。鉴于此，该总经理打算建立一种业绩评价体系，以指导员工采取有助于实现银行战略目标的行动。

【主要财务业绩指标】根据银行的战略，确定了7个主要的财务指标来计量成功：

（1）贷款额，各个分行的外放贷款余额。

（2）无息存款额，客户无息存款的余额。

（3）贷款收益率，银行在未收回贷款上的综合利率。

（4）利息外收入，与贷款利息无关的收入、存款手续费收入、信贷保险收入、证券投资损益和养老金的佣金收入。

（5）坏账净额，注销的坏账损失（扣减抵押品变卖收入）。

（6）资本成本，顾客存款的平均利率。

（7）利息外费用，与顾客定期和活期存款利率无关的费用，包括工资、福利、办公场所费用、设备和数据处理费用，以及其他杂项经营费用。

这些指标对银行整体和各个分行都适用，银行决定在开始实施平衡计分卡时仍采用这些财务指标。不过，由于各个分行所处的寿命周期不同，因此采用的财务指标也有所差异。在成长期，贷款额和无息存款额是最主要的财务指标；在成熟期，贷款收益率、利息外收入和坏账净额是最主要的财务指标；而在衰退期，资本成本、利息外费用和坏账净额是最主要的财务指标。

【因果关系分析】平衡计分卡能否成功，关键在于企业预计的财务结果和员工根据其个人的平衡计分卡采取的行动之间是否存在因果关系。例如，对于成长阶段的分行来说，财务目标有三个：增加贷款额、存款额和顾客从银行购买的产品和服务数量。为实现这些目标，可以进行如下因果关系分析：如果员工在相关领域得到充分培训，就可以增加为顾客服务的效率。而一旦提高了效率，就可以与顾客产生高质量的互动，以便员工更好地了解顾客（包括新老顾客）的可能需求，从而为推荐销售品种打下基础。由此而确定的计量指标包括：员工培训时间、顾客服务调查结果、推荐次数、推荐成功次数。这种业绩评价体系与传统的业绩评价体系有很大的不同。

【奖励制度设计】爱米银行以前根据分行和银行总体业绩情况对员工进行奖励。但是，许多员工被该体系搞糊涂了，因为某个分行的突出业绩可能被银行整体的不良业绩所抵消。因此，银行希望通过平衡计分卡来消除这种不足。尽管银行新设计的平衡计分卡仍采用了财务指标，但同时还根据因果关系引入了前瞻性指标。表11-8列出了A分行B信贷员的平衡计分卡。其中包括了一些行动指南和员工或分行最终指标和中间指标。是否能完全这些业绩指标，主要看员工是否按照行动指南的要求行事。平衡计分卡包括了员工和分行的业绩指标，目的在于增强团队精神并鼓励合作。例如，对个人采用的是推荐次数指标，而对分行则采用推荐带来的收入指标，以鼓励通过合作提高推荐质量。银行原来的评价体系只根据财务指标进行奖励，而新的平衡计分卡则在短期财务结果不利，而其他业绩突出的情况下仍对员工进行奖励，从而鼓励员工在长短期目标之间进行平衡。

表11-8　　**A分行B信贷员的平衡计分卡**

A分行 B员工——信贷员 1999年1—6月	个人业绩指标	权重（%）	当前业绩	完成目标（%）	计分卡分值（%）
行动指南 （1）每月在相关领域接受2小时培训 （2）每月推荐12次 （3）每月实现20次的交易或追踪访问 （4）每月亲自访问顾客20次	培训时间	15	1.92	95.83	14.38
	交易次数	15	19.83	99.17	14.88
	推荐次数	10	20.67	103.33	10.00
	顾客调查结果	10	4.80	96.00	9.60
	逾期率	6	1.31%	75.00	4.50
	例外处理	6	1.92%	100	6.00
	坏账净额	8	0.30%	75.0	6.00
	贷款额	10	8 275元	110.33	11.03
	贷款收益率	3	8.31%	100.73	3.02
	原创费用	4	295元	98.22	3.93
	上级评价	4	5	100	4.00
—	分行业绩指标				
	顾客满意度	3	5	100	3
	推荐销售额	3	24	100	3
	分行分值	3	92%		2.76
—	合计	100			96.10

【实务应用11-2】

平衡计分卡在中外运敦豪公司的应用

中外运敦豪公司自1986年成立以来，飞速成长，2003年已稳居中国航空快递业的领导地位，在中国的市场占有率达到37%。多次荣膺亚洲货运与供应链年度“最佳快递运营商”大奖和多项亚洲物流大奖。中外运敦豪公司2003年位列亚洲最佳跨国公司的第15位。如此骄人的业绩，平衡计分卡的实施功不可没。

从1998年起，中外运敦豪公司在北京、上海和广州的三家分公司开始执行作业成本计算，在此基础上，中外运敦豪公司还对公司的业绩评价体系进行了变革，引入了平衡计分卡。在2003年中外运敦豪公司已成为行业内全球市场的领导者，并以一直维持这个地位为长期战略目标。公司将战略目标分解为财务指标、效率指标和服务指标这三个方面的目标，并将对分公司、部门和员工的业绩评价指标，从原来单纯的财务指标，扩展到包含客户、流程和人员三方面指标的业绩评价体系，并分别给予40%、30%、30%的权重分。每一个指标又进一步细分，例如客户指标一项中又具体包含“客户保有率”“新客户的开发”“客户满意度”三方面内容。公司的高层进行了广泛的沟通，并根据北方区、东方区和南方区的地理、人文和经济发展水平的特点调整确定指标值，在各区中指标化的战略再次被调整，向下面的子公司扩散。结果，各个部门和员工了解了企业的目标，也知道如何实现这些目标。

借助平衡计分卡所提供的计量框架，组织的能力与为客户创造的价值挂钩，并最终与未来的财务业绩相联系。中外运敦豪公司提高了客户服务能力，并且提升了管理能力，重塑了竞争力，增加了在国际快递市场上的份额。

资料来源 改编自：中外运敦豪公司网站，http：//www.cn.dhl.com/about/aboutcnt.html.

叶丽雅. 平衡计分卡激活战略管理［N］. 国际金融报，2003-02-15.

杨慧萍. 平衡计分卡重塑敦豪［J］. IT经理世界，2003（8）.

11.4.4 平衡计分卡应用于战略管理——战略地图

1）战略地图的通用模型

平衡计分卡从四个维度来衡量业绩：财务维度、顾客维度、内部业务流程维度和学习与成长维度。财务维度提供了组织成功的最终定义，顾客维度的成功为改善财务业绩提供支持，内部业务流程维度为顾客创造价值并传递价值主张，学习与成长维度描述如何将人力、技术和组织氛围等无形资产结合起来为持续价值创造提供源泉。四个维度的目标连接成为一条因果关系链，增强并使无形资产协调一致以改善流程业绩，进而驱动顾客和财务成功。四个维度之下，又包括四个观测对象：①目的，是指要达到的主要目标是什么，如利润增长。②指标，是指采用哪些指标来度量这一目的实现过程，如可以用净边际利润增长来衡量是否达到了利润增长的目的。③目标，是指具体目标值，如7%的年边际利润增长率。④行动方法，是指有哪些具体的项目、计划来确保实现既定目标。

平衡计分卡的基本框架，提供了战略地图的原形。战略地图，是对组织战略要素之间因果关系的可视化表现方法，在平衡计分卡四维模型基础上增加了细节层，用以说明战略的时间动态性；增加了颗粒层，用以提高清晰度并说明重点。战略地图的通用模型如图11-8所示。

在应用中，上述通用模型还应根据企业所选择的竞争战略的不同而进行调整。例如，低成本战略的企业将强调运营管理流程，而差异化战略的企业将强调创新流程。

2）战略地图的原则

构建战略地图的原则是：

（1）战略使各种力量的矛盾得以平衡。为了长期收入的增长而投资于无形资产，常常与为了实现短期财务成果而采取的削减成本措施相冲突。而企业的目标是创造持续增长的股东价值，这是一种长期承诺，同时企业也要展示短期业绩的改善。因此，对战略的描述是以平衡并连接组织长、短期财务目标为起点的。

（2）战略以差异化的顾客价值主张为基础。得到顾客的满意是持续创造价值的源泉。战略要求在目标顾客群与其价值主张之间建立明晰的联系。战略地图采用了四种价值主张和顾客战略：总成本最低、产品领先（差异化）、全面顾客解决方法（差异化）和系统锁定。

（3）价值通过内部业务流程来创造。内部业务流程和学习与成长维度的流程驱动了战略。高效协调的内部业务流程有助于价值的持续创造。内部业务流程划

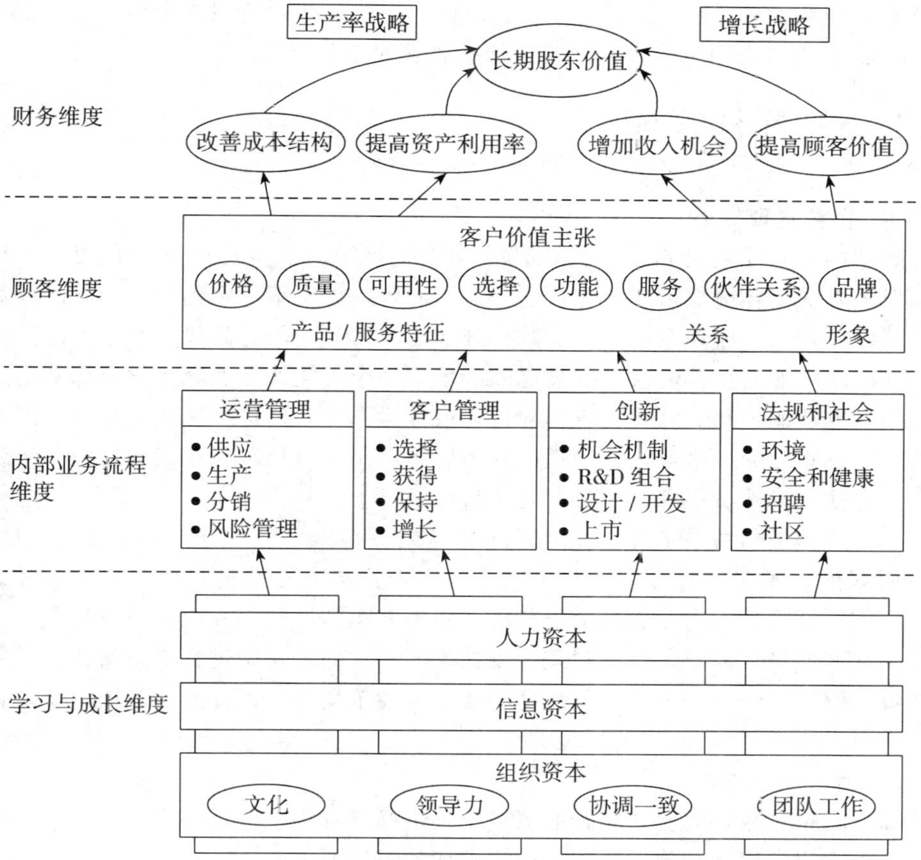

图 11-8　战略地图的通用模型

资料来源　卡普兰，诺顿．战略地图——化无形资产为有形成果［M］．刘峻勇，孙薇，译．广州：广东经济出版社，2005.

分为运营管理、客户管理、创新、法规和社会四个流程，每一流程还可以有更多的创造价值的自有流程。企业通过关注少数关键内部业务流程（即战略主题），不仅可以传递差异化的顾客价值主张，而且可以帮助企业提高生产率和维持企业的经营特许权。

（4）战略包含并存的、互补的主题。每一类内部业务流程在不同时点带来好处：运营管理流程改善在短期见效，顾客关系增强的效益在运营管理流程改善后的 6 ~ 12 个月内显现，而创新流程与法规和社会流程的效益则发生在将来。企业的战略应当平衡，每一类内部业务流程都至少包括一个战略主题，这样，可以实现股东价值的持续增长。

（5）战略的协调一致决定了无形资产的价值。战略地图的基础部分是学习与成长维度，它界定对战略至关重要的无形资产（人力资本、信息资本和组织资本），这些无形资产的价值源于其帮助企业实施战略的能力。将这些无形资产整合到关键内部业务流程之中，并与之协调一致，企业就有很高的组织准备度（organization readiness），有能力动员和维持战略执行所要求的变革流程。

11.5 标杆管理

11.5.1 标杆管理概述

成功的企业常可能沉陷于过去的成功中，仍倾向于重复运用原有的方法与行为。但随着周围环境的不断变化，过去适用的解决方法不一定仍适用于新的商业环境。因此，对一个成功企业而言，其关键问题在于如何能打破代表其过去的运作模式，这样才可能避免其陷入再次衰退的困境。一个可能的办法就是学习那些已成功地找到新方法的公司。因此，将不同行业最佳运作的公司进行比较是很重要的，这导致了标杆管理的产生。标杆管理的基本思想就是通过规范且连续的比较分析，帮助企业寻找、确认、跟踪、学习并超越自己的竞争目标。

标杆管理最初由日本公司提出，在20世纪70年代，它们通过大量学习、参观、模仿而获得了成功。面对竞争威胁，美国施乐公司最先发起向日本企业学习的运动，实施标杆管理。企业通过全面分析，找出差距和原因，并改进业务流程，削减成本，从而取得了成效。标杆管理可以在不同行业的公司中进行有效对比，这一套方法被证明可以成为一个学习与传播实践的有效工具，从而与战略联盟、企业再造并称为20世纪90年代的三大管理方法。

1）标杆管理的含义

标杆是指对最好的业绩实践的测量。关于标杆管理，有许多定义。

一个常用的定义是施乐公司的前任首席执行官David T.Kearns给出的，“标杆管理是将产品、服务和实践与最强大的竞争对手或是公认的行业领导者相比较的一个持续流程”。①

IBM公司也提出了一个相似的定义：标杆管理是一种持续不断地将自己的流程、产品或服务与那些最好的、相似的行为进行比较，以设置一个既富有挑战性又可达到的目标，并可以采取现实而有效的行动，使自己在一定的时间内仍保持强中之强地位的活动。

威斯汀豪斯公司生产力与质量中心（The Westinghouse Productivity and Quality Center）对施乐公司的、定义进行补充，提供了另一种定义：“标杆管理是一个持续不断地寻找与运用更好的实践方式，以寻找达到更有竞争力的业绩的过程。”

不论如何定义标杆管理，作为一种通过设立最高业绩标准并促使组织不断实现这些业绩目标的一种业绩评价手段，其主要包含了以下几个关键要素：

（1）产品、服务和实践。标杆管理的范畴大于竞争对手分析，后者一般关注的是对产品特征或价格的比较。而标杆管理不仅要将特定产出或流程的指标与竞争对

① CAMP R C. Benchmarking: The search for industry best practices that lead to superior performance [M]. Milwaukee, WI: ASQC Quality Press, 1989: 29.

手的指标进行对比分析，而且要找出导致差距产生的根本原因。标杆管理的核心是关注仿效或赶超业绩的手段。

（2）持续的流程。由于外部环境处于不断变动之中，标杆管理也必须是一个持续不断的过程。按照经验数据，如果标杆计量系统超过3年以上未更新，那么，它们很有可能已经过时了。如果一个企业在竞争的环境中不努力追求最好，那么它很快就会落后。很少有公司能存续30年以上，而持续的标杆管理可以帮助企业追求最好。

（3）计量。标杆管理中必须计量企业的业绩与标杆对象之间的差距。计量手段包括了定量分析和定性分析的手段。定量分析手段指出当前业绩水平和期望达到的业绩水平，而定性分析手段则指出如何改进业绩。通常，在定性分析上需要耗费更多的精力。

（4）强中之强（行业领先者）。和行业中的领先者并驾齐驱并不总能保证成功。标杆的目标是将企业的某一业绩和世界上该特定业绩的最佳者对比，该对比对象不一定局限于企业所在的行业。例如：世界石油巨头美孚公司，组建了速度、微笑和安抚小组，去寻找速度快、微笑甜美和回头客多的标杆，最后选定为Indy 500汽车大赛提供加油的美国潘世奇物流公司（Penske）作为速度标杆，以丽思卡尔顿酒店作为微笑服务标杆，以全美回头客大王美国家得宝公司（home depot）作为与人打交道的标杆。选定的标杠杆对象全不属于本行业。

要正确认识标杆管理还应该了解到以下几点：

（1）标杆管理不是一个简单的比较研究。将标杆管理区别于比较研究之处是：标杆管理使用其他行业的数据，不仅仅进行比较看结果数据，而是借鉴、调整、采用他人的方法。这个过程不是单纯从数据收集开始的，也不是以数据分析结束的。

（2）标杆管理不是简单地抄袭其他组织的做法。它识别最佳实践，并进行调整，以提高绩效的过程。对其他组织的做法进行抄袭，而不进行分析、理解和调整，不但不能提高业绩，反而会损害绩效，即使抄袭来的做法在短期内能提高绩效，也可能只是在行业中走马观花时的偶然运气，而不是标杆管理的结果。

（3）标杆管理不是业绩评价。业绩评价不过是标杆管理实践中的一个要素或其中的某个步骤。它只是给组织提供一个可以用于改进工作程序的数据基础。

2）标杆管理的特点

从标杆管理的含义中，可以看出其包括以下特点：

（1）在业绩评价方面不同于传统的观点。传统的业绩评价基于一个既定的流程，对数量方面进行分析，仅以促进数量增长为目的；而标杆管理着重于如何理解在标杆业绩中存在的差异，它建立了一个由识别优秀执行者开始的目标设定过程，它的评价同时包括数量方面与质量方面的分析。前者界定了“哪些必须改变”的问题，而后者界定了“如何改变”的问题。

（2）关注企业流程。企业的业绩只有在公司的管理层关注业务流程时才可能完全得到认可。传统的业绩评价系统使管理层仅关注业绩评价系统中的成本方面，而忽略了时间与质量因素。

（3）业绩与实践相联系。业绩评价通常被视为一种通过评价它们与业绩最好的企业之间的差距而使公司能追求更好的实践方式的方法。标杆管理应在业绩评价与追求最好的实践操作之间进行平衡。

3）标杆的类型①

一般地，标杆管理可以根据被评价的业绩的不同或是标杆对象的不同进行分类。

（1）按被评价业绩的不同分类。

①战略性标杆（strategic benchmarks）：用来评价与比较一个特定公司在一个特定行业内的相对位置。这种位置是位于最高层次，由企业职能层次和经营层次的业绩所决定的。这类标杆与组织的核心竞争能力、关键业务流程以及成功因素（如：销售回报率、生产能力、顾客满意程度或其他的该行业的特有因素）有关。常见的战略性标杆有：市场份额、资产回报率、债务权益比率、毛利率等。

②职能性标杆（functional benchmarks）：将企业的产品、服务以及工作流程与其他组织（不一定是直接竞争对手）进行区别。这一类标杆在级别上低于战略性标杆。这类标杆一般与特定的职能部门（如：制造部门、销售部门或工程部门）的特定业务活动有关。其目标是识别一切在标杆的特定领域内拥有卓越声誉的组织最佳实践活动。常见的职能性标杆包括：保证费用占销售的百分比、及时交货率、单位订单成本和订单处理时间。

③经营性标杆（operational benchmarks）：此类标杆比职能性标杆更低一级，可用来解释职能性的业绩差距产生的原因。一个组织必须理解这一级别的标杆，才能识别出消除业绩差距的正确行动。

大部分公司由管理层驱动战略性及职能性标杆，而鼓励基层人员来决定经营性标杆。其好处是标杆的参与者同时也是执行者，从而可使组织逐渐增强其标杆能力。

（2）按标杆对象的不同分类。

①竞争性标杆（competitive benchmarks）：识别一个企业在其所在行业的最直接与最强劲的竞争对手的产品、服务及工作流程。其目的是将竞争者的产品、服务及工作流程与自己进行比较。它对于分析组织的产品、服务及流程在市场中的地位是很有用的。但是这类标杆也有一些缺陷：竞争对手不太愿意提供职能性及经营性标杆的信息，改进活动只能局限在一些相对公开的领域。而且，这类标杆可能受到参与者数量的限制。

②内部标杆（internal benchmarks）：比较公司自身内部的相似的流程、产品及服务。这也许是最简单的标杆形式，因为可以很容易地识别潜在的标杆对象，并且彼此通常愿意分享信息。一般应优先考虑这类标杆，以便找出和外部业绩进行对比的基础，并辨别改进机会的大小。

③类同性标杆（analogous benchmarks）：与处于不同行业但具有相似流程的世

① CMA，Management Accounting Guideline16.

界一流组织的业绩进行比较。这是最困难的一类标杆，因为这些公司可能难以识别，并且如直接比较需要进行会计及其他方面的调整。但是，类同性杠杆提供了进行革新的大量机会，它甚至可能引起业绩、技术或方法上的突破。

11.5.2　标杆管理的实施步骤

成功的标杆管理应按照一定的程序进行。不同组织的实施步骤各不相同，少则寥寥几步，多则数十步，不过实施步骤应是综合和系统的。有些基本步骤是必需的。常见的 5 个步骤包括[①]：计划、收集数据、分析与综合、执行和重新校订（如图 11-9 所示）。每个步骤都包含了一些基本的作业，以下分别加以说明。

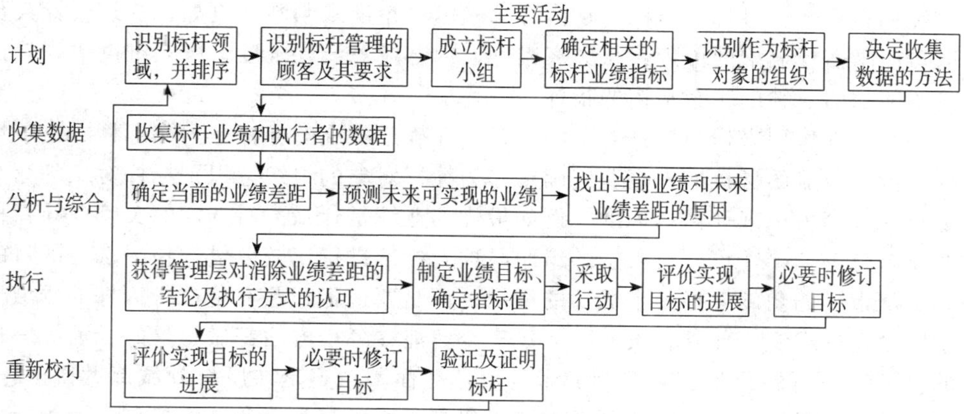

图 11-9　标杆管理的五个步骤

资料来源　SMAC. Implementing benchmarking [J]. Society of Management Accountants of Canada, 1997.

1）计划

这一阶段的目的主要是用来识别将要对什么实施标杆管理，谁是最好的竞争对手或业绩最佳者，以及这些数据将如何获取等。这是标杆管理全过程中最关键的环节，约需消耗标杆管理团队 50% 的精力。本步骤主要包括六项活动，其先后顺序可根据企业具体情况而定，但一般在计划中都必须执行。

（1）识别标杆领域，并对其进行排序。如果该组织从未进行过标杆管理，那么这一步骤将包括检查关键成功因素、产品、服务、流程，并运用“头脑风暴法”以提供尽可能多的新点子。识别标杆对象的标准与上述项目的必要性及其对于组织的使命、价值和战略的重要程度有关。可以考虑该项目在内部供应链关系中是否重要、是否能满足最终顾客的需求，以及改进的重要性如何、可行性如何等方面的问题，选出需要立即进行标杆管理的领域，并利用标准检验法、主要经营流程分析等方法对需要实施标杆管理的领域进行排序。

（2）识别标杆管理的内部顾客、顾客的需求、标杆管理的产出，并获得管理层的支持。

① CMA.Management accounting guideline: Implementing benchmarking [M]. 16th ed.CMA, 1997.

（3）成立改进标杆管理或流程的小组。首先，团队的成员应充分了解经营，且明确标杆管理结果将直接影响他们。通过组建团队，使来自不同领域、拥有不同技能、代表不同部门的人员聚集在一起，共同促进组织的变革。其次，要确定选择成员的标准，包括：对组织职能的了解程度、其在组织中的地位（受尊重程度）、沟通的技能、团队合作能力、学习的兴趣、项目管理的能力等。最后，明确团队成员的主要角色分工包括：领导者、协调者、数据收集与分析者、访谈者等。

（4）确定相关的标杆业绩指标。相关的业绩评价指标并不一定是组织现在正在使用的指标，也可以是代表真实的业绩差异的指标。指标的选定对于标杆管理的成功实施相当重要，最好的指标应从内外部顾客的角度来判断。例如，管理会计人员可以参照平衡计分卡的原理，从顾客维度、内部业务流程维度、股东维度等来设计反映职能部门业绩的一套平衡的指标。

（5）识别将用来作为标杆对象的组织。在确定实施的标杆是内部标杆、竞争性标杆或世界一流的标杆后，企业应确定作为标杆对象的组织。识别标杆对象的第一步是建立一套可用来评估的标准，例如最优的业绩是什么、所选定的关键业绩指标的变化趋势等。接着可以将备选的组织与这套标准进行比较以供选择。选择的目的并不是从市场的角度选择一个成功的组织，而是要选择那些在将进行标杆的领域做得特别出色的组织。此外，没有任何一家企业能在各个方面都做得最好，因此，选定的标杆对象可能只是在某个领域做得出色，而不一定是在所有领域都做得出色。除此以外，选择标杆对象时还要考虑该对象是否愿意与本企业分享信息。因为标杆管理不同于竞争对手分析，是建立在信息共享的基础上的，所以，没有标杆对象的配合，标杆管理将无法顺利实施。

（6）决定数据收集的方法。标杆管理过程的核心部分是找到具有可信度的信息，以说服管理层进行改变。标杆管理数据收集的具体方法应结合时间要求和信息的复杂性、准确性要求，以及需要的专业技能和成本等因素来考虑，在标杆管理中应决定数据收集的最佳方法，可以通过国家的或国际的数据交换、发函调查、发掘内部来源、走访供货商、派遣专家调研、上门访问、搜集研究资料等方式来进行。组织内部可以利用销售代表、供应商、贸易协会或行业协会会员取得信息。组织外部则可借助行业杂志、交易会、安全分析报告、年度报告、专利记录、研究报告、报纸、采购指南、政府文件、信用评级机构等来取得。此外，如标杆管理国际数据交换所（The International Benchmarking Clearinghouse）之类的机构也是一个可能的资料来源。如果上述渠道都无法取得所需要的信息，那就只能依靠原始的调查。

2）收集数据

数据可通过以下方式收集：

（1）问卷。应准备一个确信能够得到比较富有价值的回复的问卷。这要求标杆管理团队对他们自己的流程有正确的了解，并且应由实际从事相关工作的员工进行核对。每个问题都必须与调研的目的一致。

（2）调查。如果要选用邮件或电话调查，那么标杆管理的团队需要选择合适的目标，获得一个邮件或电话清单，并对所调查对象提供一个有效奖励，以促使对方做出回答。

（3）个人访谈。这通常由标杆管理团队的领导人进行。如果范围太大或涉及敏感问题，可能需要最高管理当局出面。在访谈前，应先约定时间、对象、参加者，提供本组织的背景资料和需要对方回答的问题。一般可以派出三个人进行访谈，一人负责提问，一人负责记录，一人负责思考将要提问的问题。

（4）法律及伦理方面的考虑。在数据收集过程中，标杆管理团队应注意到法律及伦理方面的考虑。例如，不要通过非法手段诱使被访对象泄露公司机密、不要试图获取专利产品的机密等。数据收集完成后，标杆管理团队应该进行检查，确信已经完成所有程序，并且收集的信息与所提出的问题一致。

3）分析与综合

数据收集完毕后，就必须进行分析。分析的目的在于确定当前的业绩差距，了解产生差距的原因，找出改进业绩的方法，并对这些方法进行排序。进行数据分析时往往需要借助统计和经营分析的手段，包括：统计分析法、数据分层法、数据标准化法、雷达图法、业绩差距分析法、动力分析法（略）等。

（1）统计分析法，即通过抽样、制图等方法对流程进行分析，具体包括：数据表、柱状图、帕拉托图、散布图、控制图、线性图等。

（2）数据分层法，即根据不同的特性将数据分为两个或更多的组。将数据按导致其发生的变量进行分类以后，就可以很容易地发现变化的原因，可以借助质量管理中常用的根本原因分析（鱼刺图）来完成这项工作。

（3）数据标准化法。经营数据必须可比才能保证标杆研究数据的有效性。如果数据不可比，则必须先对其进行标准化处理。一般可以将数据按规模（如计算收入与员工的比率、单位面积的销售收入、每个技术人员处理的维修申请）、年限（经营年限、技术年限）、工作环境（如每天班次、竞争对手数量、总体经济情况、法律差异、汇率等）等计算比率，从而对数据进行标准化处理。

（4）雷达图法，该图可以帮助企业评价其在主要业绩指标方面的相对竞争地位。一般是先画一个圆，再加几个轴，每个轴代表一个主要业绩指标。企业在业绩指标上的表现将画在圆内，越往圆心，业绩越好。

（5）业绩差距分析法，即列出不同公司和本公司的业绩指标值，并进行对比，从而找出公司内部业绩和最优业绩之间的差距。该差距可能是正的、负的或为零。负差距表明企业正处于不利的竞争地位，必须改进业绩。而零差距表明企业与最优业绩之间不存在差距，但零缺陷的存在可能是短暂的。应找出导致零差距的因素，并试图将其转化为卓越业绩或形成正差距。如果存在正差距，则必须尽量保持这种卓越的优势。

除了了解当前的业绩情况外，更重要的是了解该业绩的变化趋势。这种趋势可以通过文献分析、历史趋势分析等来了解。这可以帮助企业了解其业绩差距是在缩小还是在扩大，从而也使企业预测其未来业绩的变化趋势。企业的业绩差距分析如图11-10所示。

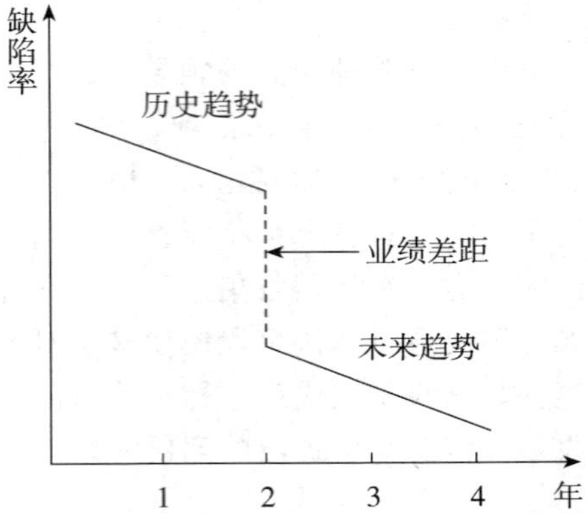

图11-10 业绩差距分析

图11-10主要包括三个部分：标杆业绩的历史趋势、标杆业绩差距（要求采取战略手段缩小差距）、预计未来的业绩趋势。

4）执行

在这一阶段中，标杆管理的团队向管理层介绍他们的发现，并获得管理层对消除业绩差距的有关分析、结论及执行方式方面的认可。

标杆管理小组需要整理出具有说服力的数据，他们应以一种适合组织、使用者及研究的需要的方式提交文件。这些文件应该可以作为日后重新校订及未来的标杆管理项目与团队的参考资料。

如果管理层认可了小组所提交的文件，组织就需要规划出一整套的行动计划以达到新的功能性目标。这些行动可以由标杆管理小组或这方面的专家界定，可以使用头脑风暴法、合作进行法或其他有质量的方法。

5）重新校订

标杆管理是一个过程而不是终结。由于竞争的性质不断地在改变，因此组织需要不时地重新对标杆进行校订以适应变化。行业的性质、业绩评价以及业务环境决定了对标杆进行校订的频率与广度。

通常，对战略性标杆需要进行更频繁的校订，以评定公司在行业中的相对位置。重新校订的频率取决于以下几个因素：新的创新与惯例、关键的外部发展、改进流程的需要、过去的标杆管理经验和与上一次尝试进行标杆管理的时间间隔。

11.5.3 管理会计在标杆中的作用

管理会计师由于在面向使用者分析、计量和报告信息方面训练有素，该专长使其能在全面标杆管理的数据收集、业绩差异分析以及报告系统的设计与运作中发挥有效作用。管理会计师的这些技能也可以使公司的标杆过程具有可信度，并使管理会计师成为联结战略性目标与实际经营活动的重要纽带。具体而言，管理会计师可以在企业标杆管理中发挥以下作用：

（1）确保标杆项目的先后顺序是基于企业的战略标准排定的，能够支持企业的目标。

（2）确保标杆小组成员和标杆对象选择得当，能找出最大的改进所在。

（3）确保已经采用正确的数据分析方法对内部和外部数据进行了标准化处理，能够发现业绩差距和产生差距的根本原因。

（4）确保公司了解最优标杆、业绩差距、质量成本，并对未来标杆做出预计，定期校订标杆。

（5）设计一套财务和业绩指标体系，以监督和内外部标杆相对照的实际变化。

（6）将标杆融入企业的战略规划和全面质量管理活动中。

为了使这些作用得到充分发挥，管理会计师必须对现有的成本计算和报告系统进行补充和完善，以便将标杆管理的标准、竞争性业绩差距和改进建议融入当前的管理报告系统，以促进业绩标准的不断改进。管理会计师需要注意以下几个方面：

（1）标杆培训。标杆管理实施之前必须对组织的不同级别的人员进行相关培训，传授关于标杆概念、工具和方法的基本知识。管理会计人员应积极参与到培训中。

（2）计量系统。标杆管理成功与否的一个关键因素是管理会计人员是否真正了解其组织内外部顾客的需求和期望，并且设计出真实反映这些期望的指标。一般来说，传统的指标是不够的，可能误导信息使用者，必须重新设计。管理会计师应确保业绩指标是根据顾客、员工、股东和持续改进的需要来设计的。

（3）业绩差距分析。管理会计人员需要用到前述方法进行业绩差距分析，以了解组织的不足之处，并改进业绩。为了缩小业绩差距，他们必须确保组织的目标、使命和价值与标杆流程密切联系。

（4）经营和财务惯例。不同的企业甚至同一企业的不同部门可能采取不同的会计惯例。管理会计师必须充分了解这一点，对会计惯例的差异进行调整处理，以使数据分析结果可比。此外，经营方面的差异，如班次、法律差异、汇率差异等，也是需要进行调整的。

11.5.4　标杆管理的应用

实施标杆管理，可以使企业找出差距，并从中发现改进业绩的方法，这对于实施战略成本管理和增值分析均有重要作用。以下通过例子进行说明①。

1）标杆管理在成本管理中的应用

意大利的标杆管理清算中心项目（BCP）为参与公司实施战略成本管理提供了支持。以下是其中的一个案例。

A 公司参加了 BCP 的某项标杆项目，其管理人员想通过 BCP 的研究结果来改进成本管理战略。图 11-11 列出了以会计部门全部成本占公司销售总收入百分比表示的成本控制标杆。

---

① SERGIO B，ANDREA D，HUGH G.Benchmarking，from BARRY J B.Guide to cost management［M］. New York：Wiley，2000：252-258.

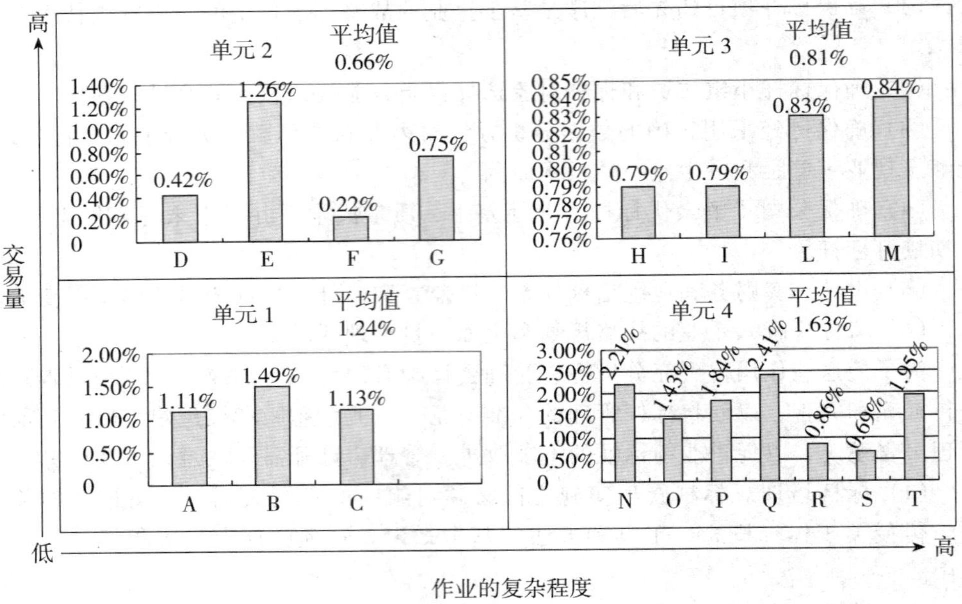

图 11-11 成本控制标杆图

（1）交易量与作业的复杂程度。交易量是用来分析控制会计成本的规模经济。不过，由于不容易取得财务交易的准确交易数目，所以以公司销售量、顾客数和供货商数量作为替代指标，并做了标准化处理。交易量的差异反映在图 11-11 的纵轴，将参加的企业分成两类。

作业的复杂程度可反映交易多样性对控制会计成本的影响。由于作业的多样性或复杂性取决于不同生产线的数量，所以以不同生产线的数量乘以一个差异系数作为标准化的替代指标，来评价作业的复杂程度。该指标反映在图 11-11 的横轴，将参加标杆分析的企业也分为两类。

（2）集中处理以取得规模经济。图 11-11 的纵轴揭示了按照交易量将数据分为两组，并表现出如下规律：

①交易量小的公司会计成本更高。按纵轴的小交易量区间看，包括单元 1 中的 A 公司、B 公司和 C 公司（平均值为 1.24%），以及单元 4 中的 N 公司到 T 公司（平均值为 1.63%）。

②交易量大的公司会计成本更低。交易量大的公司的成本比上组公司成本低了许多。具体包括单元 2 中的 D 公司到 G 公司（平均值为 0.66%）和单元 3 中的 H 公司到 M 公司（平均值为 0.81%）。

这一规律说明，通过集中处理会计业务可以实现规模经济，减少会计部门成本。

（3）简化作业以消除多样性带来的不经济性。图 11-11 还指明了削减会计成本的另一种战略：简化作业以消除多样性带来的不经济性。从横轴可以看出，作业的复杂程度提升导致成本增加。

①复杂程度高的公司成本较高。例如图11-11单元4中的所有公司（平均值为1.63%）。

②复杂程度低的公司成本较低。例如图11-11单元1中的所有公司（平均值为1.24%）和单元2中的所有公司（平均值为0.66%）。

不过，有些复杂程度高的公司成本也比较低，如图11-11单元3中的所有公司（平均值为0.81%），这是由于交易规模的有利影响与复杂性的不利影响产生了抵消。

（4）减少会计成本的战略。从图11-11中可以看出，A公司会计成本占公司销售收入的1.11%，处于交易量小、作业复杂程度低的单元1。该单元的平均值为1.24%。而平均值最低的是单元2（0.66%），这些公司交易量大、作业复杂程度低。单元3中的公司，交易量大、作业复杂程度高，但它的平均值也较低（0.81%）。会计成本最高的是交易量小、作业复杂程度高的单元4（1.63%）。

图11-11还表明，交易量对成本的影响超过了作业复杂程度对成本的影响（从单元2、单元3的平均值远小于单元1、单元4的平均值可以看出）。所以，当无法在增加交易量的同时降低作业复杂程度的时候，A公司应先考虑对其会计业务进行集中处理的方案。此举可使其成本下降近50%（从单元1的1.24%降至单元2的0.66%）。

2）标杆管理在增值分析中的应用

假设为了削减成本，A公司对其应付账款的处理作业进行了分析，发现其应付账款的处理成本是最高的。此时，在实施标杆管理中可进行增值分析，以便找出并消除不增值的作业。

（1）增值分析。应付账款业务可分解为四种作业：登记、复核、记录和结账。

经过分析确认，复核作业是唯一的不增值作业。接着，分析复核时间占应付账款处理时间的百分比，同时利用回归分析确定复核作业量与应付账款处理成本之间的关系。定量分析的结果表明，A公司的高成本与复核作业量之间存在高度相关关系。所以，要降低其应付账款处理成本，就应该减少复核作业。

（2）使用电子数据内部交换系统来降低成本。要降低不增值作业，可以考虑采用新技术，如电子数据交换系统（EDI）或电子资金划拨系统（EFT）。根据BCP对其会员公司的应付账款流程的调查，使用EDI对购货发票系统进行处理的公司能将其成本削减50%。

【实务应用11-3】

中国海洋石油公司的标杆管理

中国海洋石油公司从2001年开始实施标杆管理，这是中国大型企业第一次以海外企业为标杆对象进行大规模的标杆管理。

标杆对象的选择：

中国海洋石油公司（以下简称中海油）在世界石油公司中排在50名左右。本次参与标杆管理的对象有5家海外石油公司，主要对象是名列世界第14位的挪威石油公司。中海油与其他四个公司的比较只在核心业务的层面上，而与挪威石油公司的比较是全方位的。中海油没有选择壳牌和埃克森等合作伙伴作为标杆对象，而是选择了挪威石油公司的原因在于中海油认为，挪威石油公司与它在发展历史上有很多相似性，但差距又很大，有可学性和可比性。

标杆管理过程：

中海油的分析人员把与竞争力有关的指标分解成公司规模、持续盈利能力、发展能力、经营管理水平、国际化程度和抗风险能力6个方面，并进一步细分为18个子项，进行一一对照。结果显示，中海油除了销售净利率一项指标占优势之外，其他各项都处在下风。其中，挪威石油与中海油的资产规模之比是4∶1，年产量之比也是4∶1，营业收入之比是7∶1，国际化程度之比是11∶1。另外，在研发费用占总收入比重这项指标上，挪威石油是中海油的3.5倍。

通过收集的数据，中海油体会到它面临的压力：它的规模太小。从管理层到中海油的每个员工，都与挪威石油公司的同行进行对应的比较。中海油因此从观念上产生了实质性的变化，从领导层到员工观念上会有一个大的转变。中海油认为，它过去跟国内的企业和国际上的中小石油公司相比，在一些指标上还是非常有竞争力的，所以觉得不错，但现在与一个大的国际石油公司整体进行对比，一下子就看出了差距。所以，必须要有创新，包括制度上的创新、管理上的创新，也包括在管理理念上的创新，才能有跨越式的发展。

措施：

（1）鉴于科技投入方面的差距明显，中海油在制订下年计划的时候，把科技投入提高了四倍。

（2）提高国际化程度。中海油开始收购新的海外油田，从而大大提高了其国际化程度。

（3）加强决策的针对性。公司刚刚成功上市后，就在大堂内竖起电子屏幕，让每个员工随时了解中海油和国内主要对手在股市上的表现，并在这块屏幕上加入了挪威国家石油公司的股价走势。

小结：

如果只拿自己的核心业务和国际公司相比，其实中海油并不完全处于下风。在某些指标上，中海油甚至是领先的。但是，中海油的领导层更看重的是通过比较找到的差距，通过标杆管理提高中海油的管理水平和核心竞争力，这才是中海油要努力的方向，也是他们进行标杆管理的初衷。

资料来源　改编自：新浪财经网站，http：//finance.sina.com.cn 和2002年1月22日CCTV《经济半小时》节目相关资料。

总结与结论

业绩评价对任何组织都很重要。本章讨论了业绩评价的含义、目的、组成及主要原则。同时也探讨了其实施步骤。传统财务业绩评价体系不适应信息时代的经济发展需要，逐渐为非财务业绩评价和战略业绩评价体系所取代。

财务业绩评价体系主要包括投资报酬率指标、杜邦分析体系和经济增加值。

战略业绩评价体系包含了业绩金字塔、积木法、业绩三棱柱和平衡计分卡。本章重点介绍了平衡计分卡。

平衡计分卡的主要特点是将业绩指标与战略联系，强调主要指标之间的因果关系，强调主要指标之间的相互平衡，并向员工传播公司的战略。本章结合实际案例说明了平衡计分卡的四个维度如何设计并应用。

标杆管理是一种通过设立最高业绩标准并促使组织不断实现这些业绩目标的一种业绩评价手段，其关键要素包括：产品、服务和实践、持续的流程、计量和行业领先者。标杆管理具有不同于传统业绩评价的特点，可以按照被计量业绩的不同，或是标杆对象的不同进行分类。实施标杆管理通常需要包括计划、收集数据、分析与综合、执行和重新校订等五个步骤。标杆管理可以用于成本管理，也可以用于增值分析。

练习题

思考题

1. 如何理解业绩评价体系？
2. 如何实施业绩评价体系？
3. 什么是杜邦分析体系？
4. 什么是经济增加值？什么是4M管理体系？
5. 传统业绩评价体系有什么不足？应如何改进？
6. 非财务指标有哪些？有什么作用？
7. 战略业绩评价体系有哪些？各有什么特点？
8. 什么是平衡计分卡？有什么特点？
9. 什么是战略地图？
10. 什么是标杆管理？具体包括哪些要素？如何实施？

习题

1. 海洋设备公司下属两个部门，20×4 年提供的年度报告见表 11-9。该公司的资本成本为 12%。

表 11-9　**海洋设备公司年度报告表**　金额单位：万元

项目	A 部门	B 部门
投资额	2 400	4 000
净收益	480	720
投资报酬率	20%	18%

要求：

（1）分析在20×4年哪一个部门的盈利能力高？为什么？

（2）如果A部门的经理面临一项一年期的投资项目，投资额为1 000万元，净收益为150万元。当部门业绩是根据投资报酬率来考核时，该经理是否愿意接受此项目？从公司的角度看，是否应接受此项目？

（3）经济增加值指标和投资利润率指标，哪一个更适合用来进行部门业绩评价？请做分析。

2. 非财务业绩指标。

某公司为了实现其向全面质量控制冲刺的目标，在财务指标以外还采用了大量的非财务指标进行考核，见表11-10。

表11-10 **非财务指标考核表**

项目	质量蓝皮书业绩指标
批次接受率（lot acceptance）	被出厂质量控制系统接受的批次的百分比
平均出厂质量水平	产品缺陷率
质量退货率	顾客因质量原因退回的产品的比率
总退货率	质量退货率+非质量原因的退货
顾客反馈卡	顾客对产品批次的接受水平，通过调查一部分顾客得到的反馈
竞争级别	对竞争能力的主管的自我排队，由市场或销售部门的职员打分
送货及时性	至少有90%的货物在顾客要求的日期之前送到
通过最优校验的产量	该指标反映通过某特定校验程序的产品比率
质量成本	以占销售净额的百分比表示，质量成本的定义为由于劣质或为了预防劣质而导致的成本

要求：分析为了计量上述指标需要从哪些部门取得哪些信息，这些指标可以归属为哪些类型？

3. 山田西服是一家服装公司，其顾客群体的定位是：20～40岁，受过高等教育，拥有专业经理人职务，追求时尚的白领阶层。针对这一顾客群体，公司做了各种广告树立其品牌形象。公司承诺要向顾客以合理的价格提供高质量的品牌服装。

在顾客方面公司采取的战略是：提高顾客的忠诚度，为此，要根据顾客的需求提供定制的服装，品牌必须满足顾客的生活目标，购物环境应有助于提升顾客忠诚度。为此，公司必须大力研究目标顾客群的消费习惯和购买行为。山田公司认为，顾客主要关注：价格、时尚和质量。在价格方面，公司强调物有所值；在时尚方面，公司强调应当树立合乎顾客身份的品牌形象；在质量方面，公司强调所有产品和款式都应当保持一致的高质量。为了能为顾客提供良好的购物环境，公司要求建立连锁专卖店；店面设计必须高尚典雅；员工着装应当得体、时尚，提供微笑服务，充分了解产品的知识，向顾客做专业的介绍，必须了解熟客的情况，购物后应真诚致谢并欢迎再来。

沃尔玛连锁店也销售服装，但是其战略是“天天平价”，即向顾客提供物美价廉的产品，其顾客群为一般工薪阶层，价格敏感性大，对品牌要求不高。购物环境为大卖场，品种多，价格便宜。为了控制价格，沃尔玛主要考虑的是进价和配送环节的成本控制，以及及时的信息反馈。

要求：

（1）山田公司在顾客维度和内部业务流程维度方面应当设计什么样的指标，以确保其战略的实现？

（2）沃尔玛公司在顾客维度和内部业务流程维度方面应当设计什么样的指标，以确保其战略的实现？

（3）分析说明，企业战略的差异如何影响其业绩评价指标的设计？

4.前进电子公司生产电路板，其流程是将购入的电子元件焊接到电路板上，然后出售给其他电器公司。近两年，公司的销售收入都很不理想。公司的王老板决定采用新的收入增长战略以增加利润。为此，他请了一家管理公司帮助进行分析。管理公司调查后认为，公司收入增长的主要障碍是产品缺陷率太高（5%的缺陷率）。如果能够降低产品缺陷率，收入就可以显著增加。因为，顾客满意度将因产品质量的提高而增加，而市场份额也会因此扩大。为了配合新的收入增长战略，管理公司提出了以下建议：

（1）进行员工培训，以提高焊接质量。

（2）重新设计加工流程，以消除一些常见的缺陷。

（3）对供应商进行选择，以保证购买元件的质量。

要求：

（1）分析实现公司收入战略过程中所隐含的因果关系。

（2）有哪些指标可以用来计量公司的业绩，以保证收入战略的实现。

（3）说明哪些指标属于前瞻性指标，哪些属于滞后性指标？

讨论题

1.《中央企业负责人经营业绩考核办法》已由国务院国有资产监督管理委员会审议通过，并从2019年4月1日起施行。

（1）请对该规定中所呈现的业绩评价体系做出分析。

（2）经济增加值的实施需要什么条件？如何评价其在国企中的应用状况？

2.20世纪90年代初，“雕”牌洗衣粉凭着一句广告语——“只选对的，不买贵的”风行全国。今天，在回答“石油石化行业实施标杆管理，如何选取标杆”时，该行业领导者们的答案便是“只选对的”。试说明标杆管理的分类及其适用条件，以及石油石化企业在选取标杆时需要考虑哪些因素？

案例

华丰公司是一家生产塑料机械的大型国有企业，2001年年初开始实施平衡计分卡管理制度（BSC），但不到1年便宣告失败。

回忆起当初的实施情况，华丰公司人力资源部总监吴总无奈地说，他是在国外参加培训的时候知道了平衡计分卡，当时的第一感觉是眼前一亮。他以为有了这样的管理体系，公司一直以来为混乱的考核指标而发愁的问题就会迎刃而解。从美国回来后，吴总立即将在国外的学习情况向领导汇报，并着重介绍了平衡计分卡的先进理念，力主在企业内全面予以实施。

在公司行政系统的强力推动下，吴总先后多次组织公司各二级单位，以及各部门负责人召开会议，大力宣讲BSC在企业应用的好处。同时组织人力资源部全体员工，深入二级单位和各部门调研、协商、沟通，加班加点准备了几个月，终于初步达成共识，制定了较为完整的四大考核指标——财务指标、客户指标、业务流程指标和员工学习与发展指标。人力资源部还为此制作了大量表格下发到各单位，并对相关人员进行了培训。

令吴总没有想到的是，项目一开始实施，问题便接踵而来。比如：营销部门的客户指标，要求营销人员如实填报拜访客户的情况，但这个要求不仅营销人员感到烦琐，就连人力资源部人员也感到困惑，因为指标的真伪虚实根本无从考证更无法监控。再比如：员工的学习与发展指标，应该如何制定又如何量化？要求员工每月读几本书，每月参加几次培训？但结果如何？意义又何在呢？

那段时间，人力资源部就像是消防队，不断接到投诉，不断地去“救火”。结果是指标越调越乱，部门抵触情绪越来越大，员工怨声载道。吴总说：“企业虽然建立了基于BSC的考核指标，但由于指标分解制定得不科学，因而也就无法建立行之有效的监控体系。”而如何制定科学有效的考核指标，吴总一脸茫然。最终，华丰公司平衡计分卡业绩管理体系的建立工作不了了之，各部门仍旧沿用过去的以财务指标为核心的考核体系开展工作。

要求：

（1）分析华丰公司实施BSC失败的原因。

（2）与以财务指标为核心的考核体系相比，BSC的管理体系有哪些优缺点？

（3）请对华丰公司的BSC的考核指标提出改进意见。

建议阅读材料及相关网站

［1］约翰逊，卡普兰．高级管理会计［M］．3版．候本领，等，译．北京：中国财政经济出版社，1992.

［2］威廉姆斯．业绩管理［M］．赵正斌，胡蓉，译．大连：东北财经大学出版社，1999.

[3] 安东尼，文达拉扬. 管理控制系统［M］. 赵玉涛，刘寅龙，杜晓阳，译. 北京：人民邮电出版社，2011.

[4] 余绪缨，汪一凡. 管理会计［M］. 沈阳：辽宁人民出版社，2009.

[5] BARRY J B.Guide to cost management［M］. New York：Wiley，2000.

[6] 卡普兰，诺顿. 综合计分卡：一种革命性的评估和管理系统［M］. 王炳飞，等，译. 北京：新华出版社，1998.

[7] 思腾恩，希利，罗斯. EVA挑战：实施经济增加值变革方案［M］. 曾嵘，孔宁宁，译. 上海：上海交通大学出版社，2002.

[8] SMAC.Management accounting guideline16，implementing Benchmarking［J］. Society of Management Accountants，1997.

[9] SMAC.Tools and techniques for effective benchmarking studies［J］. Society of Management Accountants，1995.

[10] STEWART、G B善用EVA［J］. 林榕，田莉，编译. IT经理世界，2001（22）.

[11] FERREIRA A，OTLEY D.The design and use of performance management systems：an extended framework for analysis［J］. Management Accounting Research，2009（12）：263-282.

[12] 财政部.管理会计应用指引第602号——经济增加值法［EB/OL］. 财会〔2017〕24号. http：//kjs.mof.gov.cn/zhengwuxinxi/zhengcefabu/201710/t20171018_2727363.html

[13] 财政部. 管理会计应用指引第603号——平衡计分卡［S］. 财会〔2017〕24号.

[14] 财政部. 管理会计应用指引第604号——绩效棱柱模型［S］. 财会〔2018〕22号.

[15] 财政部. 管理会计应用指引第101号——战略地图［S］. 财会〔2017〕24号.

主要参考文献

［1］COLIN D.Management & cost accounting［M］. 7th.Thomson Learning，2011.

［2］CMA.Management accounting guidelines No.18［J］. The Design of Executive Incentive Compensation Plans，1993.

［3］DON R H，MARYANNE M M.Managerial accounting［M］. 8th.Mason，OH：South-Western，2007.

［4］IFAC.Evaluating the costing journey：a costing levels continuum maturity model［J］. The International Federation of Accountants（IFAC），2009.

［5］IMA.Statements on management accounting［J］. Definition of Management Accounting，2008.

［6］KAPLAN R S，ANDERSON S R.Time-driven activity-based costing［J］. Harvard Business，2006.

［7］NATHAN V S，JOSEPH G F，RICHARD J G.Performance measurement Overview from BARRY J B.Guide to cost management［M］. New York：Wiley，2000：181-202.

［8］SIMONS.R L Levels of control：how managers use innovative control systems to drive strategic renewal［M］. Harvard Business School Press，1995.

［9］CAMP.R Benchmarking：the search for industry best practices that lead to superior performance［M］. Milwaukee，WI：ASQC Quality Press，1989.

［10］SMAC.Value chain analysis for assessing competitive advantage［J］. Society of Management Accounting，1996.

［11］SMAC.Management accounting guideline 16，implementing benchmarking［J］. Society of Management Accountants of Canada，1997.

［12］SMAC.Tools and techniques for effective benchmarking studies［J］. Society of Management Accountants，1995.

［13］范霍恩，瓦霍维奇. 现代企业财务管理［M］. 郭洁，译. 11版. 北京：经济科学出版社，培生教育出版集团，2002.

［14］汉森，莫温. 管理会计［M］. 陈良华，杨敏，译. 8版. 北京：北京大学出版社，2010.

［15］诺林，布鲁尔，加里森．经理人员管理会计［M］．李丹，译．北京：中国人民大学出版社，2009.

［16］安东尼，戈文达拉扬．管理控制系统［M］．赵玉涛，刘寅龙，杜晓阳，译．北京：人民邮电出版社，2011.

［17］卡普兰，诺顿．战略地图——化无形资产为有形成果［M］．刘俊勇，孙薇，译．广州：广东经济出版社，2005.

［18］郭晓梅．高级管理会计理论与实务［M］．北京：中国财政经济出版社，2005.

［19］郭晓梅．环境管理会计研究——将环境因素纳入管理决策中［M］．厦门：厦门大学出版社，2002.

［20］郭晓梅．管理会计［M］．3版．北京：北京师范大学出版社，2016.

［21］郭晓梅.管理会计学［M］．4版．北京：中国人民大学出版社，2015.

［22］郑雄伟，卢侠巍．管理会计案例教程［M］．北京：经济科学出版社，2004.